本书为厦门大学哲学社会科学繁荣计划资助项目

新加坡华人宗乡文化研究

曾玲 ○ 著

A Study of
Singapore Chinese
Clan Culture

中国社会科学出版社

图书在版编目（CIP）数据

新加坡华人宗乡文化研究 / 曾玲著. —北京：中国社会科学出版社，2019.2
ISBN 978-7-5203-3784-7

Ⅰ.①新… Ⅱ.①曾… Ⅲ.①华人—社会发展—研究—新加坡 Ⅳ.①D634.333.9

中国版本图书馆 CIP 数据核字（2018）第 295108 号

出 版 人	赵剑英
责任编辑	宋燕鹏
责任校对	周　昊
责任印制	李寡寡

出　　版	中国社会科学出版社
社　　址	北京鼓楼西大街甲 158 号
邮　　编	100720
网　　址	http://www.csspw.cn
发 行 部	010-84083685
门 市 部	010-84029450
经　　销	新华书店及其他书店
印　　刷	北京明恒达印务有限公司
装　　订	廊坊市广阳区广增装订厂
版　　次	2019 年 2 月第 1 版
印　　次	2019 年 2 月第 1 次印刷
开　　本	710×1000　1/16
印　　张	26.75
插　　页	2
字　　数	418 千字
定　　价	98.00 元

凡购买中国社会科学出版社图书，如有质量问题请与本社营销中心联系调换
电话：010-84083683
版权所有　侵权必究

目　录

序一 …………………………………………………… 刘　宏(1)
序二 …………………………………………………… 蔡志祥(1)

绪论 ………………………………………………………………(1)

卷一　社团

"二战"前华人社团经济的历史图像 ………………………(33)
　　社团账本与"二战"前应新学校研究 …………………(33)
　　社团账本与"二战"前应和会馆财务运作 ……………(66)
宗乡社团和宗乡文化的当代图像 …………………………(86)
　　调整与转型:20世纪八九十年代的宗乡社团 …………(86)
　　凝聚、开放与融汇:21世纪以来的宗乡社团 …………(103)
　　社会变迁与20世纪八九十年代华人宗乡文化之振兴 …(114)
　　宗乡社团的推动与21世纪以来的宗乡文化 ……………(126)

卷二　坟山与庙宇

海唇福德祠绿野亭文献的收集与研究 ………………………(141)
庙宇、坟山的"社群化"与新加坡华人移民帮群组织之建构
　　——兼对东南亚华人社会结构研究的新思考 ………(161)
"三属认同"与"社会国家认同":广惠肇碧山亭研究 …………(192)
社群边界内的"神明":移民时代的新加坡妈祖信仰研究 ………(212)

社群整合的历史记忆与"祖籍认同"象征:新加坡华人的
　　祖神崇拜 …………………………………………………（225）

卷三　节庆

"创造传统":当代新加坡中元节研究………………………………（249）

卷四　走出新加坡

李亦园教授与东南亚华人研究:人类学的视野与方法 …………（283）
研究和建构中国与东南亚之间的"接触区"
　　——评刘宏《中国—东南亚学:理论建构、互动模式、
　　个案分析》………………………………………………（300）
"中国"的与"东南亚"的郑和 ………………………………（308）
东南亚的"郑和记忆"与文化诠释 ……………………………（311）
跨境"移神"与"家园"再建:新、马华人民间信仰研究 ………（323）
"华人志":重构与书写马华地方历史图像的尝试
　　——从廖文辉《直凉华人志及资料汇编》切入的讨论 ………（351）
从"闽南"到"福建":"文化闽南"在东南亚华人社会的
　　跨境发展 …………………………………………………（361）

卷五　附录

广惠肇碧山亭碑文两则 ………………………………………（367）
　七君子亭碑文(立碑时间:2002年5月5日) …………………（367）
　福德祠碑文(立碑时间:2004年6月13日) …………………（369）
序言 …………………………………………………………（371）
　《远观沧海阔:海南历史综述》序 ……………………………（371）
　《南侨机工研究》序 ……………………………………………（374）
　《历史的抉择:"二战"后新加坡华人争取公民权
　　运动》序 …………………………………………………（379）

书评 ……………………………………………………………………（383）

  承载近两个世纪华社发展的历史图像

    ——评《新加坡华人通史》 ………………………………（383）

  一部研究东南亚华人的力作

    ——读游俊豪《移民轨迹和离散叙述：新马华人族群的

    重层脉络》 ……………………………………………………（389）

  评李元瑾《东西文化的撞击与新华知识分子的三种

    回应：邱菽园、林文庆、宋旺相的比较研究》 ………………（395）

其他 ……………………………………………………………………（399）

  中华总商会文献弥足珍贵 …………………………………………（399）

  厦门海沧青礁慈济宫碑铭中的 19 世纪新加坡华社领袖研究 ……（402）

  《新加坡福德祠绿野亭公会 175 周年纪念特刊》编后 ……………（408）

后记 ……………………………………………………………………（412）

序 一

刘 宏[*]

作为中国以外唯一的华人占多数的民族国家并在独立后短短数十年就由第三世界迈入第一世界的经济体，新加坡在国际学术界获得了甚为广泛的关注。国内外学者对新加坡华人社会及其近两百年的变迁也有众多的研究。这些研究大体可分为几个不同的角度和重点。一是新加坡开埠以来不同时期对华人社会变迁的纵向概述，如宋旺相《新加坡华人百年史》、柯木林主编《新加坡华人通史》；二是从民族国家的角度分析华人社会的演变，如廖建裕的英文著作《华人与东南亚的国家建构》；三是从本土化、区域网络和全球化互为交错的视野加以思考，如拙作《战后新加坡华人社会的嬗变》。我认为，曾玲教授对新加坡华人社会的分析有其独到之处，在以上不同研究取向之间自在移动。与许多在地学者不同，她的学术训练是明清地方经济史，师从社会经济史大师傅衣凌先生，对中国本土社会的历史发展脉络及其社会结构有过深入的研究。1994 年至 2001 年，她在新加坡工作生活了七年，期间开始将其研究重点转向新加坡华人社会，尤其关注华人移民从中国带来的社会机制、文化、风俗、信仰、庙宇等所谓的"小传统"在"二战"之前新加坡的建构和演变以及它们在 21 世纪之交的转化和所面临的挑战。

---

[*] 新加坡南洋理工大学公共政策与全球事务系陈嘉庚讲席教授、社会科学院院长、南洋公共管理研究生院院长、中国教育部长江学者讲座教授。

我正好于1995年底从美国博士毕业后到新加坡国立大学任教，因而有机会和曾玲教授经常交流和讨论。除了她和她先生的精湛厨艺，这位厦门大学学姐给我留下两个尤为深刻印象。其一是她对学术研究的热忱和执着，每次见面，她滔滔不绝谈的都是与学术和研究相关的事情；其二是她的研究方法，并未拘泥于此前的学术训练，或把东南亚华人社会简单地视为华南本土社会的延伸，而是结合人类学田野考察方法和历史学的文献史料分析。她一方面搜集大量未被充分利用的原始文献资料，如宗乡会馆会议记录、社团账簿、华人义山安葬记录等；另一方面更深入基层，遍访华人宗乡会馆，并参与社团、庙宇、民间信仰的各种活动和仪式。在此过程中，她与当地华人社团建立了良好的互信关系，我相信这对其研究资料的收集和本土视野的展现，有很大帮助。在文献分析和田野考察两者结合的基础上，她对新加坡华人社会的演变和发展，做出了独到的分析和贡献。

曾玲教授有关新加坡华人社会的研究论著从20世纪90年代就不断问世，本书可以说是她研究思路的扩展和细化。我个人认为，其特点是以自下而上、由内及外、抽丝剥茧的方式，一方面体察华人移民如何保持并发扬他们祖先从中国带来的制度、文化、风俗和节庆仪式等传统；另一方面关注在殖民统治、民族国家建构、全球化以及中国崛起的大背景下，这些华人机制与传统如何与现代社会相调适。这一过程不仅展现了华人文化的韧性和生命力，也彰显了新加坡作为多元种族和多元文化社会的复杂性和魅力。

本书所提出的"宗乡文化"的理论架构，有机地结合了文化故乡和移民新地之间的联系与互动。曾玲的研究充分提示我们在分析海外华人社会时，应抛弃中原心态，要关注他们在新的社会、文化、经济结构脉络下的再生和重建。这种研究视野不仅有助于我们了解新加坡华人和东南亚社会，也可以反过来提供一个参照系，让我们从比较视野观察和反思中国社会文化变迁的特质。从这个意义上说，本书所关注和探讨的主要课题，无论是社团、身份认同、历史记忆，还是庙宇、节庆、民间信仰等，皆为中华文化和华人性（Chineseness）的重要象征和机制。我相信，本书的研究视野、方法和结论能够让我们从域外和域内相互结合的角度，加深对"文化中国"不同层面及其特征的认识，进而达致真正意义上的"理解之同情"。

是为序。

2018 年 4 月 30 日

序 二

蔡志祥[*]

本书可以说是综合了曾玲教授二十多年来对海外华人研究的翔实个案和精辟理论。作者利用账册、坟山记录等稀有的社团文献、口述和田野资料，从华人社团自身的记录，理解华人的社会组织和文化。本书讨论祖籍闽粤的新加坡华人如何将原乡的文化传统移植到新土地，并且在新的土地里，在不同的时间和空间的脉络下，对应在地和环球的宏观政治社会的变化以及华人与祖籍地关系的变化，从而探讨华人社团和中华文化发展的历史轨迹。也就是说，从强调血缘和地缘关系的文化移植，从"移神"到"定居"、从利用原乡的宗乡文化资源在新土地里再建家园，发展成为在地文化组成的重要部分。传统文化，不仅凝聚和整合居于海外的血缘或地缘成员，而且在新加坡建国以来，在国家政策容许下，从国家边缘的位置，发展成为国家的多元文化、多元种族和谐的工具，服务新加坡的国族建构，成为华族与非华族展开文化交流的重要元素。

作者在绪论中指出，本书透过社团、坟山与庙宇、节庆和跨国关系四个部分，从文化资源和组织原理入手讨论三个主要的课题：①中华文化体系的海外发展；②中国传统民间文化移植与东南亚华人社会建构；③东南亚中华文化的双重特征与当代价值。然而，本书讨论的实在超越了这三个课题，在文化关怀以外，让读者重新思考海外华人的"认同与

---

[*] 香港中文大学历史系教授。

本土性""国家与族群性"以及"网络与跨国性"的问题。①

　　海外华人的原乡和居地关系的研究，长期以来都环绕着"落叶归根"和"落叶生根"两个问题。这两个问题的进一步开展，就是在历史时间和地理空间的框架下，海外华人在日常生活的过程中，如何通过社会经济组织、分类和再整合融入异地或建立在异地中的显著他者（significant others）的位置；同时在历史长流中，因为关系的联系、断裂和再联系，海外华人如何建构在地的族群身份和选择文化和国族的认同。在异地中的生活和文化选择不仅和世代挂钩，而且和宏观的政治经济环境相关。因此，"落叶归根"和"落叶生根"的理解必须在"生者"的组织和网络建构以及"死者"的安顿与归宿两方面入手。本书跨越了这样的框框的束缚，把组织、网络、安顿和归宿置于动态的历史发展，从而勾勒出一个"历史""本土""国家"和"网络"的活动的图像。本书可以说是把整体的视野（integrated approach）、把华德英教授的意识模型（conscious models）理论放在一个立体的三维空间。本书说明了海外华人的文化不仅是"国家"的和"原乡"的移植，更重要的是无论在海内、海外，文化都是社会人群在"大中华"的语境下，在"传统"的想象和实践中，不断地调整和创新、不断地重整他们对"传统"、对"文化"的诠释。本书让读者思考和认识"人"的无限适应力和创造力。

　　这是一部悦目而具深度的著作，读者可以在翔实的个案中，无限发挥对海外华人生活的时空想象。

---

① 刘宏主编：《海洋亚洲与华人世界之互动》，新加坡华裔馆2007年版。

绪　　论

一　前言

在人类社会发展的历史进程中，境内或跨境、跨域乃至跨国的人口流动与移民，是从古至今存在于世界各地的普遍现象。而与人口移动相伴随的，则是由移民带来的不同文化在移居地的传播与移植。因此，当外来移民在新土地上重建家园，这些源自移民原乡的文化亦要在新的时空情境下转变轨迹，逐渐发展成为在地文化的组成部分。在这一过程中，不同文化之间虽然不可避免地会发生诸多的矛盾、碰撞、冲突，甚至引发战争，但文化间的交流、互动、融合仍然占据着主流地位，而其最终的结果则是人类社会的进步与文明的发展。有鉴于此，当进行移民尤其是跨境跨国移民课题的研究时，即要考察看得见的人的移动，亦要关注看不见的文化的移动，即因移民而产生的文化传播与移植以及由此带来的不同形态的文化互动与新文化的出现对人类文明与社会历史发展的重要意义。

东南亚是海外华人最主要的聚居之区。地处东南亚的新加坡，其人口中有三分之二以上为华族，是大中华以外唯一一个以华人人口占绝大多数的国家。包括新加坡在内的东南亚华人并非当地土著，他们的祖先主要是在鸦片战争后一百年从华南来到南洋拓荒的中国移民，由他们带来的华南原乡文化也随之传播并移植到这片新土地上。在不同于祖籍地的时空脉络下，华南移民伴随东南亚的历史演化在当地落地生根，该地区也因此成为中华文化在海外创造性传承与发展的一个重镇。

本书正是基于上述学术理念与对东南亚华人社会文化的认知而展开

对新加坡华人宗乡文化的研究。所谓"宗乡文化",是指源自中国华南地域的传统民间乡土文化,在新加坡从殖民地时代到本土社会的时空变迁中,伴随华人社会的建构与演化的历史进程而发展起来的,作为华人文化乃至新加坡文化重要组成部分的文化形态。

在中国传统典籍里,"宗"与"乡"是两个概念。"宗"最基本的意涵是指"祖庙""同祖""同族"[①]。"乡"最初是因周代建制以一万二千五百户为一乡而指古代的一种居民组织,其后逐渐演化,泛指城市以外的农村地区,也引申为出生地或家乡[②]。可见,"宗"与"乡"的原意,前者与宗亲血缘相关,后者则与乡亲地缘相连。而结合"宗""乡"形成"宗乡"概念以及由此概念形成的社团形态"宗乡社团",则出现在当代新加坡华人社会。

20世纪70年代末80年代初,新加坡政府应内外形势的变迁,鼓励国内的华族、马来、印度等各种族保留自己的语言文化与传统习俗。在此背景下,新加坡政府官员相继走入华人社团展开工作。1979年时任劳工部政务部部长的谢嘉惠参加惠安公会三庆大典。他在致辞中,促请宗乡会馆开放门户吸纳年轻人,扩大服务,以适应新的时代[③]。这是笔者所见新加坡传统华人社团被称为"宗乡社团"的最早记录。到了1984年,当时正是新加坡全国大选前夕,政府部长纷纷走访各选区。时任不管部部长后成为总统的王鼎昌来到华人社团聚集的社区访问。他亦以"宗乡社团"统称会馆、同乡会、宗亲会等,鼓励这些建立于殖民地时代的华人团体与时俱进,在新的时代重新找到社会定位[④]。

政府的鼓励与推动得到当时正在寻求生存与发展契机的华人社团的积极响应。在与王鼎昌部长的对话中,时任新加坡晋江会馆会长的蔡锦淞提出,政府应重视民间社团的力量,尤其是应与宗乡会馆保持密切联系。"因为宗乡会馆在保留与发展传统文化方面可扮演重要角色。"[⑤] 这是

---

① 《辞海(中)》,"宗"词条,上海辞书出版社1979年版,第2311页。
② 《辞海(上)》,"乡"词条,上海辞书出版社1979年版,第218页。
③ 《力挽狂澜的七、八十年代》,载《总会二十年》,新加坡宗乡会馆联合总会2005年版,第15—16页。
④ 《宗乡总会滥觞》,载《总会二十年》,第17页。
⑤ 同上。

新加坡华人社团领袖首次以"宗乡会馆"自称。在这次对话后,围绕着宗乡会馆如何在新时代转型与重振等问题,新加坡华社展开一系列讨论。1984年12月2日由福建会馆、潮州八邑会馆、广东会馆、福州会馆、南洋客属总会、琼州会馆、三江会馆及惠安公会等社团联合发起、在潮州会馆举办主题为"我国宗乡社团如何在新时代扮演更积极角色"的"全国宗乡会馆研讨会"。来自全新加坡的185个华人社团的665名代表及其他35个社团代表及个人出席了此次大会。在研讨会上,王鼎昌代表政府肯定华人宗乡社团对新加坡社会发展所做的贡献,并提出促使会馆在未来转型与发展的五点建议。经过激烈的讨论与辩论,研讨会在总结时提出对未来发展的十大建议,其中包括"尽速成立全国宗乡会馆联合总会,以便统筹与协调各会馆今后的发展与合作"等内容①。1985年1月23日,已经升任副总理的王鼎昌再次邀约各大方言社群的主席共进午餐,希望大家为了会馆的前途和华社的利益,务必支持并尽快成立全国宗乡会馆联合总会。他特别指出,总会的成立有助于推广华文华语及中华传统文化,并建议由福建会馆主席领导宗乡会馆联合总会。1985年2月7日,福建会馆主席黄祖耀召开记者会,宣布全国宗乡会馆联合总会即将成立。经过近一年的筹备,总会于1985年12月9日获准注册。1986年1月29日,"新加坡宗乡会馆联合总会"(以下简称"宗乡总会")在香格里拉酒店大厅举办隆重的成立大典②。至此,由政府直接推动的、在当代扮演整合传统华人社团功能的宗乡总会正式出现在新加坡华人社会舞台。与此同时,"宗乡文化""宗乡社团"等从此成为当代新加坡社会约定俗成、称呼建立于殖民地时代的华人社团与传承自华南民间的华人传统文化的话语。

从以上阐述可见,虽然"宗乡"与"宗乡团体"的称法在20世纪七八十年代才出现,但从新加坡华人社会历史发展进程来看,"血缘宗亲"与"地缘乡亲"关系是伴随闽粤移民而来的"文化移植"。而"宗乡团体"则是运用这些传承自华南传统民间社会的"宗""乡"文化资源而建立会馆、同乡会、宗亲会等的华人社团组织。正如新加坡历史学者、

---

① 《总会诞生前奏——全国宗乡会馆研讨会》,载《总会二十年》,第19—20页。
② 《总会成立:火车头鸣笛起航》,载《总会二十年》,第21—24页。

资深报人彭松涛所言,"所谓'宗'即同姓、同宗、血缘关系,'乡'即同里、同乡、地缘关系。宗乡组织即血缘加地缘的组织"①。作为华人社会基本的组织架构,这些社团形态早在殖民地时代就普遍存在于东南亚各华人社会②。根据吴华的《新加坡华族会馆志》,直至20世纪70年代中叶,在新加坡建国之前建立、保留下来的会馆、宗亲会、行业公会等华人社团仍有五六百所之多③。而在马来西亚,根据1999年的统计,当年全马有五千多个华人社团④。

另外,"宗乡文化"与"宗乡社团"名称的出现,亦是20世纪七八十年代新加坡社会变迁的产物。众所周知,在半自治殖民地时代建立、包括新加坡在内的东南亚华人社团,扮演华人社会"政府"的角色,不仅是维持那一时代华人社会运作的组织机构,亦是中华文化在东南亚传承与发展的重要载体。华人社团的这些特点,尤其是承载传承中华文化的重要功能,符合新加坡政府鼓励各种族保留传统文化的政策需求。有鉴于此,在20世纪七八十年代,新加坡政府借助"宗乡"话语与对"宗乡文化"的强调,由上而下重新整合并推动在建国后不断被边缘化且在民间社会仍拥有较强实力的华人传统社团转型,使其承担保留与传承中华传统文化与价值观之功能。而基于自身与华南原乡一脉相承的文化内涵与生存需求,华人社团也认可并接受政府的提法。

总括以上所述,在文化内涵与组织形态上,"宗乡文化"与"宗乡社团",等同于殖民地时代即已普遍存在于东南亚的华人文化与社团形态⑤。

---

① 彭松涛:《新华宗乡组织的演进》,载《源》第1期,新加坡宗乡会馆联合总会1986年版,第14页。
② 有关东南亚殖民地时代华人社会建立的会馆、宗亲会、行业公会等社团的总称,各地区的华人社会不尽相同。例如在马来西亚,华人社团通常也称为"乡团"与"华团"。见林水檺、何国忠等编《马来西亚华人史新编》第三册第二十三章、二十四章"独立前华人乡团组织""独立后华人乡团组织"。马来西亚中华大会堂总会1998年版。《马来西亚华团简史》,马来西亚中华大会堂总会1999年版。不过,根据笔者的了解,如以"宗乡社团"称之,马来西亚华社也不反对。
③ 吴华:《新加坡华族会馆志》第一册、第二册、第三册,新加坡南洋学会1975年、1975年、1977年版。
④ 《马来西亚华团简史》编委会主席拿督方天兴序,马来西亚中华大会堂总会1999年版。
⑤ 鉴于"华人社团、传统华人社团、华人宗乡社团"的文化内涵与组织形态在新加坡语境下可相互等同替代,故本书在使用这些概念时不再特别加以注明其区别。

然而，在当代新加坡语境下，二者在社会功能上还是有差异。从殖民地时代作为新加坡华人社会三大支柱之一的"华人社团"、到新加坡建国之后尤其是20世纪80年代以来成为保留与传承中华传统文化与价值观的"宗乡社团"，客观上反映了华人社会在新加坡时空变迁脉络下的变迁与演化。

2002年笔者在一项有关20世纪八九十年代蓬勃兴起的海外华人社团世界恳亲联谊活动的研究中，首次以"宗乡文化"为理论框架，讨论在当代经济全球化的时空情境下，海外华人社团的认同形态与跨国网络。在这项研究中，笔者从维系海外华人社团内在文化纽带的视角，对"宗乡文化"所涉及的内容与功能等诸方面进行初步探讨。笔者认为，遍布世界各地、差异性很大的华人社团之间存在着一条被称为"乡情""乡谊"的血脉相连的共同文化纽带，那就是对"宗乡文化"的认同。所谓"宗乡文化"，涵盖了祖籍地与移居地两方面的内容。在祖籍地方面，主要指方言、宗族观念、祖先崇拜、神明信仰、节庆习俗等中国传统乡土文化的内容与形态。"宗乡文化"的另一层内容，则是海外华人运用传承自祖籍地的传统民间文化资源，在移居地建构与发展的社会文化形态。正因为"宗乡文化"涵盖了祖籍地与移居地两方面的内容，才能成为海外华人社团共有的历史记忆与文化资源，因而能够承担起为当代海外华人社团跨国活动提供文化纽带的重要功能[①]。这是我对包括东南亚在内的海外华人宗乡文化的最初思考。自此以后，笔者在原有学术积累的基础上，继续以新加坡华人社会为主要考察对象，展开东南亚华人宗乡文化研究。本书收录的内容，是笔者自21世纪初以来研究的心得之作。

本书的正文，以三卷篇幅讨论新加坡华人社会的"宗乡社团""帮群坟山""庙宇组织"与"传统节庆"等。基于新加坡地处东南亚区域、新加坡华人是东南亚华人社会重要组成部分，本书的卷四以"走出新加坡"为题，收入笔者与东南亚华人社会文化研究方法论、新马华人民间信仰等课题相关的7篇学术论文。本书的附录，涉及碑文撰写、书序、书评等项内容，是笔者表述学术理念的另一书写方式。

[①] 曾玲：《认同形态与跨国网络：当代海外华人宗乡社团的全球化初探》，《世界民族》2002年第3期。

上述内容的共同主题，在于通过对近现代华南移民运用传承自祖籍原乡的传统民间文化资源、在移居地的新土上再建新家园历史进程的具体考察，研究中华文化的海外传承与在新的时空脉络下的创造性发展。以下就本书的内容与主要论点、本研究所运用的华人社会档案资料等各类文献以及与东南亚中华文化研究相关的思考等问题做一阐述，以期有助于阐明本书的研究理念与基本思路。

二 华人宗乡文化的建构与演化

基于近现代中国的海外移民与南来东南亚拓荒的移民构成，新加坡华人宗乡文化主要传承自华南地域的传统民间乡土文化。

中国移民南来新加坡，始自1819年新加坡开埠。鸦片战争之后，由于当时中国的内忧外患与东南亚开发对劳工的大量需求，中国移民持续不断地一拨又一拨地涌入新加坡，致使本地华人人口不断增加。文献记录显示，从1845年开始，新加坡华人人口已经超出马来、印度等其他种族的移民人数。到了1860年，当地的华人移民已占当时新加坡总人口的61%[1]。这些被称为"新客"[2]的中国移民主要来自中国华南闽粤地区的破产农民与城市平民等。有鉴于此，伴随闽粤移民而来的文化移植，主要是宋元明清以来在华南地域社会得到长足发展的诸如祖先崇拜、宗族观念、民间信仰、节庆习俗以及承载上述内容的闽粤各地不同方言等传统民间文化形态。当这些文化形态在脱离原乡的发展轨迹后，转而进入新加坡的时空脉络，在伴随新加坡华人社会建构与演化的历史进程中，发展成为新加坡华人宗乡文化。

（一）从地域文化到社群文化：华人宗乡文化建构

伴随闽粤移民而来的华南地域传统民间文化，是在英殖民统治的移

---

[1] Victor Purcell, *The Chinese of Malaya* (London: 1948), P. Xi，转引自林孝胜《新加坡华社与华商》，新加坡亚洲研究学会1995年版，第63页。
[2] 与"新客"相对应的是"土生华人"社群。本书的研究与该社群的关联性不大，故暂不展开讨论。

民时代发展成为具有社群边界的华人宗乡文化。制约这一进程的是英殖民政府的统治政策与闽粤移民的社群结构。

英殖民政府统治新加坡时期,采取分而治之与间接统治政策。因此,当大批华南移民来到包括新加坡在内的东南亚拓荒,如何在半自治的殖民地建立华人社会结构与组织形态,是他们面对的共同问题。离开祖籍原乡的华南移民迫切需要文化资源,以实现华人社会的重组与重建。

另外,受到移民史等因素的制约,在新加坡开埠初期,华人社会内部即呈现出主要基于祖籍地方言差异而形成的社群结构。来自相同祖籍地说同一方言的闽粤移民往往结合成"帮",并因操相同方言和具有相同的风俗、习惯等因素,形成各自的帮群认同而与异帮群相区别。在英殖民政府的统治下,这些不同的方言帮群基于当时社会、政治、经济诸因素的影响,为争取各自的利益,或独立成帮或相互联合,呈现出帮群分立、互动与整合之状态。

在上述两个因素的制约下,承载着祖籍原乡历史、社会、文化记忆的华南传统民间乡土文化在脱离原乡发展轨迹后,即进入新加坡殖民地时代华人移民的社群脉络,承担为闽粤移民的社群整合与社团建立提供文化资源与组织原则的历史新使命,并伴随华人社会的建构而发展出具有社群边界的宗乡文化形态。

本书以具体的个案,重点考察与讨论殖民地时代的新加坡闽粤移民如何以源自华南地域传统乡土文化中的闽粤方言、祖先崇拜与民间信仰等作为文化资源,来建立会馆、帮群坟山、庙宇组织等社团形态。

如前所述,制约移民时代新加坡华人社群结构的重要因素,是伴随闽粤移民而来的闽南、潮州、广府、客家、琼州等华南各地不同的方言。然而,当这些来自华南各地的方言成为文化资源时,并非简单地运用于华人移民社会,而是历经了一个转换,从在原乡具"语言或文化层次的方言认同",发展成为一种承载特殊群体意识的"方言群认同"。"方言群认同"的重要功能在于,"当这种意识表现于群体活动时,它便成为一种社群的分类法则"[1],从而为闽粤移民的社群整合与社团建立提供文化纽

---

[1] 麦留芳:《方言群认同:早期星马华人的分类法则》,台北"中央"研究院民族学研究所1985年版,第197页。

带与组织原则。

本书考察了基于"方言群认同"而建立的两类华人社团形态。一类是以移民原乡的祖籍地缘、姓氏血缘等作为认同与文化纽带而建立的会馆、同乡会、宗亲会等。这类社团所要处理与解决的问题，是在移居地的时空环境下，重新确认并界定这些离开祖籍地的闽粤移民的社群所属，进而达到社群重组与整合之目的。

另一类是基于"帮群"关系建构的社团形态。本书研究的海唇福德祠绿野亭即是一个包括了"广惠肇""嘉应五属""丰永大"的广府、客家三社群的帮群组织。而广惠肇碧山亭属下则涵盖广府、肇庆、惠州三属的16所会馆。如果说会馆、同乡会、宗亲会等是基于移民个人的认同意识等而建立，那么，帮群组织所要处理的不仅有本方言社群属下各移民群体的重组，亦涉及华人移民社会内部不同方言社群之间的互动与整合。帮群组织能够提供容纳更多单一华人社群的组织架构与整合机制，其内部的社群关系与认同形态也更为多元与复杂。因此，在华人社会的发展进程中，伴随"帮"结构的形成与"帮群组织"的建立及制度化，标志着华人移民的社群整合与华人社会建构进入一个新的历史阶段。

在新加坡华人社会建构的历史进程中，祖先崇拜是另一重要文化资源。关于祖先崇拜在新加坡华人社会的传承与"社群化"的祖先崇拜所具有的重要整合功能，本书主要透过闽粤移民建立的坟山组织进行考察。

在殖民地时代的东南亚，坟山组织普遍存在于各地的华人社会。在19世纪的新加坡，华人移民各帮群都建有坟山与设立坟山管理机构。如福建帮的恒山亭、潮州帮的泰山亭、琼州海南帮的玉山亭、客属嘉应社群的"嘉应五属义山"等。在这些坟山组织中，有一些迄今仍承担社群总机构的功能。例如丰（顺）永（定）大（埔）社群的毓山亭、本书考察广惠肇社群的"广惠肇碧山亭"与广客两帮群的总机构福德祠绿野亭[①]等。

与会馆、宗亲会等社团不同，坟山组织是通过对先人的处理来解决移民生者的社群重组与整合问题。因此，坟山组织具有双重功能，其在作为丧葬机构，处理本社群先人的丧葬与祭祀等事宜的同时，也具有界

[①] 1993年该社团修改章程，去掉"海唇"二字，定名为"福德祠绿野亭"。

定不同帮群与促进本帮群内部不同社群整合的重要功能。这显示，第一，坟山组织的内在文化因素是坟山崇拜，而坟山崇拜是中国传统社会祖先崇拜的重要组成部分。祖先崇拜由此成为闽粤移民在殖民地时代的新加坡重建其社会结构重要的文化策略与组织原则之一。第二，经由移民而传播到新加坡的华南的祖先崇拜与坟山崇拜，通过华人帮群坟山组织的建立与运作，已呈现出"社群化"的新形态。

传承自华南的中国传统民间信仰，亦是殖民地时代华人社会建构的重要文化资源。现有的研究已显示，在殖民地时代的东南亚华人移民社会，建庙祭拜移植自华南祖籍地的乡土神明，除了要解决南来拓荒的闽粤移民在新土地上的宗教需求、维系他们的"中国化"与"祖籍认同"之外，有些庙宇还作为移民社群的总机构，承载凝聚与整合社群的重要功能。在新加坡殖民地时代，天福宫曾作为福建移民社群的总机构。粤海清庙、琼州天后宫亦曾是潮州、海南移民社群的总机构。而创办于19世纪中叶的望海大伯公庙，迄今仍是新加坡"嘉应五属""丰顺""永定""大埔"等"客属八邑"的最高联合机构。以上所述显示，与坟山组织相同，新加坡殖民地时代闽粤移民建立的庙宇组织亦具有双重功能。其在解决华南移民宗教信仰需求的同时，亦为华人社会提供凝聚与整合社群的组织架构。

本书考察的重点，是在前人研究的基础上，以具体的个案讨论源自华南的传统民间信仰如何在不同于祖籍原乡的时空情境下所历经的"社群化"的发展进程。本书的研究显示，"移神"与"定居"是传统民间信仰社群化的两个重要阶段。所谓"移神"，主要指的是鸦片战争后一百年经闽粤移民的"分香而来的华南乡土神明"。而神明的"定居"，则是指所"移"之神在离开原乡轨迹、重新进入华人移民社会后重建的庙宇与神明系统。受制于华人社会的帮群结构，这些"定居"于华人社群的庙宇与神明系统因具有社群边界而呈现出"社群化"特征。这是庙宇组织具有整合所属社群重要功能的奥秘之所在。

总括以上所述，在新加坡殖民地时代，脱离原乡轨迹的华南地域社会传统的"宗""乡"文化，在新的时空脉络下承担新的历史使命，为闽粤移民在这片新土地上再建家园提供文化资源与组织原则。伴随这一历史进程，其自身也从华南传统民间乡土文化发展成为新加坡华人宗乡文化。

在文化形态上,华南传统民间文化与新加坡华人宗乡文化的差异在于,前者是地域文化,后者则是社群文化。从前者向后者的转变,是通过华南传统民间文化的"社群化"而实现。在华人宗乡文化的架构下,来自华南移民原乡的福建、潮州、广府、海南、永定、大埔、丰顺等地名,从看得见的地理概念,转变成为看不见的具有特定群体内涵的文化符号。例如,"福建"不仅特指来自同一祖籍地的移民社群,亦作为该群体的认同意识与维系社群的文化纽带。本书所讨论的源自华南的方言、祖先崇拜、民间信仰等,都历经了"社群化"的转变过程。

在文化内容上,为了适应移民时代华人社会整合的需求,源自华南传统民间文化的宗乡文化也有一些发展与变化。以祖先崇拜为例。在移民时代广府、客家等移民帮群设立的坟山组织中,创设了一种在华南原乡所没有的埋葬形态"社团总坟"。"社团总坟"的类别与会馆、同乡会、宗亲会、行业公会等社团形态"阴阳"对应,目的在于建构作为该社群认同象征的"社群共组",并透过在"清明"与"重阳"期间定期举行"春秋二祭",来解决移民帮群内部不同社群的凝聚与整合问题。从设立"社团总坟"、建构"社群共组"到制度化的"春秋二祭",表明基于中国传统血缘性的"亲人"或"亲属关系"在进入东南亚华人移民社会后,朝向虚拟血缘与泛血缘的方向扩大,祖先崇拜与坟山崇拜因而具有了社群边界。相较于华南原乡,社群化的祖先崇拜整合空间更为扩展,不仅具有整合血缘宗族的功能,亦涉及血缘的宗亲团体、虚拟血缘的姓氏组织、地缘性的乡亲组织、业缘性的行业公会等社群组织的凝聚与认同。

综上所述,从地域文化到社群文化,华人宗乡文化所历经的建构进程,既是闽粤移民在殖民地时代的新加坡重建其社会结构与文化形态的产物,亦是华南传统民间乡土文化在海外华人社会创造性发展的结果。

(二)社会变迁与华人宗乡文化的当代图像

1965年8月9日新加坡宣布独立建国,这是自1819年莱佛士开埠以来最具重大历史意义的事件,它标志着新加坡脱离英殖民政府一个半世纪的统治,进入一个独立、和平、建设与发展的新时期,其人民由来自世界不同地区的移民转变身份认同成为以新加坡为祖国的公民。在殖民地时代完成建构历程的华人宗乡文化,也随之进入新兴国家的时空脉络。而其继续的演化进程,直接受制于建国后半个世纪新加坡的社会变迁,来自世界区域、包括祖籍地在内的中国等外部世界诸多因素,亦对其产生深刻的影响。另外,对具社群属性的华人宗乡文化而言,其自身也面对一个在不同于殖民地时代的国家脉络下转型的问题,即如何跨越社群、朝向作为新加坡国家文化重要组成部分的方向发展。

1. 制约华人宗乡文化演化的因素

自1965年以来的半个世纪,国家是制约与影响新加坡华人宗乡文化演化进程的最主要与最重要因素。

关于新加坡建国后半个世纪的社会发展,有学者以20世纪70年代后期为界,将新加坡建国后的发展历程,分成两大阶段,前者为"破",后者则为"立"[1]。亦有学者将其分成三个阶段:1965年至1985年为"生存的政治",1985年至2005年为"发展的政治",从2005年至今,则为"整合的政治"[2]。上述分期虽各有其理由,但因其基本符合建国后新加坡社会发展的现实而被学界所认同。在建国初期,新加坡面对的一大挑战,是如何在开埠到建国不到一个半世纪且基本没有土著与本土文化根源的移民社会的根基上凝聚与塑造新加坡人的国家认同,这是关系到这个年轻共和国能否生存的要害问题。为此,新加坡全力运作塑造新加坡人的国家认同。受制于种种历史与地缘政治的局限,这一时期新加坡政府的基本做法是置种族认同于国家认同之下,通过社会、经济、教育、文化等一系列政策的制定与实施,试图建立超越种族和帮派的社会文化形态,将各种族各族群团结在国家旗帜之下,特别是淡化与抑制占人口绝大多数的华人族群的文化认同与民族认同,以此来强调新加坡人的国民意识与对国家的认同感。

20世纪80年代中叶以后,国际形势发生很大变化。东西方冷战结束,经济全球化迅速发展,亚太地区出现急剧的社会经济变迁,特别是

---

[1] 郭振羽:《回顾30年前的一场文化再生运动:兼记1987年曲阜儒学大会》,载《怡和世纪》2018年第1期,新加坡怡和轩俱乐部出版,第42—45页。

[2] 刘宏:《总结演讲》,载周兆呈、游俊豪、符诗专主编《半个世纪的新加坡:回顾与前瞻》,新加坡亚洲研究学会2016年版,第159—160页。

中国实施改革开放综合国力不断增强与包括新加坡在内的东南亚各国恢复或建立正常经贸外交关系。在新加坡国内，20世纪80年代以后，建国历程已趋于稳定，社会经济亦有长足发展。与此同时，建国后二十年推行的以国家认同取代种族认同的政策，虽然有助于促进各种族的凝聚，但也产生不少较为严重的政治社会文化等问题。在此形势下，新加坡政府在调整其内政外交政策的同时，强调并积极推行"多元种族多元文化"政策，鼓励各种族在国家认同的前提下，保留与发展自己的文化传统。对于华人族群，自1990年新中建交后，在"搭中国经济顺风车"的政策鼓励下，政府不仅提倡华人社会尤其是宗乡社团举办中华节庆等活动，保留与传承传统中华文化与价值观，亦支持宗乡社团与祖籍地重建联系，在新加坡主办或参与全球海外华人社团的跨国联谊活动。

进入21世纪以来，新加坡社会内部的政治与社会出现许多新的变化，国家认同的强化与国家文化的建构仍是国家发展必须解决的问题。而21世纪之初发生的"9·11"事件、巴厘岛大爆炸以及连续不断的区域极端分子制造的各类事件，使新加坡一直面对来自中东与亚细安等地恐怖主义威胁的严峻形势[①]。有鉴于此，新加坡政府在继续坚持"多元种族多元文化"国策，积极提倡与推行"种族和谐"政策，强调不同种族间的文化交流与社会融合[②]的同时，鼓励各种族民间社会团体主动承担维护国家种族宗教和谐的重任。

建国后半个世纪新加坡政府的政策与社会变迁，对华人社会文化产生深刻的影响。

研究显示，从"二战"后到1965年新加坡独立建国前，历经"二战"苦难与黑暗岁月的新加坡华人社会进入发展与转型期。一方面，随着"二战"后华南移民的再次涌入与本地出生华人人口的增加，华人社会规模不断扩大，在日据时期陷入停顿状态的华人社团也进入了一个重整、恢复和发展的时期；另一方面，基于战后东南亚、中国的政治与社

[①] 近期新加坡对于区域恐怖主义的担忧，可参见新加坡《联合早报》社论《东南亚恐怖威胁正卷土重来》，2018年2月23日。

[②] 新加坡总理李显龙在最近一次的谈话中，把促进不同种族间的文化交流与社会融合，以巩固新加坡人的共同价值观，作为政府促进新加坡社会和谐的三大任务之一。李显龙：《政府三方面维护社会和谐》，新加坡《联合早报》2018年2月6日。

会变迁尤其是新加坡中华总商会所领导的华人争取公民权运动与1965年新加坡的独立建国，促使华人社会进入一个转型期。其主要表现在，"二战"以前，新加坡华人社会显示较浓厚的移民社会色彩。"二战"以后到新加坡建国，华人社会本土意识增强，并转变国家与身份认同，成为这个由多元种族组成的新兴国家的重要组成部分。

然而，在新加坡建国后二十年的"生存政治"时期，华人社会却因政府推行的"置国家认同于种族人认同之上"政策而陷入民族与文化认同的危机。为了建构新加坡国家认同，政府"合并"（关闭）大中华以外唯一一所华文大学——南洋大学，终结在殖民地时代蓬勃发展的新加坡华文教育体系，从根本上动摇了华人社会赖以生存的中华文化根基。宗乡社团是保留与传承中华传统文化的另一重要阵地。而在新加坡政府实施的一系列以国家认同取代种族认同的政策之下，宗乡社团和源自华南传统民间乡土文化，包括方言、节庆、祖先崇拜、民间信仰等诸多内容的宗乡文化因作为对立面而成为牺牲品[1]，面临被边缘化的危机。

华人社会发展契机的到来，是伴随20世纪80年代中叶新加坡政府一系列内外政策的调整。这些调整逐步改变建国前期将国家认同与各种族文化认同相对立的社会氛围，从而给华人社会与宗乡文化带来生存与重振的历史契机。

第一，新加坡政府希望华族与华社传承中华传统文化与价值观，这些正是华人宗乡文化涉及的主要内容。这就有了本文前言中所提到的政府官员走入华人社会，以"宗乡社团"称呼传统华人社团，以及"宗乡总会"成立等一系列事件的出现。自此以后，在建国后面对困境的宗乡社团被赋予传承中华语言文化与华族传统价值观的新使命，亦使华人宗乡文化在国家脉络下的生存与发展有了功能上的新定位。

第二，基于"多元种族多元文化"与"种族和谐"的国家政策，政府鼓励各种族民间社团主动承担维护国家种族宗教和谐的举措，不仅为

---

[1] 参见李光耀《一种共同语》《尾巴特长的中国龙》，载《李光耀回忆录：1965—2000》，新加坡《联合早报》2000年版，第169—181、644页；周兆呈《南洋大学：25年坎坷》、李慧玲《母语教育：一保再保》、王昌伟《新加坡华人社群的历史演变与华文报的舆论走向：以〈联合早报〉及其前身为例》，载李慧玲、黄佩卿主编《联合早报的前世今生：我们的90年》，新加坡《联合早报》2013年版，第69、236、254页。

华人社会在新时期的发展注入更多新内容,亦赋予华人宗乡文化承担与非华族文化交流的新功能,进而促使宗乡文化向作为国家文化组成部分的方向转型。

第三,宗乡社团是推动宗乡文化重振与发展的主要力量。伴随20世纪80年代中叶以来在社会变迁新形势下的调整与转型,宗乡社团迎来发展的转机。进入21世纪以来,因应时空变迁与新加坡各项政策的影响,宗乡社团在运作内容与社会功能诸方面呈现出"凝聚、开放与融汇"等三个显著特征。这些变化不仅使宗乡社团逐渐摆脱建国前期被边缘化的困境,亦使宗乡社团能够更为自信地传承与发展包括宗乡文化在内的中华语言文化。这为宗乡文化的重振与拓展提供了组织与运作机制的保障。

2. 华人宗乡文化的当代演化

由于在新加坡建国后的二十年里华人社会文化基本陷于停滞状态,故本书重点考察20世纪八九十年代以来的华人宗乡文化。有鉴于当代重振宗乡文化的组织机构主要是宗乡社团,故本书也涉及宗乡社团在当代的变迁与转型的研究。

综合各类记录与笔者的田野考察,自20世纪八九十年代以来,新加坡华人宗乡文化进入一个重振与拓展的新时期。

先谈华人宗乡文化在当代的重振与复兴。

从20世纪八九十年代以来,新加坡华人宗乡社团以涵盖祖籍地与移居地两方面内涵的宗乡文化为纽带,重建与拓展和祖籍地、区域以及海外华人宗乡社团的跨国经贸文化联系网络,进而提升与强化宗乡文化在新加坡社会的重要地位。这是重振华人宗乡文化的外部途径。

在新加坡内部,华人宗乡社团主要是通过唤起宗乡社群的历史记忆与中华文化认同来重振建构于殖民地时代的华人宗乡文化。

恢复中华传统节庆,是宗乡文化重振的一项重要内容。作为博大精深中华文化的重要组成部分,传统节庆既是中华文明生生不息、代代相传的有效载体,亦凝聚与承载着炎黄子孙的民族与文化认同。当中华传统节庆伴随闽粤移民的南来而传播到新加坡后,不仅对保持殖民地时代华人社会的"中国化"起着决定作用,同时也为华南移民提供社群整合与凝聚的重要舞台。然而,由于新加坡在建国后的社会变迁,中华传统节庆文化在华人社会尤其在华人年青一代中已逐渐淡漠。

中华传统节庆在新加坡的复兴开始于20世纪80年代末。当时刚成立不久的宗乡总会经过对一千多个家庭所进行的调查,对华族传统节庆在华人社会衰落的严重状况深感忧虑。为此,总会在政府的支持下,展开一场复兴华人传统节庆习俗的大讨论,并出版中英双语的《华人礼俗节日手册》,用简单的语言与生动的彩色插图,让华社重新了解中华传统节庆文化的意义及其庆祝方式。该书在1989年10月15日由时任第二副总理的王鼎昌主持首发仪式。1990年11月11日,总会在第五届常年会员大会上,推出"春节、清明、端午、乞巧、中元、中秋、重阳、冬至"等八大节日彩旗。在华人传统节庆来临时,这些彩旗在机场、车站、街道、商店等处飘扬,由此在全社会掀起一股复兴中华传统节庆的热潮[①]。

在新加坡中华传统节庆的复兴中,宗乡社团扮演重要的角色。从20世纪80年代后期开始,许多华人宗乡社团重新将清明、中秋、重阳、春节等华族节庆活动作为常年运作的内容。进入21世纪以来,从很多社团编撰的特刊、会讯等的记录看,传统节庆活动已在华人宗乡社团复兴并制度化。

在宗乡社团开风气的带动之下,春节、清明、中元、中秋、重阳、冬至等已经成为今天新加坡华人社会最重要的节庆活动。不仅如此,这些源自中国的传统节庆,有不少在内容、方式与规模等已呈现出许多具有新加坡在地与时代之特色。例如,"春到河畔迎新年"的新加坡春节庆典、"多元种族庆中元""多元种族庆中秋""多元种族捞鱼生"的跨种族的传统节庆活动以及本书所考察与讨论的当代新加坡中元节等。

进入21世纪,宗乡文化重振进入方言文化领域。

如前所述,在殖民地时代,脱离原乡发展轨迹的华南传统乡土民间文化,在为闽粤移民的社群重组与华人社会建构提供文化资源与组织原则的同时,其自身也伴随华人新家园在新加坡土地上的建立,从地域文化发展成为具有社群边界的华人宗乡文化。而建构宗乡文化的根基,即是传承自祖籍原乡的各社群的方言文化。然而,由于建国后的社会变迁,方言与方言文化陷入困境。尤其是1979年由新加坡总理李光耀发起的

---

① 《总会二十年》,新加坡宗乡会馆联合总会2005年版,第43页;《总会二十五年》,新加坡宗乡会馆联合总会2010年版,第33—34页。

"讲华语言运动",虽然有助于华语在新加坡的推广,但其目的却是要"多讲华语,少讲方言"①。在此社会大环境下,方言与方言文化更是每况愈下②,与此相联系的"祖籍"概念、"祖籍认同"与"宗乡社群认同"也随之逐渐淡化③。

20世纪90年代末,为了挽救新加坡华人方言文化,在政府政策允许的范围内,正在转型中的华人宗乡社团纷纷开办福建、潮州、广府、客家、海南等方言学习班,举办以朗诵唐宋诗词为内容的方言诗词大会演,以方言讲授中华文化与中国历史课程等。

21世纪以来,新加坡华人方言文化的重振有了新的内容与进展。一方面,作为各方言社群总机构的福建会馆、潮州八邑会馆、南洋客属总会、广东会馆、海南会馆等纷纷联合属下会馆、同乡会、宗亲会等各社团,举办冠以社群符号的文化节,如"福建文化节""潮州文化节""客家文化节""广东文化节""海南文化节"等。这些由各方言社群举办的文化节,其所展演的内容丰富多彩,既有祖籍原乡的文化传承,亦有该社群在地的文化创造。到目前为止,新加坡这类文化节的举办仍方兴未艾,且已经呈现定期举办的制度化形态。另一方面,各方言社群纷纷举办各种文化活动,重振传承自祖籍地的南音、粤剧、国术、龙狮、客家山歌、潮州大锣鼓等民间文艺、民间音乐以及方言社群独特的民间信仰、节庆文化等内容。上述具有社群边界的文化形态的重振与运作,同时具有重新唤起与强调所属社群的历史记忆与中华文化认同之功能。

当代华人宗乡文化的拓展,主要涉及新加坡华人社会与非华族

---

① 1999年,时任新闻及艺术部部长兼贸工部第二部长的杨荣文指出:"过去二十年,我们确立华语取代方言,为新加坡华人之间的主要共同用语,大致上已经成功。"见《华人、华语、华文》,新加坡推广华语理事会、新闻艺术部2000年版,第4页。

② 区如柏:《讲华语运动,方言退位》,载李慧玲、黄佩卿主编《联合早报的前世今生:我们的90年》,第246页。

③ 根据2017年7月新加坡政策研究院(Institute of Policy Studies)展开的"本地三大族群身份认同感"的调查,一千多名华族受访者在对涉及语言、饮食与习俗等38项特征对其华族身份认同重要性的判断中,"方言"排在"讲流利英语"之后,位于第13位,而"祖籍认同"则排到第27位。见CNA-IPIS Survey on Ethnic Identity in Singapore, Mathew Mathews、Leonard LIM、S. Shanthini and Nicole Cheung, November 2017, *IPS Working Papers* No.28。

社群。

在现有教育体制外展开与中华语言文化相关的活动，是当代华人宗乡社团运作的一项重要内容。兴办华校、传承中华文化与维系华人的民族与文化认同，是殖民地时代包括新加坡在内的东南亚华人社团最重要的一项社会功能。面对1965年新加坡独立后的社会变迁、华文教育体系终结、中华文化在新加坡的传承缺乏体制内教育制度的维系、华人年青一代对中华语言文化逐渐淡漠的现状，华人宗乡社团以发放各类奖助学金，举办从小学、中学到大专各个层次的华文作文竞赛，与大学及学术团体合作，推展各类与讲华语相关的"华语讲故事比赛""华语演讲公开赛""华语常识大赛"等诸多方式，努力在为新加坡保留与传承中华语言文化而艰难奋斗。

特别需要指出的是，由于当代华人宗乡社团更为积极地展开跨国会务，并从20世纪八九十年代参与全球华人社团联谊性质的活动内容，逐渐转入跨国合作展开中华文化活动的新阶段，主要由宗乡社团推动的包括方言文化在内的中华语言文化活动，亦开始呈现出由新加坡本地向着跨国跨地区方向拓展的趋向。

当代新加坡华人宗乡文化的发展还涉及非华族社群。

综合各项记录，在当代新加坡，华族与非华族的文化交流主要是通过同庆华人传统节庆与不同种族同台表演歌舞等形式。有关非华族参与中华传统节庆活动的报道，最早见诸20世纪90年代中叶的新加坡华文报刊。进入21世纪以来，华族与非华族间互动与文化交流更为频繁。各类相关的资料显示，华族与非华族共庆端午、中元、中秋、重阳、春节等中华传统节庆、非华族参与福建会馆、中华总商会等开办的方言与华语学习班等项，正在成为当代新加坡华人宗乡社团、民众联络所、公民咨询委员会等社区基层组织制度化的运作内容之一。

除了传统节庆与歌舞表演，当代新加坡民间的种族文化交流已呈现出进入年轻世代的趋势。一个有价值的个案来自新加坡福州会馆。福州会馆自1995年开始每年举办"全国小学现场华文作文比赛"，2000年增设"非华族生优异奖项"。该奖项自设立以来的近二十年取得不菲成绩。在2017年举办的第二十三届大赛中，参与比赛的非华族获奖者已占获奖总人数的20%。

总之，近些年来有关非华族参与华族传统节庆或不同宗教之间的友好关系等的报道，越来越多见诸报刊和华人社团的各项记录，显示多元种族多元文化的理念已经开始深入新加坡民间社会之层面。而就种族间交流的内容而言，宗乡文化无疑是促进华族与非华族互动与交流的一座重要桥梁，这不仅有助于非华族对华族的了解，客观上也促进中华语言文化在非华族中的传播。

综上所述，在新加坡建国之后的半个世纪，华人宗乡文化发生了很大变化。在建国前期，受制于政府政策与社会变迁，华人社会与宗乡文化面临生存困境的严峻挑战。自20世纪80年代中叶以来，伴随新加坡的转型，华人社会迎来发展契机，华人宗乡文化由此进入重振与复兴的演化进程。基于当代新加坡中华文化发展缺乏华文教育体系的维系，加上受社会变迁、世代交替等因素的制约，宗乡文化的前景还是充满挑战与艰辛。不过，当代宗乡文化在重振的进程中所显示的跨种族、跨国界的趋向与特点，有可能为宗乡文化的未来图像注入新发展动力。当宗乡文化跨越华族、成为非华族愿意了解或参与的华族文化内容，客观上强化了宗乡文化对于新加坡多元种族国家文化建构的重要价值与意义。另外，宗乡文化的跨国特点，亦使其在新加坡本土以外的、包括亚细亚区域、中国与大中华地区乃至海外华人社会等在内的世界有更大的拓展空间。不言而喻，当代华人宗乡文化重振与拓展，不仅有助于重新唤起包括宗乡社群在内的新加坡华人社会的民族与文化认同感，亦有助于促进新加坡国家文化之建构。

三 华人社团档案与资料的文献及学术价值

本书研究的资料，主要来自华人社会文献、华文报刊报道、田野调查与口述访谈。在上述三类资料中，新加坡华人社会文献中有相当部分是笔者新近收集并首次运用于研究中。对这些文献的整理与解读，使笔者在研究视角与研究内容上有了与现有研究不同的思考。有鉴于此，在这一节笔者重点阐述本书所运用的华人社团档案、资料及这些文献的学术价值。

(一) 华人社团档案

一般说来，研究东南亚华人社会历史文化的学者，主要从两个方面获取文献资料。其一为殖民政府或当地政府档案；其二为华人社会文献，包括不同类型的华人社团组织的章程、会议记录、名册、编撰的纪念特刊等各类记载。然而，在东南亚殖民地时代，由于殖民政府或当地政府没有建立规范而完整的华人档案系统，学者很难从官方档案中获得足够的研究资料。此外，由于这些官方档案"大多都是表达一种局外人顺便观察一下华人社会的观点"①，对于从内部研究华人社会历史的发展与演化具有局限性。有鉴于此，华人社会文献更显其重要性。然而，由于受到各种原因制约，华人社会在其历史演化进程中，亦基本没有设立专门的机构保存历史资料，更谈不上建立制度化的文献收藏与管理体系。许多记载华人社会发展历史的社团会议记录、账本等珍贵资料，不是毁于战火，就是伴随时光推移的社会变迁中被毁坏或遗失了。与东南亚大部分国家一样，从1819年开埠至今不到两个世纪的新加坡，保留下来的华人文献已经不多。特别是历经日据前后的战乱与战火，有关"二战"前华人社会的记录被大量销毁。1965年新加坡建国后，社会的现代化发展、快速的市区重建工程的推展等，再次造成各类华人社会文献的严重流失。因此，研究资料的匮乏，几乎是所有该领域学者面对的共同难题。

笔者在新加坡多年的工作与研究中，收集了一批华人社团档案。这批文献数量相当多，主要涉及移民时代新加坡华人社会三类重要社团形态，即会馆与其所兴办的华文学校、帮群坟山与庙宇组织。这批华人社团档案，除了有学界已较为熟悉的章程、名册、董事部、同人大会的会议记录、征信录等外，还有两类新文献，一类是社团和华校的账本账册，另一类帮群坟山档案。

到目前为止，海内外学界在运用华人社团文献时，主要来自文字类议案簿、章程名册、金石碑铭、纪念特刊等记录。华人社团账本是东南亚华人社会文献中另一类以"数字"记录的重要文本。相较于文字类文献，华人社团账本具有计量学与统计学上的意义。通过账本所属社团对

---

① 王赓武"序"，载颜清湟《新马华人社会史》，中国华侨出版社1991年版，第2页。

其在管理运作中所有往来账本系统、细致的登录，真实、具体且不间断地保留了账本所涉及年代华人社会内部的社群关系、认同形态、管理系统、运作方式等的记录。换言之，它是以"数字""实录"华人社会的历史图像，不仅可为研究者提供可与碑铭、会议记录等互为印证的文献，亦因其记录的内容与方式具有真实、具体、细致、全面、连续等特点而能够给研究者以新资料，因而深具学术价值与史料价值。

就研究意义而言，华人社团账本具有为东南亚华人研究领域提供新视角与新内容的重要价值。到目前为止，海内外学界基于所运用碑铭、会议记录等华人社会文字类文献，主要是从政治、社会及文化等层面，即以一种社会文化视野考察殖民地时代东南亚华人社会的建构与历史演化。华人社团账本则是从华人社会经济史的视角考察东南亚华人社会最基本与最重要的文本记录。

本书以华人社团账本进行研究的一个个案，是作为新加坡嘉应五属社群总机构的应和会馆与其所兴办及管理的应新学校。笔者运用应和会馆与应新学校保留下来的"二战"前的账本账册并结合会议记录、章程等文献，从华人社团经济史的视角，具体考察建基于移民的"方言群认同"与"祖籍地缘认同"的应和会馆，如何在半自治的殖民地时代建立一个具有嘉应五属社群边界且能承担维持该社群的运作与整合双重功能的财务系统。另一个个案是广惠肇、嘉应五属、丰永大三社群总机构海唇福德祠绿野亭。笔者细致爬梳与分类整理了海唇福德祠绿野亭与属下社群的账本记录，从中探究南来的闽粤移民在运用源自华南乡土的民间信仰与坟山崇拜等文化资源的同时，亦通过经济层面的运作，来建构"分中有合、合中有分"的社群关系与"整合大群、凝聚小群"的认同形态，以解决这个跨方言与跨地缘的帮群组织的凝聚与整合问题。

另一类文献是华人帮群坟山组织的档案与资料。由于华人坟山内通常都建有福德祠等庙宇，所以保留下来的坟山资料中，通常也包括与庙宇管理相关的记录。这些坟山文献大致可分成文字类的死亡登记、埋葬记录、董事会、监事会、同人大会等的会议记录、章程与名册等、数字类的账本账册以及金石碑铭等几大部分。金石碑铭又可分成记载坟山组织历史发展进程重大事件的碑文与坟山内社团总坟石碑碑文等两类。此外，还有坟山组织历年编撰的纪念特刊、超度先人的万缘盛会特刊等。

在既有的东南亚华人研究学术成果中,学者多将关注点集中于"生者"的世界,注重研究会馆、宗亲会等社团组织。保留下来的华人坟山组织档案与资料显示,对东南亚华人社会而言,在"生者"的世界之外,还存在一个与此相对应且与神明相联系的"死亡"的世界。有鉴于此,现有的仅从"生者"世界进行考察的研究取向与研究内容是不足够的。坟山组织档案与记录则为从一个"死亡"世界的视角考察与研究东南亚华人历史与社会文化提供了最基本与最重要的文本文献。

在本书中,笔者将收集到的广惠肇碧山亭与海唇福德祠绿野亭两个坟山组织的档案、金石碑铭等各类文献,运用于移民时代新加坡华人帮群社会建构的研究,具体考察与讨论闽粤移民如何运用中国传统文化中的"祖先崇拜"与"坟山崇拜",通过对移民先人丧葬与祭祀的处理来凝聚"生者"的社群认同与整合的问题。而伴随这一进程,源自华南原乡的祖先崇拜也向着虚拟血缘与泛血缘的方向扩大,发展出社群化的祖先崇拜之形态。

(二) 华人社团资料

华人社团资料,是另一类重要的华人社会文献。

编撰与出版纪念特刊,是包括新加坡在内的东南亚华人社会的一项重要传统。对各类华人宗乡社团而言,纪念特刊的编撰,是其从殖民地时代延续至今的重要运作内容之一。笔者认为,对缺乏档案记录系统的东南亚华人社团而言,纪念特刊是华人社会书写与记载自身历史的文本,深具文献价值。因此,本书注重对华人社团特刊的收集与运用。

除了社团特刊,本书运用的华人社团资料,还包括目前学术界关注不多的社团"会讯"[①]。

从笔者收集到的资料看,保留下来的新加坡建国前的华人社团"会讯"并不多见。新加坡华人宗乡社团将编撰与刊发"会讯"作为一项会务内容,大致始于 20 世纪 80 年代末 90 年代初。例如,宗乡总会会刊《源》始刊于 1986 年、福建会馆会讯《传灯》于 1992 年创刊、广惠肇碧

---

① 有些社团称之为"会刊"。

山亭于1997年创刊会讯《扬》、福州会馆在1993年复刊创办于1959年的会讯《三山通讯》并将其改名为《三山季刊》等。自世纪之交到21世纪以来的近二十年，伴随在新加坡内外时空情境变迁下华人宗乡社团的转型与重振、运作内容与社会功能的改变等，从宗乡总会、中华总商会到福建、潮州、广府、客家、海南、广西、三江、福莆仙等各方言社群的会馆、宗亲会、庙宇、坟山、俱乐部等各类社团纷纷编撰发行"会讯""会刊"。这些在20世纪八九十年代以来出现的"会讯""会刊"，其所涉及的华人社团之多、数量之大，正在成为研究当代新加坡华人社会的一类重要资料。

"纪念特刊"与"会讯"虽同为华人宗乡社团所编撰，但相较于内容广泛、篇幅较大、编撰与发行周期较长、出版时间不确定的纪念特刊，当代"社团会讯"则具有定期、制度化、纪实、持续且不间断的编撰与刊行方式。在内容上，"会讯"主要涉及当下三个月、半年或一年所属社团的会务与运作状况，故"会讯"的篇幅通常都不大，少则几页，多则十数页，编撰与发行成本远低于社团特刊。这些不同于社团纪念特刊的文本与刊行特点，使作为20世纪八九十年代以来新加坡社会变迁产物的"会讯"，能够真实、具体、动态地记录与展示华人社会尤其是宗乡社团与宗乡文化的当代图像，显示"会讯""会刊"具当代特色的文献价值。有鉴于此，笔者对华人社会文献的收集，除了关注华人社团特刊这类学界已较为熟悉的文本外，尤其重视自20世纪八九十年代方崭露头角的各类社团会讯及会刊，将其运用于本书有关新加坡华人社会的当代转型与华人宗乡文化重振的具体考察与研究中。

综上所述，笔者对新加坡华人社团档案与资料的收集、整理与解读，使笔者在对包括新加坡在内的东南亚华人社会文化的考察中有新的学术视角、探究内容与一些不同于现有研究的思考。

四 结语与讨论

本书以中国与东南亚等多元的研究视角，主要运用会馆、华校、庙宇、坟山等社团的碑铭、议案簿、章程、名册、账本账册、死亡登记、埋葬记录、纪念特刊、会讯等新加坡华人社会档案与资料、田野调查的口述访谈与华文报刊报道等各类文献,结合宏观考察与个案研究,重点探究自1819年新加坡开埠之后,脱离闽粤移民祖籍原乡发展轨迹的华南地域传统民间乡土文化,如何在新加坡从殖民地时代到本土社会的时空变迁脉络下,伴随华人社会的建构与演化而发展成为新加坡华人宗乡文化的历史进程。在这一历史进程中,从华南地域文化发展成为新加坡华人的社群文化,是殖民地时代华人宗乡文化建构的基本内容。而在新加坡建国以来半个世纪时空变迁的脉络下,当代华人宗乡文化正在经历重振的艰难挑战。与此同时,具有华人社群边界的宗乡文化,也呈现出朝向新加坡国家文化建构轨迹演进的发展趋势。

作为源自文化移植而在新土地的时空脉络下创造性发展的产物,笔者期盼本书对新加坡华人宗乡文化的研究,有助于对以下三个课题展开进一步的讨论与探究。

其一,中华文化体系的海外发展。

众所周知,作为世界四大古文明之一,中华文化体系经历了漫长的发展进程。在数千年的历史长河中,中华民族整合与凝聚了华夏大地从南到北、从东到西的各个不同民族与不同的文化形态,创造了博大精深的华夏文明与中华文化。

中华民族在创造灿烂的中华文化的历史进程中,亦将这一文明形态传播到世界各地。相关的研究显示,中国人与海外的交往,至少从先秦两汉即已开始。在此后的近二千年里,随着中国与世界经贸文化联系的不断扩展与加深,中国的语言、文字、文学、音乐、戏剧、宗教、中医药等也传播到世界各地。就中华文化在海外的传播而言,今天的东南亚无疑是最重要的地区之一。秦以前中国与该地区已有生产与文化交流。秦汉以降,民间与官方可经海路或陆路抵达东南亚。宋元以后,中国与东南亚的交往在政治、经贸、移民、文化等诸多领域展开。15世纪初,郑和率领庞大船队七下西洋,多次经过东南亚地区。从宋元到明清,中国华南社会经济变迁,海外贸易迅速兴起,东南亚成为中国展开海外商贸交易的重要与主要地区。著名的海上丝绸之路,又称为陶瓷之路,其所经之处皆主要在该地区。在中国与东南亚政治经贸文化交流不断扩展的同时,南来的中国人不断增加。尤其是鸦片战争之后的一百年,大量华南移民来此拓荒,不仅为东南亚的大开发提供了劳动力资源,也将中华文化传播到这片土地上。

由以上阐述可见，中华文明体系的形成，包括华夏大地与海外的两种途径。然而，到目前为止的有关中华文化海外发展的研究，主要还是从文化传播的视角进行考察。对于海外炎黄子孙如何在不同于祖籍国时空脉络的世界各地创造性地传承与发展中华文化，较为深入的研究与相关的成果积累还不是太多。

本书在前人研究的基础上，试图从东南亚华人社会的在地视角考察中华文化的海外发展。本书的研究显示，作为外来的文化形态，经由各种途径尤其是伴随中国移民向海外传播中华文化，并非只是简单的移植与空间上的延伸，而是在当地新时空脉络下的传承与创造，并逐渐发展成为所在地区与国家的中华文化。在海外发展的中华文化与五千年中华文明一脉相承，且丰富与发展了中华文化的内涵与外延，其自身也构成中华文化体系的重要组成部分[①]，因而是中华文化历史发展进程中不可或缺的重要一环。

总之，笔者认为，博大精深的中华文明体系，既是中华民族在华夏大地的创造，亦有海外的炎黄子孙与热爱中华文化者对其发展的贡献。本书期盼通过对新加坡华人宗乡文化建构与演化历史进程的具体考察，为研究中华文化的海外发展提供一个有价值的个案。

其二，从中国传统民间文化移植与东南亚华人社会的建构反思"大小传统"的理论框架。

本书关注与讨论的主要问题，是以新加坡华人社会为研究个案，考察近现代伴随华南移民而移植到东南亚的中国传统民间文化，对于该区域华人社会建构与演化所具有的重要意义。

从中国传播到东南亚的中华文化，主要是华南的传统民间文化形态。其所以如此，主要是受制于近现代中国到东南亚的华南移民构成。虽然现有的文献记录与考古发现显示，华南人来到东南亚的历史至少可以追溯到宋元时期，不过大规模的闽粤移民南来拓荒还是在中国鸦片战争之后的一百年。在中国近现代一拨接一拨的移民浪潮中南来的闽粤拓荒者中，绝大多数是穷苦农民和城市贫民。他们中的许多人完全没有或仅受

[①] 关于该问题下节还将讨论。

过粗浅的教育，更不用说接受儒家精英文化的熏陶。这样的移民构成，使包括新加坡在内的东南亚华人文化呈现出主要源自华南地域传统民间乡土文化的基本特点。

移植而来的华南地域传统民间乡土文化，以"宗""乡"所蕴含的地域与血缘为核心、涵盖祖先崇拜、民间信仰、方言习俗、传统节庆等诸多内容。在半自治的新加坡殖民地时代，这些脱离原乡发展轨迹的华南民间乡土文化承担新的历史使命，为闽粤移民在这片新土地上重建家园提供文化资源与组织原则，其自身则伴随华人社会建构的历史进程，从华南地域文化发展成为具有社群边界的华人宗乡文化。当1965年新加坡独立建国，从殖民地时代进入本土社会，华人社会随之转变身份认同，进入新兴国家的发展脉络。然而，建国后新加坡国家认同建构的道路并不平坦，致使华人社会和中华文化的生存与发展面临严峻的挑战乃至生存危机。当社会变迁诸因素为华人社会文化迎来发展契机之时，传承自华南的宗乡文化再次承担历史重任，成为20世纪80年代中叶以来新加坡中华文化重振的主要内容与形态。与此同时，在政府推行的多元种族多元文化国策鼓励之下，华人社会为促进国家的种族和谐，透过宗乡文化与非华族展开文化交流，从而使宗乡文化具有让马来、印度等非华族了解与认识中华文化与华人习俗的新功能。

本书的研究，希望有助于学界了解中国传统民间文化在中华文化海外传播与东南亚华人社会建构与演化历史进程中的重要意义，进而重视与该课题相关的研究。另外，对传承自华南地域传统乡土文化的新加坡华人宗乡文化的研究，也促使笔者思考，现有的关于中华文化的大传统与小传统的区分，是否适用于包括新加坡在内的东南亚华人文化。

我们知道，大传统和小传统概念是美国人类学家罗伯特·雷德菲尔德在20世纪50年代研究墨西哥乡村地区时提出的[1]。该理论对人类学、社会学、史学、哲学等诸多人文学科均有相当大的影响。由于中国传统文化客观上存在经典与民间的区别，所以大小传统是学者对中国社会文化进行分层研究时常加以运用的一种理论框架。例如，人类学家李亦园

---

[1] Redfield Robert, *Peasant Society and Culture*. Chicago: University of Chicago Press, 1956.

批评杜维明仅从"大传统"即士大夫精致文化概念去诠释"文化中国",他认为还应该有"民间文化"即小传统的层面以及精致文化与民间文化互动的视角。为此,李亦园以大小传统理论为切入点,提出勾连中国文化中大传统两部分的"三层次均衡和谐"的理论模式,试图通过抓住两个传统之间的共性或相通之处,来把握中国文化的特性①。

那么,当中华文化以各种途径,尤其是通过移民而传播和移植到东南亚并在当地时空脉络下历经再建构与演化的进程之后,大小传统的理论框架是否还能适用于对东南亚中华文化的研究?

本书的研究显示,虽然新加坡华人宗乡文化的源头是作为中国传统文化重要组成部分的华南地域民间乡土文化,但当该文化形态脱离原乡之后已转变发展轨迹,承担了为殖民地时代新加坡华人社会建构提供文化资源与组织原则的新历史使命。而在英殖民政府统治下的移民时代,虽然以会馆办学为主体的华文教育在新加坡蓬勃发展,但华人社会始终没有出现类似中国本土的大传统精英文化层。20世纪50年代中叶,海外第一所以中文为主要教学媒介语的南洋大学的创办,原本有可能促进新加坡中华文化发展并将其提升到一个新的层次。但遗憾的是,当新加坡在1965年建国后,基于种种内外挑战与社会变迁等因素,最终因南洋大学合并(关闭)与华文教育体系的终结而打断这一进程。在以上两个因素的影响与制约下,传承自华南、在新加坡历史发展与社会变迁的时空脉络下建构与演化的宗乡文化,在某种意义上已经成为新加坡华人社会文化的主流形态。事实上,从本书对华人宗乡文化当代图像的考察显示,在今天的新加坡,宗乡社团是保留与承传中华语言文化的重要力量,宗乡文化不仅是华族文化的重要组成部分,且通过华人宗乡社团的运作,已成为新加坡不同种族之间进行文化交流的重要内容,在客观上促进了中华语言文化与传统节庆习俗在非华族中的传播。

以上所述,无疑说明中华文化的海外传播,并非仅仅是空间上的简单延伸与移植,而是在当地时空情境下的传承与创造性的发展,进而也促使我们思考,是否应该从跨越大小传统的视角来研究东南亚华人文化。

---

① 李亦园:《从民间文化看文化中国》,载《李亦园自选集》,上海教育出版社2002年版,第225—240页。

本书对新加坡华人宗乡文化建构与演化的研究,似可提供一个对此问题进行反思的个案。

其三,东南亚中华文化的双重特征与当代价值。

到目前为止,有关中华文化体系与包括东南亚在内的海外中华文化的关系,存在以下几种看法。一种是将二者等同。此种认知较为流行于中国学界的一些研究者。另一种是将二者割裂与分离。例如,20世纪末马来西亚关于马华文学脱离中国文坛的"断奶"论争①。21世纪初在美国学界出现的将中国大陆文学排除在外、自成一系的"华语语系文学"②等。

在以上两种认知之外,杜维明在20世纪90年代初提出"文化中国"的理论,并以"大陆、台湾、香港、新加坡""海外各地侨居的华人""学者、自由作家、记者"等三个象征世界的实体来表述③。李亦园则从小传统"民间文化"的层面,强调精英文化与民间文化的互动,对杜维明"文化中国"理论进行补充。21世纪初,郭振羽重新审视杜维明的"文化中国"理论,认为"中国"二字容易造成对政治实体与国家疆界的想象,故提出"文化中华"概念。他指出"流播五洋七洲"的中华文化与华夏大地的中华文化一脉相承,并强调"文化中华"在现今世界的存在,显示华夏文化所具有的开放、多元与包容之特质④。以上几位学术前辈所提出的"文化中国"或"文化中华",其特点是试图在跨越政治与国家等疆界的前提下,将包括东南亚在内的海外中华文化纳入中华文化体系之内。

针对上述几种看法与论述,本书从对新加坡华人宗乡文化研究,提出东南亚中华文化具有双重性特征的观点。

本书认为,从一个文化体系在具体时空与社会变迁的脉络中传承与

---

① 张永修、张光达:《辣味马华文学:90年代马华文学政论性课题文选》,雪兰莪中华大会堂、马来西亚留台校友会总会2002年版。
② 王德威:《华语语系文学:边界的想象与跨界建构》,《中山大学学报》(哲学社会科学版)2006年第5期。
③ 杜维明:《"文化中国"初探》,载《九十年代月刊》第245期,《文化中国》,北京大学出版社2016年版,第60—61页。
④ 郭振羽:《新跃人文丛书总序》,新跃大学新跃中华学术中心、八方文化2012年版。

发展的视角，东南亚中华文化与五千年华夏文明一脉相承，是中华文化体系的重要组成部分。从本书所讨论的新加坡华人宗乡文化，其所涉及的华语、华文、闽粤方言、祖先崇拜、神明信仰、节庆习俗、南音、粤剧、客家山歌、舞狮等诸多内容，均属于中华文化之范畴。近年有关新加坡各种族身份认同感的调查亦证实，中华语言文化对于新加坡华人华族身份认同感的重要意义。根据这项调查，在一千多位华族受访者中，有百分之九十以上认为，"讲简单华语、庆祝农历新年与使用华语"，是在文化上确认其华族身份与文化属性的最重要内容。[①]

另外，本书亦认为，在东南亚时空情境下传承的中华文化也发展出具有在地特色的内容与形态，并伴随华人社会在"二战"后身份认同的转变而落地生根，成为所在国文化的重要组成部分。以本书所研究的新加坡华人宗乡文化的建构与演化进程为例，宗乡文化是闽粤移民在新加坡半自治的殖民地时代，为适应家园重建的需求而创造性地传承华南传统民间文化的产物。而在新加坡独立之后，宗乡文化的演化轨迹又与新兴国家发展脉络下的华人社会转型、多元种族的国家认同与国家文化建构等进程密切相连。因此，历经新加坡从殖民地时代到建国之后的历史发展与社会变迁，传承自华南的华人宗乡文化不仅发展出具有在地特色的内容与形态，其自身则在事实上成为新加坡国家文化的一个组成部分。

上述现象并不仅存在于新加坡。以马来西亚为例，从潮州民俗发展成为新山华人五帮共庆的神人嘉年华"柔佛古庙游神文化"、享誉大中华的二十四节令鼓、兼具文化传承的"传灯"与社区共庆等多重功能的中秋园游会等[②]，都是马来西亚华人运用传承自华南传统民间文化中的神明

[①] 2017年新加坡政策研究院（Institute of Policy Studies）5月至7月展开的新加坡各种族身份认同感调查。在华族部分，一千多名受访华人中，其对38项涉及语言、饮食和习俗等的重要性进行判断，结果认为确切华族身份的前三项内容依次为：讲简单华语、庆祝农历新年与使用华文。见 CNA-IPS Survey on Ethnic Identity in Singapore, Mathew Mathews、Leonard Lim、S. Shanthini and Nicole Cheung, November 2017, *IPS Working Papers* No. 28，林心蕙《九成华巫印受访者：母语能力与庆祝传统节庆是族群认同感最核心标记》，新加坡《联合早报》2017年11月9日。

[②] 安焕然：《文化新山：华人社会文化研究》，（马来西亚）南方大学学院出版社2017年版，第187—248页。

信仰、节庆习俗等资源、在当地时空情境下的文化创造。这些文化形态无疑与中华文化体系一脉相承，同时也具有马来西亚华人文化之特色。

东南亚中华文化的双重特征，在当代具有重要的价值。东南亚中华文化与中华文化体系一脉相承，充分显示中华文化体系的开放、多元、包容与适应时空环境顽强发展的强大内在生命力。在东南亚，中华文化的双重性特征，使其能在该区域承担多元的社会功能。东南亚的中华文化，是维系本区域内不同国家的华人社会、中国大陆、港澳台以及世界各地华人社会的一条重要的文化纽带。而对于东南亚各国的华人与华人社会而言，在与其他种族拥有共同的国家认同之下，中华文化则是他们强化民族认同与文化认同的基石与赖以生存的精神家园。另外，在提倡多元文化、种族和谐的那些东南亚国家，例如新加坡，中华文化还具有让马来、印度等种族了解华族与华族民间习俗等重要功能。这不仅可以促进东南亚的种族和谐、华人与非华族的友好相处，亦有助于推进华人社会与中华文化在该区域的发展。

综上所述，笔者阐述了新加坡华人宗乡文化研究的相关问题，并就东南亚中华文化研究提出一些思考。行文至此，笔者还需指出，虽然自20世纪八九十年代以来，基于内外因素与政府政策的改变，新加坡华人社会迎来发展契机，华人宗乡文化亦开始逐渐重振与复兴，但仍面临来自内部与外部世界的诸多制约与挑战，存在许多不确定性。

就当代新加坡华人社会与中华文化的发展前景而言，其最大障碍是新加坡教育制度的改变、中华文化失去华文教育体系的维系与支撑以及随之而来的、在这样的社会大环境下成长起来的华人新世代对民族文化认同与祖籍认同感的淡化。与此相联系的，是作为宗乡文化发展主要推动力的宗乡社团难以获得华族年轻世代的认同[1]。另外自中国改革开放后相继来到新加坡求学、工作或定居的人数众多的中国新移民，对新加坡社会的政治、经济、文化等方面注入许多新因素。这些新因素在有助增强华人的中华文化认同感与促进中华语言文化在新加坡发展的同时，也

---

[1] 谢艳艳：《毛将附焉话会馆》，新加坡《联合早报》2018年2月25日，"An Evolving Singapore Chinese Identity: Journey to the West-and Now, the East", Singapore, *The Straits Times*, FEB 18, 2018。

带来不少社会问题①。

在外部，除了不断变化中的世界局势与亚细安地缘政治形态，中国是影响未来新加坡与华人社会发展的最重要的因素之一。刘宏指出，新加坡是中国最大的外资来源国、新加坡也是海外人民币最大的离岸市场。除了经贸关系之外，中国对新加坡而言，还不仅仅是个国家而是一种文化与文明，尤其是会被"内化"成为影响新加坡发展的很重要的因素②。笔者很认同刘宏的看法。中国"一带一路"倡议在东南亚的拓展、中国综合国力与中华文化在世界影响力的不断增强、中新经贸文化联系的扩大、新加坡华人与祖籍国、区域乃至全球华人关系的加强等，这些因素都有可能"内化"成为影响与制约未来新加坡政府内政外交的制定，包括对华人社会文化的政策、新加坡社会经济发展、华人身份认同、文化认同以及中华文化在新加坡的前景等课题的重要因素。

面对上述未来许多不确定的因素，正如本书所强调的，新加坡华人宗乡文化的建构与演化是一个历史进程。伴随未来时空环境的改变，与中华文化一脉相承而又作为新加坡文化组成部分的华人宗乡文化还会不断演化，并呈现出与那一时代相适应的新形态。

---

① 相关的讨论可参考郭振羽《华语还是方言：讲华语运动》、欧雅丽《缘聚岛国》，载柯木林主编《新加坡华人通史》，新加坡宗乡会馆联合总会2015年版，第425—438、694—907页；新加坡宗乡总会出版的《华汇》，该季刊于2012年9月创刊。

② 刘宏：《总结演讲》，载周兆呈、游俊豪、符诗专主编《半个世纪的新加坡：回顾与前瞻》，新加坡亚洲研究学会2016年版，第161页。

卷一　社团

"二战"前华人社团经济的历史图像

社团账本与"二战"前应新学校研究

一 前言

在东南亚华人研究领域，华人社会文献具有非常重要的学术与史料价值。因为这些文献为研究东南亚华人社会，尤其是从内部考察华人社会发展与演化的学者，提供了华人社会记录自己历史的第一手文本资料。东南亚华人社会文献涉及诸多类别，其中包括各类华人社团保留下来的历史记录。在东南亚半自治的殖民地时代，作为华人移民社会三大支柱之一的华人社团承担了部分政府功能，不仅是维持那一时代华人社会运作的基本组织架构，亦是中华文化在东南亚传播与发展的重要载体之一。因此，在东南亚华人社会历史的研究中，华人社团文献非常珍贵且深具学术价值。

东南亚华人社团文献在形态上大致可分成基本的两大类。一类以"文字"记录，主要有会馆、宗亲会等各类社团的碑铭、会议记录、章程、名册等；另一类以"数字"记载，主要是账本账册。作为东南亚华人社会一类重要的历史文献，华人社团账本在记录内容与方式上与文字类文献有很大差异。文字类的"碑铭"镌刻了华人社会发展过程中的一些重大事件，"会议记录"记载了华人社团每年、每月或数月一次举行的董事会、理监事会、"同人大会"等各类会议的内容。而华人社团账本则是以具有计量学与统计学意义上的"实录"的方式，透过账本所属社团对其管理运作中所有往来账目系统、细致的登录，真实、具体且不间断地保留了账本所涉及年代华人社会内部的社群关系、认同形态、管理系统、运作方式、华人社会与殖民地政府与祖籍地及祖籍国中国的关系等的记录。换言之，账本是以"数字""实录"华人社会的历史图像。然而，由于保留下来的华人社团账本非常稀少导致收集极其不易，以及华人社团账本在阅读与整理上的难度等因素，迄今为止海内外学界对这类数字文献的收集与研究还不多见[①]。

本文以华人社团账本为基本文献考察"二战"前新加坡应新学校。应新学校由殖民地时代新加坡"嘉应五属"移民社群的总机构应和会馆[②]创办于1905年[③]。这是一所由华人会馆主办且经英殖民政府正式注册的现代华校，包括新加坡在内的东南亚现代华文教育发展史上占有重要的地位。应新学校自1905年开办以来，在应和会馆的管理之下历经了半个多世纪的发展与演化，终因新加坡建国后社会与教育制度的改变而在1969年被迫停办[④]。

有鉴于应新学校的兴办开创了新加坡现代华文教育之先河，对该校的研究向来受到学界的关注，在几乎所有关于东南亚华文教育的论著中都会涉及或提到这所华文学校[⑤]。尽管如此，由于缺乏来自应和会馆和应

[①] 根据笔者的检索，到目前为止，除了笔者运用社团账本及其他文献所做的个案研究《移民社群整合与华人社团建构的制度化：新加坡福德祠绿野亭（1824—1927）研究》，《史学理论研究》2008年第3期外，基本未见其他与东南亚华人社团账本研究相关的成果。

[②] 在殖民时代的新加坡华人社会，来自中国广东的梅县、兴宁、五华、平远、蕉岭的五县移民被称为"嘉应五属客家人"。在新加坡开埠三年之后的1822年，"嘉应五属"建立应和会馆作为该社群的总机构。

[③] 关于应新学校创办的年代，学界有1906年和1905年两种说法。笔者根据该学校编撰的特刊，采用1905年创办之说。

[④] 上述有关应和会馆与应新学校历史演化的文献记录，见《星洲应新小学特刊：本校史略》，新加坡应新学校1938年出版；《应和会馆一百四十一周年纪念特刊：新加坡应和会馆史略》，新加坡应和会馆1956年版，第10—15、15—16、39页；《应和会馆纪念特刊》，新加坡应和会馆1987年版，第25—32页；《应和会馆纪念特刊》，新加坡应和会馆2003年版，第33—37页。上述特刊均为非卖品。

[⑤] 如郑良树《马来西亚华文教育发展史》第一分册，第209页，马来西亚华校教师会总会1998年版；崔贵强《新加坡华人——从开埠到建国》，新加坡宗乡联合总会1994年版，第156页；周聿峨《东南亚华文教育》，暨南大学出版社1995年版，第46页；李志贤、林季华、李欣芸《新加坡客家与华文教育》，载黄贤强主编《新加坡客家》，广西师范大学出版社2007年版，第165—171页。

新学校内部的档案记录,现有的研究所运用的资料主要是第二手的应和会馆与应新学校编撰的纪念特刊,以及华文报刊如《叻报》等的零星报道,致使相关的研究至今仍基本停留在概述性的层面。

笔者在多年的新加坡田野研究中,收集到一批"二战"前新加坡各类华人社团的历史文献,其中包括近二百部应和会馆和应新学校的章程、议案簿①、账本等。保留下来的应新学校账本始于民国十七年(1928),并一直延续到1965年新加坡建国之后,有数十册之多。应和会馆的账本则始于民国七年(1918),到新加坡建国前共计有一百多册。其中从民国七年至"二战"后初期的各类账本有近六十册。保留下来的应和会馆账本,具体记录了会馆数十年中支出应新学校的各类款项②,以及其他与应新学校财务运作相关的账目。除了应新学校和应和会馆的账本,作为移民时代新加坡华人广、客两移民帮群总机构的海唇福德祠绿野亭③、与"嘉应五属"同属客帮的新加坡南洋客属总会、"丰永大"④公会等社团组织,在其保留下来的账本中,也涉及与应新学校运作经费相关的记录⑤。

上述账本基本传承中国传统会计的记账方式。账本的"码"是传统中国的"商码",且以毛笔"由上而下""从右往左"书写账目。账目的登录,亦为传统中国"天地账"的格式。账册的每一面分成"上、下两阕","上阕"为"天",登录社团收入的账目。"下阕"为"地",登录社团开支的款项。收集到的账本账册种类繁多,既有"日清簿""草记簿""草清簿",亦有"进支月结簿""月清簿""逐月结册簿",还有"往来总簿"

---

① 即会议记录。以下所提议案簿,均指"会议记录"。
② 有关应和会馆账本中支出应新学校的款项,见下节"会馆津贴"的详细讨论。
③ 曾玲:《移民社群整合与华人社团建构的制度化:新加坡福德祠绿野亭(1824—1927)研究》,《史学理论研究》2008年第3期。
④ 在东南亚,作为一个社群及其社团形态的"丰永大"仅存在于新加坡华人社会。根据碑文的记录,该社群至少在咸丰十一年(1861)已出现在新加坡华人社会的舞台上。不过,"丰永大"在新加坡有多重的指涉,即是祖籍地为广东丰顺、大埔和福建永定的客家移民及其后裔的简称,亦指三地移民在殖民地时代所建立的社团组织。此种社群组织又分成两种形态。其一是指自移民时代以来,丰顺、大埔、永定三属移民以祖籍地缘为纽带建立的"丰顺会馆"、"茶阳(大埔)会馆"和"永定会馆";其二是丰顺、茶阳(大埔)、永定三会馆合作建立的坟山组织"丰永大公会"。
⑤ 如《海唇福德祠绿野亭义山逐岁进支簿1887—1933》,新加坡华裔馆2005年版,《民国七年戊午立丹容巴葛福德祠进支部(簿)》,该账本原件现存新加坡客属总会资料室。

"杂费总簿""大总簿""总清簿"等不同形态,十分复杂①。

　　本文主要以上述账册为基本文献,通过对这些账册细致的分类、整理与解读,并结合议案簿、章程等其他历史档案,在"二战"前新加坡社会的时空环境下,具体考察"二战"前新加坡应新学校的财务收支运作,进而从经济层面为移民时代东南亚华校研究提供新的视角;另外,笔者期待该项个案研究,有助于学界了解数字类的华人社团账本,如何具有计量学与统计学意义上的"实录"华人社会历史图像的重要功能。

二　账本中所见应新学校的财务收入

　　在东南亚殖民地时代,华人社会靠自己的力量兴办华校,因而筹集办学经费为头等重要之事。作为由会馆创设的华校,主管应新学校、由应和会馆设立的校董会在其《本校校董会》章程中明确规定,"本校经费来源为津贴、学费、店租及各种捐款与庙宇分款等方面"②。

（一）会馆津贴

　　根据校董会章程,"本校每月经常费由应和会馆酌拨款项津贴"。从保留下来的各类账本账目的内容看,应和会馆主要以两种方式津贴应新学校。其一为不定期地为学校缴纳包括水费、电火费、地税等各种费用,以及为学校设备的建造与修缮提供经费。以应和会馆保留下来的最早账册《应和会馆戊午年立逐日流水草簿（1918—1921）》为例,从民国七年至民国十年,应和会馆为学校缴纳的各项费用的账目有数十条之多,其内容包括学校的"水饷""火饷""电费""马打③薪金"、殖民政府工部局征收的各种税款等。此外,会馆还出资为学校进行"整堂屋""建浴房""扫灰水""改建厕所"等项。

　　应和会馆另一种提供经费的方式是定期拨款"津贴"应新学校。保

---

①　有关新加坡华人社团账本的形态与分类,笔者将另文讨论。
②　本文涉及应新学校校董会章程内容,均来自《星洲应新学校特刊:本校校董会章程》,第85—87页,应新学校1938年出版,非卖品。
③　马来语,门卫、校警之意。

留下来的所有应和会馆与应新学校的账本，几乎都设有划拨经费资助学校办学的"津贴"条。在应和会馆账本中，"津贴"条通常列在账本的"支出项"内，而在应新学校账册中，"津贴"条则列在"收入项"下。以下是笔者根据应和会馆和应新学校账本中"津贴"条的数据而整理的一份表格（见表1）。

表1　　应和会馆津贴应新学校、分校、夜校等费用一览（1918—1945）

年份	津贴对象	每月金额（元）	全年金额（元）	文献来源
1918	应新学校	100	1200	民国七年立应和馆"逐日流水草簿"（1918—1921）
1919	应新学校	150	1800	民国七年立应和馆"逐日流水草簿"（1918—1921）
1920	应新学校	150	1800	民国七年立应和馆"逐日流水草簿"（1918—1921）
1921	应新学校	220	2640	民国七年立应和馆"逐日流水草簿"（1918—1921）
1923	应新学校、夜校、分校	应新学校250、分校30、夜校50	3960	民国十二年应和馆"总清簿"二十三条："津贴"条
1925	应新学校、分校	应新学校250、分校30	3360	民国十四年应和馆《进支月结簿》"支出项：津贴"条
1926	应新学校	280	3360	民国十五年立应和馆《进支月结簿》"支出项：津贴"条
1927	应新学校	280	3360	民国十六年立应和馆《进支月结簿》"支出项：津贴"条
1928	应新学校	280	3360	民国十七年应和会馆《进支月结簿》"支出项：津贴"条
1929	应新学校	280	3360	应和馆民国十八年起立《逐月结册簿（1929—1935）》、应和馆民国十八年"月结册簿"："津贴条"、应新学校民国十七年起立"逐月结册部：民国十八年全年进支数目报告：津贴条"

续表

年份	津贴对象	每月金额（元）	全年金额（元）	文献来源
1930	应新学校	280	3360	民国十九年应和会馆《总清簿》"支出项：津贴条"
1931	应新学校、分校	应新学校175、分校20	2340	民国二十年辛未岁立应和馆《进支月结簿》"支出项：津贴应校和分校"条
1932	应新学校、分校	应新学校175、分校20	2340	民国二十一年岁立应和会馆《进支月结簿》"支出项：津贴"条
1933	应新学校、分校	应新学校80、分校10	1080	民国二十二年应和馆《进支月结簿》"支出项：津贴"条
1934	应新学校、分校	应新学校80、分校10	1080	应和馆民国十八年起立《逐月结册簿（1929—1935）》癸酉全年进支总结："支出项．津贴应校、津贴分校"条
1935	应新学校、分校	应新学校80、应新分校10	1080	民国二十四年应新学校立《进支月结簿》："收入项：津贴"条
1936	应新学校、分校	应新学校80、应新分校10	1080	民国二十五年应新学校立《进支月结簿》："收入项：津贴"条
1937	应新学校、分校	应新学校80、应新学校10	1080	民国二十六年应新学校立《进支月结簿》："收入项：津贴"条
1938	应新学校、分校	应新学校80、应新学校10	1080	民国二十七年应新学校立《杂费总簿》："收入项：津贴"条
1939	应新学校、分校	应新学校80、应新分校20	1200	民国二十八年应新学校"杂费总簿"："收入项：津贴"条
1940	应新学校、分校	应新学校80、分校每月20	1200	民国二十九年应新学校"杂费总簿"："收入项：津贴"条
1941	应新学校、分校	应新学校80、分校10	960	民国三十年应新学校立"杂费总簿"："收入项：津贴"条
1942	应新学校、分校	应新学校：从1月到6月，每月80、应新分校：从1月到6月，每月20	600	应和馆民国三十一年立"杂费总簿"："收入项：津贴"条

续表

年份	津贴对象	每月金额（元）	全年金额（元）	文献来源
1943	应新学校	从7月到12月、每月80元	480	应和馆民国三十二年立"杂费总簿"："支出项：津贴：应新学校"条
1944	应新学校、分校	应新学校80、分校20	1200	应和馆民国三十三年立"杂费总簿"："支出项：津贴：应新学校"条
1945	应新学校、分校	应新学校80（仅支出三个月）、分校20、（仅支出三个月）	300	应和馆民国三十四年立"杂费与来往总簿"："支出项：津贴：应新学校"条

备注：表中缺1922年和1924年的记录。关于应新分校，根据1965年出版的《应和会馆一百四十一周年纪念特刊：新加坡应和会馆史略》记载，1926年应和会馆为让更多的"嘉应五属"子弟接受教育，在会馆设立的坟山"五属义山"内的"五属义祠"开设应新分校。1965年5月因新加坡政府征用该坟山，坟山周围居民被迫搬迁，应新分校因而停办。有关应新夜校的资料较为欠缺。根据《叻报》1922年7月28日刊登的《应新学校将办夜校》的报道，可见应和会馆兴办夜校的宗旨："近复循侨商子弟之请，特附设夜校，以宏造就。宗旨专以辅助一般失学青年，增进其普通学识。"

为了更好地了解会馆津贴在应新学校年经费来源中所占的比重，以下是笔者根据各类账本提供的数据进行整理与统计后开列的一份表格（见表2）：

表2　　应和会馆津贴在应新学校年经费"收入项"中的比重一览（1928—1943）

年份	会馆津贴（元）	学校收入总数（元）	比重（约值）（%）
1928	3360	8755.96	38
1929	3360	11872.21	28
1930	3360	8511.11	39
1931	2340	6661	35
1932	2340	6430.56	37
1933	1080	5305.05	20
1934	1080	5823.80	19

续表

年份	会馆津贴（元）	学校收入总数（元）	比重（约值）（%）
1935	1080	6137.3	18
1936	1080	5861.20	18
1937	1080	7538.71	14
1938	1080	8125	13
1939	1200	7916.68	15
1940	1200	8018.2	15
1941	960	7747.78	12
1942	600	1496.37	40
1943	480	4286	11

备注：①笔者所收集到的账本缺乏应新学校民国十七年以前与民国三十三年以后学校年收入总数的数据，故该表仅统计1928—1943年应和会馆津贴在应新学校年经费"收入项"中的比重。

②1928年至1943年应新学校年经费总收入的数据见以下资料：应新学校民国十七年起立《逐月结册簿》（1928年至1934年）、应新学校民国二十四年起立《逐月结册簿》（1935年至1940年）、应新学校民国二十四年立《进支月结簿》、应新学校民国二十五年立《进支月结簿》、应新学校民国二十六年立《进支月结簿》、应新学校民国二十七年立《进支月结簿》、应新学校民国二十八年立《杂费总簿》、应新学校民国二十九年立《杂费总簿》、应新学校民国三十年立《杂费总簿》、应新学校民国三十一年立《进支月结簿》（该账册包括了民国三十一年和三十二年的记录）。下节涉及1928年至1943年应新学校年经费总收入的数据，其资料均来自上述账册。

上述两表格，显示会馆津贴的一些特点。

其一，根据保留下来的应和会馆与应新学校各类账本的账目，从民国七年（1918）至民国三十四年（1945）的近三十年中，应和会馆不间断地每月津贴嘉应五属社群兴办的应新学校、分校及夜校。

其二，在这近三十年中，会馆每年津贴学校的经费数额并非一成不变。以主要的津贴对象应新学校来看，上表中的数据显示，从1923年到1931年的九年中，会馆每月津贴的数额均在280元。1932年减少至每月175元。而从1933到1945年，会馆每月津贴学校的经费降至80元。而在会馆津贴占学校年总收入比重表中，也可看出这样的趋势。从1918年到1932年，会馆津贴约占学校年收入的百分之四十。而在1933年到1943年的十年中，该比重已经降到百分之二十以下。

会馆每月津贴学校的数额与在学校年总收入中的比重之所以有变化，

从保留下来的应和会馆议案簿内容看，这与会馆自身的经济状况密切相关。与移民时代东南亚的大多数华人社团一样，作为民间社团的应和会馆拥有自己的产业即"馆产"，用以支撑与维持诸如办应新学校、分校、夜校、建嘉应医院、设"五属义山"等各项公共事务之运作[①]。而"馆产"的运作，则不可避免地受制于当时的社会、经济等因素。诸如社会动乱、战争、自然灾害都会直接影响会馆产业经营的效益，进而影响会馆资助学校的经济能力。例如，根据议案簿的记载，从1923年到1931年的9年里，会馆每月拨款280元津贴应新学校，加上水费、电费等的支付，会馆资助学校的运作经费均在数百元。然而1929年开始的世界经济大危机，导致包括新加坡在内的东南亚经济陷入大萧条，这直接影响会馆的产业收入。1932年会馆计划将该年津贴学校的经费减少至每月150元，这将影响应新学校的正常经费开支。经过学校董事会以"应新学校作为吾属子弟之教育机关，无论如何必须维持"为由据理力争，会馆最后决定1932年每月津贴应新学校的金额由150元增加到175元，分校则为20元[②]。然而，从1933年直至"二战"结束的1945年，由于世界经济危机的阴影和战争对新加坡社会经济的破坏，造成会馆产业经营的持续不景气，致使会馆资助学校的经费再也无法恢复到1931年以前的280元，而是减少到80元。与此同时，会馆津贴在学校年总收入中的比重也大幅下降。

（二）学费

根据校董事会章程规定，"本校每月所征收之学生费"为学校经费的另一来源。而学生学费的征收，则主要依据应新学校颁布的《本校招生简章》[③]。

1. 学费收取的具体规定与特点

其一，按月与按年级收取学生的学费。

[①] 有关应和会馆的"馆产"，见本书《社团账本与"二战"前应和会馆的运作》一文的讨论。

[②] 《应新学校民国十七年至民国十九年议案簿：民国十九年十月一日董事会记录》。

[③] 以下有关应新学校《本校招生简章》的内容，均见《星洲应新学校小学特刊》，应新学校1938年出版，第83页，非卖品。

根据《本校招生简章》第九条，应新学校"幼稚班及一、二年级，每月学费一元六角（堂费在内）；三、四年级，每月学费二元一角（堂费在内）；五、六年级，每月学费二元六角（堂费在内）"。这说明应新学校的学费是按月收取，且不同年级的收费标准不同。应新学校之所以采用按月而非按学期收取学费的办法，显然是为了适应殖民地时代南来拓荒的华人移民流动性较大的这一特点。

其二，学费收取的社群特色。

除了正常的学费收取，应新学校对本社群子弟即"嘉应五属"籍学生，则另设"免费"与"减费"的特殊条文。"招生简章"规定："凡嘉属子弟，倘伊父亲已经去世，家庭确无力负担学费者，由现任董事二人署名，据函证明，交董事部详细调查，议决通过后，准予免费，但堂费五角，仍须按月缴交。"至于"减费"，"招生简章"第十一条规定："凡嘉属学生，学业操行均极优良，而家长失业，确无力负担学费时，得由教务会议议决，交董事会详细调查，议决通过后，准予减半收费。""免费"与"减费"条文中对学生社群所属的强调，充分显示移民时代新加坡华校的社群特色。

2. 账本中所见学费收取状况

由于学生的学费是按月、按人收取，因而保留下来的应新学校"日清簿""月结簿""结册簿"等不同类别的账册中，都可见到"学费"条目。笔者根据这些数据列表整理出1927—1953年（中缺1944—1947年数据）应新学校年度学费收入表（见表3）。

表3　　　　　　　　应新学校年度学费收入（1927—1953）

年份	金额（元）
1927	3396.1
1928	3385.9
1929	3517.9
1930	3153.6
1931	3021
1932	2852
1933	3544.9

续表

年份	金额（元）
1934	3818.8
1935	4129.3
1936	4057.7
1937	4476.3
1938	5114
1939	4711
1940	4934.7
1941	4786.8
1942	295.3（仅5、6两个月）
1943	1826（仅7月至12月）
1948	22134
1949	23720.5
1950	23349.7
1951	23754
1952	26203.35
1953	27523.5

备注：①1927年的学费数额，见《民国二十七年应新小学特刊：最近十年来本校学费收入增减比较表》中民国十六年的数据。1928年至1943年应新学校的学费账目，见以下文献。

应新学校民国十七年立《逐月结册簿：1935年—1940年》、应新学校民国二十四年立《逐月结册簿：1928年1月至1934年12月31日》、应新学校民国二十四年立《进支月结簿》、应新学校民国二十五年立《进支月结簿》、应新学校民国二十六年立《进支月结簿》、应新学校民国二十七年立《进支月结簿》、应新学校民国二十八年立《进支月结簿》、应新学校民国二十九年立《进支月结簿》、应新学校民国三十年立《杂费总簿》、应新学校民国三十一年立《进支月结簿》（该账本包括了民国三十一、三十二年的账目）1948年至1953年应新学校的学费，见应新学校民国三十七年一月起立《学费月结簿（1948—1953）》。

②缺1944—1947年的账本记录。

图1是根据表3中的数据制作而成。由于1942年、1943年的数据仅见部分月份，故暂不收入此图。

表3中的数据和由此制成的图表，可以看出应新学校学费数额在"二战"前后的明显变化。"二战"以前，应新学校每年收取的学费

(元)

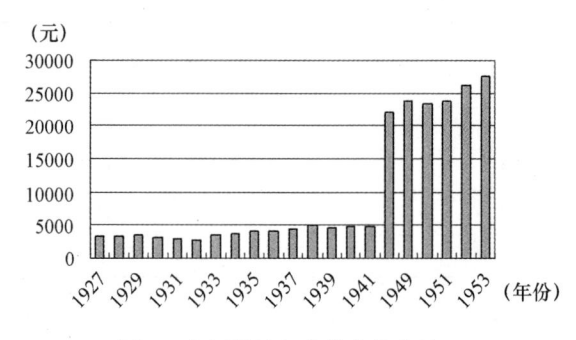

图1　应新学校年度学费收入情况

为数千元，其中1931—1932年学费最少，仅有二千多元至三千。而在"二战"以后，应新学校的学费收入从"二战"前的数千元增加到二万多元。

应新学校学费数额的变化，反映了学校在"二战"前后不同的办学规模。根据保留下来的"二战"以前应新学校的账册，例如民国二十四至二十八年的"逐月结册簿"，其中的"学费"条显示，该校每个月各年段学生的总数在200名左右[①]。而1948年以后应新学校学费的快速增加，主要原因是学生人数的急剧增长。根据应新学校《学费月结簿（1948—1953）》的记录，在这6年中，应新学校每年从一月至十二月均开班授课。不仅如此，除设置一年级至六年级六个年段正常的上午班外[②]，还开设了下午班。而从1952年开始，学校在下午班中，也开设一年级至六年级的六个年段。班级及学费的变化，说明当时要求入学的学生人数迅速增加，原有的班级与年段的设置已经无法满足需求，故学校当局才会增设下午班，并在下午班中也设置六个年段，从而扩大了学校的办学规模。此种情况，与"二战"后因中国内战爆发而掀起的新一波海外移民潮，南来新加坡拓荒的闽粤移民数量剧增以及20世纪50年代初期中国社会的巨大变迁，东南亚华人开始进入本土化历程等因素密切相关。由此可见，"二战"前后中国与东南亚的社会变迁，是

---

① 《应新学校民国二十四立"进支月结簿"》《应新学校民国二十五年立"进支月结簿"》。
② 新加坡的小学教育体系，每日仅设半天课程，分上午班、下午班。该体系一直延续至今。

制约应新学校发展的重要因素。

3. 学费收入在"二战"前应新学校经费来源中的比重

以下是笔者根据账本数据整理的学费收入在"二战"前应新学校年收入中的比重一览。

表4　学费在"二战"应新学校年经费"收入项"中的比重一览（1928—1943）

年份	学费收入（元）	学校收入总数（元）	比重（约值）（%）
1928	3385.9	8755.96	39
1929	3517.5	11872.21	30
1930	3153.6	8511.11	37
1931	3020.1	6661	45
1932	2851.0	6430.56	44
1933	3544.9	5305.05	69
1934	3818.8	5823.80	66
1935	4129.3	6137.3	67
1936	4087.7	5861.20	70
1937	4476.3	7538.71	59
1938	5114	8125	63
1939	4711	7916.68	60
1940	4934.70	8018.2	62
1941	4786.80	7747.78	62
1942	295.3（仅5、6两个月）	1496.37	20
1943	1826（仅7—12月）	4286	43

根据上表，从横向看，学生学费占学校年度总收入的比重最低在1929年，为30%。虽然这一年学费收入高于1928年，但因该年学校总收入近1.2万元，故拉低了比值。学费在学校总收入中的比重值最高在1936年，为70%。从纵向看，学费收入在学校年度经费来源中的比重在1933年以后迅速增加，1933—1942年的近十年间基本上保持在60%—69%之间。这说明，一方面，东南亚在遭遇1929年至1933年世界经济大

危机的冲击，经济还未完全复苏的情况下，又笼罩在日本南侵与战乱的阴影中，社会经济的不景气严重影响"馆产"与"校产"的正常经营；另一方面，20世纪30年代至"二战"前在中国的海外移民潮中，大量闽粤人南来新加坡拓荒，这有助于应新学校增加生源，从而增大了学费在这一时期学校经费来源中的比重。

综上所述，作为应新学校经费收入的来源之一，学费对于维持"二战"前学校的财政收入与正常运作，具有至关重要的作用。

（三）店租

根据校董会章程，"店租"指的是"本校店业每月所得租金"。保留下来的账本与议案簿等记录显示，与应和会馆拥有"馆产"一样，应新学校也购买一些产业如店铺等，收取租金以增加学校的收入。该项收入记录在各类账本的"店租"条中。以下是笔者根据应新学校各类账本中的"店租"条数据所整理的1928年至1943年"店租在学校年度总收入中所占比重的一览"（见表5）。

表5　　店租在应新学校年经费"收入项"中的比重一览
（1928—1943）

年份	店租收入（元）	学校收入总数（元）	比重（约值）（%）
1928	1031.51	8755.96	12
1929	1794.26	11872.21	15
1930	1578.01	8511.11	19
1931	1540	6661	23
1932	1110	6430.56	17
1933	528	5305.05	10
1934	576	5823.80	10
1935	576	6137.30	9
1936	525	5861.20	9
1937	640	7538.71	8
1938	565	8125	7
1939	900	7916.68	11

续表

年份	店租收入（元）	学校收入总数（元）	比重（约值）（%）
1940	780	8018.2	10
1941	720	7747.78	9
1942	721	1496.37	48
1943	780	4286	18

备注：店租数据的资料来源，应新学校民国十七年立《逐月结册簿：1928年1月至1934年12月31日》、应新学校民国二十四年立《逐月结册簿：1935年至1940年》、应新学校民国二十四年立《进支月结簿》、应新学校民国二十五年立《进支月结簿》、应新学校民国二十六年立《进支月结簿》、应新学校民国二十七年立《进支月结簿》、应新学校民国二十八年立《进支月结簿》、应新学校民国二十九年立《进支月结簿》、应新学校民国三十年立《杂费总簿》、应新学校民国三十一年立《进支月结簿》（该账本包括了民国三十一、三十二年的账目）。

表5的数据显示，"二战"前，店租在学校财政收入中所占的比重在10%—20%间。另外，与"津贴""学费"等一样，应新学校店租收入并非一成不变。1933年以前，学校的店租均在千元以上。而从1933—1943年的十年间，店租收入下降至数百元。这显示了1929—1933年世界经济大危机和紧接其后的日本南侵对学校产业经营造成的不利影响。

（四）各类捐款与庙宇分款

如果说"津贴"来自管理应新学校的应和会馆拨款、学费与店租来自应新学校自身的经营，那么在《本校校董会章程》的"本校经费来源条"中所列明的"年月捐""特别捐""福德祠分款"等另一类款项，则来自社群。

1. "年月捐"与"特别捐"

"年月捐"与"特别捐"，主要来自"嘉应五属"社群。根据《本校校董会章程》，"年月捐"为"本校校董及同侨商店所认捐"之常年性捐款。"特别捐"则是"本校遇经常费缺乏，或遇特别情形需要用巨款时，由校董会议决举行"的临时性捐款。由于校董会承担"筹措经费"的功能，因而在保留下来的应新学校议案簿中，有相当多的内容涉及校董会发动董事们捐款的记录。例如，1932年6月18日的董事会议，有董事提出，"本校经费月月不敷，在浅见须举行董事捐及商店年捐，董事会一致赞成。并推举出钟恭源、李着明、傅伯宗君及庶务来负责董事捐和年捐事宜"。1933年3月30日董事会召开第一次教育股会议，面对学校经费困厄不堪的境况，有董事提出"即行征收年月捐以填补不敷之额度，不致有经费困难之虞"①。

除了校董事会的董事们，"嘉应五属"的商人、商家和店家，亦是为应新学校筹措经费的另一重要力量。以1920年应新学校建筑新校舍为例。由于建校后学生不断增加，为了因应学校的发展，校董会决定发起筹款新建校舍。根据《叻报》的《应新学校建筑校舍第四次认捐芳名录》，计有应兴号、协和号、同德公司、荣新号及候俊阶、徐子亭、黄南生等"嘉应五属"的商家、店家与商人出现在捐助建校舍款项的名单中。此项劝捐活动共进行四次，筹得款项共计45600元②。为此应新学校建校筹办处还在《叻报》上刊登启事，"向殷商募款多表慷慨捐助不胜钦佩"③。

基于"年月捐"是学校另一项常年的经费来源，保留下来的应新学校"月结簿""结册簿""日清簿"等类账册，"月捐"与"年捐"均作为独立条目列在账本上阕的"收入项"中。以应新学校民国十七年至民国二十三年的《逐月结册簿》为例，这六年学校获得的"年月捐"款项分别是：1928年为635元、1929年为706.20元、1930年为419.50元、1931年（无）、1932年为351元、1933年为175元、1934年"月捐"加"特别捐"为284元。也就是说，从1928年至1934年，除1931年因世界经济的危机无捐款数额外，应新学校共获得来自"嘉应五属"社群捐款共计1570.7元。

与"年月捐"不同的是，"特别捐"属特别情形下之捐款，在账册中并非一常设性条目。例如，应新学校曾在1928年的6、7月份组织游艺会进行募捐，共获得捐得款项222元，账本在"收入项"中以"特别捐"条目记录之④。再如，应新学校民国二十七年所立之"进支月结簿"，在

---

① 《应新学校民国二十年至二十五年议案簿》：民国二十年六月十八日董事会记录、民国二十二年三月二十日董事会记录。
② 《应新学校建筑校舍第四次认捐芳名录》，《叻报》1920年7月19日。
③ 《应新学校建校筹办处启事》，《叻报》1920年9月16日。
④ 《应新学校民国十七年起立"逐月结册簿"》："民国十七年六月：游艺会对各君捐来192元、民国十七年七月：游艺会对各君捐来30元。"

"收入项"中有"特别捐：南先生捐印校刊费来 300 元"的账目。

2. 庙宇分款

在新加坡开埠初期，来自华南的闽粤移民因其方言的不同，在新加坡形成"福建""潮州""广府""客家""海南"等五大基本的方言帮群。在当时社会、政治、经济等诸因素的制约下，五大帮群为各自的利益或独立成帮，或互相联合，形成移民时代新加坡华人社会的帮群结构。在华人社会帮群对立与互动的舞台上，不少华人庙宇扮演非常重要的角色。这些庙宇不仅是宗教场所，往往也作为华人社会的组织机构，承担整合移民社群的重要功能[①]。

移民时代的"嘉应五属"，在方言群上隶属于"客家"，在华人帮群互动的架构上，则与"广惠肇"联合结成统一阵线[②]。"嘉应五属"与新加坡另一客家社群"丰永大"的合作，将丹戎巴葛福德祠作为两社群的总机构[③]。而"嘉应五属"与另一客帮社群"丰永大"和广府帮的"广惠肇"的联合，则以共同管理的庙宇与坟山组织海唇福德祠绿野亭作为广、客两帮群的联络中心[④]。

"嘉应五属"在新加坡华人移民社会的方言群与帮群所属，使应新学校经应和会馆获得上述两个庙宇的分款。关于丹戎巴葛福德祠的分款，保留在新加坡客属总会的账册"民国七年戊午立丹戎巴葛福德祠进支部（簿）"有这样的记载："庚申年八月二十六日应和馆支去银 305.52 元，甲子五月十六日入应新学校""自庚申七月至癸亥七月，应新学校支去 474.50 元，甲子五月十六日入应新学校。"

另一庙宇海唇福德祠绿野亭的分款及用途，则明确写在《校董会章

---

① 例如，在 19 世纪早期，天福宫曾经是新加坡福建帮的总机构。粤海清庙在新加坡潮州八邑会馆未建立之前，是潮州移民的信仰与凝聚中心等。

② 有关"嘉应五属"与"丰永大""广惠肇"三社群的关系，见曾玲《坟山组织与华人移民之整合——十九世纪新加坡华人建构帮群社会的历史考察》，载周南京主编《华侨华人百科全书·总论卷》，中国华侨出版社 2002 年版。

③ 迄今为止有关该庙建立的时间无从得知。道光十一年（1830）"客舍八邑立《重修丹戎巴葛大伯公祠宇碑》"的碑文显示，该庙在 1861 年由"嘉应五属"和"丰永大"重建。客社八邑即指"嘉应五属"与"丰永大"三属。碑文收入陈育崧、陈荆和编著《新加坡华文碑铭集录》，香港中文大学出版社 1970 年版，第 94—98 页。

④ 同注②。

程经费来源》中:"福德祠分款:本坡源顺街福德祠[①]分拨应和馆之款。"据应新学校民国二十七年(1938)特刊记载,当1905年应新学校创办之初,应和会馆将当时从海唇福德祠分来的2060元作为该校的开办费用。此后的数次分款,会馆都依照章程将款项直接划拨应新学校。以下是笔者根据《福德祠绿野亭义山逐岁进支簿(1887—1933)》、应和会馆、应新学校的各类账本数据整理制作的1906—1933年该庙宇分款应新学校一览(见表6)。

表6 海唇福德祠绿野亭分款应新学校一览(1906—1933)

年份	金额(元)	文献来源
光绪丙午 1906年	2060	福德祠绿野亭义山逐岁进支簿(1887—1933)第47页,星洲应新小学民国二十七年特刊:本校史略"以此款放息,作为开办学校的常年经费"
光绪戊申 1908年	2064	福德祠绿野亭义山逐岁进支簿(1887—1933)第76页
民国戊午 1918年	750	福德祠绿野亭义山逐岁进支簿(1887—1933)第182页,应和馆戊午年立逐日流水草簿:"戊四月式七号:收大伯公庙对广泰号来银750元"
民国己未 1919年	1250	福德祠绿野亭义山逐岁进支簿(1887—1933)第186页
民国庚申 1920年	1450	福德祠绿野亭义山逐岁进支簿(1887—1933)第193页,应和馆戊午年立逐日流水草簿:"庚申年二月二十日:收大伯宫份广泰来银1450元"
民国癸亥 1923年	2000	福德祠绿野亭义山逐岁进支簿(1887—1933)第209页,应和会馆民国十二年立"总清簿 十三条——应新学校:癸亥七月二十九日,对仁爱栈来银2000元(此款乃系绿野亭分来之款,存仁爱栈已完有利息。此利息系入应新学校内)
民国乙丑 1925年	1100	福德祠绿野亭义山逐岁进支簿(1887—1933)第235页
民国丁卯 1927年	2000	福德祠绿野亭义山逐岁进支簿(1887—1933)第252页,应和馆民国十六年来往总簿:"应新学校条""大伯公条"

---

① 海唇福德祠位于源顺街,故又称"源顺街福德祠"。

续表

年份	金额（元）	文献来源
民国己巳 1929 年	2500	福德祠绿野亭义山逐岁进支簿（1887—1933）第 300 页 应和馆民国十八年立《逐月结册簿 1929—1935》："乙巳年九月进支簿：海唇福德祠分款"条
民国癸酉 1933 年	1000	福德祠绿野亭义山逐岁进支簿（1887—1933）第 377 页 应和馆民国十八年起立"逐月结册簿"："民国二十二年二月进支：息款对绿野亭分来一千元"
总计	16174	

表 6 内容显示，在"二战"之前应新学校的经费收入中，除了来自学校所属社群"嘉应五属"的各类捐款，亦包括了来自望海大伯公庙与海唇福德祠绿野亭的款项。其中，从 1906 年至 1933 年，应新学校经应和会馆转来的海唇福德祠庙宇的十次分款达到 16174 元。这显示，"嘉应五属"创办与管理的应新学校，在"二战"前的新加坡华人帮群社会，也得到来自联合阵线的广、客两帮群在经费上的支持。

（五）各项经费来源在"二战"前应新学校总收入中所占的比重

为了更清楚显示出"二战"前应新学校财务来源的运作状况，笔者在上述研究的基础上，再列表统计各项经费来源在这一时期应新学校总收入中所占的比重（见表 7）。

表 7　会馆津贴、学费、店租在应新学校年经费"收入项"中所占比重一览（1928—1943）

年份	各项收入（元）		学校收入总数（元）	比重（约值）(%)	
1928	会馆津贴	3360	8755.96	会馆津贴	38
	学费	3385.9		学费	39
	店租	1031.51		店租	12
1929	会馆津贴	3360	11872.21	会馆津贴	28
	学费	3517.5		学费	30
	店租	1794.26		店租	15

续表

年份	各项收入（元）		学校收入总数（元）	比重（约值）(%)	
1930	会馆津贴	3360	8511.11	会馆津贴	39
	学费	3153.6		学费	37
	店租	1578.01		店租	19
1931	会馆津贴	2340	6661	会馆津贴	35
	学费	3021.1		学费	45
	店租	1540		店租	23
1932	会馆津贴	2340	6430.56	会馆津贴	36
	学费	2851		学费	44
	店租	1110		店租	17
1933	会馆津贴	1080	5305.05	会馆津贴	20
	学费	3544.9		学费	69
	店租	528		店租	10
1934	会馆津贴	1080	5823.80	会馆津贴	19
	学费	3818.8		学费	66
	店租	576		店租	10
1935	会馆津贴	1080	6137.30	会馆津贴	18
	学费	4129.3		学费	67
	店租	576		店租	9
1936	会馆津贴	1080	5861.20	会馆津贴	18
	学费	4087.7		学费	70
	店租	525		店租	9
1937	会馆津贴	1080	7538.71	会馆津贴	14
	学费	4476.3		学费	59
	店租	640		店租	8
1938	会馆津贴	1080	8125	会馆津贴	13
	学费	5114		学费	63
	店租	565		店租	7
1939	会馆津贴	1200	7916.68	会馆津贴	15
	学费	4711		学费	60
	店租	900		店租	11

续表

年份	各项收入（元）		学校收入总数（元）	比重（约值）（%）	
1940	会馆津贴	1200	8018.20	会馆津贴	15
	学费	4934.70		学费	62
	店租	780		店租	10
1941	会馆津贴	960	7747.78	会馆津贴	12
	学费	4786.80		学费	62
	店租	720		店租	9
1942	会馆津贴	600	1496.37	会馆津贴	40
	学费	295.3 仅5—6两个月		学费	20
	店租	721		店租	48
1943	会馆津贴	480	4286	会馆津贴	11
	学费	1826 仅7—12六个月		学费	43
	店租	780		店租	18
1928—1941年各项收入占学校总收入比重的平均值(100%)				会馆津贴	23
				学费	55
				店租	12
				各类捐款与庙宇分款等其他来款	10

备注：这一年应和会馆津贴应新学校和分校的总额应是2340元，但应新学校账目中仅登录津贴应新学校的2100元，故其总数中的6661元缺少津贴，分校为240元，这造成比重超出100%的状况。

在表7中，由于1942年和1943年的数据不完整，笔者暂不加入统计中。另外，各类捐款与庙宇分款等属非常态性进款，故笔者将其所占比重的数据列于表中最后一栏。

上表的统计数据显示，从1928年至1941年，在应新学校的经费来源中，学费所占比重最大，达到50%以上。而学费收入加上"会馆津贴"与"店租"，三项总计约占学校经费来源的90%，其余的10%则为各类捐款和庙宇分款等其他来款。

（二）账本中所见应新学校的财务支出

在应新学校的财务运作系统中，经费的支出是另一重要的组成部分。与学校经费来源不同的是，在校董会章程中，并未对学校经费的支出制定相关的条文。为了具体考察"二战"前应新学校的财政支出状况，笔者在现存最早的应新学校账本民国十七年（1928）"进支月结簿"中抽取一个月的支出数据，同时从保留下来的应新学校20世纪20、30、40年代账本中，各随意选取其中一年的支出账目进行列表整理与统计。以下是经笔者整理的上述四份账本之表格（见表8）。

表8　　　　应新学校民国十七年（1928）5月支出款项一览

类别	内容	金额（元）
薪金	支出	599
什用	支出	73.61
校用	支出	0.22
印刷	支出	37
报费	支出	2
音乐	支出	12
置物	支出	21.49
店税	完公部局	85.62
整店	支出	800
公事费	支出	374
总计		2004.94

备注：根据应新学校民国十七年起立《"逐月结册簿"（1928—1934）：民国十七年五月份应支月费》数据制作。

表9　　　　应新学校民国十八年（1929）全年支出款项一览

序号	类别	内容	金额（元）
1	还款	民国十七年向应和会馆所借款项	1600
2	薪金	支出	6468

续表

序号	类别	内容	金额（元）
3	供息	支付应和馆的利息，每月30元	360
4	特别费	支出	548.82
5	休整	支出	139.34
6	报费	支出	30.30
7	印刷	支出	266
8	校用	支出	631.01
9	什用	支出	677.40
10	校具	支出	374.58
总计：		十条	11095.45

备注：根据应新学校民国十七年起立《"逐月结册簿"（1928—1934）：民国十八年全年进支数目总结"支出项"》数据制作。

表10　应新学校民国二十五年（1936）全年支出款项一览

序号	内容	金额（元）
1	薪金	4646
2	校用	239.01
3	印刷	11.78
4	特别费	100.25
5	地税	3
6	电火费	164.25
7	报费	21.97
8	修整	13.5
9	供息	360
10	门牌税	138.24
11	杂用	276.97
12	厕所	390
13	开销计	6.5
总计		6371.47

备注：根据应新学校民国二十五年立《进支月结簿：支出项》数据制作。

表11　　应新学校民国三十年（1941）全年支出款项一览

序号	内容	金额（元）
1	薪金	6424
2	分校津贴	78
3	印刷	66.20
4	房租	240
5	教务部	62.63
6	电火费	35
7	保险费	11.95
8	车费	34.64
9	修整	91.98
10	杂费	320.49
11	地税	6
12	报费	37.72
13	门牌税	144
14	校用	241.67
15	广告费	1.66
16	购置	5.2
17	战时津贴	322
18	厨房	154.9
19	应酬	26.3
总计		8304.34

备注：根据应新学校民国三十年立《杂费总簿：支出项》数据制作。

表11显示在"二战"前应新学校财务运作中经费支出的主要内容。

1. 教职工薪金

在上述四个表格中，除民国十八年的统计表外，其他各表的"薪金"项都排在第一位，且金额也最大。这显示薪金在应新学校财务支出中所占的分量之重。

根据"校董会章程"，负责管理学校财务运作的校董会，其一项重要的工作就是制定学校校长与教职员工的薪金标准。在保留下来的应和会馆和应新学校议案簿中，也可以看到很多与该问题相关的讨论内容。根据这些记录与账本支出项中的"薪金"数据，大致可知在 20 世纪 20 年代，应新学校校长的薪金一般为八十元，至多不超过百元。教师薪金则在五六十元之间。30 年代以后，由于社会经济动荡、学校规模拓展等因素，应新学校减少了教职员工薪金。以应新学校民国二十五年（1936）立"往来簿"中的"薪金"条为例，这一年该校薪金为："杨映波：每月 60 元；李树人：每月 45 元；钟赴仙：每月 45 元，古公明：每月 45 元；李广德：每月 45 元；黄伟强：每月 45 元；利天香：每月 45 元；杨君达：每月 45 元（七至十二月）；童荣文：每月 45 元（七至十二月）；傅伯宗：每月 12 元；邱福允：每月 12 元；刘怀伦：每月 10 元；甘母醇：每月 10 元；赖阿兰：每月 12 元；沈海：每月 12 元；黄新泉：每月 10 元；徐初来：每月 10 元。"据应新学校民国二十七年（1938）编撰的纪念特刊中"本校教职员一览表"，杨映波时任校长，他的薪金为 60 元，其他如李树人等教员薪金为 45 元，傅伯宗等则为员工，其薪金在 10 元至 12 元。这样的薪金标准一直维持到"二战"前后均无改变。

那么，教职员工的薪金支出在应新学校年总支出中到底占有多大的比重呢？以下是笔者根据各类账本"薪金"条整理的一份表格（见表12）。

表 12　　教职工薪金在应新学校年度总支出中的比重一览
（1927—1943）

年份	教职员工薪金（元）	学校年支款总额（元）	薪金所占比重（%）
1927	7240	9651.34	75
1928	7197.18	8706.61	82.7
1929	6468	11095.45	58.3
1930	6822	8953.70	76.2
1931	5376	7095.57	75.8
1932	4949	6538.31	75.7
1933	3906	4971.98	78.6
1934	3981	5331.65	74.7
1935	4452	5753.1	77.4

续表

年份	教职员工薪金（元）	学校年支款总额（元）	薪金所占比重（%）
1936	4646	6371.47	72.9
1937	5044	6700.88	61
1938	5830	7817.2	74.6
1939	5940	7525.61	78.9
1940	6352	8356.36	76
1941	6424	8304.34	77.4
1942	486	2392.85	20.3
1943	2245	3380.3	66.4

备注：资料来源：1927年的数据见《民国二十七年星洲应新小学特刊："最近十年来每年支出总数增减比较表"、"最近十年来每年教职员薪金总额增减比较表"》。1928年至1943年的数据见《应新学校民国十七年起立"逐月结册簿"（1928—1934）》《应新学校民国二十四年起立"逐月结册簿"（1935—1940）》《应新学校民国二十四年"进支月结簿"》《应新学校民国二十五年"进支月结簿"》《应新学校民国二十六年"进支月结簿"》《应新学校民国二十七年"进支月结簿"》《应新学校民国二十八年"杂费总簿"》《应新学校民国二十九年"杂费总簿"》《应新学校民国三十年"杂费总簿"》《应新学校民国三十一年"进支月结簿"》。

表12数据显示，除1942年日本南侵这一特殊年份，教职员工年薪金比重仅占学校总支款项的20.3%以外[1]，从1927年至1943年的十六年间，教职员工的薪金总数平均占学校经费总支出的三分之二左右，其中最低为1929年的58.3%，最高则为1928年的82.7%。由此说明，在学校财务运作中，支出款项最多的部分来自校长与教职员工的薪金。

2. 与教学与校务相关的开支

作为学校，与教学相关的开支无疑是必不可少的。在上述四份账本表格上，与教学相关的账目主要有"校用""音乐""校具""印刷""报费"等条目。这些账目除了开列在"进支月结簿"中，也出现在"草清簿""日清簿""往来簿"等不同类别的账本中。

---

[1] 这一年日本南侵新加坡，战争造成社会动荡，导致学校学生人数锐减，学费减少，教职员工的人数与薪金相应随之减少。

综合这些账目条目可以看出,"二战"前应新学校与教学相关的开支,首先是购买教材。如《应新学校民国二十一年英1932年一月一日立"草清簿""一月条"》:1月11日:贩卖部对"上海书局一单去17.33元""贩卖部对中华书籍五单去20.87元""校用"对各种教授书九本去1.31元"中华常识教授法"去1.2角……应新学校民国二十四年(1935)立"月结簿""校用条":十二个月共支出248.36元。"订全年杂志四种、买马来亚概览一册、卫生习惯挂图一册……"应新学校民国二十六年(1937)立"进支月结簿:校用条"去380.94元。其中,"三月支中华成语去0.15元、……八月支中英对照南洋地图一幅去3元……"

其次是教学用具的置办。在上述民国十八年(1929)全年支出款项的表格中,就有"校具支出374.58元"的条目。至于"校具"的具体内容,根据议案簿和账本记录,主要涉及教学设施的购置与修整等项。如民国十七年(1928)的"本校全年进支数目总结"中有"音乐对全年支22.1元"的记录[①]。民国二十年(1932),由于钢琴破损致学校音乐课程无法正常进行,董事会为此表决通过购买钢琴[②]。民国十八年四、五月份的"本校进支数目"中有"特别费对四月桌凳去147.4元""特别费五月对桌凳去124.8元"的记录。此外,学校还有订阅报刊和印刷费等与教学相关的行政开支。在上述的账本表格中,均有"报费"与"印刷"支出的条目。再以应新学校民国二十四年"进支月结簿"为例,这一年学校支出的全年报费为17.1元,订阅的报刊包括总汇报与南洋商报等。

至于与校务相关的支出,在账本中亦有诸多条目。如学校的水费、点火费、保险费等。缴付殖民政府的各种税费,如门牌税、地税等。学校内部运作的各项费用,如教务部的支出、广告费、车费等开支,为外埠教师提供宿舍的租金、修建厨房、厕所等的费用以及各种应酬、欢送教师、举办节日活动等项的支出。上述各项费用的开支在学校的支出中,占有相当的比重。如在民国十七年十月的"杂用费"一项就支出140多元[③]。

[①] 《应新学校民国十七年起立"逐月进支结册簿"(1928—1934)》。
[②] 《应新学校议案簿》,1931年4月26日。
[③] 《应新学校民国十七年起立"逐月进支结册簿"(1928—1934):民国十七年十月条》。

3. 与学校产业相关的开支

在表8中，有一项与学校产业相关的记录"整店支出800元"。"整店"就是休整店屋之意。另外，表9、表10、表11中都有"休整"的条目，亦是与店屋修缮有关的支出款项。如前所述，"店租"是"二战"前应新学校常年性经费来源的一项内容。为此，有关"校产"的购买和对这些店屋的维护，就成为学校另一项常年支出的经费。

有关购买"校产"的资金，从保留下来的账本看，应新学校主要是从应和会馆筹措款项。因而有关"校产"购买记录不仅可见于应新学校账本，亦保留在应和会馆的账册中。例如，应和馆民国十五丙寅立"日清簿"，有"民国十五年十二月十七日应新学校借去一千五百元"的记录。应新学校民国十七年起立"逐月结册簿"有"民国十七年四月应和馆借来1600元"的记录。应和馆民国二十四年立"来往总簿：应新学校条"，有"民国十九年庚午六月二十九日，支应新学校买店屋4000元"的记录等。此外，账本中还可见，购买店屋款项也有部分来自当铺、律师等。如民国十七年应新学校购买店屋"乌马结街门牌130号一间三楼，去银15587元"，款项来自应和会馆1600元，律师4000元，当店13000元等[①]。

借款需还。在账本中可见应新学校的两种还款方式。一是不付利息一次性还款。如民国十七年四月应新学校向应和会馆借1600元[②]，在表9中，有民国十八年十二月还款1600元的记录。另一种方式是支付利息分期还款。如表9、表10都有"供息每月30元、全年360元"条目。这显示应新学校因借款还款的缘故而与应和会馆形成了"借贷"关系。

除了购置"校产"，对"校产"的经营及维护修缮等的支出，在账本中也留下记录。例如，民国十七年应新学校曾多次大规模修整店铺：五月份支出800元，六月份支出400元、七月份支出410元。全年"整店"总支出为1610元。此外，这一年的五月向还向公部局缴纳店税85.62元，10月缴纳69.62元。民国十八年四月缴纳店税69.12元，五月"店业对

---

① 《应新学校民国十七年起立"逐月进支结册簿"》（1928—1934）：民国十七年全年进支数目总结：支出项》。
② 《应新学校民国十七年起立"逐月进支结册簿"》（1928—1934）：民国十七年四月份收入常款及应支月费：收入项》。

保险公司去 50.25 元"、七月再交"店税 69.12 元"①。此外，账本的数据也涉及学校因产业投资方面的问题向律师支付费用等的记录。

总括以上所述，"二战"前应新学校的财政支出具有以下特征。

其一，根据账本数据所做的统计显示，"二战"前应新学校的财政支出主要由教职员工薪金、教学与校务之开销与学校产业相关的各项开支三部分所组成。其中教职员工薪金支出在总开支中所占比重最大，约为三分之二，甚至达到 80% 以上。

其二，如果说，教职员工薪金、教学与校务支出是一般办学不可或缺的必要开销，那么，"校产"的购买与经营以及由此形成的与创办及管理应新学校，且作为新加坡"嘉应五属"移民社群总机构的应和会馆之间的"借贷"关系，则具有移民时代东南亚华人社会的特色。

四 结论与讨论

本文运用新加坡华人社团账本，透过对"二战"前应新学校财务收入与支出状况的个案研究，从经济层面考察移民时代东南亚华文学校之运作，进而讨论华人社团文献所具有的重要学术与史料价值。

本文涉及的新加坡华人社团账本的年代，从 1906 年（光绪丙午）延至 1953 年，其中大部分为 20 世纪初到"二战"前后的账册。这些账本除了来自本文所研究的新加坡应新学校、创办与管理该校的应和会馆，还包括移民时代作为新加坡广、客两帮最高总机构的庙宇与坟山组织"海唇福德祠绿野亭"以及作为新加坡"嘉应五属"与"丰永大"两客家社群联络中心的另一庙宇组织"丹戎巴葛福德祠"。

鉴于"进""支"账目是构成华人社团账本系统的基础，笔者从各类账本的"进""支"账目入手，以列表统计为主要方式，对上述各类社团账本进行分类整理与爬梳，并结合章程、会议记录等其他华人社团文献，在当时新加坡社会经济的时空脉络下，具体考察"二战"前新加坡应新

---

① 《应新学校民国十七年起立"逐月进支结册簿"》（1928—1934）：民国十七年五月、六月、十月"收入常款及应支月费：支出项"，民国十八年二月、五月、七月"收入常款及应支月费：支出项"》。

学校以收入与支出为主要内容的财务运作。

1."二战"前新加坡应新学校的基本状况及特点

本文运用各类账册中的"进""支"数据,以列表为主要方式,具体考察了"二战"前各项收支在应新学校总收入中的比重。从1928年至1941年,在"进款"项,学费在学校总收入中所占比重最大,约为55%,其次为"会馆津贴",约占23%,"店租"则约占12%,其余10%为各类捐款和庙宇分款等其他来款。在"支款"项,学校支付校长与教职员工的薪金约占学校总开销的三分之二。其他的三分之一,则主要有教学、校务、学校产业及经营等其他方面的经费支出。

除了各项"收""支"在学校总"收""支"中所占的比重,应新学校从1928年至1943年总收入与总支出的状况见表13。

表13　　　　应新学校年度财务进支状况一览（1928—1943）

年份	进款总数（元）	支款总数（元）	余额（元）
1928	8755.96	8706.61	48.85
1929	11872.21	11095.45	776.76
1930	8511.11	8953.70	-442.59
1931	6661	7095.57	-434.57
1932	6420.56	6538.31	-117.75
1933	5305.05	4971.98	333.07
1934	5823.80	5331.65	492.15
1935	5992.3	5753.1	239.2
1936	5719.7	6371.47	-651.79
1937	7543.71	6700.88	842.63
1938	8125	7817.2	307.8
1939	7645.47	7525.61	119.85
1940	8018.16	8356.36	-338.2
1941	7747.78	8304.34	-556.85
1942	1496.37	2392.85	-896.48
1943	4286	3380.3	905.7

备注：①余额应为49.35元,但原账本就是48.85,一仍其旧。

②因"6661"元没有加入分校的"240元",故余额"-434.57"不准确,但原账即是此数目,一仍其旧。

表13内容显示"二战"前应新学校办学的基本状况与特点。

其一，经费收支与应新学校的办学规模。

根据表13的数据，从1928年至1943年，不论年收入还是年支出之款项，应新学校的办学经费均在五六千元至八九千元之间，这反映了至"二战"前后应新学校的办学规模。

应新学校的办学规模在"二战"后有明显的变化。虽然本文缺乏"二战"后应新学校年度总开支的相关数据，但根据应新学校保留下来的1948年至1953年的《学费月结簿》，以及上节对学费问题的考察可以看出，期间，该校仅学生学费收取一项就已达二至三万元，这说明应新学校的办学经费已从"二战"前的数千元发展到"二战"后的数万元。换言之，应新学校在"二战"以后到20世纪的50年代达到一个新的发展高潮。

其二，世界经济危机与战争对应新学校发展的直接影响。

在表13中，有两个时段应新学校的收支呈现负增长的状况，一是1930年至1932年。此时正是第一次世界经济危机席卷世界，东南亚首当其冲，包括华人社会在内的整个区域经济遭受重大打击的困难时期；另一时期是1940年至1942年，这是东南亚华人支持中国抗战，日本南侵对华人社会施行"大检证"，华人社团全面沦陷的年代。上述的经济危机与战乱直接影响应新学校的正常运作，不仅使学校的运作入不敷出，在日本南侵新加坡的1942年，应新学校的收入与支出的款项都大幅度减少，从而表明学校在这一时期的办学规模急剧缩小。由此也说明集华社民间之力兴办的东南亚华校，在社会变迁中具有不可避免的局限性与脆弱性。

其三，华人社会对华文教育的坚持。

虽然战争与战乱影响了学校的发展进程，但从应新学校保留下来的账本、议案簿等档案可以看出，包括会馆等社团组织在内的华人社会并没有完全陷于停顿，至少是华社兴办的华校并未关门，而是仍在尽力地坚持正常的教学与各项运作。正因为如此，应新学校不仅能在战争期间不间断地开门办学，而且能在战后迅速恢复元气，并把握"二战"结束后中国与东南亚社会变迁的新形势，将学校的发展推向一个新的发展阶段。

2. "二战"前应新学校办学的基本特征

其一，办学的帮群化。

应新学校在办学上所呈现的帮群化特征，首先体现在学校的社群所属。该校由新加坡"嘉应五属"社群总机构应和会馆创办与管理、办学经费的来源中有23%来自应和会馆以"津贴"等方式的拨款和该社群商家的"年月捐""特别捐"等的捐款。在学生学费的缴纳上，学校也订立有利于"嘉应五属"子弟的条款。此外，应新学校在经费来源中，还包括来自海唇福德祠绿野亭和丹戎巴葛福德祠的分款，显示应新学校的办学还得益于与"嘉应五属"同属广、客联合阵线中的"丰永大"与"广惠肇"两社群的支持。换言之，应新学校是以"嘉应五属"为主并结合广、客其他社群的力量倾力兴办的华校。

其二，财务运作的制度化。

在东南亚殖民地时代，华社民间推动的华文教育之所以能持续发展，华校制度化地规范办学是其中的重要因素之一。"二战"前应新学校的经济运作证明了这一点。保留下来应新学校的各类账本，在近半个世纪的时间里，持续、不间断的登录应新学校的"进""支"账目。而这些账目的诸多类别，如"进项"中的"会馆津贴、学费、店租、年月捐、特别捐、福德祠分款"、"支项"中的"薪金""校用""印刷""报费""整店"等条目也在数十年间基本不变。这充分显示"二战"前应新学校财务收支状况的基本稳定且已经制度化。

其三，经费来源的多元化。

由于缺乏中国政府和各地殖民当局稳定的财政支持，移民时代的东南亚华社民间兴办的各类华校，必须拓宽经费来源使之收入多元化，方能生存与发展。应新学校亦是如此，在保留下来的账册"收入"项中，不仅有来自学生的学费、会馆的津贴、各类捐款，还有校产的经营等诸款项，呈现出经费多元化之特征。

值得提出的是，在这些经费来源中，如果说学生学费的缴纳、校长与教职员工薪金的发放、教学与校务的开支等是一般办学不可或缺的必要收支，那么，"会馆津贴""庙宇分款""校产"的购买与经营以及因经费问题应新学校与应和会馆之间形成的借贷关系等，则具有移民时代包括新加坡在内的东南亚华人帮群社会的特色。

上述的三个特征，对应新学校在"二战"前后的数十年间能够持续与顺利地运作意义重大。应新学校办学的帮群化，使该校能持续得到"嘉应五属"、"广惠肇"和"丰永大"在经费上的支持与帮助。而财务运作的制度化和经费来源的多元化，不仅使学校对各类款项能进行有效的管理，亦有助于拓宽学校筹集办学经费之渠道，从而为学校的运作与发展提供重要与关键的经济支持。

综上所述，本文以社团账本为基本文献的研究，有助于学界了解这类数字类文献的史料与学术价值。一方面，保留下来各类华人社团账本，是账本所属社团自身建立的经济档案。这类档案是建立华人社团经济史新研究领域的基本文本文献。另一方面，数字类的账本记录，具有计量学与统计学意义上的"实录"华人社会历史图像的功能，因而能够为反思与推进现有的东南亚华人历史研究提供新资料与新视角。例如，20世纪七八十年代以来，许多学者以"帮"及"帮群"为分析框架，主要从社会文化史的视野讨论东南亚华人移民的社会结构[①]。保存下来的各类华人社团账本，将有助于学者从华人社团经济史的新视角，深入研究移民时代包括新加坡在内的东南亚华人帮群社会的建构与演化。

[①] 陈育崧：《华人社会的结构与形态》，载陈育崧、陈荆和编著《新加坡华人碑铭集录》，香港中文大学出版部1970年版；林孝胜：《十九世纪新华社会的帮权政治》，载《新加坡华社与华商》，新加坡亚洲文化1995年版；杨进发：《战前星华社会结构与领导层初探》，新加坡南洋学会，1977年版；Cheng Lim-Keak, *Social Change and the Chinese in Singapore*, Singapore University Press, 1985。

社团账本与"二战"前应和会馆的财务运作

前 言

在东南亚华人史研究领域，华人社团是海内外学者普遍关注的一个重要课题。其所以如此，主要是因为在东南亚华人社会建构的历史进程中，华人社团扮演极其重要的角色，尤其是在西方殖民政府统治的时代。由于那一时期的东南亚各殖民政府大多实施半自治的政策，会馆等各类社团就像华人社会的"政府"，不仅是中华文化在东南亚传承与发展的最重要的载体之一，亦为华人社会运作提供基本的组织架构。为了让南来拓荒的闽粤移民在新土地上建构家园，华人社团不仅设立会馆，为不断南来的同乡移民提供最初的落脚点与聚合中心，也办华校、建医院、设坟山，以教育南来的移民子弟与传承中华文化，以及解决华人的医疗与身后丧葬祭祀等问题。为了承担上述社会功能，作为民间性质的华人社团，必须拥有足以支撑其各项运作的经费来源与财务制度。换言之，建立经济运作系统与财务管理制度，对于移民时代包括新加坡在内的东南亚华人社团至关重要。

然而，受制于文献缺乏等原因，迄今为止的东南亚华人社团研究，多从社会文化视角，考察华人移民的社群结构、方言群认同、华人社团功能等问题，对华人社团的财务制度与经济问题的讨论则基本不见涉及。本文以一个在新加坡华人社会舞台上扮演重要角色的华人社团——应和会馆为研究个案，运用该社团及其他相关华人社团保留下来的账册并结合会议记录、章程等文献，通过对这些账本细致的爬梳、整理、分类与解读,在移民时代新加坡的时空环境下,从社团经济的视角具体考察与讨论"二战"前的新加坡华人社团。

一 应和会馆:新加坡嘉应五属社群总机构

创立于1822年的应和会馆,是作为嘉应五属移民社群总机构出现在新加坡华人社会舞台上。

在新加坡,祖籍为中国广东梅县、兴宁、五华、平远、蕉岭五县之华人被称为"嘉应五属"或"嘉应客家人"。新加坡开埠之后的第三年即1822年,嘉应五属移民成立应和会馆作为该社群的总机构。之后,伴随嘉应五属同乡不断南来拓荒,作为应和会馆属下的"五华同乡总会""嘉侨同乡会""兴宁同乡会""嘉应五属公会""梅蕉平同乡会"等社团相继成立。这五个同乡会和总机构构成新加坡嘉应社群的基本组织架构,并从移民时代延续至今。

为了照顾南来的移民同乡,殖民地时代的应和会馆先后设立坟山、医院、华文小学等,以承担其作为社群总机构之职能。光绪十三年(1887),应和会馆购置一百多英亩的土地作为安葬先人的"五属义山",并在坟山内设"五属义祠",以安放五属先人的神主牌位[①]。1905年[②]应和会馆创办应新学校。这是一所经英殖民政府正式注册、开新加坡现代教育之先河的华文小学,在包括新加坡在内的东南亚现代华文教育发展史上占有重要的地位。1926年会馆还在"五属义祠"内设立应新分校,以应更多华人子弟入学的需求[③]。此外,为了帮助五属移民解决医疗问题,应和会馆还于20世纪20年代设立嘉应留医院[④]。

[①] 《光绪十三年(1887)双龙山嘉应五属义祠碑记》,载陈育崧、陈荆和《新加坡华文碑铭集录》,香港中文大学出版部1970年版,第247—248页。

[②] 关于应新学校创办的年代,学界有1906年和1905年两种说法。笔者根据该学校编撰的特刊,采用1905年创办之说。

[③] 该分校在日本1942年南侵新加坡后停办。

[④] 该医院在20世纪20年代末因世界经济大萧条之影响而被迫停办。

1965年新加坡独立建国。因新加坡社会发展和市区重建需要，"五属义山"在1965年后被政府征用。应新学校也因建国后新加坡的社会和教育制度的改变而在1969年被迫停办。面对社会变迁的新形势，1969年应和会馆在政府拨回的四英亩土地上重建整齐划一的新型坟场，同时将保留下来的"五属义祠"重新修整以继续安放五属先人神主牌位，另外新建二层楼的"嘉应五属纪念堂"。纪念堂的一层安放骨灰瓮，二楼则作为礼堂之用。1998年应和会馆会所在确定作为新加坡国家古迹被保留（但部分应新学校校舍因公路建设需要被拆除）后进行翻修。历经从新加坡移民时代到本土社会的时代变迁，翻修后的应和会馆仍作为"嘉应五属"社群的总机构，且为适应当代新加坡社会发展的时空环境，在社会功能与运作方式等方面不断进行调整①。

　　笔者在多年的新加坡田野研究中，收集到一批"二战"前新加坡各类华人社团的历史文献，其中包括近二百部应和会馆和其所创办与管理的应新学校的章程、议案簿②、账本等。这些保存下来的文献尤以账本账册占绝大部分。另外，作为移民时代新加坡广、客两移民帮群总机构的海唇福德祠绿野亭与"嘉应五属"同属客帮的新加坡南洋客属总会、丰顺会馆、永定会馆、茶阳会馆、丰永大公会、望海大伯公庙③等会馆、庙宇、坟山等，也有与应和会馆相关的文献记录。

　　本文主要以应和会馆及相关社团保留下来的账册为基本文献，并结合议案簿、章程等其他华人社团档案，透过对这些账册"进""支"账目的细致分类、整理并进行列表统计与解读，在"二战"前新加坡社会的时空环境下，具体考察"二战"前新加坡应和会馆运作的经费来源与财务系统。

---

　　①　上述有关应和会馆与应新学校的记录，都见《星洲应新小学特刊：本校史略》，新加坡应新学校民国二十七年出版；《应和会馆一百四十一周年纪念特刊：新加坡应和会馆史略》，新加坡应和会馆1956年版，第10—15、15—16、39页。《应和会馆纪念特刊》，新加坡应和会馆1987年版，第25—32页，《应和会馆纪念特刊》，新加坡应和会馆2003年版，第33—37页，《新加坡应和会馆双龙义山暨产业征用概况》，新加坡应和会馆1969年版，第1—6页。上述特刊均为非卖品。

　　②　即会议记录。以下所提议案簿，均指"会议记录"。

　　③　该庙也称为"丹戎巴葛福德祠"。

二 账本中所见应和会馆的经费来源[①]

这一节,笔者从账本的"进款项"入手,讨论应和会馆运作的经费来源。

以下是笔者根据应和账本"进款项"列表整理的四份表格。表1是民国七年"进款"账目一览表。这是到目前为止保留下来的有关应和会馆财务的最早记录。表2—表4三份表格是笔者从20世纪20、30、40年代应和会馆账本中,随意选取其中一年的"进款项"列表整理与统计。

表1　　　　　　应和会馆民国七年(1918)进款一览

月份	类别	内容	金额(元)
一月至二月	店租	11条店租	417
三月	店租	九条店租:360元	2610
	银行	四海通进1500元	
	海唇福德祠分数	大伯公庙750元	
四月	店租	11条店租	408
五月	店租	10条店租	366
六月	店租	九条店租:336元	665.5
	银行	四海通进329.5元	
七月	店租	10条店租	401
八月	店租	11条店租	429
九月	店租	10条店租	345
十月	店租	10条店租	460
十一月	店租	11条店租	443
十二月	店租	10条店租:415元	515
	银行	四海通来100元	
总计	店租 银行 大伯公庙	店租共计:4398元 银行进款:1929.50元 海唇福德祠分数:750元	7059.5

备注:应和会馆戊午年逐日流水草簿(1918—1921)。

[①] 本文所用的应和会馆与应新学校账本,原件均保留在应和会馆资料室。

表2　　　　　　　　应和会馆民国十五年（1926）进款一览

类别	内容	金额（元）
上年结存	承乙丑日清部存来：740.81元	11700.71
	承乙丑"四海通"存：10959.9元	
店租	全年收来	9410
利息	李登郎来：700元	1315
	黄云辉来：615元	
双龙山（坟山）	地租：287.5元	490.5
	开坟：150元	
	安葬：53元	
祭祀	会底（每条1元）	17
还款	客属总会完来	1900
其他	美朱律广告费	24
总计	11条	24857.21

备注：应和馆民国十五年丙寅正月立"日清簿"。

表3　　　　　　　　应和馆民国二十年（1931）进款一览

内容	金额（元）
店租	8731
坟山地租	1363.08
息款	390
牌位与开坟	105
安葬（每条1元）	39
总计	10628.08

备注：应和馆民国二十年辛未岁立"进支月结簿"。

表4　　　　　　　　应和会馆民国三十四年（1945）进款一览

内容	金额（元）
店租	7163
地租	273.8
留医院租金	260
会底（每人1元）	87

续表

内容	金额（元）
开坟费（每条15元）	995
安葬费（每条1元）	43
溢息（整会馆存款得利息）	2700
总计	11521.8

备注：应和馆民国三十四年立"杂费总簿"。

表1—4内容显示"二战"前应和会馆财务运作中的主要经费来源。

(一) 店租收入

从1—4表格的统计，可以看出应和会馆在"二战"前的1918年、1926年、1932年、1945年四个年份的财务来源中，店租收入所占比重最大。其中最低为1918年和1952年的62%，最高为1931年的82%。见表5的统计。

表5　　店租在应和会馆财务收入中所占的比重一览
（1918、1926、1931、1945）

年代	店租（元）	总收入（元）	所占比例（%）
民国七年（1918）	2773	7059.5	62
民国十五年（1926）	9410	24863.30（扣除上年结存的11700元）	72
民国二十年（1931）	8731	10628.08	82
民国三十四年（1945）	7163	11521.80	62

之所以有店租收入，是因为会馆拥有产业。在1958年应和会馆重新修订章程的第十一章"产业"中，明确列出"本会馆所有之产业"的具体条文。其中涉及房产的有：

(1) 新加坡直落亚逸街门牌九十八号及一〇二号店屋两间；
(2) 新加坡中国街门牌八号及九号店屋两间；
(3) 新加坡马来街门牌二号店屋一间；
(4) 新加坡小坡大马路门牌四八一号及四八三号店屋两间；

（5）新加坡爪亚街门牌一四〇号及一四二号店屋两间；

（6）新加坡墨根西律门牌七〇，七二及七四号店屋三间；

（7）新加坡美芝律门牌五二三号及五二五号店屋两间；

（8）新加坡直落亚逸街九十八号及一〇二号对面之空地一块；

（9）新加坡纽马吉街门牌一三〇号店屋一间。

由于文献不完整，笔者看不到民国七年以前有关会馆购买产业的记录。但保留下来的账本，印证了1958年章程中会馆拥有房产的状况。

事实上，在笔者所整理的账本中，拥有店屋房产并出租，是移民时代新加坡华人社团的普遍做法，应和会馆并非特例。例如，根据新加坡永定会馆保留下来的"民国六年大总簿""民国十二年大总簿""民国十三年大总簿""民国十四年大总簿""民国十九年月清册""民国三十一年大总簿"等账本①，都有"店租集"的目录。而与"店租集"相关的记录购置产业资金情况的"置产业集"则是另外一项。例如在永定会馆"民国六年大总簿"的"置业"条中，有"丁巳年英1917年闰二月十二日买牛车水店去银6600元"的款项。此外，因店租而产生的纠纷也出现在账册中。永定会馆民国十二年立"大总簿"的目录中有"逐租店集"条"支租讼费去450元"的账目。即使是殖民地时代的新加坡华校，也有相当部分是以店租作为学校运作经费的来源之一。以应和会馆创办与管理的应新学校为例，从1928年至1941年，店租在该校总收入中所占的平均比重为12%②。以上这些账册记录的内容，说明购买店屋并出租以获取店租收入，不仅是移民时代新加坡华人社团运作资金的一个重要来源，亦是华人社会普遍存在的经济运作方式之一。

（二）利息收入

如果说"店租"是华人会馆等社团以经营房产而获得的租金收入，那么"利息"则是20世纪上半叶新加坡华人社团的一种理财方式。

从1—4表，都显示应和会馆的财务来源中包括利息收入。利息主要来自以下几个方面。

---

① 上述账本的原件均保存在新加坡永定会馆资料室。
② 见本书《社团账本与"二战"前应新学校研究》一文表7。

1. 银行利息

从账本看,"二战"前应和会馆多将款项存在四海通银行以获取利息。如表1,民国七年的三月、六月、十二月,来自四海通银行的款项分别为1500元、329.5元、100元。表2,民国乙丑即1925年会馆在四海通银行里存有10959.9元。

2. 会馆出借款项所得之利息。

在保留下来的"二战"以前的应和会馆账本中,涉及相当多有关会馆出借款项以收取利息的记录。根据这些记录,应和会馆出借款项的对象主要是嘉应社群的侨领、嘉应商家及当铺、会馆兴办的学校、医院等。换言之,这是在嘉应五属社群内部展开的经济行为。从应和会馆借出款项者,不论个人还是团体均隶属于嘉应五属,即在该社群的内部。

在表2,有李登朗和黄云辉[①]支付会馆1315元息款的记录。查阅"应和馆戊午逐日流水草簿",这笔款项来自民国八年八月初八李登朗所借会馆的1500元,民国九年四月初五黄云辉所借会馆2000元所支付的利息。

将款项借给嘉应商家、当铺以收取利息,这是应和会馆出借款项的另一对象。笔者整理了应和会馆保存下来的最早账本"戊午逐日流水草簿",涉及此类借款与利息的记录就有以下数条:

- 民国七年戊午十月十六日,同益兴借去大银2000元;
- 民国九年庚申二月三十日,大和当借去大英银2000元,每月利息8厘;
- 民国九年庚申八月二十三,收邱瑞昌隆(向会馆借1000元)乙巳十二月十一日至庚申八月十一日8个月来息款:80元;

收同益兴公司(向会馆借2000元)乙巳十二月初一至庚申八月初一8个月来息款:160元;

[①] 根据笔者查阅到的资料,李登朗情况不明,黄云辉(1865—1926),在1926年去世以前,是新加坡客帮与"嘉应五属"的一个重要侨领。他曾担任新加坡中华总商会董事多年,也曾任广、客两帮总机构福德祠绿野亭的总理,亦是应新学校的创办人之一,对应和会馆发展有诸多贡献。见柯木林主编《新华历史人物列传》,新加坡学乡会馆联合总会1995年版。

●民国九年庚申八月二十五日，收大和当（向会馆借2000元）庚申三月初一起至八月初一止，五个月来息款80元。

除了嘉应社群的侨领与商家，"二战"前应和会馆还借出款项给其创办管理的应新学校与留医院。从收集到的账本、会议记录、《叻报》等华文报刊报道等文献看，应新学校与嘉属留医院在建设与发展过程中，其所需较大笔之经费均主要来自会馆。例如，民国九年应新学校新建校舍，据"戊午年逐日流水草簿"记载，这一年学校向会馆借款1600元。再如，根据应和馆民国二十四年立"来往总簿""应新学校条"：民国十九年六月二十九日，应新学校因买店屋向应和会馆借4000元。过后每月还利息30元，每年则支付会馆利息360元，直至民国二十七年才将本金及利息全部还清。在"二战"前应和会馆账本中有"校款"条，专门记录会馆与学校之间的借贷经费之往来。

与出租店屋一样，应和会馆出借款项收取利息的做法，在"二战"前的新加坡华人社团亦具有一定的普遍性，一些社团还将此项经济活动写入章程及董事部会议记录。如丰顺会馆民国三年章程第十六条规定，"本会馆如存银若干……务由总理、财政、董事、职员议交何处生息"。章程中还载明，"议决将丰永大三邑众银五百大元正，每月贴息银一分两厘正，交由当铺生息"[1]。永定会馆民国六年章程第十二条规定，"财政处仅得存银壹佰元。如百元以上即当储入银号生息"[2]。丰永大公会民国十四年二月九日董事会议案簿里，有"董事会议决将八千元放在大同当月息八厘"的记录[3]。

上述记录显示，"二战"前华人社团的理财方式不仅透过现代银行，还有当铺及个人等民间渠道。

3. 与坟山相关的收入

如前所述，作为嘉应五属移民社群的总机构，应和会馆在19世纪80年代末设立"五属义山"与"五属义祠"，以解决本社群先人的丧葬与祭祀问题，由此坟山与祠堂就成为会馆的产业。在1958年

---

[1] 该章程原件保存在新加坡丰顺会馆资料室。
[2] 该章程原件保存在新加坡永定会馆资料室。
[3] 该议案簿保存在新加坡丰永大公会资料室。

修订的应和会馆章程的第十一条"产业"项中,包括"新加坡双龙山义山一座及义祠一所、新加坡双龙山风雨亭一座及纪念亭一所"的内容。而在章程的第十章"坟场"条中,则对葬地尺寸及价格做了详细的规定。

根据表2至表5的内容,应和会馆与坟山相关的收入主要有两部分。一是地租。地租的产生,是因坟山内有些低洼地带仅适合种植果蔬而无法作为葬地,会馆就将这些地段出租。从议案簿对地租租金的讨论看,承租坟山土地者多来自"嘉应五属"。在表3、表4、表5中,可见坟山内地租的收入分别是287.50元、1363.08元、273.80元。二是先人丧葬与祭祀的费用,包括"开坟""安葬"和春秋二祭的"会底银"[①]等项。

值得提出的是,应和会馆在处理"嘉应五属"先人的丧葬与祭祀时,所收取的费用非常低廉。"安葬"与"会底银"均每位先人一元,"开坟"也仅十数元的费用。因此,虽然丧葬与祭祀费在应和会馆经费来源中属常年收入,但在会馆总收入中所占比例非常小。以民国三十四年为例。这一年的"会底银""开坟费""安葬费"总计为1125元,约占该年总进款数11521.80元的0.097%。这充分显示会馆承担照顾社群所属成员这一基本功能。

4. 庙宇等其他收入

除了上述"店租""利息""坟山"这三项基本收入,在账册中还可见应和会馆另一项收入,那就是来自庙宇的分款与香油钱。在新加坡开埠初期,来自华南的闽粤移民因其方言的不同,在新加坡形成"福建""潮州""广府""客家""海南"等五大基本的方言帮群。在当时社会、政治、经济等诸因素的制约下,五大帮群为各自的利益或独立成帮,或互相联合,形成移民时代新加坡华人社会的帮群结构。在华人社会帮群对立与互动的舞台上,不少华人庙宇扮演非常重要的角色。这些庙宇不仅是宗教场所,往往也作为华人社会的组织机构,承担整合移民

---

① 关于会底银,根据所收集到的账本,这一款项在"二战"前广、客社团普遍存在,主要与对坟山内先人的祭祀有关。有些社团的总坟设置与对总坟的祭祀,也是从会底银发展而来。

社群的重要功能①。移民时代的"嘉应五属",在方言群上隶属于"客家",在华人帮群互动的架构上,则与"广惠肇"联合结成统一阵线②。"嘉应五属"与新加坡另一客家社群"丰永大"的合作,以望海大伯公庙作为两社群的总机构③。而"嘉应五属"与另一客帮社群"丰永大"和广府帮的"广惠肇"的联合,则以共同管理的庙宇与坟山组织海唇福德祠绿野亭作为广、客两帮群的总机构。"嘉应五属"在新加坡华人移民社会的方言群与帮群所属对于应和会馆的直接影响,就是获得上述两个庙宇的香油钱与分款。在保留下来的应和会馆账本中涉及两个庙宇分款应和会馆的记录。例如应和馆民国十八年己巳岁起立《逐月结册部(1929—1935)》,在每个月的"进支数目列表"中,都可见"(丹戎巴葛)福德祠是月来22元"的款项。海唇福德祠绿野亭对应和会馆的分款记录,则见于应和会馆与海唇福德祠绿野亭保留下来的账册中。

以下是笔者根据相关账本账目整理的海唇福德祠绿野亭分派应和会馆款项及使用情况表(见表6)。

表6　　新加坡海唇福德祠绿野亭分派应和会馆款项及使用情况(1906—1933)

年份	款项(元)	使用情况	文献来源
光绪丙午 1906	2060	应新学校开办费	福德祠绿野亭义山逐岁进支簿(1887—1933) 星洲应新小学民国二十七年特刊"本校史略"
民国丁巳 1917	625	应新学校	福德祠绿野亭义山逐岁进支簿(1887—1933)

---

① 例如,在19世纪早期,天福宫曾经是新加坡福建帮的总机构。粤海清庙在新加坡潮州八邑会馆未建立之前,是潮州移民的信仰与凝聚中心等。

② 有关"嘉应五属"与"丰永大"、"广惠肇"三社群的关系,见曾玲《坟山组织与华人移民之整合——十九世纪新加坡华人建构帮群社会的历史考察》,载周南京主编《华侨华人百科全书总论卷》,中国华侨出版社2002年版;见本书《庙宇、坟山的"社群化":新加坡华人移民帮群组织之建构——兼对华人社会结构的新思考》一文的讨论。

③ 迄今为止有关该庙建立的时间无从得知。道光十一年"客社八邑立《重修丹戎吧葛大伯公祠宇碑》"的碑文显示,该庙在1861年由"嘉应五属"和"丰永大"重建。客社八邑即指"嘉应五属"与"丰永大"三属。碑文收录在陈育崧、陈荆和编著《新加坡华文碑铭集录》,香港中文大学出版部1970年版,第94—98页。

续表

年份	款项（元）	使用情况	文献来源
民国戊午 1918	750	应新学校	福德祠绿野亭义山逐岁进支簿（1887—1933）应和馆戊午逐日流水草簿（1918—1921）
民国己未 1919	1250	应新学校	福德祠绿野亭义山逐岁进支簿（1887—1933）应和馆戊午逐日流水草簿（1918—1921）
民国庚申 1920	1450	入"四海通银行"，作为应新学校费用	福德祠绿野亭义山逐岁进支簿（1887—1933）应和馆戊午逐日流水草簿（1918—1921）
民国癸亥 1923	2000	应新学校	福德祠绿野亭义山逐岁进支簿（1887—1933）应和馆民国十二年立"总清簿"
民国乙丑 1925	1100	应新学校	福德祠绿野亭义山逐岁进支簿（1887—1933）
民国丁卯 1927	2000	应新学校	应和馆民国十六年立"来往总簿：应新学校条"
民国己巳 1929	5000	应新学2500元；嘉属留医院2500元	福德祠绿野亭义山逐岁进支簿（1887—1933）应和馆民国十八年乙巳岁立"日清簿"："乙巳拾月二十九拜五日""来往总簿""月结簿"
民国癸酉 1933	1000	应新学校	福德祠绿野亭义山逐岁进支簿（1887—1933）应和馆民国十八年起立"逐月结册簿"："民国二十二年二月进支"："息款对绿野亭分来一千元"
总计	17235	应新学校、嘉属留医院	海唇福德祠绿野亭账本、应和会馆账本

表6内容显示，从1906年到1933年，应和会馆仅从海唇福德祠绿野亭的十次分款就达到17235元之多。换言之，在"二战"前的新加坡华人帮群社会，应和会馆的财务来源得到来自广、客两社群及其总机构的支持。

三 账本中所见应和会馆的财务支出

在会馆的财务运作系统中，经费支出是另一重要组成部分。为了更好地讨论移民时代华人会馆的财务支出状况，笔者选择与上一节"进款项"相对应的"支出项"账册内容，列表整理成表7—10。

表7　　民国七年（1918）十二月应和会馆支出款项一览

类别	内容	金额（元）
津贴	应新学校2个月（每个月为100元）	200
与庙宇有关的支出	粤海清庙：167.86元 初九老爷宫敬神祭品：17.16元 初九老爷宫做戏本：109.50元 老爷宫题香油钱：1元 粤海清庙门前演戏杂用两单：40.20元 北帝诞祭品：77.01元 转神祭品：14.39元	259.26
与殖民地政府有关的支出	工部局应新学校火饷费用：40.75元 工部局门牌税：372.78元 贺皇家百年纪念：150元 贺皇家百年纪念车费：0.25元	563.78
与会馆、坟山相关的支出	看公所林三2个月薪金10元 新年会馆用费：20元 看会馆黄桐薪金：10元 看义祠黄福薪金：5元 看仓库薪金：3元 收店税车费：4元	52
与出租店有关的支出	整店两间工料：124.65元 看休整店的车费用：0.25元	124.90
公益	施彭运舞埋葬棺木	13
其他	与绿野亭地事相关的费用：1.25元 买拖把：2元 杂费：1.25元	4.75
总计		1217.44

备注：《应和馆戊午年逐日流水草簿（1918—1921）》。

表8　　　　　应和会馆民国十五年（1926）支出款项一览

类别	内容	金额（元）
上年结存	存四海通银行	5063.09
借款	客属总会借去：3000元	4700
	应新学校借去：1500元	
	嘉属方便留医院借去：200元	
津贴	应新学校	3360
公益捐	捐客属总会：2000元	2250
	捐保良局：200元	
	捐芽笼火灾：50元	
恤老费	谢老初等四人回唐川资，每人15元	60
行政费	公事费：82元	2573.26
	薪金：1414.01元	
	买桌凳：200元	
	杂用：877.25元	
筹办费	嘉属方便留医院	400
休整费	休整会馆、双龙义（坟）山、出租店屋、水沟、绿野亭坟山等的工料银	637.97
福酌费	关帝诞、财神诞、中元节、大伯公诞、董事部交代宴席等	426.51
祭祀费	春秋二祭、会底拨牲、会馆与双龙义山中元节度孤等	321.69
与殖民地政府相关的费用	水饷：170元	4486.8
	火饷：446元	
	纳地税：26元	
	抽街（店税）三季：3844.8元	
保险费	先施保会馆	159
总计		24438.32

备注：《应和会馆民国十五年丙寅正月立"日清簿"》。

表9　　　民国二十年（1931）应和会馆支出款项一览

内容	金额（元）
津贴应校（每月165元，共计12个月）	2100
分校（每月20元，共计12个月）	240
恤老（每名15元）	15
开销	27
公益捐	无
印刷	63.90
报费	38.4
电话	175
休整	412.82
车仿	160
纳地税	21.5
抽介	353.92
保险（投保"亚洲保险公司"）	221.65
置物	38.61
薪金	1182
福酌	72
祭祀	690.15
会底	12
杂用	297.17
总计	6001.12

备注：应和馆民国二十年辛未岁立《进支月结簿》。

表10　　　民国三十四年（1945）应和馆支出款项一览

内容	金额（元）
津贴应校（每月80元，共计3个月）	240
战时生活津贴	1020
公益捐（3月7日捐本区救济金）	20
分校（每月20元，总计3个月）	60
印刷费	59.4
报费（1—8月买《昭南日报》《南洋》《星洲》《华侨》《新民》各报）	329.6

续表

内容	金额（元）
广告费（9月30日《星洲日报》登"选举大会启示"）	4.05
水火费	108
电火费	220
休整费	979.2
门牌税	1632.48
地税	282.5
电话	163.63
薪金	2344
应酬费（主要为接待来宾与发给贫难侨）	222
福酌	515.7
祭祀	412.6
贺仪	3
车费	270.9
杂费	3278.6
公事费	619.52
文具费	108.8
整义祠	1750
整会馆	1200
开销	660.92
总计	16504.9

备注：应和馆民国三十四年立《杂费总簿》。

表7—表10显示20世纪上半叶应和会馆财务运作中，经费支出的主要内容。

（一）与嘉应五属社群相关的支出

在应和会馆的支出经费中，最大的一项是常年津贴应新学校办学。根据应新学校校董会章程，"本校每月经常费由应和会馆酌拨款项津贴"。从保留下来的各类账本账目的内容看，应和会馆主要以两种方式津贴应新学校。其一为不定期地为学校缴纳包括水费、电火费、地税等各种费用，以及为学校设备的建造与修缮提供经费。以《戊午年立逐日流水草簿（1918—1921）》为例，从民国七年至民国十年，应和会馆为学校缴纳的各项费用的账目有数十条之多，其内容包括学校的"水饷""火饷""电费""马打[①]薪金"、殖民政府工部局征收的各种税款等。此外，会馆还出资为学校进行"整堂屋""建浴房""扫灰水""改建厕所"等项。应和会馆另一种提供经费的方式是定期拨款"津贴"应新学校。应和会馆保留下来的账本，详细记录了在20世纪上半叶的近半个世纪里会馆每月不间断地津贴应新学校的款项，其数目从每月80元至280元不等。根据笔者的统计，1928—1943年，这些津贴数额平均约占当时应新学校经费来源的23%[②]。

除了应新学校，对会馆所属的"嘉应留医院""五属义山"以及会馆产业管理修葺等项的支出，在账册中亦留下记录。如表7"筹办留医院夫银400元"。其他如休整"嘉应五属义山"与会馆产业相关的"整店"等账目，亦大量出现上述表4与应和会馆保留下来的其他账册中。此外，在上述支出款项表中，还有"恤老"条目。所谓"恤老"，即资助贫困的同乡回返祖籍地的费用，每人的份额为15元。这是会馆照顾社群成员的开支。

在会馆支出款项中，与祭祀先人与神明相关的款项，也是一项常年的开支。账本的条目显示，每年"清明"和"重阳"前后，会馆都会举行祭拜先人的"春秋二祭"。此外，会馆每年还会定期举办"关帝诞"和"中元普度"民间宗教活动。相关活动的开支多记录在账本的"福酌"条中。

作为"嘉应五属"总机构，应和会馆的行政与办公等费用在支出款项中也占有相当的比重。在上述的4个表格中，这些费用最大项的支出是"薪金"。其他方面包括订阅报刊的费用、电话费、印刷费、文具费、交通费、水电费、购买保险，以及购买办公用品等一些杂费。

---

① 马来语，门卫、校警之意。
② 见本书《社团账本与"二战"前应新学校研究》一文中的表1与表7。

(二) 与华人社会相关的开支

与华人社会各项相关事务的开支,是上述应和会馆支出款项账册表格的另一项重要内容。这些"开支"主要包括捐款与参与其他社团华人民间宗教活动等项的费用。

在捐款方面,如表 8 中的"公益捐"条"捐客属总会 2000 元"。表 10 中的"公益捐"条"捐本区救济金 20 元"等。再如应和会馆民国十九年"进支月结簿"有"特捐客总 8000 元"的款项记录。事实上,在保留下来的应和会馆、永定会馆等其他华人社团账本中,"公益捐""特捐"等均是其中不可或缺的条目,显示各类捐款在华人社会所呈现的常态化特点。

应和会馆与华人社会相关的另一项开支,涉及华人民间宗教活动。如表 7,民国七年十二月,应和会馆四次参与潮州社群所属的粤海清庙活动,支出 167.86 元;参与三水会馆的北帝诞活动,支出祭品 77.01 元。这类款项的记录,在保留下来的应和会馆账本中还有不少。

上述内容显示,"二战"以前,应和会馆主要是通过捐助款项与参与其他社团民间宗教这两种方式,与"嘉应五属"以外的华人社群发生关系。不过,受制于移民时代新加坡华人社会的帮群结构,应和会馆所参与的均是其所隶属的海唇福德祠绿野亭总机构内广、客两帮群,如客属总会、广帮的三水会馆等。而与潮州社群的关系,则主要发生在 20 世纪二三十年代以前。在这之后,在账本、议案簿等文献中,已基本不见"嘉应五属"参与潮州社群活动的相关记录[①]。

(三) 与殖民政府相关的开支

表 7—表 10 的内容,还显示应和会馆另有一项是与殖民地政府相关的开支。这些开支主要涉及两部分。一部分是殖民政府向华人社团收取的各项税。如社团税、地税、门牌税等等不同的项目;另一部分是会馆参与殖民政府经济与社会活动而支付的费用。如表 7 "贺皇家百年纪念及

---

① 此一情况,也出现在同属新加坡客家社群的"丰永大"坟山组织的账本中。相关的问题有待进一步的研究。

车费总计 150.25 元"。另外,《应和馆民国二十七年戊寅立"进支月结簿"》有购买政府公债 505 元的账目。

四 结论与讨论

本文主要运用新加坡应和会馆账本等其他历史文献,并以该社团为个案,从经济层面考察与讨论"二战"前的新加坡华人社团。这项研究虽然还有许多需要深入了解的内容[①],但本文的研究已显示,与一般的商号账册不同,包括新加坡在内的东南亚华人社团账本具有社群属性,是华人社团为所属社群建立与书写的经济档案。通过对这些账本细致的爬梳、整理、分类与解读,有助于研究者深入与具体地了解移民时代华人社团经济的历史图像。

在这幅历史图像中,新加坡华人社团在半自治的殖民地时代,建立了一个足以支撑华人社会各项运作的经济系统。这个系统重要与基本的功能,是透过对地产、坟山、借贷款项等经营,为包括应和会馆在内的移民时代的新加坡华人社团承担诸如设坟山、办医院、建华校等社会功能提供经费支持与经济保障。

另外,华人社团的经济系统亦具有整合与凝聚社群的重要功能。在本文的考察中,"二战"前新加坡应和会馆所建构的财务系统,具有明确的"嘉应五属"社群与广府客家的帮群边界。透过应和会馆与"嘉应五属"侨领、商家、应新学校、嘉应留医院之间的款项往来、海唇福德祠绿野亭对应和会馆的分款,以及应和会馆参与所属帮群内社团各项活动而支付的经费款项,从经济层面维系与强化了作为"嘉应五属"总机构的应和会馆与属下社团以及与所属帮群内其他社团之间的凝聚与认同。

上述有关移民时代华人社团经济系统双重功能的讨论,有助于思考华人社团账本的文献价值。与碑铭、会议记录、章程、名册等文字类的社团文献相比,社团账本具有计量学与统计学上的意义。通过账本所属

---

① 如有关账本的形态、分类、会馆购买地产的资金来源、应和会馆与其创办及管理的应新学校等之间的经济关系与处理方式等问题。

会馆等华人社团对其管理运作中所有往来账目系统、细致的登录，真实、具体且不间断地保留了账本所涉及年代华人社会内部的社群关系、认同形态、管理系统、运作方式、华人社会与殖民地政府、与祖籍地及祖籍国中国的关系等的记录。换言之，账本是以"数字""实录"华人社会的历史图像，它不仅为研究者提供可与碑铭、会议记录等互为印证的文献，亦因其记录的内容与方式具有真实、具体、细致、全面、连续等特点而能够给予研究者以新资料与考察视角。本文的研究，为从社团经济的视角研究"二战"前的新加坡华人社会，提供一个有价值的个案。

（本文系中国国家社会科学基金项目"新加坡华人社团账本的整理与研究"的阶段性成果，初稿以"社团账本与二战前新加坡华人社团经济研究：以嘉应五属社群总机构应和会馆为个案"为题，刊载于《中国社会经济史研究》2016 年第 4 期。收入本书时对文字稍作订正）

宗乡社团和宗乡文化的当代图像

调整与转型：20世纪八九十年代的宗乡社团

　　新加坡地处马来半岛最南端，是一个由移民社会发展而来的多元种族国家，其人口中以华族占绝大多数。根据2000年出版的新加坡年鉴统计资料，截至1999年，华人占新加坡全国总人口的76.9%，其余为马来族、印度族及其他民族①。

　　新加坡社会发展经历了殖民地时代和本土社会两大历史阶段。在移民社会，殖民地政府采取分而治之和间接统治政策，华人社会处于半自治状态②。华人移民必须建立自己的社团和组织，方能维持华人社会之运作③。在新加坡从殖民地时代到独立建国以来的社会发展变迁中，数百个华人社团在新加坡社会舞台上扮演着举足轻重的角色④。本文运用报刊、档案、华人社团特刊等文献，以及与笔者长期在新加坡所做的田野调查资料，讨论当代华人宗乡社团面对20世纪80年代以来新加坡华人社会的发展契机，在认同形态、组织结构、运作内容以及未来发展趋势等诸方面的变迁问题。

---

① 《新加坡年鉴2000（华文版）》，新加坡新闻与艺术部、《联合早报》2000年版，第38页。
② 吴凤斌主编：《东南亚华侨通史》，福建人民出版社1993年版，第54—72页。
③ 谢剑：《志愿性社团的组织原则：新加坡华人社团的个案研究》，载李亦园、郭振羽主编《东南亚人社会研究（下册）》，台北正中书局1985年版。
④ 根据吴华《新加坡华族会馆志（上、中、下）》（新加坡南洋学会1975—1977年出版）的统计，从殖民地时代到20世纪60年代末，新加坡有会馆、宗亲会和行业公会等近600所。

一 20世纪80年代以来华人社会的发展契机

（一）建国以来华人社会与宗乡社团面临的挑战与危机

从1965年建国到20世纪80年代中叶，是新加坡华人社会一个非常艰难的时期。在这一时期，华人社会面临种族与文化认同的危机，以及宗乡社团被边缘化等许多严重挑战。

建国初期，新加坡政府基于岛内外诸种因素的考量，全力运作塑造新加坡人的国家认同。新加坡是个没有土著和本土文化根源的移民社会，从1819年开埠到建国不到一个半世纪。在这样的根基上建国，如何凝聚和塑造新加坡人的国家认同，是关系到这个年轻共和国能否生存的要害问题。就外部环境而言，"二战"后冷战的世界格局，以及作为世界上唯一以华人占多数的国家而又地处马来回教世界包围中的地缘政治特征，使得新加坡的执政者在建国之初要极力避免背负"第三中国"的嫌疑和与马来回教世界的种族矛盾。受制于以上种种历史与地缘政治的局限，新加坡政府的应对之策是置种族认同于国家认同之下，特别是淡化和抑制占人口绝大多数的华人族群的文化认同与种族认同，以此来强调新加坡人的国民意识和对国家的认同感。

为了达致目标，新加坡政府实施了一系列政策，这些政策包括发展经济、解决失业、屋荒等民生问题；进行市区重建，借以打破殖民地时代具有种族和方言帮群特征的居住方式，同时实行各族群聚集的政府组屋分配；建构人民协会、公民咨询委员会、民众联络所、居民委员会等新的社会网络等项，试图建立超越种族和帮派的社会文化形态，将各种族各族群团结在国家的旗帜之下。

在建构新加坡国家认同的各项政策中，对华人社会冲击最大的是语言和教育政策。为了以国家认同取代种族认同，新加坡政府延续殖民地时代偏重英文的政策，大力发展英文教育，加强英语在政府、商业、资讯、社会等各方面的运用。政府重视英文的政策迫使家长纷纷为孩子选择英校，最终导致华校解体。从1959年起，华校小学生人数急剧下降。到了1987年，政府实施统一源流的教学，推行以英文为教育媒介语、母语为第二语言的双语教育政策，并且让唯一的中文大学——南洋大学与新加坡大学合并，成为新加坡国立大学。从此华校系统在新加坡的土地上消失。双语教育虽然让华人年青一代掌握一定程度的华文，但由于整个社会重英文轻母语的趋势，华文水平日趋低落。

华人宗乡社团面临的危机问题是华人社会边缘化的另一重要表现。在半自治的殖民地时代，华人建立诸如会馆、宗亲会、行业公会、华商俱乐部等各类社团和组织，以维持华人社会的运作。通过这些社团和组织，华人社会担负起原本应由政府承担的社会功能，这包括兴办学校、修建医院、坟山，照顾华人移民的生老病死，解决年青一代的教育问题等项。宗乡社团的另一重要使命，是在华人社会宣扬和传承中华文化和传统习俗。上述功能的存在是宗乡社团在殖民地时代的华人社会占有重要地位的根本原因。

当新加坡建国后，华人社团基本的社会功能被政府所取代。自1959年执政至今，人民行动党政府提供了国家的政治领导层。国会议员取代各种族和方言帮群的领导人，成为人民的领袖和代议士。至于华社，殖民地时代新加坡中华总商会作为华社最高总机构的角色已经式微。政府也取代华人社团，为包括华人在内的全社会提供教育、医药护理、公共坟场和火化场以及老人院和收容所等一切公共服务设施。由于基本社会功能的丧失，作为华人社会支柱之一的华人宗乡社团在建国后的社会定位受到严重挑战。

上述重大的社会变迁，使建国后的华人社会处于危机之中。对华人种族和文化特征的压抑，造成年青一代新加坡华人对种族和中华文化认同的淡漠。1999年的一项问卷调查结果表明，在811名年轻华人学生中，有近三分之一的人选择来世做白种人或日本人，而不做华人[1]。由于政府和社会对英文和英文教育的重视，以及华文教育低落和中华文化认同淡化，加剧了根源于殖民地时代的华人社会内部两大教育源流社群即受英文教育（英校生）和受华文教育（华校生）的分裂和对立。这两大社群在社会、政治、文化以及身份认同意识等方面差异很大[2]。与此同时，伴

---

[1] 新加坡《联合早报》，1999年2月4日；*The Straits Time* 14. 12. 1999。

[2] 李元瑾：《新加坡华人身份认同的转变》，载李元瑾主编《新马华人：传统与现代的对话》，新加坡南洋理工大学中华语言文化中心2002年版。

随华人社会种族与文化认同危机而来的是华人宗乡社团的边缘化。殖民地时代承担许多社会功能而且是华人得以保留中华文化、传统与习俗的基本和重要阵地的宗乡社团,也因作为建国后政府以国家认同取代种族认同的一系列政策的对立面而成了牺牲品。统计数据显示,独立后10年,没有出现新的会馆和宗亲会。而原有的宗乡社团中一部分已自行解散,大多数则面临运作经费短缺、会务停顿、会员老化、后继乏人的困境。

面对建国后的社会变迁给华人社会带来的种种危机和挑战,一个调整自己、寻找契机的历史任务摆在华人社会的面前。

(二)20世纪80年代以来亚太和新加坡的变迁与华人社会的发展契机

自20世纪70年代末80年代初以来,由于世界冷战结束,尤其是亚太地区急剧的社会经济变迁,以及新加坡政府对社会、经济、文化、外交等方面政策的调整,使华人社会出现了新的发展契机。

冷战结束后,亚太地区最重大的变化是中国的改革开放和迅速崛起。这一巨大变迁不仅使包括新加坡华人在内的海外华人经济与华南侨乡重建了密切的经贸联系,亦为新加坡华人振兴社会与文化注入了强心剂。另外,经济全球化的拓展,也使新加坡和东南亚各国政府意识到,华人社团宗乡文化的认同,是建立全球经贸网络的一条重要文化纽带,因而宗乡社团的存在和全球性的跨国活动,有助于促进所在国经贸的发展。

在新加坡,建国20多年以来政府所推行的有关以国家认同取代种族认同政策,虽然对促进新加坡社会各族群的整合与凝聚起了重要的作用,但也产生了不少消极的问题,其中最让李光耀和国家领导层担心的是,由于偏重和强调英文,以及英文的广泛运用,导致新加坡迅速西化,年青一代华人淡化甚至抛弃中华文化,转而接受西方价值观中的个人主义、自由主义和颓废文化。为此他们转而向中华文化寻求道德支援,以抗拒所谓的"西方歪风"。20世纪70年代末,新加坡政府开始推行"讲华语"运动,80年代设立中学儒学课程,到90年代又宣布新的华文教育政策,让华人学生有更多修读较深华文的机会。

在文化政策上，新加坡政府也做了重大调整。20 世纪 70—80 年代以来，中国与东南亚各国重建正常的外交和经贸关系，消除了新加坡担心背负"第三中国"的疑虑。特别是 1990 年中国与新加坡建立正式外交关系之后，两国经贸文化联系顺利发展[①]，需要政府重新思考与中国和中华文化的关系。亚太和区域社会经贸格局的改变，促使新加坡从 70 年代末 80 年代初开始对其文化政策进行调整，鼓励各民族保留和发展自己的文化与传统[②]。对华人社会，政府提倡和支持华人社团举办诸如新春团拜、中秋节提灯笼、猜谜语、清明祭祀祖先等传统民间文化活动。政府将保留和传承中华文化和价值观的任务交给华人社会，尤其是宗乡社团。换言之，在新的历史时期，华人传统宗乡社团被赋予传承华族文化的新历史使命。

综上所述，当代新加坡华人宗乡社团的发展危机虽未解除，但新的发展契机已经展示在面前：新加坡政府顺应国内外形势变化而调整的政策，为宗乡社团发展解决了制度上的问题；全球化的发展趋势，区域的稳定、特别是中国的和平崛起，为宗乡社团的发展提供了重要的外部环境和跨境发展的新空间。当代新加坡华人宗乡社团正是在上述历史变迁脉络下开始其发展历程。

二 当代新加坡华人宗乡社团的认同形态

认同形态深刻影响当代新加坡华人宗乡社团的发展状况与未来发展趋势。当代华人宗乡社团的认同形态包括社群、社会与国家认同，以及在坚持中华文化认同基础上的多元文化认同等内容。

（一）当代新加坡华人宗乡社团的社群与社会国家认同

新加坡华人宗乡社团的认同形态，是伴随新加坡社会发展变迁而不

---

① 《新加坡—中国建交十周年特刊 1990—2000》，新加坡新中友好协会、中国中新友好协会 2000 年版；《新中 25：新中建交 25 周年回顾与展望》，新加坡通商中国、《联合早报》2015 年版。
② 杨荣文：《献词》，载《华人　华语　华文》，新加坡推广华语理事会、新闻艺术部 2000 年版，第 4—5 页。

断衍化。在殖民地时代,当华人移民背井离乡南来东南亚拓荒,因生存之需组成了各类组织和社团,他们的社群认同意识也随之产生。虽然华人移民的社群认同多以祖籍文化资源为纽带建构,但由于社会文化脉络的不同,这些认同意识不可避免具有在地特色。以新加坡的情况来看,19世纪八九十年代,随着华人移民的帮群形态从初步形成、调整到确定,华人社会在新加坡已经基本建立①。而因应帮群社会结构特征而产生的华人"帮群意识""帮群认同",则是华人移民在新加坡殖民地时代产生的社群认同形态。

随着新加坡结束殖民统治从移民时代进入本土社会,这些产生于移民时代的华人认同形态也在新加坡社会变迁的脉络下不断衍化。1965年新加坡独立建国之后,新加坡政府强力建构公民的国家意识,以及建国后的短短三十多年里所取得的举世瞩目的骄人成就,都使包括华人在内的新加坡人对国家和社会产生很强的归属感和自豪感。作为新加坡的华人宗乡社团,对新加坡国家与社会的认同感也随之产生。

在建立对新加坡国家与社会认同的同时,华人宗乡社团也延续和坚持传统的社群认同。华人宗乡社群认同是伴随新加坡华人社会的建立而产生的。在新加坡从移民时代到本土社会的发展过程中,华人社团的认同意识对保留华人文化的根源,以及在新加坡发展出具有不同特色的社群文化如新加坡的潮州文化、福建文化等有着积极的意义。就当代新加坡华人宗乡社团的生存空间而言,面对建国以来不断被边缘化的危机,今天新加坡的数百个传统宗乡社团必须借助传统的社群认同来面对时代的挑战和增强社团凝聚力。20世纪70年代末以来,新加坡政府对文化发展采取开放的政策,不仅鼓励各种族发展自己的文化传统,也不反对华人社会内部保留各方言社群的文化特色,这为华人保留与延续传统的认同形态提供了有益的空间。而不同社群文化的并存与发展不仅丰富了新加坡的文化资源,亦有利于促进新加坡文化的形成与发展。

笔者曾以新加坡广惠肇碧山亭为研究个案,对华人宗乡社群在新加

---

① 曾玲:《坟山组织、社群共祖与帮群整合——十九世纪的新加坡华人社会》,载《亚洲文化》第24期,新加坡亚洲研究学会2000年版。

坡不同历史阶段的认同形态作一历史考察①。在殖民地时代,碧山亭通过"祖先崇拜"的文化纽带和建立"淡化社群认同差异"的组织机构,建构广惠肇社群的"三属认同",由此促进三属社群内在凝聚力的加强。新加坡独立建国后,碧山亭伴随着新加坡社会的发展变迁也进入了一个发展的新时期。在这一新的历史阶段,碧山亭与三属社团继续坚持殖民地时代所形成的"三属认同"。与此同时,碧山亭也调整其社会功能、组织机构、运作方式,以适应时代发展的需求,显示出碧山亭与三属宗乡社群对新加坡的社会与国家认同。

碧山亭与广惠肇三属社群认同形态的衍化显示,对新加坡的社会国家认同和延续与坚持传统社群认同并存,是当代新加坡华人宗乡社团认同形态的重要特征之一。

(二) 在坚持中华文化认同基础上的多元文化认同

认同中华文化,对中国和祖籍地充满感情,是当代新加坡华人宗乡社团在文化认同上的基本特征。

虽然新加坡经历了移民时代与本土社会的历史转变,但华人宗乡社团从未放弃对中华文化认同的坚持,并以在新加坡传承中华文化为首要任务。面对当代新加坡日益西化的社会环境,华人宗乡社团对年轻一代淡漠中华文化和血脉根源的现状深感忧虑,十分关注政府的华族文化与华文教育政策,利用一切可能的场合呼吁政府关注中华语言文化在新加坡的存续问题。同时调动和运用社团资源,开展各项与传承中华文化有关的活动。目前新加坡许多宗乡社团如福建会馆、海南会馆、金门会馆、同安会馆、福州会馆、晋江会馆等,都开设与中华语言文化有关的各类课程。以海南会馆为例。海南会馆于1988年开设的中华文史班,迄今已坚持了17年。文史班讲授中国上下5000年的历史发展和社会变迁,全部课程内容约需两年方能修完。文史班开

---

① 曾玲:《新加坡华人宗乡社群认同形态的历史考察:以广惠肇碧山亭为例》,载李元瑾主编《新马华人:传统与现代的对话》,新加坡南洋理工大学中华语言文化中心2002年版;有关广惠肇碧山亭与三属社群认同形态研究,还可见本书卷二《"三属认同"与"社会国家认同":广惠肇碧山亭研究》一文的讨论。

课至今深受新加坡社会的欢迎，目前每期学员超 150 人之多①。另外，在多元种族和多元文化的新加坡，华人宗乡社团在坚持中华文化认同的大前提下，也不排斥或在某种程度上包容非华族文化。例如，宗乡会馆联合总会与福建会馆联合开办马来语与闽南语会话班，为新加坡公众提供学习马来话与闽南话的机会。根据新加坡《联合早报》的报道②，除了闽南语会话班，马来语会话班也很受欢迎，参加人数多达 103 人，分两班授课。学员都是华人，以专业人士和商人居多，其学习目的，85% 的人是为了和马来同胞交谈，6% 是为生意上的需求，5% 是想了解马来文化，而和女佣交谈及观光只各占 2%。福建会馆文化艺术团团长方百成指出："虽然会馆以举办弘扬中华传统文化的活动为主，但同时也要为促进种族和谐与交流努力。马来语会话班的开办将有助于华族对马来族同胞的了解。"福建会馆还计划开办马来语会话中级班，从而让这个课程具有长期性和系统性③。此外，如新加坡同安会馆开设了马来舞蹈培训班、海南社群的宗亲组织符氏社以中英双语出版 115 周年纪念特刊等。

总之，在坚持中华文化认同基础上的多元文化认同，是当代新加坡华人宗乡社团认同形态上的另一重要特征。

三　当代新加坡华人宗乡社团的组织形态

在新加坡移民时代，华人社会以祖籍方言为基础，形成"福建帮""潮帮""广帮""客帮""琼帮"等五大基本帮群，呈现"帮群结构"特征④。新加坡建国后，华人社会内部的"帮群"分野已经逐渐淡化，但华人社团的基本组织形态被保留下来并延续到了当代。不

---

① 《将传统文化与经济顺风车接轨，海南会馆积极推动文化传承》，新加坡《联合早报》2002 年 10 月 29 日。本文有关海南会馆开办文史班的相关信息，截至 2005 年。到目前为止，海南会馆的"中华文史班"仍继续开办与正常运作。

② 《宗乡总会与福建会馆联办，马来与闽南语会话班下月开课》，新加坡《联合早报》2002 年 4 月 15 日。

③ 《马来语会话班也受欢迎》，新加坡《联合早报》2002 年 9 月 5 日。

④ 林孝胜：《新加坡华社与华商》，新加坡亚洲研究学会 1995 年版，第 28—62 页。

过，由于时代的变迁，当代新加坡华人宗乡社团的组织形态呈现出一些变化。

（一）宗乡社团对成员祖籍限制的放松

新加坡建国以来，由于行动党政府强力培养新加坡人对国家的认同感，加上从1987年开始推行的以取代方言为主要目的讲华语运动，华人社会内部方言帮群的分野已经淡化。20世纪80年代末90年代初以后，一些宗乡会馆为了解决会员老化和吸引年青一代华人参与等问题，开始放松会员的祖籍限制。例如，属广府社群的冈州会馆，其会员中不仅已经包括了祖籍冈州以外的广府人，甚至有祖籍潮州、福建、客家等的华人。当然，目前对祖籍限制的放松还仅限于会员。会馆的管理层如董事部成员等，仍限制必须是祖籍冈州者方可担任。

放宽会员的祖籍限制是目前宗乡社团发展的一种趋势。对宗乡社团来说，这不仅是应对危机的策略之一，亦是在社会变迁下的调适。而社团对领导层祖籍地缘的坚持，则是华人坚持传统社群认同的结果。

（二）组织机构的调整与领导层的变化

当代新加坡华人宗乡社团在组织机构与领导层方面都出现一些调整与变化。

1. 组织机构的调整与改变

华人宗乡社团的功能在新加坡建国后已经发生了本质的变化。社会的发展要求华人宗乡社团调整其组织机构，以适应时代的需求。以广惠肇碧山亭为例。碧山亭作为广惠肇三属坟山管理机构的功能一直持续到20世纪80年代初。因政府在80年代初征用了坟山，碧山亭进行重建，并改土葬为安置骨灰。为了适应社会发展需要，重建后的碧山亭修改章程，打破三属限制，向全新加坡各族群开放，继续造福社会大众。伴随碧山亭管理对象的变化与社会功能的扩大，碧山亭组织机构也进行了相应的调整。在殖民地时代，与坟山管理与葬地安排有关的建设组，在新章程里，被管理灵塔的保养科所取代；坟山时代碧山亭管理租户的租务组与调查组取消了，代之而设的是管理、发展碧山亭产业的发展科与产业科。20世纪80—90年代以来，由于碧山亭的重建与投资工作繁重，碧山亭又设立两个临时机构建设发展委员会(简称"建委会")和投资发展委员会。教育组是"二战"后设立的主要机构之一,其任务是管理碧山亭学校。由于新加坡独立之后语言政策与教育制度的改变,新加坡宗乡社团所办学校在20世纪80年代相继关闭了,碧山学校也在1981年结束其历史使命。1998年教育组为青年团取而代之①。

在组织机构的调整上,目前新加坡许多传统宗乡社团最普遍的做法是设置青年团(股)(部)和妇女组,同时把一些"二战"前设置的旧机构如"互助组"等淘汰。如福建会馆、潮州八邑会馆、同安会馆、晋江会馆、南安会观、安溪会馆、冈州会馆、应和会馆、茶阳会馆、福州会馆、福清会馆等。这样做的目的是希望透过青年团和妇女组,吸收年轻人参与会馆的活动,为会馆未来的发展注入新血。

2. 社团领导层的变化

根据会馆编撰的特刊及笔者的田野调查资料,20世纪八九十年代以来,新加坡宗乡社团领导层进入一个世代更替的时期。随着老一辈华社领袖如福建社群的孙炳炎先生、潮州社群的连瀛州先生等相继离世,一批"二战"后在新加坡本土出生和成长的华人逐渐进入社团的领导层。在这些新世代的领导成员中,包含了一些掌握中英双语专业人士和社会精英,其中有相当部分同时在新加坡的各类基层组织如民众联络所、社区中担任领导职务。以应和会馆为例,现任应和会馆理监事中,有好几位在新加坡大学任教的博士和教授。如担任"正教育"的赖涯桥副教授。另一位麻省理工学院博士,在新加坡国立大学担任研究院院长,同时兼任新加坡新工业园"科学工业"部门负责人的科学家张道昌教授亦是该会馆的会员②。

当代新加坡华人宗乡社团领导层的变化,以及对未来华人宗乡社团发展趋势的影响,是一个值得关注的动向。

(三) 宗乡社团的调整与整合

在经历了从移民时代以来近两个世纪的社会变迁,尤其是近二十年

---

① 曾玲:《新加坡华人宗乡社群认同形态的历史考察:以广惠肇碧山亭为例》。
② 《应和会馆181周年会庆及大厦重建落成纪念特刊》,应和会馆2003年版,非卖品。

来新加坡社会的快速变化，对华人宗乡社团的发展规模与生存空间造成很大冲击。一些经济、人才等资源较为雄厚的祖籍地缘会馆如福建会馆、南洋客属总会、广东会馆、应和会馆、茶阳会馆等发展前景较好。但一些较小规模且缺乏资源的社团则面临生存的危机。特别是一些行业公会因所属的是传统行业逐渐被新的高新技术企业取代而趋于没落。例如，曾在"二战"后拥有6000多名会员的机器行，是新加坡历史悠久的行业公会之一。随着新加坡在建国后的现代化建设，新科技和电脑取代手工的机器生产方式，传统的机器行业因而逐渐退出历史舞台。到20世纪90年代末，机器行终因公会会员老化而随之解散。公会将所剩的资产一半捐给广惠肇留医院、同济医院以及中华医院，另一半分给会员。公会的历史文物则送交博物馆与档案馆①。

为了解决宗乡社团发展不平衡问题，也为了在有限的资源上聚合宗乡社群的力量，当代新加坡华人社团出现整合与联合的新趋势。

事实上，有关华人社团的整合，也是新加坡政府的期待。1986年宗乡联合总会的成立，就是政府政策直接与间接推动的结果②。到目前为止，宗乡总会属下有近200家社团③，是当代新加坡华人宗乡社团最高联合总机构。

另一种整合是由华人社团自发推动和进行的，整合或联合的形式也很多样化，以姓氏宗亲会的跨地缘整合较为多见。如2000年8月成立的陈氏总会，包括了颍川公所、星洲颍川公会、星洲陈氏公会、浯卿陈氏公会、四邑陈氏会馆、浮光陈氏公会、元光陈氏公会、官山呈美陈氏公会、海南陈氏公会、潮安东凤同乡会、同美社等福建、潮州、海南、广府等各属的11所陈氏宗亲社团④。

华人宗乡社团整合的基本特点是"分"中有"合"，"合"中有

---

① 曾玲：《新加坡华人的行业组织与机器行：访机器行前辈何文忠先生》，载《新加坡福德祠绿野亭公会175周年纪念特刊》，新加坡福德祠绿野亭公会1999年版，非卖品。

② 区如柏：《新加坡宗乡会馆回顾与前瞻》，载《总会十年》，新加坡宗乡联合总会1995年版，非卖品。

③ 根据新加坡宗乡会馆联合总会提供的最新资料，到2018年4月，该总会属下的宗乡社团已有235所。

④ 区如柏：《陈氏总会正式成立》，新加坡《联合早报》2001年10月29日。

"分"。其"分"在于各社团的组织系统与经济运作，其"合"则是共同举行一些活动。如祭拜先人的"春秋二祭"及过后举办的晚宴等活动、中秋节庆典等。以新加坡潮荷同乡会为例，根据笔者的田野调查，该同乡会成员的祖籍地与冈州会馆会员同属广东新会地区，"潮荷同乡会历代先贤之牌位"亦放置在冈州会馆的祖先神龛中。有鉴于会员逐渐老化等原因，该同乡会决定将其会员并入冈州会馆，但保留原有的会所和独立的组织和财政系统。

20 世纪八九十年代以来，海外华人社团掀起一股世界性的跨国联谊活动热潮。通过推动、举办或参与在新加坡、中国以及世界各地的世界恳亲联谊大会，新加坡华人宗乡社团也进入当代海外华人社团的跨国网络[①]。

（四）当代新加坡华人宗乡社团的运作

1. 在新加坡寻求新的社会定位，力图摆脱被边缘化的困境

当代华人宗乡社团在运作上关注新加坡社会的族群融合、华文华语政策、中华文化的传承等问题。例如，"9·11"事件发生后，南安会馆、福州会馆等社团主动拜访马来回教堂，并邀请马来同胞参观会馆[②]，以实际行动促进新加坡华族与马来社群的友好互动关系。

宗乡社团也配合政府政策举办有关的活动等。以广惠肇碧山亭为例。华人社团如何在新时代找到历史新定位，是当前全新加坡社会关注的重要问题之一。碧山亭在 1998 年周年纪念活动中，举办了一个"21 世纪宗乡会馆的使命"的研讨会。受邀参加的团体有马来西亚广肇联合总会、柔佛古来广肇会馆、新山广肇会馆、巴株巴辖广肇会馆、马六甲肇庆会馆、东甲广肇会馆、柔佛古来惠州会馆、柔佛惠州会馆、万里望惠州会馆、森美兰惠州会馆、沙叻秀惠州会馆、古晋广惠肇公会、马六甲惠州会馆、泰南勿洞广肇会馆等社团。研讨会讨论了在东南亚国家独立之后，华人宗乡社团的转型、华人宗乡社团在新时代的历史使命、现代宗乡社

[①] 有关内容，详见下节的讨论。
[②] 《福州会馆冬至庆祝活动：走出福州大厦，造访苏丹回教堂》，新加坡《联合早报》2002 年 12 月 22 日。

团存在的问题等重要的议题①。

对当代新加坡教育的关注，是目前几乎所有华人宗乡社团运作的重要内容之一。华人社团独立办学的历史在20世纪70—80年代已经结束。但华人社团并未放弃对传承中华语言文化的责任。目前各华人社团每年都发放奖、助学金及贷学金给会员子女。以福建会馆为例。该会馆从1997开始颁发大专奖学金，受惠对象不分种族、宗教、籍贯，一视同仁发放给全新加坡各族优秀人才。2001年福建会馆颁发了新币14万元的奖学金给包括非华裔在内的80名品学兼优的学生②。此外社团在庆祝周年纪念之时，也通过捐款的方式，资助大学的研究计划、捐助全国性的慈善基金等。

2. 承继传统以保留"根"源和发展华人文化

宗乡社团是华人社会保留和传承中华文化的重要阵地。在殖民地时代，宗乡社团主要通过常年的活动来保留华人文化。这些活动内容中有相当部分是庆祝中国传统的民间节日习俗。如春节团拜、春秋二祭、中元普度、中秋迎月等。建国以后，鉴于当时的局势，不少社团已经放弃或减少这些民俗传统活动。80年代后期以来，为了配合政府多元文化和保留华人传统的政策，许多社团恢复或扩大了这些常规活动的内容。例如茶阳会馆从2000年开始恢复放弃多年的"春秋二祭"祭总坟，参与该活动的会员有数百人之多。会馆也举办了温馨热闹的春节团拜活动，除了会员和他们的亲人朋友，会馆还邀请来自原乡广东大埔的中国留学生和新移民参与庆祝。团拜期间，会馆人员表演了客家山歌，参与活动的会员还可分得一份客家点心。另一客属的应和会馆从1999年开始也恢复了春节团拜。2003年正月初三，笔者参与该会馆有数百人参与的盛会。在应和会馆深具客家宗祠风格的会所里，笔者见到好些家庭扶老携幼、老少三代一起参与这华人喜庆的节日。会馆还刻意安排应和家乡美食，以增强会馆成员的社群认同感。

以传承和发展中华文化为己任，是当代新加坡华人宗乡社团的共

---

① 笔者参与该次庆典活动，并被邀请作为座谈会的主持人。具体内容见笔者撰写的《128周年纪念及碧山亭重建落成开幕庆典盛况》，载《扬》第3期，新加坡广惠肇碧山亭1999年版。

② 《福建会馆颁发14万元奖学金》，新加坡《联合早报》2001年10月15日。

识。目前许多社团都展开与弘扬中华文化的活动。如福建会馆对属下五校华文教育的推动；福建会馆文化艺术团在年青一代华人中培养中华文化人才。海南会馆常年举办中华文史班。广东社团发展粤剧、舞狮等中国传统戏剧和艺术。同安会馆的平剧社、中华诗词和书法班等。可以说，中华文化在新加坡的传承和发展，宗乡会馆是一个基本和重要的载体。

在保留华人传统文化中，传承和发展地方性的文化艺术是另一项重要的内容。在新加坡，福建社群有南音等，潮州社群有潮州大锣鼓等，客家社群有客家山歌等，琼州社群有琼剧，广府社群则有粤剧和狮团。在粤剧方面，东安会馆和冈州会馆成就最大。鹤山会馆、三水会馆、冈州会馆的狮团则在新加坡享有盛誉。2004年新加坡戏曲学院联合禾山公会、厦门公会、同安公会、南安公会、安溪会馆等五社团，携手开班"学歌仔戏，了解闽南文化"。戏曲学院院长蔡曙鹏说："我们希望课程能吸引知识分子，一起来关心方言文化和戏曲传统。"[①] 这些对中国民间传统艺术的传承与发展，有助于加强华人对中华文化的了解与认同，进而在国家认同的前提下，重新凝聚华人对传统宗乡社团的认同。

20世纪80年代后期以来，新加坡华人宗乡社团的另一项重要活动是回祖籍地寻根。新加坡华人与中国祖籍地有着天然的血脉联系。20世纪中叶，因中新政治局势的变动导致了华人与祖籍地关系的中断。从80年代中后期到90年代的十数年间，几乎所有的华人宗乡社团都组织回乡访问团到祖籍地探亲访友，祭拜祖先和神明。根据笔者的调查，这类活动很受华人欢迎，有不少年轻人也随祖辈加入回乡的行列，且有不小的规模。2000年同安会馆青年组组织了一个有数十人参加的回乡文化寻根团到祖籍地福建同安访问。2002年11月应和会馆组织的回乡观光团，有近百人参与。活动结束后，会馆还出版记录此次活动的会讯。

3. 以宗乡文化为联系纽带，拓展跨境发展的空间

当代海外华人社团一个重要的发展趋势是跨国化和全球化。其主要的途径是通过主办或参与全球性的联谊恳亲大会，广泛地与世界各地的

---

① 《戏曲学院和五大会馆携手开班，学学歌仔戏，了解闽南文化》，新加坡《联合早报》2004年11月1日。

华人社会以及中国祖籍地建立联系网络。新加坡华人宗乡社团在这一时代潮流中扮演了重要的角色。由于特殊的地理、历史和其他人文环境，新加坡的许多宗乡社团或者首先提出成立区域或世界性联谊大会的建议；或者与中国香港、马来西亚、泰国、菲律宾等社团联合，多年进行筹办所属族群的全球聚会的工作；有些则发起和主办了第一届世界恳亲或联谊大会；另有一些社团成为全球华人社团及其与中国祖籍地的网络枢纽和主要联络中心之一[1]。

跨国活动的展开对华人宗乡社团在新历史时期的转型具有重要意义。宗乡社团以亚太和世界为视野的跨国活动，对拓展新加坡的全球经贸网络起了重要的桥梁作用。宗乡社团在新加坡主办有数千人规模的世界恳亲联谊大会，也促进了新加坡旅游、旅馆等服务行业的发展。就宗乡社团本身来说，全球性的跨国活动，使新加坡华人与中国祖籍地和世界各地的华人社团建立起制度化的联系网络。此种联系网络的全球性特征以及富有经贸意义的跨国活动，不仅扩大了宗乡社团在当代新加坡社会的影响力，也使宗乡社团有了新的功能定位，从而有助于摆脱建国前期被社会边缘化的困境。

四　新加坡华人宗乡社团未来的发展趋势

根据笔者近十年来对新加坡华人社会的考察，目前宗乡社团正处在危机与契机并存的重要时期，未来的发展趋势可能会受以下几个因素的制约：

第一，经济全球化的发展状况；

第二，中国经济的快速发展、中新关系的互动形态；

第三，区域的政治、社会、经济、文化等因素的发展与变化；

第四，新加坡发展方向与政府政策的变化，如对华文华语政策的调整等。

在上述因素的影响下，未来新加坡华人宗乡社团可能会在既有的基

---

[1] 曾玲：《认同形态与跨国网络：当代海外华人宗乡社团的全球化初探》，《世界民族》2002年第6期。

础上向以下三个层面发展。

1. 在新加坡社会的发展

到目前为止，新加坡华人宗乡社团为了摆脱建国以后所面临的生存危机而进行的调整与再生的历史过程仍方兴未艾。因此，未来新加坡华人宗乡社团将会继续坚持与弘扬以民间传统与习俗为主要内容的中华文化，更加关注和参与新加坡社会发展，强调和延续社群认同意识，积极吸收年轻新血以壮大社团，力争在新时代的社会舞台上找到新的定位，发挥重要的角色与社会功能。

2. 与中国的关系

中国改革开放以来，特别是20世纪90年代初中、新建交以后，华人宗乡社团全面恢复了与祖籍地的联系。随着中国经济的发展，华人宗乡社团与祖籍地的经济文化联系正在迅速发展中。近几年新加坡政府提出"搭中国经济发展顺风车"的呼吁，得到华人宗乡社团正面、积极的响应，不少会馆同乡会组团或正在组团到祖籍地和中国各地访问，寻找商机。可以说，利用传统的宗乡文化纽带，为会馆成员在中国寻找投资机会，是近来新加坡宗乡社团运作的重要内容之一。目前这个趋势的发展正方兴未艾，华人宗乡社团对新加坡商家进入中国市场所具有的重要的桥梁作用越来越为新加坡社会所认同，这将进一步加强和促进华人社团与祖籍地全方位的联系。

3. 与世界海外华人社团的关系

在当代由于信息科技的快速发展，使全球化成为当代世界一个发展趋势。然而，在科技的"网络"之外，世界各地的华人还有一条以宗乡文化认同为纽带而联系起来的"人际"网络。由于拥有这样共同的文化纽带，海外华人很轻易地跨出国门走出区域走向世界，以超乎政治、宗教、意识形态的族群符号来建构全球华人宗乡社群的群体记忆与国际化的组织系统，并在此基础上拓展跨国性的商业贸易等经济活动。新加坡华人宗乡社团已经顺应这一时代潮流开展了许多卓有成效的工作，未来会朝着这个趋势继续发展下去，并有可能出现更多经贸合作之成果。

综上所述，考察当代新加坡华人宗乡社团，不仅要从华人社会本身着手，亦要注意整个新加坡社会的文化、政治、经济的状况，以及当代中国的变化和全球经济一体化发展趋向的时代脉络。换言之，必须在新加坡、中国和世界三个层面的脉络综合、全面地研究和把握新加坡华人宗乡社团的发展趋势。

［本文是中国国务院侨办课题《当代新加坡华人宗乡社团的现状与发展趋势研究》的结项成果之一。本文的题目原为《调整与转型：当代新加坡华人宗乡社团变迁》，刊于广州《暨南学报》（哲学社会科学版）2005年第1期。收入本书时修改了题目，并对文章的文字、注释等稍作改动］

凝聚、开放与融汇：
21世纪以来的宗乡社团

一 前言

20世纪80年代中叶以后，基于新加坡政府鼓励各种族在强化国家认同基础上保留本民族语言、文化与传统的政策，华人宗乡社团被赋予传承"华族语文、文化与价值观"[①]的新功能，从而开始其在新时空情境下的调整与转型[②]。

21世纪以来，新加坡政府继续实施"多元种族"与"多元文化"之国策，同时因应新形势而有新的政策思路与内容。在对宗乡社团与华族文化的问题上，政府的态度更为积极，从20世纪八九十年代的"鼓励"姿态进一步提出"要与华人宗乡社团合作推动中华传统文化的发展"[③]。为此，政府官员深入各类宗乡团体推动并参与华人社会文化活动[④]。另外，"非物质文化遗产"及其相关的"传统文化"理念开始进入21世纪国家文化建构的政策框架之中[⑤]。在政府所规划的"非物质文化遗产"保护清单里，华族传统艺术、节庆习俗、民间信

[①] 2012年新加坡宗乡会馆联合总会新订章程《宗旨：第二条》。
[②] 见本卷《调整与转型：二十世纪八九十年代的宗乡社团》一文的讨论。
[③] 傅海燕：《政府将与宗乡会馆合作推动传统文化发展》，新加坡《联合早报》2017年2月18日。
[④] 例如中区市长再努丁与部长陈惠华参与新加坡广惠肇碧山亭的"碧山文化之旅"活动。见本书卷二有关碧山亭认同形态的研究。
[⑤] 例如，2003年新加坡国家文物局举办"传统文化节"，载《扬》2003年第7期；《冈州会馆获颁文化遗产赞助荣誉奖》，载《扬》2008年第17期。

仰仪式等是其中重要的内容①。换言之,在政府的认知里,与华社相关的文化与传统已不仅属于华族,同时也是国家文化遗产的重要组成部分。

另一项影响华人宗乡社团的重要政策是政府对"多元文化"与"种族和谐"的强调与相关政策的推行。"多元种族"与"种族和谐"是新加坡的国策。21世纪初的"9·11"事件,使新加坡政府更为重视反恐与国内以及同邻国之间种族关系的处理②。面对世界各地与亚细安区域反恐的严峻形势,新加坡应对策略的重要一环,是以强调"多元文化"与"种族和谐"理念进行全民动员。政府除了在全国各选区设立"族群互助圈""种族和谐圈",提倡各宗教庙宇间的互相拜访等外,还在2002年设立"族群和谐基金",鼓励新加坡人民相互了解友族的文化习俗等③。2013年,经国会拨款委员会的辩论,新加坡文化、社区及青年部再次拨款500万新元设立"种族和谐基金",资助民间非营利团体、院校及个人,推展各类可促进种族与宗教和谐的计划。在此次辩论会中,议员们提出了一个处理新加坡种族和谐问题的思路,那就是让"政府后退",由社会"由下而上"自动自发地促进种族和谐④,鼓励民间社会主动承担维护国家种族宗教和谐的重任。有鉴于此,政府官员呼吁华人宗乡会馆与"全国族群与宗教互信圈"和"国民融合理事会"合作,"在新加坡多元文化社会扮演文化桥梁作用,让各族同胞相互交流理解","为增进社会和谐与推动文化交流尽一份力"⑤。在上述政策导向之下,作为新加坡重要的民间力

---

① 根据新加坡《联合早报》2018年3月9日报道:"2018年2月22日新加坡正式成为联合国教科文组织2003《保护非物质文化遗产公约》的缔约国。为了全面而长远地为后代保存新加坡的文化遗产,政府将拨款6600万元落实新加坡的首个文化遗产发展总蓝图,并将由国家文物局于2018年开始推行《新加坡文化遗产计划》中的首个五年计划。新加坡的非物质文化遗产包括各族群的传统艺术、民间习俗、节日庆典、宗教仪式、本地歌曲,还有国人最爱的传统美食等。"

② 《"九一一"事件重新界定新加坡国内以及同邻国之间关系》,载《新加坡年鉴2002》,新加坡新闻、通讯及艺术部、《联合早报》2002年版,第9—11页。

③ 《族群和谐基金设立》,新加坡《联合早报》2001年12月16日。

④ 《500万元基金,推展种族宗教和谐计划》,新加坡《联合早报》2013年3月16日。

⑤ 傅海燕:《建立互助社会,民间应多参加〈关爱新加坡社会行动〉》,新加坡《联合早报》2018年3月3日。

量，当代华人宗乡社团在承传华族文化与价值观之外，还被赋予促进种族文化交流与和谐共处的社会功能。

受制于新时期的时空变迁和政府政策的影响，当代华人宗乡社团在继续20世纪八九十年代的调整与转型的同时，也在运作内容与社会功能等诸方面呈现出一些新的变化。

二 凝聚社团与强化宗乡社群的历史记忆

凝聚社团与强化宗乡社群的历史记忆，是新时期的华人宗乡社团延续转型趋势，进一步摆脱新加坡建国前期被边缘化困境的重要运作内容。

（一）重修或重建会所

进入21世纪以来，新加坡华人宗乡社团掀起一股重修或重建会所的热潮。笔者收集的资料显示，最先展开会所修建工程的宗乡社团有福建会馆与应和会馆。2003年福建会馆新大厦落成[1]、应和会馆重建"应和大厦"竣工[2]。自此之后直到2017的上半年，据笔者不完整的统计，至少有以下会馆、宗亲会等进行重修或重建会所的基建工程。厦门公会[3]、曾邱公会[4]、九龙堂林氏大宗祠[5]、莆田会馆[6]、延陵吴氏总会[7]、白氏总

---

[1] 《新加坡福建会馆三庆大典165周年纪念特刊：1840—2005》，新加坡福建会馆2005年版，非卖品。
[2] 《应和大厦重建落成碑记》，载《承前启后、温故知新：应和会馆180周年会庆及大厦重建落成纪念特刊》，新加坡应和会馆2003年版，第49页，非卖品。
[3] "重修会所彻底解决财务问题"，载潘星华《林嶝利的金色年华》，新加坡金航旅游业有限公司2016年版，第260—261页。
[4] 《曾邱公会出地龙山堂出钱，两同源宗亲会合建"曾邱大厦"落成》，新加坡《联合早报》2017年3月20日。
[5] 《林氏大宗祠扩建两座大厦》，新加坡《联合早报》2017年1月30日。
[6] 《莆田会馆新大厦料明年9月竣工》，新加坡《联合早报》2014年3月17日。
[7] 《耗资217万元增建至七层楼，延陵吴氏总会扩建会所》，新加坡《联合早报》2014年3月17日。

会①、卓氏公会②、永春会馆③、南洋普宁会馆④、惠安公会⑤、新加坡潮州西河公会⑥、李氏总会⑦、清远会馆⑧等。此外，一些华人宗乡社团管理的庙宇和坟山如南安会馆所属的凤山寺⑨、广惠肇碧山亭公所与其内的福德祠⑩、丰永大公会的"三邑楼"⑪等也展开重修或新建工程。目前这股会所基建工程的热潮仍在持续中⑫。

（二）设立文化馆、文物馆、文化中心及博物馆等

进入 21 世纪以来，基于政府"国家文化遗产保护"政策与对华人宗乡会馆保留社群历史的鼓励，以设立文化馆、文物馆、文化中心及博物馆、文化廊等形式来记录、保存与社团及其所属社群相关的历史与文化等，正在成为当代新加坡华人宗乡社团运作的另一新趋势。综合各类相

---

① 《215 年优秀会馆奖得主：白氏公会》，载《源》2016 年第 3 期，新加坡宗乡会馆联合总会 2016 年版，第 55 页。

② 《215 年优秀会馆奖得主：新加坡卓氏总会》，载《源》2016 年第 3 期，新加坡宗乡会馆联合总会 2016 年版，第 56 页，

③ 《215 年优秀会馆奖得主：新加坡永春会馆》，载《源》2016 年第 3 期，新加坡宗乡会馆联合总会 2016 年版，第 58 页。

④ 《南洋普宁会馆新厦，开放供各种族宗教团体使用》，新加坡《联合早报》2017 年 5 月 15 日。

⑤ 《2012 年杰出会馆奖得主：惠安公会》，载《源》2013 年第 2 期，新加坡宗乡会馆联合总会 2013 年版，第 63 页。

⑥ 《215 年优秀会馆奖得主：新加坡潮州西河公会》，载《源》2016 年第 3 期，新加坡宗乡会馆联合总会 2016 年版，第 59 页。

⑦ 《赋传统文化新诠释、展现包容革新魅力》，新加坡《联合早报》2017 年 5 月 7 日。

⑧ 《清远会馆翻新竣工》，载《扬》第 8 期，新加坡广惠肇碧山亭 2004 年版，第 4 页。

⑨ 《2013 年度杰出会馆奖：新加坡南安会馆严格保存文化资产》，载《源》2014 年第 2 期，新加坡宗乡会馆联合总会 2014 年版，第 60 页；《2014 年度杰出会馆奖：新加坡南安会馆》，载《源》2015 年第 3 期，新加坡宗乡会馆联合总会 2015 年版，第 60 页。

⑩ 《大规模修缮工程顺利完成》《福德祠重建竣工开光》，载《扬》第 17 期，封面，第 10 期，第 3 页，新加坡广惠肇碧山亭 2008 年、2005 年版。

⑪ 《欢庆三邑楼落成揭幕典礼及客家美食节》，载《笃诚笃信桑梓情 一百七十五周年纪念特刊》，丰永大公会 2015 年版，第 108 页；《2014 年度杰出会馆奖：丰永大公会》，载《源》2015 年第 3 期，新加坡宗乡会馆联合总会 2015 年版，第 59 页。

⑫ 《获政府拨还土地，醉花林拟新建高脚楼室内活动场》，新加坡《联合早报》2017 年 11 月 11 日，《庙宇董事会要筹百万，以修复望海大伯公庙》，新加坡《联合早报》2017 年 6 月 12 日。

关报道，自2013年至2017年上半年的短短三四年里，至少有以下华人宗乡会馆的文化中心开幕。

2013年7月，冈州会馆耗费30万元设立的文化中心正式开幕。文化中心将四层楼的会馆会所开辟为四个展厅：会所一楼展示广东新会人的故事、二楼展示粤剧世界、三楼是会馆的演武厅，展现冈州的国术、醒狮与沙龙的魅力、四楼则是民俗文化展厅，展示冈州飞车队与关公信仰[1]。

2013年，新加坡颜氏公会设立文化馆。该文化馆以时间为主轴，从中华文化中的孔颜文化与颜氏宗亲在南洋的奋斗两个层面，展示颜氏在历史长河中的壮丽篇章[2]。

2014年，丰永大公会以"圆楼"形式重建"三邑楼"，并将该楼作为客家文化中心与博物馆。重建的"三邑楼"举办各种活动，向国内外介绍原乡客家文化与新加坡客家人的奋斗精神[3]

2016年5月广惠肇碧山亭理监事会通过决议，正式决定筹建文物馆。设立文物馆的目的在于保留作为广惠肇三属总机构的该坟山组织近一个半世纪的历史与文物，进而弘扬中华文化与华人在新加坡这片土地上的奋斗精神[4]。

2017年2月，福建会馆设立的"文化廊"开幕。据福建会馆会长蔡天宝所言，"文化廊"展示了福建会馆在历史、教育、文化和社会服务方面的发展与工作，并以现代化的设计，打造一个具有动感的文化教育空间。他还指出，"设立文化廊的意义，除了记录福建会馆的成长历程，更重要的是要以前瞻性的姿态，展示未来文化发展的方向"[5]。

---

[1]《2013年杰出会馆奖：冈州会馆大开会馆之门》，《源》2014年第3期，宗乡总会2014年版，第59页。

[2]《2013年杰出会馆奖：新加坡颜氏公会设立颜氏文化馆》，《源》2014年第3期，宗乡总会2014年版，第60页。

[3]《2014年度杰出会馆奖：丰永大公会崭新圆楼落成，展现客家风情》，载《源》2015年第3期，新加坡宗乡会馆联合总会2015年版，第59页。

[4]《扬》第33期，广惠肇碧山亭2016年版，非卖品。据新加坡《联合早报》2018年4月16日报道："涵盖六大主题：碧山亭展出200年华族南事史。"另据笔者接到来自广惠肇碧山亭的信息，该亭已于2018年6月3日举行隆重的文物馆开幕典礼。

[5] 新加坡《联合早报》2月18日。

值得提出的是，目前新加坡还建有规模宏大的"中国文化中心"与"华族文化中心"。"中国文化中心"历经五年建成，于2015年11月7日由中国国家主席习近平与新加坡荣誉国务资政吴作栋共同揭幕，成为新加坡民众了解中国与认识中华文化的一个重要平台。"华族文化中心"则由新加坡宗乡联合总会发起设立，由政府拨地并提供大部分财政拨款兴建。这座耗资一亿一千万的"华族文化中心"目前由担任宗乡总会会长的蔡天宝担任主席。他在2017年5月19日举行的开幕仪式致辞中表示，中心将和学校、文化艺术团体、机构与个人合作，在承继传统文化精髓的同时，融入更多趣味元素，吸引更多人接触华族文化①。

上述涉及社群内部事务的运作，对于当代新加坡华人宗乡社团的重振与发展，具有重要的意义。

首先，社团会所的重修或新建，有助于解决与提升宗乡社团的经济实力。

作为民间性质的华人宗乡社团，不论是在移民时代的兴办华校、医院、坟山等项，还是在当代传承与推展与中华文化相关的各项会务，以及维持社团日常活动等运作，都需要足以支撑社团经济运作的财务系统。从殖民地时代到建国以后，华人社团运作所需经费均主要由华人社团及其所属社群自行解决。而将部分会所出租以获取租金，是华人宗乡社团经济的主要来源之一②。这一社团经济的积累模式从移民时代一直延续至今。从报刊、会讯等的报道可以看出，进入21世纪以来的十数年，众多宗乡社团重修、扩建、新建会所的一个重要目的是为解决社团未来运作的经费问题：如延陵吴氏总会扩建会所，是"为公会创收入来源，以作为活动经费"③，林氏大宗祠扩建两座大厦，"为宗祠带来稳定收入，长久解决活动经费短缺的问题"④ 等。因此，21世纪以来华人宗乡社团掀起的重修与新建会所热潮，具有提升华人社团经济实力与财务运作系统，

---

① 《至今已承办超过50场活动，耗资1.1亿元华族文化中心开幕》，新加坡《联合早报》2017年5月20日。

② 见本卷关于"二战"前应和会馆与应新学校财务运作的研究。

③ 《南洋普宁会馆新厦，开放供各种族宗教团体使用》，新加坡《联合早报》2017年5月15日。

④ 《林氏大宗祠扩建两座大厦》，新加坡《联合早报》2017年1月30日。

为社团未来的发展打下扎实经济基础的重要功能。

各类宗乡社团会所修建工程与设立文化馆与文化中心的另一个重要功能,是凝聚与强化宗乡社团及其所属社群的内在凝聚力。重修或新建会所是一项浩大的工程,所需款项,少则数百万元,多则需上千乃至数千万新元。从相关报道可见,这些款项绝大部分来自会长、理事长等社团领袖的捐款与社团在所属宗乡社群中的筹款。这需要大家上下一心、群策群力方可完成巨额基建款项的筹集。因此,透过会所的重修、翻建或新建,无疑有助于社团及所属宗乡社群的再凝聚。

另外,各类宗乡社团设立的文化馆、文化中心等虽各有特色,但所展示内容均具有两个主题。其一,伴随移民南来而传承自祖籍地的原乡文化。其二,华人在新加坡的发展历史与奋斗精神以及对未来展望。换言之,承载社团及所属宗乡社群过去、现在与未来的文化馆、文物馆、文化中心、文化廊等,具有唤起、强调与强化社群的历史记忆与内在凝聚力及认同感的重要功能。

三 开放与融汇

开放与融汇,是当代新加坡华人宗乡社团运作的另一重要内容与特点。所谓"开放",指的是当代华人宗乡社团的运作具开放性,其会务内容开始跨越社团与所属社群,向包括非华族在内的新加坡社会开放。而"融汇"则是指在国家认同前提下,华人宗乡社团主动将其运作内容与新加坡社会文化发展的需求相结合。综合报刊报道、社团会讯等相关记录,新加坡华人宗乡社团具开放性的运作内容开放涉及内、外两个方向。

在新加坡,跨越社群边界向包括非华族在内的新加坡社会开放,已成为当代华人宗乡社团会务运作的一大特点。以福建会馆与天福宫为例。自2007年以来,福建会馆每年从农历大年三十到正月十五在天福宫举办面向全新加坡的中华传统新春民俗文化活动[1]。另一项面向新加坡的会务

---

[1] 《天福宫2007年新春活动》,载《传灯》第63期,新加坡福建会馆2007年版,非卖品。

活动则是在天福宫举办的祭孔仪式。2009年农历八月二十七，福建会馆首次在天福宫举行集体读经与隆重的祭孔仪式。该次活动的参与者来自全新加坡，超三千多人次①。

特别值得提出的是宗乡社团对新加坡非华族社群的开放。有关华人社会与非华族社群的文化交流，自20世纪90年代中叶已见诸华文报刊的报道②。随着形势的变化与政府政策的鼓励，进入新时期的华人宗乡会馆，以开放会所与庙宇以及在展开的活动内容中加入华族以外的多元文化元素等方式，更加积极主动地与非华族社群进行文化交流与互动。例如，福建会馆欢迎并接待马来社群访问会馆与天福宫③。广惠肇碧山亭开放会所，欢迎淡滨尼社区种族和谐圈访问团。到访参观的该团一行四十多人中，包括华人、马来、印度等不同种族的成员④。南洋普宁会馆在新厦开幕仪式中，其会长郑重宣布，会馆将开放会所，供各种族宗教团体使用⑤。2012年新加坡六桂堂在新加坡举办第三届世界六桂恳亲大会。该社团在会议节目内容的安排上，除了有华乐、舞狮舞龙等外，还有印度族的舞蹈与马来民族婚礼的表演⑥。

在新加坡外部，宗乡社团的开放主要涉及华人祖籍地与祖籍国中国、亚细安区域、世界各地的海外华人社区与社团。20世纪八九十年代以后，新加坡华人宗乡社团逐渐与祖籍原乡重建社会文化联系，制度化地参与或主办世界海外华人社团恳亲联谊大会⑦。21世纪以来的十数年，华人宗乡社团一方面延续既有做法，以"宗乡文化"为纽带，透过举办或参与世界海外华人社团恳亲联谊大会，强化与包括祖籍地在内的中国、亚细安区域及海外华人社团的跨国社会文化关系。例如，在2012这一年，福

---

① 《至圣庆诞辰、儒文传古风：天福宫庆祝孔子2560周年诞辰》，载《传灯》第47期，福建会馆2010年版，非卖品。

② 《多元种族庆中元》，新加坡《联合早报》1995年8月8日。

③ 《传灯》第39期，新加坡福建会馆2007年版，非卖品。

④ 《扬》第26期，新加坡广惠肇碧山亭2013年版，非卖品。

⑤ 《南洋普宁会馆新厦，开放供各种族宗教团体使用》，新加坡《联合早报》2017年5月15日。

⑥ 《源》2013年第2期，新加坡宗乡会馆联合总会2013年版，第60页。

⑦ 参见曾玲《认同形态与跨国网络：当代海外华人宗乡社团的全球化初探》，《世界民族》2002年第3期。

建会馆举办有69个国家及地区的闽属社团3300多人参与的"第七届世界福建同乡恳亲大会"①、苏氏公会举办"第九届世界苏姓大会"、新加坡六桂堂举办"第十二届世界六桂恳亲大会"②。在2014年，中山会馆主办"第十届世界中山恳亲大会"、南安会馆承办"第十二届世界南安同乡恳亲联谊大会"等③。另一方面，华人宗乡社团的跨国会务，已从既有的联谊性质的活动内容，逐渐进入跨国合作展开中华文化活动的新阶段。一个很有意义的个案是福州会馆举办的"全国小学现场华文比赛"。该项比赛自1995年首次举办后，到2007年5月20日已经连续不间断地举办了二十三届。比赛的举办规模则从新加坡一地数十所小学的数百名学生参与，发展成为新加坡、马来西亚、文莱、中国福建的福州、屏南、古田等跨国跨地区，有数百所小学与数千学生参加的大规模文化盛事④。

在新加坡华人宗乡社团的调整与转型的历史进程中，进入21世纪以来的一个新趋势是更加主动与积极地关注与参与国家重大事务，将其会务运作的内容融汇到新加坡社会文化的发展之中。

如上所述，"多元文化"与"宗族和谐"是新加坡的国策。作为重要的民间力量，21世纪以来的华人宗乡社团响应政府呼吁而展开的与非华族的互动与文化交流正在趋向常态化，成为未来宗乡社团会务运作的一项重要内容。这不仅有助于新加坡的种族和谐，亦可促进中华文化在多元种族社会的传播与发展。

另外，将华人宗乡社团的历史与文化作为新加坡历史变迁与社会发展的组成部分，积极参与社团所在社区、市镇的社会文化建构，亦充分显示当代新加坡华人宗乡社团的社会与国家关注。以广惠肇碧山亭为例。作为广府、惠州、肇庆三属宗乡社群的总机构，广惠肇碧山亭在2003年

---

① 《传灯》第53期，新加坡福建会馆2012年版，非卖品；《源》，新加坡华人宗乡会馆联合总会（简称"宗乡总会"）2014年第3期。
② 《源》2013年第2期，新加坡宗乡会馆联合总会2013年版。
③ 《源》2015年第3期，新加坡宗乡会馆联合总会2015年版。
④ 《支持母语教育事业》，载《百年筚路：1910—2010新加坡福州会馆世纪大庆》，新加坡福州会馆2010年版，非卖品，"笔耕不辍，把文字当作朋友"，《三山季刊》第91期，新加坡福州会馆2017年版，非卖品。

开放会所，举办展览，让包括非华族在内的新加坡民众了解该社团和"广惠肇"社群在近一个半世纪的奋斗历史与为新加坡社会发展所做的贡献。与此同时，广惠肇碧山亭也配合政府规划，将其未来的发展纳入新加坡中市碧山新镇的整体脉络。为此，碧山亭不仅与一墙之隔的新加坡顶尖学府莱佛士书院、社区内各种族各类社团互动与交流，在2008年还积极参与并推动"碧山市镇之旅"之展开①。

再以新加坡南安会馆为例。该会馆地处水廊头社区。自本世纪初，南安会馆即开始将其会务纳入该社区的文化建设中②。2016年10月9日，南安会馆举办成立九十周年庆典与凤山寺建寺一百八十周年活动。与以往庆典不同的是，会馆耗资十八万元开展"会馆走入社区服务"的新行动计划。具体做法是在裕廊购物中心二楼举办"狮城"的关怀晚会，邀请新加坡南安籍5位议员各自所在选区的各族年长者、社区领袖和宗乡会馆代表，连同会馆所在的社区居民共2500多人共同参与晚宴与晚会，同时向五位议员所在的五个选区和会馆所在社区共6个选区各捐5000新元作为社区教育基金。根据报道，当会馆领导层提出举办"走入社区服务"计划，就得到理事与会员的大力支持，纷纷为筹办晚会捐款，所得的捐款数很快就超过活动所需的十八万元款项。对此，南安会馆常务主席陈奕福指出："南安会馆走入社区，为居民谋福利，是要加强会馆对社区服务的力度"，他对理事会和会员的鼎力支持非常欣慰。南安会馆走入社区的创举，使其获得新加坡宗乡会馆联合总会2016年颁发的"优秀会馆奖"。2017年南安会馆继续在义顺南社区举办"重阳爱心暖狮城"关怀晚会，并提供款项捐助社区的公益慈善与教育等③。

此外，华人宗乡社团也关注与参与其他与新加坡发展相关的重大课

---

① 会讯《扬》第6期至20期，新加坡广惠肇碧山亭2003年至2010年版，非卖品。相关的研究还可参见本书卷二关于广惠肇碧山亭的讨论。

② 2002年南安会馆以"水椰头"和"凤山寺"名义，将原来"南安会馆中元会"改名为"水椰头凤山寺中元会"，其会员也由会馆成员扩展自水椰头一带的居民与商家。参见本书卷三关于当代新加坡中元节的研究。

③ 《南安会馆首办大型关怀晚会，开展社区服务计划》，在新加坡《联合早报》2017年5月7日。

题。如新加坡多元宗教和谐相处[1]、中国新移民融入新加坡社会[2]等。

四 结语

因应时空变迁和新加坡政府各项政策的影响，当代华人宗乡社团在延续20世纪八九十年代开始的调整与转型趋势的同时，其在运作内容与社会功能等诸方面呈现出"凝聚""开放"与"融汇"等三个显著特征。在华社内部，宗乡会馆透过强化社团与宗乡社群内在凝聚力，有助于进一步摆脱建国前期被边缘化的困境。在华社之外，当代华人宗乡社团的运作则具开放性，其会务内容开始跨越社团与所属社群，向包括非华族在内的新加坡社会开放。与此同时，新时期华人宗乡社团更为积极地展开跨国会务，并从20世纪八九十年代参与全球华人社团联谊性质的活动内容，逐渐转入跨国合作展开中华文化活动的新阶段。在社会功能上，当代宗乡社团不仅被赋予传承与发展中华文化的历史重任，亦是促进华族与非华族文化交流重要的民间力量和沟通桥梁。

总之，当代华人宗乡社团对自身在新加坡历史发展中所扮演的重要角色已有充分的认知与自信，不仅主动向社会开放，通过各种形式向社会展示华人对这片土地的贡献与奋斗精神，亦从国家整体利益出发，将宗乡社团与社群未来的发展纳入当代新加坡社会发展与国家文化建设的整体脉络中。

（本文初稿刊于新加坡《源》2018年第2期，新加坡宗乡会馆联合总会2018年4月出版。收入本书时，对个别文字做了订正，并加入注释）

---

[1] 如2014年新加坡南安会馆举办"首届凤山文化节"，邀请新加坡宗教联谊会的十大宗教代表到凤山寺参加文化节。载《源》2015年第3期，新加坡宗乡会馆联合总会2015年版。

[2] 例如新加坡宗乡会馆联合总会表彰九龙会、三江会馆、晋江会馆等社团在帮助新移民融入新加坡社会所做的贡献等。见《源》2013年第2期、2016年第3期，新加坡宗乡会馆联合总会2013年、2016年版。

社会变迁与20世纪八九十年代华人宗乡文化之振兴

前 言

当代新加坡中华文化发展的一个重要内容是宗乡文化之振兴。所谓"宗乡文化",主要是指源自华人祖籍地的中国华南地域传统民间乡土文化,包括祖先崇拜、神明信仰、方言节庆、地方文艺等,在新加坡从殖民地时代到独立建国以来的时空变迁中,伴随华人社会的建构与演化历史进程而发展起来的,作为华人社会乃至新加坡文化重要组成部分的文化形态。由于新加坡华人宗乡文化以华南方言为基础,因而又可称之为"方言文化"。

宗乡文化对于包括新加坡在内的东南亚华人社会具有非常重要的意义。一方面,在中国近现代南来东南亚的闽粤拓荒者中,绝大多数是穷苦的破产农民和城市贫民。他们中的许多人完全没有或仅受过初浅的教育,更不用说接受正统儒家精英文化的熏陶。这样的移民构成,使得闽粤的民间文化在由祖籍地传承而来的中华文化资源中占有重要的地位。在方言帮群林立的新加坡殖民地时代,华南移民运用祖先崇拜、民间信仰等祖籍地传统民间文化资源,在半自治的新加坡建构了宗族组织、坟山组织、庙宇组织、祖籍地缘会馆、姓氏宗亲会、行业公会等社团形态。这些社团和组织的建立显示,以祖籍方言为基础的宗乡文化是华南移民社群整合与建构社群边界的内在文化纽带。另一方面,在华人社会建构的历史进程中,这些传承自华南移民祖籍地的方言文化也发展出许多新加坡特色,例如祖先崇拜、亲属关系及传统节日习俗的"社群化"等,从而形成华人社会的宗乡文化①。

作为华人文化重要组成部分，宗乡文化在新加坡建国以后的社会变迁中，曾因华人社团的边缘化，华文教育的式微年青一代华人对方言与华语的淡漠等因素而面临没落的危机，直到20世纪80年代中叶以后才开始出现新的发展生机。本文主要根据笔者在新加坡长期进行的田野研究和收集的有关华人文化、华人社团编撰的"会讯"、报刊报道等各类记录，从中华文化在新加坡传承与发展，当地社会历史的变迁与演化，当代亚太地区特别是中国改革开放和平崛起的新形势等脉络切入，具体考察与讨论当代新加坡华人宗乡文化的内容与形态等问题。

一　制约当代新加坡华人社会发展的社会变迁诸因素

中华文化是伴随华南移民南来拓荒而传播到东南亚的土地上，并在当地社会变迁的历史脉络下传承与发展。

东南亚绝大多数的华人社会大致可以"二战"前后为界分成殖民地时代与本土社会两大历史阶段。在殖民地时代，殖民政府对华人社会实行半自治统治，华南移民运用传承自祖籍地的中华文化资源整合社群，在当地的人文环境下再建华人社会结构与文化形态。另外，近代中国社会的巨大变革和晚清政府的海外华侨政策，以及英殖民政府对华人社会的文化、教育等政策，也直接影响与制约那一时期中华文化在新加坡的

---

① 有关该问题的研究，可参考笔者下列论著：《越洋再建家园：新加坡华人社会文化研究》，江西高校出版社2003年版；《坟山组织与华人移民之整合：十九世纪新加坡华人建构帮群社会的历史考察》，载周南京主编《华侨华人百科全书·总论卷》，中国华侨出版社2002年版，第934—949页；《华南海外移民与宗族社会再建：以新加坡潘家村为研究个案》，《世界历史》2003年第6期；《阴阳之间：新加坡华人祖先崇拜的田野调查》，《世界宗教研究》2003年第2期；本书卷二的《庙宇、坟山的社群化与新加坡华人移民帮群组织之建构：兼对东南亚华人社会结构研究的新思考》《社群整合的历史记忆与"祖籍认同"象征：新加坡华人的祖神崇拜》《社群边界内的"妈祖"：移民时代的新加坡妈祖信仰研究》等的考察与讨论。

发展①。"二战"以后，在当时世界反帝反殖的时代浪潮中，包括新加坡在内的东南亚国家相继摆脱殖民统治，走上独立建国的道路。伴随"二战"以来的时代变迁，南来拓荒的华南移民也转变国家与身份认同在当地定居下来，成为所在国的公民，华人社会则逐渐从移民社会转向定居社会。与东南亚大多数新兴国家一样，新加坡在建国之初面临许多内外矛盾，尤其是国家认同的建构以及与此相联系的种族、文化、宗教等问题，更制约新加坡的社会凝聚与发展。在这一时代变迁的历史进程中，新加坡政府有关华人社会与文化等问题的处理及相关政策的制定，不仅直接涉及华人对新兴国家的认同，亦对华人社会与中华文化的发展产生非常深刻的影响。

新加坡是中国以外全世界唯一一个华人人口占三分之二以上的国家，其国家领导层中亦以华人占绝大多数，然而中华文化在新加坡建国以后的发展并非一帆风顺。自从1965年独立，新加坡在其建国以来的近五十年中，华人文化在当地的发展大致可以20世纪80年代为界分成两个阶段。新加坡建国之初，基于当时的国内外环境，新加坡政府以淡化、抑制国内多元民族的种族与文化认同为代价来建构新加坡人的国家认同。这些政策的推行，致使华人社团组织、中华语言文化、华文教育面临严峻的挑战和危机。从20世纪80年代开始，新加坡政府为了适应世界、区域、亚太地区的变迁、特别是中国的改革开放与迅速崛起改变了世界格局的新形势，全面调整其内政外交政策，在文化上则推行多元种族与多元文化政策，鼓励各民族在强化新加坡国家认同的基础上，保留自己的语言文化与传统。

为了鼓励华人讲华语，新加坡政府从1979年开始推行讲华语运动，迄今已近四十年。虽然该运动最初的动机是以华语取代方言，但由此取得在华人社会普及华语的成效是显而易见的②。在华文教育的问题上，政府出台了一系列政策，希望在以英语为基本教学媒介语的教学体系下，

---

① 颜清湟：《新马华人社会史》，中国华侨出版公司1991年版，第265—277页；李元瑾：《东西文化的撞击与新华知识分子的三种回应：邱菽园、林文庆、宋旺相的比较研究》，新加坡国立大学中文系、八方文化企业公司2001年版，第24—31页。

② 《华人、华语、华文》，新加坡推广华语理事会、新加坡新闻及艺术部2000年版，第55—63页。

增加华文学习的时间和内容,提高新加坡的华文教育水平①。为了适应正在世界范围内兴起的"全球华文热",总理李显龙于 2008 年 9 月 6 日新加坡《联合早报》八十五周年的报庆晚宴宣布,将由新加坡教育部和国立教育学院成立一所"华文教研中心"。该中心的基本任务是在未来的五年内,分批培训全国的 4000 名华文教师,以强化和提高新加坡的华文教学水平②。对于中华文化的发展,新加坡政府也以国家的力量积极推动。例如,从 1991 年开始,由政府推动、新加坡各大传媒、人民协会、国家艺术理事会、工商团体、宗乡会馆、文艺及基层团体等联合策划的新加坡"华族文化节"连续不断地每两年举办一次。该文化节举办至今,已经成为新加坡发扬推广华族文化的一项盛大活动③。

  在新加坡多元种族多元文化政策的推行中,受影响最大的是华人宗乡社团。一般认为,华人社团、华文学校与华文报刊是东南亚华人社会的三大支柱。在殖民地时代,包括会馆、宗亲会等在内的华人社团不仅是维持那一时代华人社会运作的基本组织架构,亦是中华文化在东南亚传播和发展的最重要载体之一,为华南移民保留中华文化、传统与习俗等提供基本和重要阵地。建国以后,在新加坡政府以国家认同取代种族认同的一系列政策下,作为华人社会重要支柱的宗乡社团被认为是政府推行政策的障碍而成为牺牲品。20 世纪 80 年代以来,当新加坡政府调整其国策,允许各种族保留自己的语言、文化及传统习俗的同时,也鼓励华人宗乡社团传承中华文化,这使面临边缘化的华人宗乡社团重新被赋予历史重任。为此新加坡政府实施了一系列复兴宗乡社团与促进华族文化发展的政策。这些政策的一项重要成果是新加坡宗乡会馆联合总会(以下简称"宗乡总会")在 1986 年 1 月的成立。宗乡总会的成立,标志着政府对华人社会、华族文化和传统宗乡社团的态度从打压到鼓励的转变④。

  从经费上帮助宗乡社团发展华族文化,是新加坡政府的重要政策之

---

① 见下一节的讨论。
② 新加坡《联合早报》社论《华文教研中心大有可为》2008 年 9 月 8 日。
③ 新加坡《联合早报》社论《华族文化的节节提升》2008 年 2 月 26 日。
④ 巴特尔、林文丹等编写:《总会 20 年》,新加坡宗乡会馆联合总会 2005 年版,第 7—24 页。

一。2004年10月19日,在李显龙接任总理的晚宴上,时任宗乡总会主席的黄祖耀宣布,为了配合政府最近实行的修改华文教学的措施,宗乡总会和中华总商会将筹集一千万新元设立一个"中华语言文化基金",以推动中华语言和文化在新加坡的发展。对华社这一行动,政府马上宣布,教育部以一元对一元的方式资助与支持基金会的设立。政府的鼓励与推动,促使宗乡总会和中华总商会积极采取各种办法筹集款项。根据宗乡总会会讯的报道,截至2006年12月,华社和政府已为"中华语言文化基金"筹集到1600万新元。其中已拨出39万元资助20项提升中华语言文化的活动。此外,政府也另设300万新元的津贴计划,资助华人社团保留传统文化[1]。

政府鼓励华人宗乡社团传承中华文化的另一项重要举措,是在2007年首次颁发公共服务勋章于华人社团领袖。到目前为止,已有晋江会馆主席、客属总会会长等华人社团领袖获此勋章[2]。政府通过公共服务勋章的颁布,既是表彰华社在传承与发展中华文化及服务社会等方面所做的贡献,亦具有重新肯定宗乡社团在当代新加坡社会占有重要地位的象征意义。

总括以上所述,伴随华南移民南来而传播到新加坡的中华文化,历经了一个在当地社会变迁的脉络下传承与发展的历史过程。"二战"以后的时代与社会变迁,特别是20世纪80年代以来,新加坡政府为了适应世界、区域、亚太地区的变迁,特别是中国的改革开放与迅速崛起改变了世界格局的新形势而对其内外政策的全面调整,在文化上推行多元种族与多元文化政策,这些新的国家政策的制定与推行,为当代新加坡华人社会和中华文化提供了发展的契机。

---

[1] 《维文部长与宗乡会馆领导人聚餐谈社群传统文化津贴计划》《中华语言文化基金拨出39万元提升中华语言文化活动》,载《宗乡简讯》第9期、第17期,新加坡宗乡联合总会出版,2006年4月,2006年12月。

[2] 《华社代表建议:政府应嘉奖有功的会馆人士》,新加坡《联合早报》2006年10月6日;《本刊专访:林光景,首位获颁国庆奖章的会馆领导人》《何侨生:一步一脚印默默无私奉献的会馆领导人》,载《宗乡简讯》第25期、第37期,新加坡宗乡联合总会2007年、2008年版。

二 宗乡文化振兴的组织机构：
宗乡总会与宗乡社团

　　根据笔者的田野研究，当代新加坡华社承担推进宗乡文化振兴大任的主要是宗乡总会和宗乡会馆。如前所述，新加坡宗乡总会的出现，是新加坡政府适应亚太地区，特别是中国崛起的时代变迁以多元文化政策取代抑制种族文化政策的产物，同时也为华人社会尤其是传统的宗乡社团在当代脉络下的继续发展提供了具有再整合功能的新组织形态和运作机制。到目前为止，宗乡总会属下有191所宗乡团体[①]。作为在政府直接推动下成立的当代新加坡华人宗乡社团的最高机构，宗乡总会在其章程中明确阐明以弘扬与促进中华文化在新加坡发展为该组织的基本任务："促进、主办或资助教育、文化、社会及其他活动，以提高公众对华族语言、文化和传统的认识、了解和欣赏能力。提倡、资助或从事有关华族华文、文化和传统的研究。"[②] 自1986成立以来，宗乡总会在运作中，以传承和弘扬中华文化为己任，并在凝聚华人宗乡社团和开展促进中华文化发展等方面，扮演总机构的组织功能，其最大的一项成就就是参与并主导了延续于整个农历春节的新加坡的"春到河畔迎新年"（以下简称"春到河畔"）大型民俗活动。"春到河畔"开始于1987年，每年吸引数十万新加坡和来自世界各地的游客参与其盛。"春到河畔"不仅在形态和内容上创造性地传承了中华民族的节庆文化，亦通过华人宗乡社团属下艺术团体共同呈现"宗乡之夜"的方式，为新加坡华人宗乡文化的振兴提供了一个具有重要意义的表演舞台[③]。

　　宗乡总会另一项重要工作，是联合属下宗乡和宗亲社团举办全国规模的中华文化活动。根据"宗乡简讯"的记载，自2005年以来，宗乡总

[①] 这是世纪之交的数据。根据宗乡总会提供的最新资料，截至2018年4月，宗乡总会属下社团总计有235所。

[②] 巴特尔、林文丹、柯木林等编写：《总会20年》，新加坡宗乡会馆联合总会2011年版，第209页。

[③] 《总会20年》，第83—144页；《总会25年》，第31—32页。

会举办全国性的常年活动，包括"全国小学现场书法比赛""宗乡杯全国学生象棋锦标赛""全国中小学生群口讲故事比赛""全国中小学相声比赛"等。这些全国性大型活动，是采用宗乡总会与属下社团联办的组织形式。以总会成立二十年举办的"新加坡宗乡会馆文艺大会演"例。为了筹办此次大会演，总会集合了新加坡的二十多所会馆的文艺团体和五百多名文艺爱好者参与表演。这些团体包括成立于1977年的晋江会馆舞蹈团，成立于1982年、1987年的客属总会华乐团和合唱团，成立于1983年的福州会馆华乐团和舞蹈团，成立于1984年的海南会馆口琴团，成立于1987年的福建会馆少年儿童演艺团，成立于1947年的冈州会馆粤剧部，成立于1987年的武吉班让福建公会芗剧团，成立于1995年的揭阳会馆潮剧团，以及成立于1997年的福州会馆小龙队，等等。上述团体表演了华乐、华族舞蹈、客家山歌、粤剧、潮剧、芗剧、京剧等，让观众从不同角度领略中华文化丰富多彩的内涵[①]。上述内容与组织方式显示，宗乡总会集合华社力量推动中华文化发展的过程，也具有重新整合与凝聚华人宗乡社团的功能。

会馆是当代新加坡传承与发展中华文化另一类重要的组织载体。不过在当代新加坡，并非所有宗乡会馆都有能力承担传承中华文化的重任。历经建国以来的社会变迁，有些会馆因受各种因素的制约已逐渐被边缘化。目前活跃在新加坡社会舞台上的会馆组织主要有两类。一类是作为祖籍地缘社团总机构角色的会馆。如福建会馆、潮州八邑会馆、客属总会、广东会馆、海南会馆、三江会馆等。另一类是经济实力较强且聚集人才较多的会馆，如同安会馆、南安会馆、安溪会馆、晋江会馆、应和会馆、茶阳大埔会馆、丰顺会馆、福州会馆、福清会馆等。自移民时代以来，作为华人社会三大支柱之一的华人社团原本就是中华文化在东南亚传播与发展的最重要载体之一。当20世纪80年代政府重新赋予华人社团传承与发展中华文化的功能之后，几乎所有的华人社团都积极响应政府的号召，尽最大的努力促进中华文化在新加坡的发展。

---

① 《宗乡会馆文艺大汇演》，载《宗乡简讯》第3期，新加坡宗乡联合总会2005年版。

三 当代华人宗乡文化的内容与形态

（一）中华传统节庆活动的恢复与制度化

如前所述，宗乡社团是华人社会保留和传承中华文化的重要阵地。在殖民地时代，宗乡社团通过举办常年活动来保留中华文化。这些活动内容中有相当部分是庆祝中国传统的节日习俗。如春节、春秋二祭、中元普度、中秋迎月等。新加坡建国以后，鉴于当时的局势，不少华人社团已经放弃或减少这些传统节庆活动。从20世纪80年代后期开始，为了配合政府多元文化和保留华人传统的政策，许多宗乡社团恢复或扩大了这些常规活动的内容。二十多年来，新春团拜、春秋二祭、七月中元、中秋圆月等中华节庆活动已经成为绝大部分华人社团制度化的常年运作内容。例如茶阳会馆从2000年开始恢复放弃多年的"春秋二祭"，参与该活动的会员有数百人之多。会馆在每年的农历新年也举办了温馨热闹的春节团拜活动。团拜期间，会馆人员表演了客家山歌，参与活动的会员还可分得一份客家点心。

中华传统节庆是中华文化的一个组成部分，亦是移民时代以来发展起来的华人文化传统之一，当代新加坡华人宗乡社团透过恢复中华传统节庆活动，并将这些节庆活动作为其常年运作的内容，不仅显示这些社团在中华文化历经移民时代到当代传承之连接上所扮演的重要作用，亦展示了社团所属的华人社群对中华文化与传统的认同。

（二）制度化的常年宗乡文化活动

当代新加坡华人社团在复兴宗乡文化中，已经发展出许多常年举办且已经制度化的活动。这主要包括：福建、广府、潮州、海南、客家等宗乡社团常年开办方言学习班和以方言讲授的中华文化与历史课程；包括粤剧、潮剧、客家山歌、南音、芗剧、福建歌、方言诗词大会演等在内的方言戏剧文化活动；"以尝美食，识祖籍"为诉求的具有方言所属地方特色的"美食文化节"；等等。

特别需要提出的是，宗乡社团在方言活动之外，也在可能的条件下举办超越方言的文化活动。以新加坡福建会馆为例。根据福建会馆会讯《传灯》的记录，该社团在1986年成立文化艺术团，在短短的一年里，就发展出成人合唱团、舞蹈团、华乐团等演出团体。1987年，该团开办新加坡第一个"儿童演艺班"，演艺班的儿童上课时以标准华语学习戏剧及歌唱。1988年艺术团成立儿童团，并在接下来的几年里相继成立少年团、青年团。经过数十年的发展，到现在青少年团的人数已经达到数百人。另外，福建会馆艺术团也开设与中华语言文化相关的语文班、书画班、演讲班、作文班等，每周上课人数超过两千多人。由于不懈的努力，福建会馆艺术团已成为新加坡最大的以传承中华文化为主要内容的民间团体。2006年新加坡华族文化节，福建会馆艺术团受邀成为"周末演出重点节目"的艺术团体。2007年，该团参加福建会馆举办的"双文化华文优选课程"，为会馆属下五所小学高年级提供生动活泼的华文口语教学。根据福建会馆艺术团提供的资料，数十年来，他们辛勤耕耘的目标是："我们选择了让新一代学习中华文化，学做一个有用的人。"正是凭此信念，他们从80年代中叶以来，在"英文至上"的新加坡坚持在年青一代新加坡华人中传承中华文化[1]。

（三）由方言社群主办的"方言文化节"

自2006年开始，新加坡华人各方言社群相继以举办文化节的方式，来重振与展示宗乡文化。到目前为止，已经有福建、潮州、海南、客家等社群举办了"福建文化节""潮州文化节""海南文化节""客家文化节"等。这些由方言社群举办的文化节具有以下一些基本特点。

其一，文化节以举办社群的方言作为基本活动语言。如"潮州文化节""海南文化节""客家文化节"等所采用的是潮州、海南、客家等方言。

其二，文化节的组织机构，通常是以社群总机构组织该社群的其他宗乡社团，共同主办文化节。

其三，文化节的基本内容，是展演包括方言在内的方言文化。这些文化通常又涵盖了两部分的内容。一部分是华人祖籍原乡的地方文化，另一部分是在新加坡时空脉络下创造性传承与发展的本地方言文化。

---

[1] 苏君英主编：《回眸20：新加坡福建会馆文化艺术团20周年纪念特刊》，新加坡福建会馆文化艺术团出版，2006年12月；新加坡福建会馆艺术团执行总监黄树平整理：《新加坡福建会馆文化艺术团简介》（内部资料，未公开发表）。

以下以福建文化节为个案具体讨论。

祖籍福建的新加坡华人有一百多万，约占新加坡总人口的25%，是新加坡华族中最大的方言社群。自1819年开埠以来，福建社群对新加坡的经济与社会发展做出了重要的贡献。福建社群的总机构是福建会馆，目前有会员近四千人。2006年11月19—29日，福建会馆联合福建公会、晋江会馆、安溪会馆、永春会馆、同安会馆、莆田会馆、福州会馆、福清会馆等19所闽属社团，共同举办为期10天的首届"新加坡福建文化节"。福建会馆属下的道南、爱同等六所学校以及艺术团也参与了文化节的活动。根据福建会馆会讯《传灯》和宗乡总会会讯《宗乡》的记载，此次文化节获得社会的热烈响应，有两万多名公众参与该文化节的各项活动。

新加坡福建文化节的一个重要内容，是展示具有悠久历史的中国闽南地方戏剧。在文化节上，主办单位邀请包括中国在内的海内外著名的艺术团体，在新加坡戏剧中心联合演出莆仙戏、芗剧、闽剧、梨园戏、高甲戏、掌中戏及提线木偶等七大福建地方戏剧。精彩而富有新意的演出获得观众热烈的欢迎。此外，文化节汇集安溪、金门、福州、厦门、莆田、永春等三十多种福建各地的地方小吃，举办"古早福建美食"美食节。

文化节的另一项重要内容是举行"波靖南溟"新书发布会和开幕"福临狮城，建立家园"文化展。"波靖南溟"是以文字、"福临狮城，建立家园"文化展则是以文物和图片，总结与展示近两个世纪以来来自福建的华人及其后裔在新加坡生存、发展与贡献于当地社会的历史。

举办文化节对于传承与复兴福建文化的意义，可见于时任福建会馆会长的黄祖耀在开幕礼上的宣示。他说："主办福建文化节，就是希望帮助年轻人了解福建文化的丰富遗产，展现新加坡丰富多彩的多元文化，鼓励年轻人参与会馆活动，进一步加强会馆与乡亲之间的凝聚力。"他在开幕礼上还宣布，"今后每两年举办一次文化节，让年轻人认识福建文化与它的历史发展，把优良的福建传统文化传承下去"[①]。

[①] 有关福建文化节资料，见新加坡《联合早报》2006年11月3日的社论：《方言文化的新定位》；《口福、眼福、耳福 三福齐聚：福建文化盛宴》，载《宗乡简讯》第16期，第3页，新加坡宗乡联合总会，2006年11月出版；《新加坡福建文化节》，载《传灯》第38期，第2—9页，新加坡福建会馆2007年2月出版。

从上述福建社群举办文化节的个案可以看出,"方言文化节"是当代新加坡一个传承与振兴宗乡文化的重要舞台。透过文化节的舞台,不仅可以展示华人祖籍原乡丰富多彩的地方文化,亦具有强化新加坡华人与祖籍地的文化纽带,凝聚华人社群的重要功能。从这些意义上可以说,方言文化节的举办,显示华人宗乡文化在当代新加坡正进入一个逐渐振兴阶段。

(四)在与非华族的文化交流中起到桥梁作用

当代新加坡华人宗乡社团的一个新功能,是在与非华族的文化交流中起到桥梁作用。这项新功能的出现,与"9·11"事件对新加坡种族关系的影响有密切的关系。对于地处马来世界且又与西方关系密切的新加坡来说,在"9·11"事件之后对处理国内多元的种族关系更为小心。政府希望通过民间文化交流的方式来促进国内的种族和谐。在这样的时代背景下,传统华人宗乡会馆被赋予与非华族进行文化交流的新使命。

根据新加坡《联合早报》和宗乡总会会讯的报道,目前宗乡社团与非华族的文化交流主要涉及中文学习与中华传统文化等方面的内容。例如,2006年宗乡总会与中华总商会联合开办"华语会话班","协助马来同胞融入华族社会"。为此,新加坡环境及水源部部长兼回教事务主管部部长雅国博士亲自到中华总商会大厦"华语会话班"课室,鼓励马来人学习华语,以加强马来族群对华族文化的认识[①]。2007年农历新年前夕,宗乡总会和中华总商会为马来社群组织了一场"感受华人农历新年气氛"的活动,还在福建会馆举办讲座,讲述中华传统节庆的来历与习俗,以及与此相关的典故与传说等[②]。2008年农历新年期间,宗乡总会等华人社团还邀请马来族群将"马来文化与婚俗"搬上"春到河畔迎新年"的舞台,并在除夕夜与华人同庆中华民族最重要的节日[③]。

从报刊报道、社团会讯与笔者的调查考察来看,当代华人宗乡社团与非华族文化交流的工作还刚刚起步,且更多是为了响应政府"种族和

[①]《开办华语会话班,协助马来同胞融入华族社会》,载《宗乡简讯》第9期,2006年4月;《工作场所华语班,马来同胞纷报名》,新加坡《联合早报》2007年1月30日。
[②]《游天福宫、听讲座、逛牛车水:马来同胞感受华人过年习俗》,载《宗乡简讯》第19期,第1页,2007年2月出版。
[③]《马来文化与婚俗将亮相春到河畔》,载《宗乡简讯》2008年第30期,第1页。

谐"的号召。然而在客观上，华人宗乡会馆与非华族的文化互动，不仅有助于新加坡的种族和谐，对于中华文化在非华族中的传播亦具有积极的意义。

四　结语

20世纪80年代以来，新加坡政府为了适应世界、亚太地区的变迁，特别是中国的改革开放与迅速崛起改变了世界格局的新形势，对其内外政策进行了全面的调整，在文化上推行了多元种族与多元文化政策。这些政策的制定与推行，为当代新加坡华人社会与中华文化发展提供了新的历史契机。作为华人文化重要组成部分，宗乡文化在新加坡建国以后的社会变迁中，曾因华人社团的边缘化，华文教育的式微，年青一代华人对方言与华语的淡漠等因素而面临没落的危机，直到20世纪80年代中叶以后才开始出现重振之态势。

宗乡文化是传承自华南的传统民间文化在新加坡华人社会发展起来的文化形态。宗乡文化不仅是移民时代华人社会建构的重要文化资源，亦是当代新加坡中华文化振兴的重要内容之一。值得提出的是，在中国崛起、全球开始掀起中华文化热的时代背景之下，新加坡的非华族也开始了解并在一定程度上参与华族的中华语言文化活动。"多元种族庆中秋""多元种族庆中元"、印度人马来人参与农历新年华人的活动等，正在成为这个多元种族多元文化岛国的一幅文化图像。通过这幅图像，显示中华文化有可能跨越华人社会、成为属于新加坡各种族的国家文化的重要组成部分。

[本文为中国国务院侨办课题《中华文化在东南亚华人社会的现状研究》的结项成果之一。本文题目原为《社会变迁、国家因素与当代新加坡华人社会宗乡文化之复兴》，发表在《河南师范大学学报》（哲学社会科学版）2013年第1期。收入本书时修改了题目，并对文章的文字、注释等稍作改动]

宗乡社团的推动与 21 世纪以来的宗乡文化

自 20 世纪八九十年代新加坡华人宗乡社团被政府赋予保留与传承中华传统文化与价值观的新功能，即成为新加坡华人宗乡文化重振的主要推手①。21 世纪以来，因应时空变迁与新加坡各项政策的影响，宗乡社团在运作内容与社会功能诸方面呈现出"凝聚、开放与融汇"等三个显著特征②。这些变化不仅让宗乡社团逐渐摆脱建国前期被边缘化的困境，亦使其能够更为自信地传承与发展包括宗乡文化在内的中华语言文化。本文主要运用华文报刊与华人社团会讯等的相关资料，具体考察在宗乡社团的推动下，21 世纪以来新加坡华人宗乡文化的发展状况。

一 教育体制外的中华语言文化发展

主要由宗乡社团推动的、在现有教育体制外展开与中华语言文化相关的活动，是当代新加坡一道深具特色的人文景观。

自 1987 年新加坡全国学校统一语文源流，实施以英文为第一语文、母语为第二语文的双语教育后，曾经蓬勃发展的华文教育体系正式退出新加坡历史舞台。这对新加坡中华语言文化的发展，不啻是一个致命的打击。面对巨大的社会变迁和华校消失的困境，当时许多会馆、宗亲会透过发放会员子女奖助学金等方式，在现有教育体制外，为在新加坡保

---

① 见本卷《调整与转型：20 世纪八九十年代的宗乡社团》一文的讨论。
② 见本卷《凝聚、开放与融汇：21 世纪以来的宗乡社团》一文的讨论。

留与传承中华语言文化而艰难奋斗。自此以后，向会员子女发放奖助学金成为当代新加坡华人宗乡社团的一项传统①。世纪之交，为了鼓励年青一代华人努力学习华文华语，一些会馆开始增设与中华文化相关的奖项②。

21世纪以来，宗乡社团与相关的学术机构、学会等合作，举办各类与华文华语相关的竞赛并设立奖项，以更多方式推进新加坡教育体制外的中华语言文化发展。

作为新加坡华人人数中占比最大的福建宗乡社群总机构，福建会馆在推动教育体制外的中华语言文化发展中扮演重要角色。该会馆自1984年即举办"福建会馆属校小学生华文作文比赛"。2003年，福建会馆将此项比赛与"新加坡大专文学创作比赛"（与新加坡南大国大中文学会联办）、"中学生华文创作比赛"（与新加坡文艺协会、南侨中学联办）等两项赛事合并，整合成小学、中学、大专三个层次的华文文学创作比赛，并颁发"福建会馆文学奖"。到2015年，该社团已不间断地颁发了十三届"福建会馆文学奖"③。

除了举办各项比赛、颁发"文学奖"，福建会馆自2007年起在属下五所小学推行"双文化优选课程"，目的是培养对华文与中华文化有兴趣且能精通中英双语的学生。从2007年至2016年的十年中，福建会馆共计投入180多万新元，有1200多名学生参与该课程的学习④。此外，从2004年起，福建会馆还与新加坡中文华文教师会合作，举办"全国小学生华语讲故事比赛"。在2007年举办的比赛中，仅初赛就吸引了来自新加坡全国70所小学的130多名学生参加⑤。

---

① 例如，根据新加坡广惠肇碧山亭编撰的纪念特刊与会讯，自1978年开始，四十年来该社团不间断地每年向"广惠肇"三属社团子女发放奖助学金。

② 例如，新加坡福州会馆在2000年新设"华文优越奖励金"，该奖项一直延续至今。见《支持母语教育，颁发奖励金》，载《1910—2010新加坡福州会馆世纪会庆》，新加坡福州会馆2010年版，第104页，非卖品；《中小学组奖励金颁发仪式》，载《三山季刊》第89期，新加坡福州会馆2017年版，非卖品。

③ 新加坡福建会馆会讯：《传灯》第29期、第64期，新加坡福建会馆2003年、2015年版，非卖品。

④ 福建会馆会讯：《传灯》第67期，新加坡福建会馆2016年版，非卖品。

⑤ 福建会馆会讯：《传灯》第30期，新加坡福建会馆2007年版，非卖品。

成立于 1910 年的新加坡福州会馆在促进中华语言文化发展方面亦不遗余力。该会馆自 1980 年起颁发中小学、大专勤学奖励金，2000 年更增设"华文优越奖励金"。每年会馆颁发的奖助学金金额均达数万元。

为了激励年青一代华人学习中华文化的兴趣，会馆从 1995 年开始与新加坡华文教师总会联合主办"全国小学现场华文创作比赛"。这项比赛深受新加坡各学校的欢迎，每一届都能成功吸引数十所小学的数百至近千学生参赛。自 2000 年以来，赛事范围与规模向"非华族"与"跨国跨地域"两个方向扩大。2000 年比赛增设"非华族生组别"，让有兴趣学习华文华语的新加坡非华族同胞也能参与比赛。从 2007 年开始，这项比赛更跨出国门，先是与马来西亚柔佛州的"小学生现场华文创作比赛"同步开锣，两赛场采用同一套考题进行竞赛。到 2008 年，比赛进一步扩展至中国福建福州、屏南、古田等侨乡[①]。最近几年，此项赛事更扩展到文莱。2017 年 5 月 20 日，新加坡福州会馆联合马来西亚福州社团联合总会、文莱福州十邑同乡会共同主办第二十三届"新马文小学现场华文创作精英赛"。参与这场盛大赛事的有来自马来西亚二十四个地区的四千多名学生。文莱福州十邑同乡会则与文莱马来奕福州公会合作，设立 2 个赛场，开放给华校以外的学校参加，共有来自 7 所学校的 214 名学生参赛。此外，在东南亚福州社群的祖籍地，福建省侨联亦受邀与当地的教育部门联手，在福州地区和屏南、古田等地的学校举办"新马文精英赛"的外围赛，约有 1200 名学生报名参赛[②]。上述各项比赛结束后，会馆将所有参赛的优秀作品汇编成《笔耕》出版发行，并推展到新加坡各小学作为华文母语教育的辅助教材[③]。

为了在华裔年轻子弟中培养以华文写作的新苗，在连续举办四届

[①]《支持母语教育，颁发奖励金》，载《1910—2010 新加坡福州会馆世纪会庆》，新加坡福州会馆 2010 年版，第 104 页，非卖品；《中小学组奖励金颁发仪式》，载《三山季刊》第 89 期，新加坡福州会馆 2017 年版，非卖品。

[②]《华文创作比赛我最霸》，载《三山季刊》第 90 期，新加坡福州会馆 2017 年版，非卖品。

[③]《年度杰出会馆奖：福州会馆》，载《源》2012 年第 4 期，新加坡宗乡社团联合总会 2012 年版，第 8—9 页。

"全国小学现场华文创作比赛"后，福州会馆于 1999 年成立"小作家协会"，邀请新加坡著名的作家与学者担任导师与顾问。从 2007 年开始，"小作家协会"在每年的学校假期开设"小作家学会培训班"。此外，会馆还与新加坡作家协会、新加坡华文教师总会合作举办"小作家文化营"①、与林景小学合办"儿童诗创作比赛"等②。

  上述与中华语言文化相关的各类赛事，常见诸当代新加坡报刊报道与华人社团会讯记录中。例如，福建会馆与培清学校联合举办"全国中小学书法比赛"。在 2014 年 7 月举办的第三届大赛中，有 140 名中小学生参赛③。广东会馆自 2009 年开始，即与新加坡国立大学中文学会联办"广东会馆杯全国汉语常识大赛"。广东会馆希望以此推动年青一代的汉语水平和普及中华文化常识，激发他们学习华文华语的兴趣④。新加坡宗乡会馆联合总会亦于 2011 年 9 月 11 日，与新加坡管理学院讲演会、《联合早报》等联办《首届新加坡华语演讲公开赛》，有 120 名各国籍的参赛者角逐青年组与长青组奖项⑤。此外，作为当代华人宗乡团体总机构，宗乡总会还在 2011 年设立"新加坡宗乡会馆联合总会奖学金"，每年资助五名优秀公民或永久居民到中国顶尖大学深造，为新加坡培养掌握中华语言文化的优秀人才⑥。

  总括以上所述，由宗乡社团推动并主办的与中华语言文化相关的各类赛事及奖项的设立等活动，迄今为止不仅仍方兴未艾，且正在向更广泛更具规模的方向推进中。这些在国家教育体制外由华人民间社会推进的各项活动，无疑有助于中华语言文化在新加坡的保留与发展。

---

① 《小作家培训课程再开课：作文与阅读》，载《三山季刊》第 89 期，新加坡福州会馆 2017 年版，第 10 页，非卖品。
② 《支持母语教育事业》，载《1910—2010 新加坡福州会馆世纪大庆：百年筚路》，新加坡福州会馆 2010 年版，第 104—111 页。
③ 《2014 年度杰出会馆奖：新加坡福清会馆，翰墨飘香传递乡情》，载《源》2015 年第 3 期，新加坡宗乡社团联合总会 2015 年版，第 62 页。
④ 《2012 年度杰出会馆奖：新加坡广东会馆》，载《源》2013 年第 2 期，新加坡宗乡社团联合总会 2013 年版，第 62 页。
⑤ 《五年的足迹：2011 年 9 月 11 日举办首届华语演讲公开赛》，载《源》2015 年第 5 期，新加坡宗乡社团联合总会 2015 年版，第 48 页。
⑥ 《五年的足迹：2011 年 1 月至 2015 年 11 月宗乡总会大事记》，载《源》2015 年第 5 期，新加坡宗乡社团联合总会 2015 年版，第 47 页。

二　方言文化的重振

在新加坡这个华人人口占三分之二以上的国度，方言与方言文化的衰落是建国以来新加坡社会变迁的产物。20 世纪八九十年代，为了摆脱建国后逐渐被边缘化的困境，正在进行调整与转型的传统华人宗乡社团开始关注方言文化的重振问题，希望在保留华族方言与方言文化的同时，也有助于唤起宗乡社群的历史记忆与增强社团的内在凝聚力。为此，不少会馆、宗亲会纷纷举办"福建""潮州""客家""海南"等方言学习班等[1]。进入 21 世纪以来，新加坡方言文化的重振有了更多的形态与内容。

（一）方言文化节

21 世纪初，由方言社群举办的文化节开始出现在新加坡社会舞台上。21 世纪以来的十数年，"福建文化节""潮州文化节""广东文化节""海南文化节"等方言文化节的举办正在成为福建会馆、潮州八邑会馆、广东会馆、海南会馆等社团运作的重要内容。以福建会馆为例，2006 年福建会馆联合同安、晋江、南安、安溪、金门、福州、漳州、诏安等 26 所闽属会馆举办首届福建文化节，之后在 2009 年、2010 年、2012 年、2015 年和 2017 年已举办了五届。举办"福建文化节"正在成为当代福建会馆会务制度化运作中的一项重要内容。

在举办宗旨与展示内容上，由宗乡社团举办的方言文化节多从祖籍原乡与在地创造的两个时空脉络来展示新加坡方言文化的具体内容。2017 年 4 月 13—23 日，福建会馆联合新加坡其他闽籍社团举办第六届"福建文化节"。该文化节设置了一副对联"千古闽南文化薪火相传，万家传统南洋齐聚相伴"。这幅对联的内容充分显示宗乡社团赋予文化节以原乡文化传承与在地文化创造的深刻内涵[2]。另外，宗乡社团希望透过文化节，让包括非华族在内的新加坡社会各界了解华人方言文化。还是以

---

[1] 见本卷《社会变迁与 20 世纪八九十年代华人宗乡文化之振兴》一文的讨论。
[2] 《行》2017 年第 1 期，福建会馆出版，非卖品。

福建会馆为例。2006年福建会馆举办第一届"福建文化节",时任福建会馆主席的黄祖耀阐述了举办福建文化节对于传承与复兴福建文化的意义。时隔四年,在2010年举办的第三届福建文化节开幕仪式上,新任福建会馆会长的蔡天宝再次强调,"福建会馆主办福建文化节,是希望将福建人尤其是本地福建人的传统文化的各个层面呈现给国人,目的让国人通过参与这些活动,进一步了解本地的福建文化"[1]。

就方言文化节的举办规模而言,21世纪以来有不断扩大的趋势。以潮州社群为例。2014年新加坡潮州八邑会馆主办"新加坡潮州文化节",参与者超十万人次之多[2]。2019年潮州八邑会馆还将举办第三届"潮州文化节",作为会馆庆祝成立90周年大庆的一项重要的旗舰活动内容。为此,潮州八邑会馆会长强调,即将举办"潮州文化节"将"更为盛大、更有文化内涵、更多姿多彩和更具吸引力"。根据报刊的报道,参与潮州文化节者除了有讲不同方言的新加坡华人,还有来自祖籍地广东潮州、马来西亚、印尼等亚细亚区域、台港等大中华地区以及欧美等世界各地的潮州华人社团[3]。由此显示,方言文化节正在成为一个以华人宗乡文化认同为纽带、跨越国家与地区的传播与展演中华文化的舞台。

(二) 方言音乐戏曲等

在新加坡殖民地时代,伴随闽粤移民南来,源自华南的方言音乐戏曲如南音、粤剧、歌仔戏、琼剧、莆仙戏、客家山歌等曾经十分兴盛。建国前期由于新加坡社会变迁与华人宗乡社会的边缘化,方言文艺等也逐渐凋零与没落,直到20世纪八九十年代,情况才开始有所改变。自此以后,在短短的二三十年中,传承自中国华南、在移民时代发展起来的新加坡方言文艺不仅得到重振亦有不少创新与进步。例如湘灵音乐社推动的"创新南音"、敦煌剧坊的成立与粤剧在当代新加坡发展等。一些庙宇也对方言文艺的重振贡献力量。2015年韭菜芭城隍庙为庆祝清溪显佑伯主圣诞,邀请广东潮剧团、福建泉州高甲戏剧团、台湾歌仔戏剧团、

---

[1] 《传灯》第50期,新加坡福建会馆会讯2011年版,非卖品。
[2] 《源》2015年第3期,新加坡宗乡会馆联合总会2015年版。
[3] 《八邑会馆拟明年 办第三届潮州节》,新加坡《联合早报》2018年2月25日。

马来西亚歌仔戏团等，从4月12日至8月13日，连续120天演出潮剧、高甲戏、歌仔戏等方言戏曲。这场文化盛举在新加坡引起了轰动[①]。

在新加坡方言艺术重振与发展的热潮中，宗乡社团发挥了重要作用。以下以粤剧、南音及客家山歌等的振兴为例具体阐述。

粤剧在新加坡的传播与发扬光大，是广府宗乡社团数十载辛苦努力的重要成果。冈州会馆是新加坡粤剧界最为活跃的华人社团之一，早在1947年就成立了音乐戏剧部（简称乐剧部），培养了很多粤剧表演人才[②]。其他如宁阳会馆、东安会馆、南顺会馆、顺德会馆、番禺会馆、增龙会馆、恩平会馆、三水会馆、清远会馆、中山会馆、西樵同乡会、刘关张赵古城会馆等，以及一些广帮的行业公会如星洲建造行、广帮机器行、广帮猪肉行等都设有粤剧团或粤剧组[③]。在20世纪60年代以前，这些广府宗乡社团建立的业余粤剧团体，是推动新加坡粤剧发展的主要力量。

与其他方言戏曲一样，受制于新加坡建国前期的社会变迁，粤剧在新加坡也一度沉寂，直到20世纪八九十年代以后才有了重振的轨迹。冈州会馆的乐剧部、东安会馆等社团的粤剧团体再次发挥中坚作用。根据特刊记载，从1984年到1996年，仅在新加坡本地，冈州会馆乐剧部的演出就达二三百场之多。而东安会馆粤剧组演出的粤剧剧目或折子戏则有三百多场[④]。此外，冈州会馆还成立粤剧教唱班，到电台录制粤剧节目，并到广东新会、香港、马来西亚、泰国等地参与各类粤剧比赛与会演等[⑤]。冈州会馆等广府宗乡团体对粤剧事业的执着，推动粤剧在新加坡的

[①]《南音在新加坡的传播》《中国地方戏曲在新加坡的传播》《韭菜芭城隍庙2015年庆祝清溪显佑伯主圣诞演出列表》，载许振义《中国民间文艺在新加坡的传播与影响》，第85—86、94—96、294—296页，博士学位论文，南京大学，2016年。

[②] 谢同源：《冈州会馆乐剧部简介》，《冈州会馆一百六十五周年纪念特刊》，新加坡冈州会馆2000年版，第48页，非卖品。

[③] 易琰：《梨园世纪——新加坡华族地方戏曲之路》，新加坡戏曲学院2015年版，第173页。

[④]《冈州会馆粤剧部近来演出记录：1884—1996》，《东安会馆近年演出记录：1985—1999》，载《新加坡福德祠绿野亭公会175周年纪念特刊》，新加坡福德祠绿野亭公会1999年版，第234—243页，非卖品。

[⑤]《冈州会馆乐剧部简介》，《冈州会馆160周年纪念特刊》，冈州会馆2000年版，第42、48页，非卖品。

发展。1981年11月成立的敦煌剧坊，是粤剧在新加坡重振的重要标志，其创办人就是冈州会馆乐剧部的胡桂馨、黄仕英等人。该剧坊成立后取得了辉煌的艺术成就，其精彩的演出不仅在新加坡粤剧界得到高度认同，2010年还在乌克兰国际艺术节上获得"成功创新传统戏曲奖"[1]。进入21世纪以来，冈州会馆等宗乡社团对于继承与发展传统广东方言文化更加不遗余力。冈州会馆在会所内设立文化中心，展示源自广东新会的粤剧、国术、龙狮等广东文化内容。该团体还将粤剧、国术、龙狮等的表演带到新加坡装艺大游行、春到河畔迎新年、周年纪念庆典等大舞台，深受社会的好评[2]。

在南音、歌仔戏、提线木偶等福建方言文艺的重振与发展中，新加坡福建会馆发挥重要的作用。福建会馆在举办"福建文化节"的同时，也以天福宫为保留与推动中华语言文化与福建方言文化发展的另一重要舞台。

以妈祖为主神的天福宫是新加坡一座历史悠久的华人庙宇。在新加坡华人社会建构与演化的历史进程中，该庙宇曾经作为华人移民社会与福建帮群的总机构。新加坡建国后，天福宫在1973年被列为国家古迹，过后历经几次重修。1998年福建会馆再次耗费400万元，在历时三年展开浩大修复工程后，于2005年举行隆重的开幕典礼。该典礼与"福建会馆成立165周年""福建会馆新大厦落成庆典"合称该会馆的"三庆大典"，堪称新加坡福建社群与华人社会的一大盛事[3]。自此以后，天福宫的运作内容与社会功能等诸方面发生了很大的变化。对此，福建会馆会讯《传灯》在报道天福宫创立175年庆典内容时曾有一总结："天福宫经过175年的沧海桑田、二次大战，社会的进步、环境的变迁，促使天福宫从上个世纪着重信仰的场所与照顾同乡的社团发祥地，功能扩大，逐渐成为保存民间文化、传承闽籍习俗与弘扬华族文化的镇

---

[1]《中国地方戏曲在新加坡的传播》，载许振义《中国民间文艺在新加坡的传播与影响》，博士学位论文，南京大学中国语言文学专业，2016年，第96页。

[2]《冈州会馆大开会馆之门》，载《源》2014年第2期，新加坡宗乡社团联合总会2014年版，第59页；《冈州会馆177周年庆，火光沙龙致贺》，新加坡《联合早报》2017年6月19日。

[3]《新加坡福建会馆三庆大典165周年纪念特刊1840—2005》，新加坡福建会馆2005年版，非卖品。

邦古庙。"①

重修后的天福宫的一项新功能，是为保留、传承与发展新加坡闽南方言文化艺术提供表演舞台。根据《传灯》的记载，天福宫举办的与新加坡闽南文化相关的内容丰富多彩，既有祖籍地福建闽南的节日、婚庆等习俗与民间信仰等的展示，亦有传承自原乡且具有在地特色的福建歌谣、南音、歌仔戏、提线木偶等的表演，以及庙宇建筑的呈现等内容②。在上述活动中，天福宫尤其重视对南音的推广工作。根据一份不完整的演出记录，从2010年2月到2015年10月，湘灵音乐社在新加坡共有三十一场南音曲目的演出。其中有十一场也就是三分之一以上的演出地点是在天福宫。在这些演出中，与湘灵音乐社合作的剧团除了有本地传统南音社，城隍艺术学院，还有来自菲律宾、中国福建石狮、安溪等地的南音剧团③。2016年7月22—24日，福建会馆在天福宫首次举办"天福乐府—古庭院音乐会"。音乐会呈现的内容，有湘灵音乐会悠远宁和的古雅南音，有台湾歌手表演的福建歌乐，亦有华乐人师演奏的"闽风华乐"，其中包括本地创作的福建歌"福建人、做阵行"等。上述在天福宫连续三晚举办的不同风格闽风音乐表演，串缀成了新加坡闽南方言音乐的戏曲季。对此，会讯《传灯》有这样的评论："福建会馆与天福宫希望借助闽南风味的传统与现代音乐的碰撞激起的文化花火，为传承本地闽南文化尽一份力。"④

新加坡客属宗乡社团，如南洋客属总会、应和会馆、茶阳大埔会馆、丰顺会馆、永定会馆等，则积极传承、弘扬与推广客家文化。2014年，由丰顺、永定、大埔三会馆组成的坟山组织"丰永大公会"，将重建的"三邑楼"作为新加坡客家文化中心与博物馆。该中心也举办各种文化活

---

① 《信念传承、历久弥坚：天福宫175年庆》，载《传灯》第63期，新加坡福建会馆2015年版。

② 《天福宫170周年庆典》《信念传承、历久弥坚：天福宫175年庆》《南音三部曲在天福宫演出》《天福乐府：在天福宫举办的古庭音乐会》，载《传灯》第48期、第57期、第63期、第67期，新加坡福建会馆2010年5月、2013年5月、2015年5月、2016年10月出版，非卖品。

③ 《湘灵音乐社2010年以来的演出记录（不完全记录）》，载许振义《中国民间文艺在新加坡的传播与影响》，博士学位论文，南京大学，2016年。

④ 《天福乐府—古庭院音乐会》，载《传灯》第67期，新加坡福建会馆2016年版，第16页，非卖品。

动,向新加坡与世界推广祖籍原乡与新加坡的客家文化①。有鉴于客家在新加坡是一个较小的华人社群,面对建国后社会变迁对华人文化的冲击,客家方言与文化的保留与发展更为艰难。为此,南洋客属总会与新加坡其他客属社团从推广客家山歌入手来唤起与强调该社群的"客家认同",并作为维系新加坡与祖籍地、亚细安区域乃至世界各地客家社群的文化纽带。

根据社团编撰的会讯与笔者的访谈等,客家宗乡社群对客家山歌的推广,是通过内外两个方向展开。在新加坡本地,自2004年始,由茶阳大埔会馆发起,每年在8个客家宗乡社团中轮流举办的客家歌曲歌唱观摩会,到2017年已经连续成功举办了十一届。基于推广客家山歌的需要,2006年南洋客属总会成立客家山歌中央协调会秘书处②。该秘书处在统领协调各客家社团诸项与客家山歌相关工作之同时,也促进客家社团的凝聚与团结。"客总会讯"的报道显示,截至2016年底,新加坡已成立并登台演唱的客家山歌团体有:新加坡客总山歌班、茶阳客韵团、茶阳客家歌唱团、丰顺会馆客家班、应和会馆客家山歌团、客属黄氏公会客家山歌班、新加坡客属(宝树)谢氏公会、南洋五华同乡总会、嘉侨同乡会、兴宁同乡会、芳林联络所客家山歌班等③。

让客家山歌走出新加坡,是新加坡客属社群推广客家山歌的另一途径。根据笔者对已出版的最近的三期,即2015—2017年《客总会讯》的整理,今天新加坡的客家山歌,除了不定期地出国表演,还以"新加坡客属总会"名义,定期组团参加"马来西亚客家歌乐节""梅州国际山歌节""两岸四地客家山歌凤岗邀请赛"以及新山柔佛古庙众神行宫山歌演出等各类山歌比赛与会演,并取得相当优异的成绩④。可以说,历经多年的努力与坚持,新加坡的客家山歌已经跨越国界,在"两岸四地"传唱与发扬光大,成为今天新加坡客家社群跨国文化活动中一项重要的内容。

---

① 《源》2015年第3期,新加坡宗乡社团联合总会2015年版,第48页。
② 《年度杰出会馆奖:南洋客属总会》,《源》2012年第4期,新加坡宗乡社团联合总会2012年版,第5页。
③ 《客总会讯》第62期,新加坡南洋客属总会2016年版,非卖品。
④ 《客总会讯》第61期、第62期、第63期,新加坡客属总会2015年、2016年、2017年版。

三 与非华族的文化交流

在21世纪的时空环境下，作为重要民间力量的华人宗乡社团在促进新加坡国家种族和谐与多元文化发展中扮演的角色越来越重要。而华社与非华族的文化交流与互动，不仅有助于非华族对华族的了解，客观上也促进中华语言文化在非华族中的传播。

有关华人宗乡社团对于国家种族宗教和谐的关注与重视，充分反映在新加坡宗乡总会章程"宗旨"条的内容。1986年宗乡总会成立，在其制定章程的"宗旨"条中共计七项内容，主要涉及中华语言文化的发展与华人社团内部的各项事务[1]。因应社会变迁，宗乡总会在2012年对该章程进行修订，在"宗旨"条中新增了"促进种族和谐与社会凝聚力"之条款[2]。"宗旨"内容的增加，显示当代新加坡华人宗乡团体已自觉将国家重大课题纳入其运作中。

综合各项记录，在当代新加坡，华族与非华族的文化交流主要是通过同庆华人传统节庆与不同种族同台表演歌舞等形式。

有关非华族参与中华传统节庆活动的报道，最早见诸20世纪90年代中叶的新加坡华文报刊[3]。进入21世纪以来，邀请非华族参与华族传统节庆活动已经成为不少华人宗乡社团制度化的运作内容之一。以宗乡总会为例。该总会从2010年开始，在每年的端午节联合新加坡华族文化中心及大巴窑中公民咨询委员，举办大型"端午节嘉年华会"。该项活动的一项具创新意义的内容，是进行"旱龙舟竞技比赛"。参与比赛的团队中，不仅有会馆等华人社团，还有来自马来与印度社群组成的队伍[4]，充分营造了"多元种族庆端午"的欢乐节日氛围。再如晋江会馆，自2006年以来，每年都举办"种族和谐庆中秋"，邀请马来族、印度族、欧亚族

---

[1]《总会二十年》，新加坡宗乡会馆联合总会2005年版，第209页。
[2] 2012年总会新章程《宗旨》第四条：促进种族和谐与社会凝聚力。
[3]《多元种族庆中元》，新加坡《联合早报》1995年8月9日。
[4]《各族同胞大巴窑齐庆端午》，新加坡《联合早报》2014年5月26日，《龙舟竞赛，端午粽香：2016年端午节佳年华会》，《源》2016年第3期，新加坡宗乡社团联合总会2016年版，第52页。

等同胞共度佳节。2007年晋江会馆的"种族和谐庆中秋"再添新内容，除了有三大种族同台的歌舞表演，还设置三大种族的节日摊位。华族以中秋月饼为主，马来族的摊位是节日礼花制作，而印度族的摊位则以Henna手绘为特色①。

值得指出的是，近些年来，有关非华族参与华族传统节庆，或不同宗教之间的友好关系等的报道，越来越多见诸报刊与华人社团编撰的会讯等记录中。例如，在2018年华人农历新年期间，就可见华族与非华族同在"春到河畔迎新年"舞台上载歌载舞、同捞鱼生、同拜天公以及华族庙宇参与印度庙大型宗教活动的报道②，显示多元种族多元文化的理念已经开始深入新加坡民间社会之层面。而就种族间交流的内容而言，宗乡文化无疑是架起华族与非华族互动与交流的一座重要桥梁。

除了传统节庆与歌舞表演，在当代新加坡，种族间的民间文化交流已开始呈现出进入年轻世代的趋势。一个有价值的个案来自新加坡福州会馆。如前所述，新加坡福州会馆自1995年开始主办"全国小学现场华文作文比赛"。为了鼓励非华族学生参与，2000年会馆在原有奖项之外，另设"非华族生优异奖项"。历经近二十年的推动，该项工作已取得很好的进展，每年参与比赛的非华族小学生人数不断增加。在2017年举办的第二十三届"全国小学现场作文比赛中，获奖者共计81名，其中非华族有18名，约占获奖者总数的22%"③。

四　结语

21世纪以来，主要由宗乡社团推动的华人宗乡文化基本延续20世纪八九十年代以来的重振趋势。基于当代新加坡中华文化发展缺乏华文教

---

① 《2006年种族和谐庆中秋》《2007年三代同堂，种族和谐庆中秋》，载《新加坡晋江会馆九十周年互助部六十二周年纪念特刊》，新加坡晋江会馆2008年版，第57—60页，非卖品。

② 《春到河畔人日演出〈和谐之夜〉，200多名不同族群表演者台上劲歌热舞》，《联合早报》2018年2月23日；《〈捞起〉不分信仰，〈天公〉不看肤色，东南区金山寺各族共庆新年》，《联合早报》2018年2月25日；《盛港印度庙盛大祝圣　华人庙宇借地待客》，新加坡《联合早报》2018年3月2日。

③ 《第二十三届（2017）全国小学生现场华文创作比赛获奖名单》，载《三山季刊》第91期，新加坡2017年版，第3页，非卖品。

育体系的维系,加上受社会变迁、世代交替等因素的制约,宗乡文化的前景还是充满挑战与艰辛。不过,当代宗乡文化在重振的进程中所显示的跨种族、跨国界的趋向与特点,有可能为宗乡文化的未来发展注入新的动力。当宗乡文化跨越华族,成为非华族愿意了解或参与的华族文化内容,客观上强化了宗乡文化对于新加坡多元种族国家文化建构的重要价值与意义。另外,宗乡文化的跨国特点,亦使其在新加坡本土以外的、包括亚细安区域、中国与大中华地区乃至海外华人社会等在内的世界获得更大的拓展空间,进而促进新加坡华人文化的发展。

卷二　坟山与庙宇

海唇福德祠绿野亭文献的收集与研究

一 文献收集

海唇福德祠绿野亭（以下简称"绿野亭"）由来自中国广东的广州、惠州、肇庆、嘉应、丰顺、大埔和福建的永定移民所建立。保存下来的资料显示，至迟在道光四年（1824），绿野亭已出现在新加坡华人社会。与一般华人社团不同，从其创立迄今，绿野亭既是庙宇与坟山管理机构，亦是新加坡广惠肇、嘉应五属、丰（顺）永（定）大（埔）广客三社群的 11 所会馆的最高联合机构。

绿野亭在其近两个世纪的变迁中留下了不少记载其历史发展与管理运作的资料。这些资料大致可以分成金石与文献两部分。

到目前为止，已发现的绿野亭金石资料主要有：道光二十年（1840）《广东省永定县重修冢山碑记》、咸丰四年（1854）广惠肇所立之《重修大伯公庙众信捐题芳名碑记》、咸丰四年（1854）客帮所立之《重修大伯公庙众信捐题芳名碑记》、同治元年（1862）广惠肇嘉应大埔丰顺永定合立之《重修新山利济桥碑记》、同治八年（1869）嘉应州五属和丰永大三邑公司所立之《福德祠大伯公碑记》、同治九年（1870）广惠肇所立之《砌祝地基捐缘勒石碑记》、《建筑福德祠前地台围墙序》、光绪十年（1884）广惠肇所立之《广惠肇重修新山济桥碑记》、光绪十年（1884）嘉应州五属所立之《重修新山济桥碑记》、光绪十二年（1886）广惠肇嘉应丰永大合立之《福德祠二司祝讼公碑》等。

此外，广、客各帮坟山也有一些涉及绿野亭的碑文，如光绪十六年

(1890）广惠肇碧山亭所立之《劝捐碧山亭小引》等。

有关绿野亭的金石资料还包括了一些在广、客所属坟山内的社团总坟墓碑碑文。例如目前仍立于嘉应五属义山内，由"嘉应五属"所立之"青山亭迁徙总坟之墓"。该墓碑上的年代铭文表明，该总坟立于"光绪三十三年丁未（1907）岁冬月旦"。再如，设立于蔡厝港政府坟山的绿野亭坟场内的1959年"绿野亭七属先人之总坟"墓碑等。

由于年代久远和新加坡快速的社会发展变迁，今天我们已经很难见到完整的绿野亭文献。目前保留下来的绿野亭文献是仅存的一部分，主要有光绪十三年（1887）、光绪三十一年（1905）至民国二十二年（1933）账本一册、民国九年（1920）至十六年（1927）"福德祠绿野亭议案薄"一册、1953年至1959年"绿野亭公所董事会议录"一册、1960年至1970年"绿野亭公所董事会议录簿"一册、1957年至1958年"绿野亭坟山迁葬委员会立议案簿"一册，以及1927年绿野亭订立的第一份章程等。

鉴于绿野亭在新加坡社会发展史上的重要地位，早在20世纪60—70年代，学界已经开始关注绿野亭历史的研究和资料的收集。到目前为止，主要的成果是在绿野亭金石碑铭的整理与出版。1970年香港中文大学出版了由陈育崧、陈荆和编著的《新加坡华文碑铭集录》一书。该书收录了在那一时代的新加坡所能搜集到的有关福德祠庙宇和绿野亭坟山的碑文。

2004年新加坡华裔馆为了抢救、收集、保留与研究新加坡华人社会的文献资料和历史记忆，推动和出版"新加坡华裔丛书"。新加坡广惠肇碧山亭、应和会馆、丰永大公会与广府、客家宗乡社群和绿野亭董事部大力支持此项计划，不仅将仅存的绿野亭文献记录移交并托付华裔馆永久保存，并成立"出版委员会"配合华裔馆的出版工作，还发起筹募"华社资料研究与出版基金"，呼吁社会关注华人文献的收集与研究。在上述各方的支持与努力下，"福德祠绿野亭系列"作为"新加坡华裔丛书"的第一部子丛书在2005年以中英双语的形式，由新加坡华裔馆正式出版。

"新加坡华裔丛书"的"福德祠绿野亭系列"由四本书所组成。第一本是《福德祠绿野亭发展史：1824—2004》。这是到目前为止有关绿野亭的第一部研究专著。该书将绿野亭分成"创立初期：1824—1939"、"发展时期：1840—1956"、"转型时期：1957—1990"及"1990以来的福德祠绿野亭"四个历史时期，运用碑铭、会议记录、账本、特刊等文献和其他相关资料，以六章的篇幅，较为全面而具体地考察了绿野亭在新加坡社会发展脉络下所走过的一百八十多年的历程。

《福德祠绿野亭发展史》在正文之后，附有参考书目和附录，以供研究者参考。

系列的第二本为《绿野亭文献汇编之一》。收录了民国九年（1920）至十六年（1927）"福德祠绿野亭议案簿"即福德祠绿野亭董事会会议记录的内容。绿野亭经过19世纪广、客两帮的互动与整合，到20世纪初逐渐进入了一个制度化的发展阶段。该本资料汇编涉及绿野亭在1920年到1927年处理有关福德祠司祝的招聘与管理、绿野亭组织机构和庙宇、坟山管理系统的建立、广惠肇、嘉应、丰永大三社群关系等问题的记载。

系列的第三本为《绿野亭文献汇编之二》。收录的内容包括1953年11月22日至1959年10月15日福德祠绿野亭董事会的会议记录和1957年6月12日至1959年8月1日"绿野亭坟山迁葬委员会立议案簿"的内容。"二战"后是新加坡华人社会发展的一个重要转折期。绿野亭在伴随新加坡开埠以来的近一个半世纪发展之后，也进入了一个转变阶段。该本记录了绿野亭在1953年至1959的七年中有关其内部组织结构与管理运作的汇编资料，具体而清楚地显示了包括新加坡在内的东南亚华人社团，如何在"二战"后当地社会的脉络下，一方面坚持与强调社群的历史记忆与认同形态，在社会变迁中促进与强化社群的凝聚力；另一方面也与时并进，在制度化发展的过程中适当调整社团的运作方式与社会功能等诸方面，以期跟上时代发展步伐的历史演化。

系列的第四本为《绿野亭文献汇编之三》。收录了福德祠绿野亭迄今仅见的账本"光绪十三年丁亥大英壹仟八佰八十七年始立"之"海唇福德祠绿野亭义山逐岁进支簿"，即"光绪丁亥年立大伯公尝数目总簿"的内容。在东南亚华人社会的研究中，账本是非常重要的资料之一。由于年代久远和社会变迁等因素，保留至今的有关殖民地时代华人社团的账本已经不多，民国以前更为稀少。绿野亭保留的这本账本内容非常丰富，涉及新加坡早期华人移民社会的许多问题，具有重要的学术与史料价值。

二 文献研究

（一）文献汇编之一：20世纪20年代绿野亭的制度化发展

该汇编收录了民国九年（1920）四月二日至民国十六年（1927）四月三日福德祠绿野亭董事会的会议记录。

新加坡自1819年开埠，到1920年已经有一百年的发展历史。伴随一个世纪新加坡社会经济的发展变迁，来自中国、印度、马来半岛等地的移民，在英国殖民政府的统治之下，逐渐在这片新土地上安定下来并建构他们的家园。在华人社会内部，开埠初期即已形成的帮群形态，到19世纪末20世纪初已经发生了很大变化。一方面，各帮群之间经过不断的互动与调整，渐次形成新的帮群架构。即：包括海峡华人和永春、南安、金门、长泰等社群在内的闽帮社群；由广、惠、肇三属移民组成的广惠肇社群；由客属的梅县、蕉岭、五华、兴宁和平远移民组成的嘉应五属社群；由客属的丰顺、永定、大埔组成的丰永大社群；由潮安、澄海、潮阳、揭阳、饶平、普宁、惠来、南澳等八邑组成的潮州社群，以及琼州海南社群。此外还有闽粤以外的三江帮等移民社群。另一方面，超帮的活动也在各华人移民帮群之间展开。1906年新加坡中华商业总会的成立，具有华人帮群整合的重要指标性意义。总之，帮群分界之确定与帮群间之互动是20世纪初华人社会的基本特征之一。

在新加坡社会发展的脉络下，作为广、客总机构的绿野亭其内部的社群形态亦伴随华人社会的变迁而发展。经过19世纪的互动与整合，八九十年代以后，绿野亭内部已形成"广惠肇""嘉应五属""丰永大"的三大社群结构和"分中有合""合中有分"的社群关系。到了20世纪，绿野亭进入了一个制度化的发展阶段。这部文献汇编涉及的时间虽然只有八年，但却提供了一个在新加坡开埠后百年的华人社会扮演重要角色的宗乡社团，如何在20世纪20年代的帮群形态下建构制度化的组织与管理系统的珍贵记载。

1. 关于绿野亭的组织机构

虽然从创立初期，绿野亭就是广、客两帮的一个联合机构，但以广惠肇、嘉应、丰永大三社群为基本架构的组织系统，在光绪十二年

(1886)的碑文中才第一次出现。不过，有关记载显示，这一时期的绿野亭组织系统很不规范。管理机构内部不见具体的职务分工，核心领导的"总理""经理""值理""首事"等的设立也带有很大的随意性。

根据收入该汇编的会议记录，从民国九年到民国十六年，绿野亭进行了一系列有关建立规范化组织机构的讨论，并最终在1927年以章程的形式确立了绿野亭的组织系统。

其一，以广、客两帮为原则设立"董事"制度。

有关绿野亭设立"董事"的讨论，开始于民国九年的会议记录。当时南顺会馆的陈赞明在会上提出设立16名"叶理"（即董事），其中广、客两帮各8名。广帮的8名，分别由惠州、南顺、番禺、三水、东安、冈州、宁阳、香山等会馆的代表担任。客帮的8名，则丰永大和嘉应各占4名。这个提议得到与会者的一直赞成。民国十二年（1923），绿野亭正式成立董事部，董事部由广、客各派10名、总计20名董事所组成。这一年3月21日的会议记录中有一份"癸亥年职员表"。这是在绿野亭保留下来的文献中第一份完整的绿野亭董事部成员名单。根据这份名单，绿野亭确定由属下的广惠肇9所会馆、应和会馆和丰永大公会等11所社团所派出的、共20名代表组成董事部，承担管理绿野亭的组织功能。

其二，核心机构的设立。

在民国十二年以前，绿野亭管理机构基本上只有"总理""副总理""首事"三级。民国九年绿野亭在讨论增设"叶理"之时，也同时讨论了增加"查数"职位的问题。所谓"查数"，类似今天东南亚社团组织机构中的"监事长"，其任务主要是监督社团财政开支的情况。

绿野亭系统的核心机构的完善和设立，是在民国十二年正式确定以"董事部"作为组织机构之后。这一年的会议记录详细记载了包括正、副总理、财政、司理、查数等职位的核心机构的产生与组成方式、核心机构成员的权利、义务等，以及建立广、客两帮轮值管理体系等内容。

其三，受托人制度。

"受托人"是东南亚移民时代华人社团创设的一项重要制度。"受托人"的主要任务是代表所属社团与殖民地政府谈判和处理有关产业等其他的问题。因此，"受托人"绝大多数由德高望重的社群领袖所担任。他们不仅在华人社会有建树，且必须了解殖民地政府的运作并能与之打交道。可以说，在华人社会与殖民地政府的关系上，"受托人"在某种程度上扮演了"中介"的重要角色。汇编中有关绿野亭"受托人"制度产生的记载，对于研究移民时代东南亚华人如何透过"受托人"制度处理及解决与殖民地政府的关系与纠纷等问题，具有重要的史料价值。

在上述有关绿野亭制度化组织机构的记载中，给人印象最深刻的是绿野亭对其内部存在"广惠肇""嘉应""丰永大"三社群，以及三社群间"分中有合""合中有分"关系的强调。这是绿野亭在制度化的发展中，其内部基本的社群认同特征与组织原则。绿野亭的社群认同与组织原则透过1927年章程的确认与1993年新章程的再确认，一直延续到今日。

2. 关于绿野亭的庙宇与坟山管理系统

汇编中另一项重要内容是有关绿野亭庙宇与坟山管理系统的建立。

在绿野亭庙宇管理中，涉及最多的是海唇福德祠"司祝"的问题。所谓"司祝"也称"庙祝"。在绿野亭内部社群关系的演化中，海唇福德祠"司祝"管理的社群所属，曾经造成广、客两帮重大的矛盾和冲突。民国以后，在"司祝"的遴选和管理上，广、客的分野已淡化。汇编中所记载的是在董事部的管理之下，绿野亭对"司祝"问题的处理方式与内容。此外，汇编也涉及庙宇的修葺与雇请印度"吉宁人"为"马打"即保安的问题。

遗骸的处理和总坟的设立是绿野亭坟山管理的一个主要和重要的内容。遗骸问题的出现，主要是因当时殖民地政府的征地与迁葬。为此，绿野亭以修建"总坟"的形式重新安葬这些遗骸，并在修建"总坟"工程完成后，于清明"春祭"祭拜这些总坟。笔者长期考察东南亚华人社会的坟山组织，对社团总坟在建构华人社群认同中的重要功能有较深入的研究[①]。汇编中有关总坟设立与祭祀的记载，为研究东南亚华人的坟山崇拜及其在华人社会建构中的重要意义，提供了很有价值的历史记录。

---

① 有关新加坡华人坟山、社团总坟与"社群共祖"的研究，请参见曾玲《坟山组织与华人移民之整合：十九世纪新加坡华人建构帮群社会的历史考察》，《华侨华人百科全书·总论卷》，中国华侨出版社2002年版，第934—941页；本书《"三属认同"与"社会国家认同"：新加坡广惠肇碧山亭研究》一文的讨论。

在绿野亭坟山管理条规中，最重要的是巡山制度。汇编中记载了绿野亭董事部对"巡山制度"的讨论与巡山条规之确定。巡山制度在1927年章程中得到确认。该章程的"地坟规则"第五条规定：本祠亭董事二十名，每星期须派二人巡山一遍，计十星期一周，周而复始。每次查毕，即在绿野亭签名簿上签名。巡山目的在于，当有坟山被损坏或有特别的事情发生时，可以"及时向总理报告以便集会讨论设法应付"。为了让董事巡山制度能常年不断地坚持下去，"规则"还规定："至年终，本祠按部核算，计董事一名巡山一次，本祠应贴回车力银一元。如遇值期缺巡一次，每次补香油两元，不得反抗。"

绿野亭坟山管理另一项重要内容是对租户问题的处理。将坟山内不能作为葬地之用的土地出租，这几乎是所有移民时代新加坡华人帮群坟山的做法。在汇编记录中，有关绿野亭坟山内的租户问题与处理的过程占了相当的比重。

此外，汇编也涉及山坟围墙的修建、解决坟冢被人盗掘坟砖等问题。

除了绿野亭的组织机构与庙宇、坟山的管理系统，汇编中亦涉及的20世纪20年代华人社团与殖民地政府关系的问题。根据会议记录，这一时期绿野亭因坟山被征用，以及市政建设波及先人坟墓等问题而与殖民地政府有关部门发生矛盾，并寻求解决问题的办法。汇编中的记录显示，殖民地政府在处理华人坟山问题上，采取较为开放和务实的政策。此种政策取向为绿野亭的发展提供了某种程度的制度上的保障和较为宽松的自主空间。

在移民时代，华人社团不仅要面对殖民地政府，亦必须处理与华人社会不同社群的关系。汇编中有关这部分的内容不多，但还是可以看到当时华人帮群分野的迹象。例如在民国九年（1920）的会议记录中，司祝提出雇用"马打"（保安）来管理庙宇，其理由之一是"此地是福建地头"。

另外，汇编中也提供了当时的绿野亭关注新加坡教育等公益事业的资料。例如，在民国十三年（1924）的会议记录中，董事部讨论了为二马路平民小学筹款的问题。

综上所述，历经一个世纪的历史风雨，20世纪20年代的绿野亭进入了一个制度化的发展阶段。在汇编所涉及的年代里，绿野亭建立了一整套管理体系，这包括组织机构和庙宇、坟山等的管理系统。绿野亭的历史为研究华南移民在东南亚再建华人社会提供了一个有意义的研究个案。

（二）文献汇编之二："二战"后社会变迁与绿野亭运作的历史图像

该汇编收录的内容包括1953年11月22日至1959年10月15日福德祠绿野亭董事会的会议记录和1957年6月12日至1959年8月1日"绿野亭坟山迁葬委员会立议案簿"的内容。其所以这样处理，主要是因为后一部会议记录的年代与内容都涵盖于前一部会议记录之中，故将上述两部会议记录汇编成一书。

从1819年开埠到20世纪50年代，历经近一个半世纪发展的新加坡在"二战"后逐渐从移民时代进入本土社会。伴随时代变迁，作为在新加坡华人社会舞台上扮演重要角色的绿野亭，亦在"二战"后新加坡社会发展的脉络下进入一个转变阶段。这部绿野亭文献汇编，具体地记录了绿野亭从1953年到1959年的七年中所经历的重大事件，为考察"二战"后包括新加坡在内的东南亚华人宗乡社团的组织管理、运作方式以及社会功能与社群关系等状况，提供了珍贵的个案研究资料。

经过一个世纪的历史风雨，绿野亭在20世纪已经建立了一整套包括组织机构和管理庙宇、坟山的运作系统，并通过1927年制定的首部章程加以法律确认。这部章程为绿野亭在20世纪制度化发展提供了基本保障，也是重要的纲领性文件。那么，章程所确立的组织与管理系统，能否保证制度化的绿野亭在"二战"后的社会变迁中有效运作，并继续承担起凝聚广、客两帮社群的功能，这是"二战"后绿野亭面临的考验。根据收入汇编中的绿野亭董事部和绿野亭坟山迁葬委员会的两部会议记录，从1954年到1959年，绿野亭筹建并完成五层福德大厦工程；1956年殖民地政府实施大新加坡计划，绿野亭原有的中峇鲁坟山因被划入发展范围而被征用。在1957—1959年的三年里，绿野亭先后进行艰难的中峇鲁坟山遗骸迁葬、蔡厝港新坟山的重建等项工作。从汇编中有关绿野亭处理上述重大事件的过程、方式及其结果可以看出，作为广、客三社群的总机构，"二战"后的绿野亭有效运用1927年章程所确立的制度化管理体系以面对重大变迁，并继续承担起凝聚属下社群的功能。

1. 关于绿野亭的组织与管理系统

如前所述，在汇编所涉及的1953—1959年短短的七年中，绿野亭除了进行日常的庙宇、坟山的管理及祭祀等工作，还完成了诸如筹建福德大厦、中峇鲁旧坟山迁葬、蔡厝港新坟山的重建等项重大工程。在实施这些工程中，绿野亭的工作千头万绪十分繁杂。例如筹建福德大厦，绿野亭要解决大厦建筑前地面上租户的搬迁、建筑资金的筹措、建筑图式的绘就、有关文件呈请殖民地政府批准等项问题。而在旧坟山迁葬和新坟山重建中，绿野亭当局即要为被征用坟山的地价、新坟山的面积、地点及价格等问题与殖民地政府谈判，尽最大努力维护绿野亭的利益，亦要处理迁葬过程中社群内部的矛盾，因而面临更大的困难和挑战。汇编的记录显示，作为一个华人帮群组织与宗乡社团，绿野亭通过制度化组织和管理系统，有效地应对和解决了上述问题。

其一，广、客两帮七属同人大会。

广、客两帮同人大会制度在1927年章程里已经得到确认。该章程的"开会规则"之第五条款规定"本亭祠倘有重大事件非董事部所能解决者，当召集广客两帮同人大会解决之"。根据汇编的记录，广、客两帮七属同人大会在"二战"后成为绿野亭运作系统中的一项重要制度。在汇编涉及的年代里，绿野亭所实施的重大政策，都必须经过同人大会的讨论和通过。例如，建筑福德大厦前如何就解决与原有土地上租户搬迁问题上法庭打官司，确定与殖民地政府谈判征用旧坟山的地价，新坟山的发展规划与预算，旧坟山迁葬时对属下社团总坟的补偿等重大问题，都是经过广、客七属同人大会的讨论和确定后，才交由董事部具体执行。从绿野亭在这一时期的运作看，这项制度不仅能集合广、客两社群智慧、制定解决重大问题的原则，保证绿野亭各项工作的顺利进行，亦对"二战"后绿野亭凝聚属下社群具有积极意义。

由于七属同人大会制度对绿野亭具有制度化运作与凝聚属下社群的功能，该项制度从"二战"后被一直延续下来，并发展出"代表大会""常年代表大会""特别代表大会"等多种形态。1993年绿野亭修订新章程时，在1927年章程的基础上将七属同人大会进一步制度化，规定参加大会的代表共四十名，其中广、客三社群代表二十名，董事部成员二十名，并将"同人大会"改称为"代表大会"。新章程还确立"代表大会"

为绿野亭的最高权力机构，并具体规定"代表大会""常年代表大会"和"特别代表大会"的举行办法和职权范围等项。

其二，董事部和临时委员会。

根据汇编的记录，这一时期绿野亭的执行机构主要由董事部和临时委员会两个部分所组成。董事部为常设，其功能是作为绿野亭的核心机构，执行和处理七属同人大会通过的议案；临时委员会为非常设，大多是因绿野亭进行某项重大工作而设立。一旦任务完成该委员会即告解散。临时委员会可直接由董事部设立，亦可由董事部提议，再经七属同人大会批准而设。

与同人大会制度一样，董事部的设置在1927年绿野亭章程中亦已得到确认。章程同时规定包括正、副总理、财政、司理、查数等职位在内的董事部的产生与组成方式、董事成员的权利、义务，以及建立广、客两帮轮值管理体系等项。在"二战"后绿野亭的组织系统中，董事部仍然是常设的核心机构，对执行同人大会通过的各项计划不遗余力。由于董事部采取广、客两帮轮值制，其成员由属下社群的代表所组成，所以该机构在"二战"后亦具有凝聚绿野亭属下社群之功能。与此同时，绿野亭还设立非常设的机构临时委员会与董事部相配合，以应对当时运作的需要。例如，1955年6月16日的董事部会议决定成立由正、副总理、司理、财政等八人组成的小组，负责主持福德祠的修理工作；1957年7月21日的董事会议决成立由受托人和正、副总理、司理、财政等八人组成的"庆祝福德大厦开幕小组"，办理有关大厦开幕的庆祝事宜。在汇编中涉及的年代，绿野亭最重要临时机构是"绿野亭坟山迁葬委员会"。该委员会是由1956年11月11日的董事会议提议，经七属同人大会通过的专门办理有关旧坟山迁葬和新坟山建设的临时机构。从1957年6月12日到1959年8月1日，"绿野亭坟山迁葬委员会"总共召开了23次会议。根据这些会议记录，该委员会的工作包括：聘用工作人员、与土地局讨论地价、调查与登记迁葬的社团总坟与私人坟墓、抄录碑文设簿登记、在三家华文报刊上刊登绿野亭坟山迁葬广告、制定迁葬计划、定购骨灰罐、确定起骸人员人数与工资、勘察新坟山、制定新坟山内伯公庙、碑柱、七属大总坟、牌楼等的建设计划与具体实施办法等涉及旧坟山的被征用与迁葬和新坟山建设的一切有关事宜。

总之，以常设的核心机构董事部和临时设立的委员会相互配合，是"二战"后绿野亭组织机构的一个基本特点。这样的机构设置，即可处理绿野亭日常工作，又可灵活地处理临时突发性事务，在"二战"后快速变化的社会环境中应对各种复杂的问题。汇编中收录的内容包括常设的绿野亭董事部和非常设的绿野亭坟山迁葬委员会两个机构的会议记录，对于研究"二战"后新加坡华人社团的组织形态与运作具有重要的史料价值。

2. 绿野亭内部社群关系的调整与凝聚

在该汇编中，涉及这一时期绿野亭内部社群关系调整与凝聚的内容占有相当的比重。

汇编所涉及的年代虽仅有短短的七年，但在这七年里，绿野亭面临重大的考验和挑战，并因此进入了一个发展的转折期。一方面，由于以土葬为埋葬方式的旧坟山被政府征用，代之而起的是在五英亩范围内由一排排整齐有序的碑柱组成、碑柱之下是先人骨灰瓮的新坟场，绿野亭实施一个多世纪的坟山管理体系从此走入了历史；另一方面，随着坟山形态的改变，绿野亭的社会功能也发生了变化。原本具备的丧葬与祭祀的双重功能的绿野亭，也因照顾广、客两帮先人坟墓任务的结束而仅存祭祀的功能。

上述绿野亭运作与管理方式的改变，也对绿野亭内部的社群关系造成冲击。根据汇编的记录，在中峇鲁旧坟山的迁葬过程中，作为社群认同象征的广、客三社群的各类总坟，绝大部分并不迁葬到蔡厝港新坟场，而是纷纷迁葬到各自社群所属的广惠肇碧山亭、丰永大、嘉应五属义山等坟山内。与此同时，因费用等问题绿野亭坟山迁葬委员会与属下的刘关张赵古城会馆、台山黄家馆、濂溪别墅周家祠、司徒教伦堂等在总坟迁葬的问题上也产生了矛盾。凡此种种，都不可避免淡化了属下社群之间以及属下社群对绿野亭总机构的认同感。面对社会变迁对总机构内部社群关系造成的冲击，汇编记录显示，绿野亭采取积极的举措，强化和促进其内部的社群认同感与凝聚力。

其一，制定相关条款从制度层面解决矛盾和问题。

在绿野亭坟山迁葬委员会的会议记录中，涉及处理属下社团总坟迁葬的问题是其中重要的内容，占有相当多的比重。从这些记录中可以看到，绿野亭当局运用七属同人大会、董事部以及坟山迁葬委员会所制定并通过的相关条规条款，妥善地解决因社团总坟迁葬问题所引起的属下社团与总机构绿野亭之间的矛盾。

其二，坚持并强调绿野亭的组织原则与社群认同特征。

绿野亭在其历史发展过程中，其内部已经形成"广惠肇""嘉应""丰永大"三社群的组织形态，以及三社群间"分中有合""合中有分"社群认同关系。汇编记录显示，这一时期的绿野亭在面对内部的社群关系问题时，通过各种方式，坚持与强调该社团的组织原则与社群认同特征。例如，绿野亭将政府征用坟山所剩款项分给属下的广惠肇、丰永大与嘉应五属，并将余下的六万多元用于建设广客三社群共同拥有的福德大厦。这样的分配方式显示绿野亭对其组织原则的强调，无疑有助于加强其内部的凝聚力和七属社群对总机构的认同感。

其三，透过迁葬和重建坟山以强化广客社群的历史记忆与认同感。

当绿野亭的坟山形态和社会功能发生变化，其内部的社群关系受到影响和冲击之时，绿野亭也透过旧坟山的迁葬和新坟山的重建，强化其内部广客社群的历史记忆与认同感。

根据汇编的记录，对中峇鲁旧坟山状况的调查和登记，是绿野亭董事部和迁葬委员会有关迁葬的最重要工作之一。这些调查和登记既涉及七属[1]大总坟、各会馆、宗亲会等社团总坟，亦包括广客七属的私人坟墓。为了保证先人骨骸的安葬和为后代保留先人的有关资料，董事部和坟山迁葬委员会花费了大量的人力物力对遗骸进行详细的调查和登记。汇编中的这些记录显示出绿野亭对作为广客总机构功能的强调。

透过新坟场的重建来强化广客社群的历史记忆与社群认同感，是汇编中的另一重要内容。从这些记录中，可以看到绿野亭在新坟场的建设中，注重有助于强化社群历史记忆和认同感的项目规划。其中最重要的是修建了具有社群认同象征意义的"七属先人大总坟"，并在蔡厝港坟场圆（竣）坟典礼中，举行了隆重的七属先人大总坟开光仪式。与此同时，

---

[1] 绿野亭所谈的七属，指"广惠肇"三属、"丰永大"三属与嘉应五属的总机构应和会馆。这一称法可与"广客三社群"等同。另一称法"十一大会馆"，即指"广惠肇碧山亭"所属的九所会馆、丰永大公会与应和会馆。以上三种称法等同。

还修整了在客属的丰永大坟山和嘉应五属义山中的"绿野亭先贤总坟"。这说明，绿野亭鉴于旧坟山迁葬之后功能的改变，意识到加强内部凝聚力的一个重要途径是透过对七属先人的祭祀，来强调社群共有的历史记忆，以及绿野亭作为广、客七属总机构的重要功能。

除了这一时期绿野亭的组织管理机构与内部社群认同关系，汇编中亦涉及"二战"后作为宗乡社团的绿野亭对新加坡其中华人社会的关注，包括绿野亭与新加坡南洋大学的关系。例如1954年3月13日的董事部会议，全体成员一致同意响应陈六使先生的号召，"加入南洋大学为会员"。1958年3月29日董事会议，议决捐助南洋大学开幕贺礼200元等。

此外，汇编中也提供了绿野亭以"招标承建"方式，完成这一时期建设福德大厦，修建庙宇、坟山迁葬、重建新坟场等项重大工程的大量资料。"招标承建"是殖民地时代华人社会在诸如学校、医院、庙宇、坟山等的修建工程时所采取的基本运作方式。在不同的历史时期和不同的华人社团，"招标承建"有不同的形态，它涉及招标的社团与承建人之间、当时社会的经济、市场状况等许多复杂的关系。汇编中有关这一时期绿野亭"招标承建"的大量记载，为具体地考察新加坡华人社会的内部经济运作与经营方式提供有价值的研究资料。

综上所述，这部德祠绿野亭文献汇编为"二战"后初期新加坡华人宗乡社团的状况提供了一幅珍贵的历史图像。这幅图像具体而清楚地显示了包括新加坡在内的东南亚华人社团，如何在"二战"后当地社会的脉络下，一方面坚持与强调社群的历史记忆与认同形态，在社会变迁中促进与强化社群的凝聚力；另一方面也与时俱进，在制度化发展的过程中调整适当调整社团的运作方式与社会功能等诸方面，以期跟上时代发展步伐的历史演化。

（三）文献汇编之三：经济视角下移民时代绿野亭运作方式与社群认同形态

该汇编收录了绿野亭迄今仅见的账本"光绪十三年丁亥大英壹仟八佰八十七年始立"之"海唇福德祠绿野亭义山逐岁进支簿"，即"光绪丁亥年立大伯公尝数目总簿"。该账本的内容由三部分组成：光绪丁亥年（1887）农历正月初二至七月十六的收入镭银记录；自光绪戊子年

（1888）八月至光绪庚寅年（1890）七月修筑青山亭、绿野亭围墙各项费用的支出记录；自光绪乙巳年（1905）农历正月初二至民国二十二年（1933）二月二十九往来收支账目记录。在这部分延续了近三十年的收支账目中，还包括了自光绪壬寅年（1902）农历八月二十九至光绪乙巳年（1905）八月二十九的三年往来账目清算记录。

在东南亚华人社会研究中，由于年代久远和社会变迁等因素，保留至今的有关东南亚殖民地时代华人社团的账本已经不多，民国以前更为稀少。作为一个与开埠以来的新加坡历史发展基本同步，并在华人社会舞台上扮演重要角色的帮群组织，该汇编内容十分丰富，涉及新加坡早期华人移民社会的许多问题，尤其对于研究民国三十年以前的华人移民帮群社会，具有重要的学术与史料价值。

许多学者的研究已经指出，"帮"是东南亚华人社会尤其是新、马地区华人移民社会结构的基本特征。到目前为止，有关东南亚华人帮群社会的研究主要集中在以下两个问题。其一是从移民历史、移民人口、移民的方言差异等方面讨论华人帮群形成的根源，以及这些社会文化因素对华人帮群之间对立与互动所产生的制约作用等[1]。其二是从新加坡移民时代的历史脉络切入，考察华人帮群内部的组织结构、管理系统、社群整合与认同形态等问题[2]。上述的研究基本上是一种社会文化视野，所运用的资料主要是华人社团的会议记录、章程和殖民地政府档案等文献。至于从经济角度的考察和研究，由于资料的缺乏等原因至今仍基本是空白。这对于东南亚华人帮群社会历史的研究不能不是一个缺陷。收入该汇编的这部绿野亭账本，其珍贵之处就在于为研究东南亚华人帮群社会尤其是帮群内部的经济运作与社群关系提供了非常有价值的个案研究资料。

1. 账本中所见绿野亭制度化管理系统之建构

作为广、客两帮总机构的绿野亭，在开埠以后新加坡社会发展的脉络下，经过七八十年的发展与社群整合，到19世纪80—90年代其内部已

---

[1] 例如陈荆和、陈育崧和林孝胜的研究。见陈育崧、陈荆和《新加坡华文碑铭集录》，第92—93页；林孝胜《新加坡华社与华商》，第86—90页。

[2] 例如曾玲《坟山组织与华人移民之整合：十九世纪新加坡华人建构帮群社会的历史考察》，第934—941页。

形成"广惠肇""丰永大""嘉应五属"的三社群架构。1927年绿野亭透过章程的形式，从法律上确定三社群间"分中有合""合中有分"的认同关系，并在此基础上建立制度化的组织机构和规范化的庙宇、坟山以及祠亭运作等的管理系统。然而，由于缺乏19世纪90年代到民国初年的文献记录，我们无法具体地考察绿野亭建构制度化管理体系的历史过程。从光绪丁亥年（1887）延续至民国二十二年（1933）的这部绿野亭账本（以下简称"账本"），恰好弥补了这一时期绿野亭在文献的欠缺。另外，账本记录的经济资料，亦可与已见的碑文和会议记录所显示的绿野亭发展脉络相对应。

账本记录的内容，是账本涉及年代福德祠庙宇和绿野亭坟山运作中的收支情况。这些收支状况对当时绿野亭的生存与发展至关重要，因此，在绿野亭未建立制度化管理系统之前，对账目的管理即成为这一时期绿野亭管理最基本的内容与方式。账本的记录显示，在账本涉及的年代，绿野亭的账目管理方式大致经历了三个阶段。第一阶段从1902年持续至1913年。在这一阶段，广、客两帮以福德祠为总机构的总部，以广、客两帮的商号、三年一任轮流管理绿野亭。例如，根据光绪乙巳年（1905）的账目记载，从光绪壬寅八月二十九到乙巳八月二十九（1902—1905），客帮协利当的陈泗隆任经理，管理福德祠账目。光绪乙巳年九月，"例派广府帮公推裕和号赵沛棠乙巳九月初十接管协利当"。裕和号赵沛棠对福德祠账目的管理从乙巳年持续到戊申年（1905—1908）。

第二阶段从1914年延续到1922年。该阶段广、客两帮仍以福德祠为总机构的总部，但广、客两帮的会馆开始进入绿野亭的管理系统。例如，民国三年（1914）三月的账目资料显示"香山会馆接管进支总结"。民国六年（1917）的账目上有"正总理冈州会馆广泰号朱述玫，副总理大埔帮朱锐良、谭清源"的记录。民国九年（1920）的账目记录了"正总理大埔帮的刘登鼎、副总理肇庆会馆何思观"接手管理福德祠账目的内容。

第三阶段开始于民国十二年（1923）。这一年绿野亭以广、客三帮为原则建立"董事"制度，由属下的广惠肇九所会馆、应和会馆和丰永大公会等十一所社团派出20名代表组成董事部，以制度化的组织机构来管理福德祠庙宇和绿野亭坟山。在账本涉及的年代，民国十二年（1921）以后的收支账目出现不少与董事部管理有关的记录。例如民国十二年（1921）二月支出的账目中，有董事叙会 37 元的记录；民国二十年（1931）二月有董事 19 名巡山车费支出 236 元的记录；民国二十年以后，每月结存的统计除了银行以外，还包括存在"财政"和"司理"处的款项。

上述账本记录显示，在广、客三社群关系架构之下，从 19 世纪 90 年代到 20 世纪最初的十年到二十年里，绿野亭经历了一个制度化管理体系的建构过程。从以福德祠为总机构的总部，以广、客商号轮流管理，到"广惠肇""应和会馆""丰永大"组成管理福德祠庙宇和绿野亭坟山的董事部，这个过程不仅涉及绿野亭管理者和管理机构的转变，亦有助于促进绿野亭内部的社群整合。

2. 账本中所见绿野亭经济运作与广、客三社群的经济关系

在收入汇编的账本中，有关这一时期绿野亭的经济运作与广、客三社群经济关系的内容占有相当大的比重，是该账本最具学术价值的重要部分之一。

其一，绿野亭的经济运作。

根据账本记录，在账本所涉及的年代，维持绿野亭运作的经济资源在不同的时期有不同的形态。1886 年的账目显示，从该年农历正月至七月，绿野亭的经济所入均来自"清柜收来镭银"，即福德祠的香油钱，总计仅为 961 元。不过以福德祠庙宇香油钱为唯一收入的情况在绿野亭经济运作中不是太多见。从光绪乙巳年（1905）开始，绿野亭运作的经济资源已经较为多元，且在光绪丙午年（1906）后经济实力逐渐雄厚。以民国二十二年（1932）的一份进支总目为例。从 1931 年 3 月起到 1933 年 2 月，绿野亭的收入包括市政府来（割让地价、执金迁葬）银，华商银行来的利息银、梁见筹来的司祝金、梁见筹来按柜银、各地来租银以及各号来屋租银等多项。上述各项收入总计为 11987.97 元

在支出方面，根据账本的记录主要有下述几类。其一，庙宇和坟山的管理。如修理福德祠和绿山亭的桥梁、围墙等设施；休整坟山的道路山亭、为坟山除草、设立总坟、董事巡山车费；因政府征用土地而进行的迁葬、执金等各项的支出。其二，祭祀。包括"春秋二祭""土地诞""城隍诞""中元节"时所用的祭品、宝烛、宴会等项费用。其三，办公开支。主要有日常的文具购买，雇请工人和秘书的工资，在报章上刊登广告等费用。此外，还包括一些重大工程和临时事件的支出等。账本所

涉及年代中一项较大的支出是建设公所。根据民国二十二年（1933）年账本记录，这一年绿野亭支出7800元修建公所。会所的设立正式结束了以福德祠作为总机构总部的历史，标志着绿野亭制度化的发展和社群整合进入一个新的阶段。

以上账本的记录表明绿野亭具有较为雄厚和多元的经济资源，这使其不同于同一时代的许多东南亚华人社团，需要通过筹款和社团成员的捐献来维持组织的运作。绿野亭在经济运作上的这一特点，也制约了其内部广、客三社群的经济关系。

其二，广、客三社群的经济关系。

绿野亭由广惠肇、丰永大和嘉应五属三社群所组成。然而，根据文献记录，在绿野亭管理机构的组成方式上，参与管理的三社群人员名额并不均等。在以福德祠为总机构总部的时代，绿野亭设4名司祝，其分配方式是广惠肇2名，丰永大和嘉应五属各1名。当绿野亭成立董事部后，在所设的20名董事中，广惠肇占了10名，其余10名由丰永大和嘉应五属均分。董事部还设有4名受托人，其分配方式亦是广惠肇2名，丰永大和嘉应五属各1名。这显示绿野亭是以2∶1∶1的比例来处理参与管理的各社群人员的名额分配。那么，绿野亭内部为什么会形成这样的差异？作为广、客三社群总机构且具有较为雄厚资源的绿野亭，又是如何处理属下社群的经济关系？

在收入汇编的账本中，有一份光绪戊子年（1888）八月至光绪庚寅年（1890）七月修筑青山亭、绿野亭围墙等各项费用的支出账目。这是迄今为止所见有关在绿野亭组织架构下，其内部社群经济关系的最早记录。根据这份记载，当时修筑青山亭、绿野亭围墙等的各项费用共需银6434.15元。这些费用由福德祠的香油银、广惠肇、丰永大、嘉应四个部分的支付。扣除了福德祠的香油钱后，尚需银4812.89元。这些银数"按四股"即2∶1∶1的比例均派，以"广惠肇贰股""丰永大壹股""嘉应壹股"的方式支付。上述银数的分配与支付情况在"光绪庚寅十六年八月二十二日福德祠清算数目中……当众面派交明白"。

在光绪庚寅年以后，绿野亭的账目记录中断，直至光绪乙巳年（1905）才又重新恢复记录。从1905年至1933的近30年账本记录来看，光绪戊子年至庚寅年因修建工程而形成的2∶1∶1的三社群经济关系模式被延续了下来，并成为绿野亭在往后处理内部社群经济关系的基本原则。例如，民国九年（1920）绿野亭支广惠肇2900元，丰永大1450元，应和馆1450元。民国十二年（1923）支广惠肇4000元，丰永大2000元，应和馆2000元。民国十四年（1925）支广惠肇2200元，丰永大1100元，应和馆1100元等。

上述账本记录表明，绿野亭处理内部三社群经济关系的模式与绿野亭管理机构人员的组成比例相吻合。这似可说明，绿野亭"分中有合""合中有分"的组织系统以及具体的操作方式，是建立在广、客三社群经济差异的基础之上。

3. 账本中所见绿野亭内部的社群认同关系。

有关的研究显示，19世纪末20世纪初是新加坡华人移民建构帮群社会的重要历史时期。在这一时期，一方面是以福建帮为一方与以广、客为主力，包括潮、琼等在内的联合阵线为一方的两级性帮权对立；另一方面则是伴随社会变迁而出现的帮群间的互动与各帮群内的社群整合。收入本汇编的账本，为从经济角度考察绿野亭在新加坡华人帮群社会架构下的社群整合与认同形态，提供了非常丰富和有意义的资料。

根据账本的记载，作为广、客两帮总机构的绿野亭，在账本涉及的年代，与外部的关系仅有两处，均是与联合阵线内社群有关的记录。其一为民国十三年（1924）"十月十五支粤海庙香油两元"；其二为民国十八年（1929）"七月十八日支贺客属总会匾额一个52.75元"。

账本中大量出现的是与绿野亭内部社群关系与认同相关的记录。首先是关于广、客三社群的"绿野亭认同"。此种认同形态主要体现在两个方面，一方面是广、客三社群为总机构绿野亭的发展和各项修建工程共同承担镭银经费；另一方面则是总机构将绿野亭的款项按2∶1∶1的比例支给属下的三社群。此外，账本也记录了绿野亭祭扫属下社群坟山的经费支出，显示总机构与属下社群之间的认同关系。例如，民国十六年（1927）和十七年（1928）春祭期间，绿野亭两次祭扫属下广惠肇社群坟山碧山亭，两年各"支碧山亭绿野亭总坟割草工银30元"。

账本的纪录也表明，在总机构内部，除广、客三社群共有的"绿野亭"认同之外，还存在着各自的社群认同。这主要体现在三社群对绿野亭所支给的款项用途上。根据账本的记录，广惠肇所分得的款项主要用于该社群所属的养正学校。此外,也用于该社群的坟山"碧山亭"和医院"广惠肇方便留医院"。在账本的款项签收名单上,可见当时该社群领袖如吴胜鹏、李亮琪等人的签名,显示养正学校、碧山亭与留医院同属"广惠肇"的社群认同关系。而对客帮的"丰永大"和"嘉应五属"而言,它们亦透过款项的使用显示出与"广惠肇"不同的社群认同。例如,民国十七年(1928)丰永大从绿野亭分得6000元。该款项经由该社群受托人刘登鼎之手转交给其所属的客属总机构新加坡南洋客属总会。

上述的账本中有关绿野亭内部多元与多重社群认同关系的珍贵经济资料,为考察移民时代新加坡华人帮群社会的内部结构与认同形态,提供了一个非常重要的个案研究文献。

该汇编的账本记录也提供了许多20世纪30年代以前新加坡社会经济文化研究的重要资料。例如,关于青山亭的研究。青山亭与恒山亭是新加坡开埠初期分别作为"广客"和"福建"两帮群总机构的坟山组织。然而由于资料的缺乏,迄今为止青山亭在新加坡华人社会历史研究中仍基本是空白。收入本汇编的账本保留了青山亭在19世纪末运作的记录。根据这些记录,可知青山亭大约在1907年迁葬。在此之前,体现青山亭运作的账目包括了出租坟山内房屋和土地的收入、坟山管理如除草、修建围墙等项的开支。至于青山亭的地契,账本记录显示,在青山亭迁葬后的第二年即1908年,仍保留在当时广客总机构的总部海唇福德祠内。

在东南亚华人研究领域,祖先崇拜、神明信仰等中国传统文化资源对于移民时代华人社会之建构的意义是一个重要的研究课题。本汇编收入的账本提供了大量有关绿野亭祭祀祖先和神明的经济记录。这些记录包括祭品的种类、价格、祭祀后社群成员聚餐的酒家与宴席菜金费等项反映当时市场经济的资料。

此外,账本内容也涉及那一时期新加坡各方面的经济资料。例如,绿野亭的司祝、雇用的工人、保安(账本中称之为"马打")等劳工的价格、建筑材料如沙、砖等的价格,绿野亭因"执金"、新总理上任等在当时报刊登载广告的费用等等。当然,账本中也保留了不少那一时期华人社团运作内容的记录。例如,绿野亭从19世纪末即长期任用印度人、马来人为保安。每年农历新年,绿野亭均举办挥春大赛等。另外,在账本的记录中,还可见当时华人社团的一些话语,例如,直到今日新加坡广、客社群在祭祀中不可缺少的烧猪，在账本中被称为"金猪"。帮群坟山内的社团总坟在账本中被称为"统坟"等。

综上所述，收入汇编的这部绿野亭账本，是东南亚华人社会历史研究非常珍贵的文献。该文献从经济的角度所保留的有关殖民地时代东南亚华人移民帮群的运作方式与社群认同形态等丰富而具体的记录，将为进一步深入考察东南亚华人帮群社会的建构与演化提供新的研究视野与内容。

（本文"文献收集"是"新加坡华裔丛书：福德祠绿野亭系列"的"导言"的部分内容，新加坡华裔馆2005年版；"文献研究"初稿是该丛书系列中"福德祠绿野亭文献汇编之一、之二、之三"的"前言"，收入本书时加入标题，并对原稿的文字与注释稍作修改）

庙宇、坟山的"社群化"与新加坡华人移民帮群组织之建构

——兼对东南亚华人社会结构研究的新思考

一 问题的提出

在东南亚华人研究领域,移民时代华人社会结构与形态,是涉及华人社会建构与演化历史进程研究的一项重要课题。20世纪70年代以前,海内外学界主要以会馆、宗亲会、行业公会等华人社团为研究对象。在70年代以后,学界在继续关注华人社团的同时,也开始展开对华人移民社会"帮"与"帮群组织"的考察,并成为研究华人移民社会结构与特征的另一种分析框架。

到目前为止,海内外学界对东南亚各类华人社团的研究,已有相当多的成果积累。其所以如此,主要是基于功能学派的研究旨趣。一般认为,包括会馆、宗亲会、行业公会等在内的华人社团与华文教育、华文报刊并称为海外华人社会的三大支柱,其中华人社团又扮演着尤其重要的角色。在华人最为集中的东南亚,会馆等社团在半自治的殖民地时代承担了部分政府职能,不仅是维持那一时代华人社会运作的基本组织架构,亦是中华文化在东南亚传播和发展的最重要载体之一。例如李亦园

的马来亚麻坡华人市镇研究①、施振民的菲律宾华人文化的持续的研究②、颜清湟的"二战"前新、马社会的研究③等，均采用"社团"的分析框架，并以会馆等社团作为华人社会的基本组织形态。另外，"二战"以后的人类学东南亚华人研究视海外华人的会馆、宗亲会等为自愿社团，并由此切入来考察海外华人移民的人群结成关系，因而相当注重对包括东南亚在内的海外华人社团研究。如谢剑在对20世纪70年代新加坡华人社会的考察中，就从自愿社团的角度切入，探究华人社团建立在地域、方言、亲属等基础上的组织原则④。

既有关于华人社团研究的一项重要内容，是考察华南移民祖籍地诸因素对各类社团建立的制约作用。例如，从传承自华南移民祖籍原乡的地域、方言、亲属关系等因素来考察华人社团的组织原则，从中国的行政建制来研究华人会馆、同乡会等不同的组织形态，并将这些形态视为中国省、府、州、县等行政建制在南洋华人移民社会的延伸。最经典的是 Crissman 于1967年提出"分层结构"（segmentary structure）理论。该理论将海外华人社会视为中国社会行政建制的延伸，以纵的省、府、县、市、镇等轴面作为划分华人社团的组织结构以及由此形成的华人社会金字塔结构的分层原则⑤。换言之，"中国视角"是华人社团研究的一个重要特点。显然，这样的研究导向忽视了从东南亚在地的历史脉络与华人移民社会内部来考察华人社会建构与演化的历史进程。

"帮"是东南亚华人移民社会结构研究的另一种分析框架。不过，"帮"首先是作为社会现实存在于东南亚华人移民的经验世界中。这至少可以从东南亚移民时代殖民政府和华人社会的相关记录中得到印证。以新加坡为例。在1881年英殖民政府首次进行的华人人口统计中，华人被

---

① 李亦园：《一个移殖的市镇——马来亚华人市镇生活的田野调查》，台湾"中央"研究院民族学研究所，1970年。

② 施振民：《菲律宾华人文化的持续——宗亲会同乡会在海外的演变》，刊于《东南亚华人社会研究》（上册），李亦园、郭振羽主编，台北正中书局1985年版。

③ 颜清湟：《新马华人社会史》，中国华侨出版公司1991年版。

④ 谢剑：《志愿社团的组织原则：新加坡华人社团的个案研究》，刊于李亦园、郭振羽主编《东南亚华人社会研究》（下册），台北正中书局1985年版。

⑤ Crissman, Lawrence W. *The Segmentary Structure of Urban Overseas Chinese Communities*. Cornell Committee. London-Cornell Project for East and South East Asian Societies, 1967.

分为"福建""潮州""广府""客家""海南"等诸帮加以登记①。新加坡辅政司于1889年12月19日成立华人参事局。其公布的文件规定,由该局成立的委员会中的委员由"福建""潮州""广府""海南""客家"等华人五大帮群代表组成②。在华人社会,以两个重要组织同济医院和中华总商会为例。创办于19世纪七八十年代的同济医院③,初期以闽、粤移民帮群为选举制度的基础组成"总理制",并由两帮分别组织"总理团"进行管理。此种管理方式一直持续至20世纪30年代。当时因受制于各种因素,同济医院决定修改章程"废除分帮选举",以"董事制"取代"总理制"④。1906年成立的中华总商会,早在张弼士筹办之时,即"由各帮发起分劝各商号入会"。当其创立之后亦如同济医院,在"分帮选举"基础上建立组织管理系统⑤。在总商会发展的历史进程中,虽然"分帮选举"不断遭到诟病,但该制度直至1993年才通过章程的修改而废除。尽管如此,总商会仍保留了七个席位给福帮、广帮、潮帮、梅帮、埔帮、琼帮、三江帮等七大帮群代表⑥。

虽然"帮"及"帮群组织"在殖民地时代的东南亚华人移民社会是客观存在的现实,但对"帮"及对"帮群组织"的讨论,却是在20世纪70年代才真正开始进入学界视野。20世纪六七十年代,因新加坡市区重建涉及许多殖民地时代华人所建的庙宇、坟山和会馆等建筑的征用与搬迁,当时一批新、马年轻学者如林孝胜、柯木林、李奕志、张清江、吴华、张夏帏等为了抢救这些即将湮没的华人移民社会重要历史记录,开展了一项以记录碑文、牌匾等为主要内容的田野研究工作,并在任务结

---

① 这一年的华人人口分别为福建人24981、潮州人22644、广府人14853、客家人6170、海南人8319。见 Report on the census of the Straits Settlements taken on the 5th April 1891. Singapore:The Government Printing Office,1892:46–47。

② 其中福建帮代表8名、潮州帮代表5名、广府帮代表3名、客家和海南两帮各2名代表。见 The Straits Covemment Gazette. Dec. 20,1889。

③ 关于新加坡同济医院的创办年代,学界与华社迄今仍有不同说法。

④ 苏孝先:《新加坡同济医院史略》,载《同济医院一百二十周年历史专集》,新加坡同济医院1989年版,第312—313页,非卖品。

⑤ 《新加坡中华总商会史记》,载新加坡中华总商会75周年纪念特刊,新加坡中华总商会1991年版,第56—57页,非卖品。

⑥ 新加坡《联合早报》社论《废除帮派对华社有积极意义》1993年8月23日。

束后出版《石叨古迹》记录考察的成果①。1970年陈育崧和陈荆和将该项研究计划中所收集到的金石碑铭结集，以《新加坡华文碑文集录》为书名在香港中文大学出版。在该文献汇编的序言中，陈育崧首次提出"帮是东南亚华人社会结构特征"这一重要论述。他从中国传统文化的视野，指出源自华南移民祖籍地的方言差异是"帮"形成的原因，同时将"血缘、地缘、业缘"这些闽粤移民社会的人群结成关系法则引入华人"帮"社会结构的研究中②。继《新加坡华文碑文集录》之后出版的一些东南亚华文碑铭汇编，如傅吾康、陈铁凡合编的《马来西亚华文铭刻萃编》，亦以"帮"及"帮派组织"的分析框架来讨论移民时代的马来亚华人社会③。

  随着陈育崧关于华人移民社会"帮"结构理论的提出，研究东南亚华人移民社会史的一些学者开始跳脱原有的"社团"的思路，转而以"帮"与"帮群组织"理论来考察东南亚华人移民社会结构及其特征。其中又以麦留芳和林孝胜的研究较有代表性。麦留芳是一位社会学学者。他的《方言群认同：早期星马华人的分类法则》一书，运用人口普查和碑铭资料，证实19世纪星马华人社会存在以"方言群认同"为群体认同意识的"帮"结构与"帮群组织"④。林孝胜是研究新加坡华人社会的历史学者，亦是20世纪六七十年代华人社团金石碑铭收集计划的主要策划与参与者之一。1995年，他在其出版的《新加坡华社与华商》一书中，考察19世纪新加坡华人移民社会的帮权与帮群问题。林孝胜的研究沿用陈育崧"方言差异"理论，同时也从移民史、移民帮群的人口数量、职业特征、经济实力等不同层面考察华人帮群力量的差异以及由此引起的帮群间的对立与互动等问题⑤。

---

① 林孝胜、张夏帏、柯木林等：《石叨古迹》，南洋学会1975年版。
② 陈育崧：《华人社会的结构与形态》，载陈荆和、陈育崧《新加坡华文碑铭集录》，第15—18页。
③ 傅吾康、陈铁凡：《马来亚华文铭刻萃编》第一册，马来亚大学出版部1982年版，第20—37页。
④ 麦留芳：《方言群认同：早期星马华人的分类法则》，台湾"中央"研究院民族学研究所1985年版。
⑤ 林孝胜：《十九世纪新华社会的帮权政治》，载林孝胜《新加坡华社与华商》，第28—59页。

上述学术史研究概要显示，随着对金石碑铭的收集、整理、出版、研究与解读，学界在对东南亚华人社会结构与形态的考察中，除了原有的"社团组织"外，又有"帮"与"帮群组织"的另一种分析框架。由于"帮"与"帮群组织"早已是华人社会的现实存在，因而后一种分析框架显然比以会馆等社团作为华人社会基本结构的讨论往前走了一步。而20世纪90年代以后林孝胜等学者从东南亚殖民统治时期的社会、经济等时空环境讨论华人移民社会的帮群形态问题，又比70年代陈育崧等学者的研究更为深入与扎实。

然而，现有有关华人移民社会"帮"结构及其"帮群组织"的研究，还存在许多可以进一步拓展的思考空间。例如，陈育崧与林孝胜均提出，"帮是代表说一种方言的社群"，强调来自移民原乡的方言因素对华人社会形成"帮"结构的影响，但却没有阐述华人移民如何运用祖籍原乡的方言因素来建构帮群的社会结构，亦没有考察"帮群组织"的内部结构与运作方式。另外，"社团组织"与"帮群组织"是同时存在于华人移民社会的客观现实，而有关华人社会"帮"结构的理论基本未涉及二者之关系。

除受制于考察视角，上述研究的局限亦与文献资料的不足有关。陈育崧、麦留芳、林孝胜等学者的研究虽力图论证"帮"与"帮群组织"在东南亚华人移民社会的存在，并考察形成这一社会结构的方言等其他源自中国传统社会的因素，但由于他们所依据的主要是碑文资料，缺乏会议记录、账本、章程等华人社会内部档案记录。而碑文所具有的片段及静态的史料特征，使得他们的研究很难涉及动态的社会脉络对华人帮群结构演化制约作用等问题的讨论，更无法从华人移民社会内部具体考察"帮"结构的形成与"帮群组织"的建构与运作等问题。

海唇福德祠绿野亭（以下简称绿野亭）是一个在新加坡开埠初期华人移民社群分立与互动的时空环境下出现的帮群组织，迄今已伴随新加坡社会变迁走过近两个世纪的发展历程。在殖民地时代，绿野亭拥有庙宇与坟山，其属下涉及"广惠肇""嘉应五属"与"丰永大"等诸多移民社群。有关绿野亭的组成方式与演化历史，见图1：

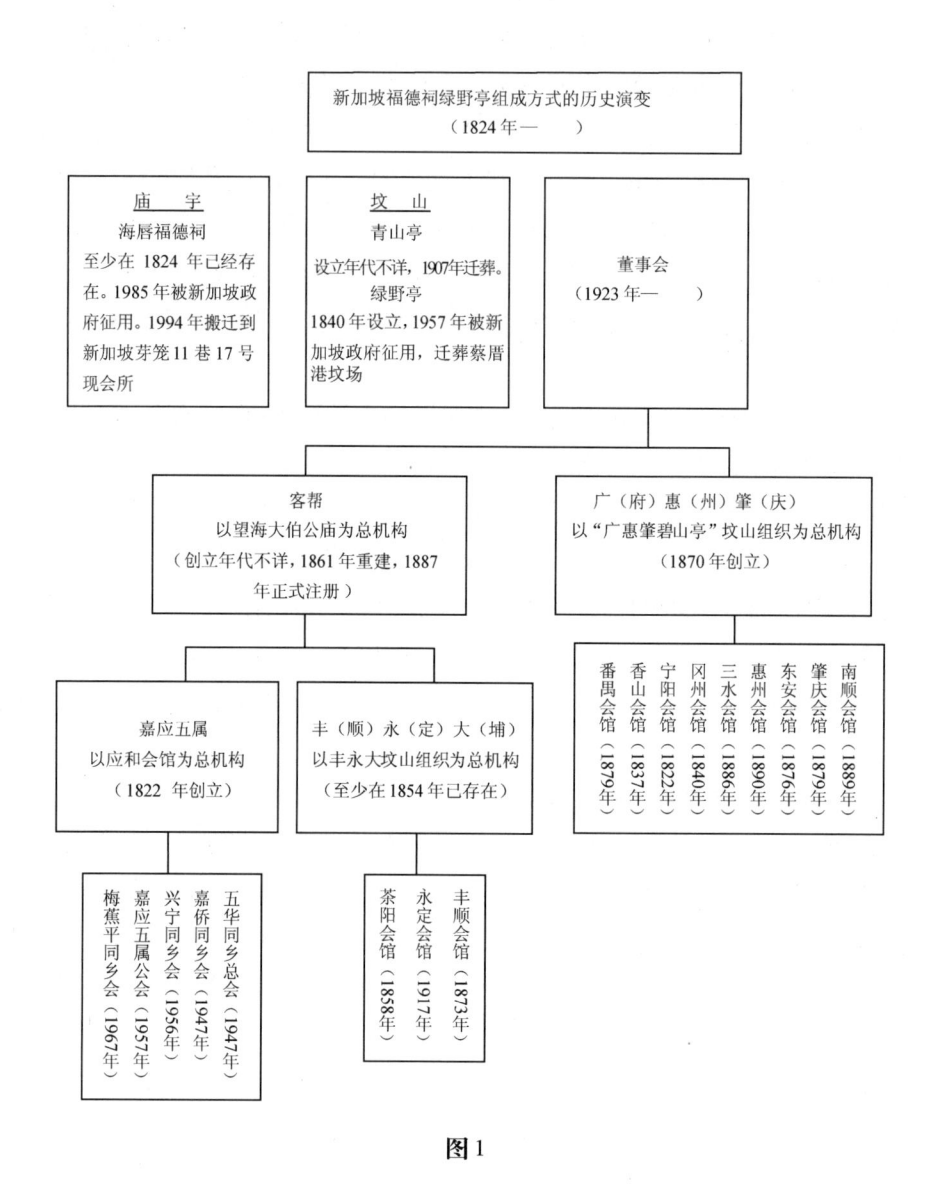

```
                    ┌─────────────────────────────┐
                    │  新加坡福德祠绿野亭组成方式的历史演变  │
                    │        （1824 年—    ）         │
                    └─────────────────────────────┘
```

```
┌──────────────────┐   ┌──────────────────┐   ┌──────────────┐
│      庙  宇       │   │     坟  山       │   │    董事会     │
│   海唇福德祠      │   │    青山亭         │   │ （1923 年—  ）│
│ 至少在 1824 年已经存│   │设立年代不详，1907年迁葬。│   │              │
│ 在。1985 年被新加坡政│   │    绿野亭         │   │              │
│ 府征用。1994 年搬迁到│   │1840 年设立，1957 年被新│   │              │
│ 新加坡芽笼 11 巷 17 号│   │加坡政府征用，迁葬蔡厝│   │              │
│ 现会所             │   │港坟场             │   │              │
└──────────────────┘   └──────────────────┘   └──────────────┘
```

```
        ┌───────────────────────┐        ┌──────────────────────────┐
        │        客帮           │        │   广（府）惠（州）肇（庆）     │
        │ 以望海大伯公庙为总机构   │        │ 以"广惠肇碧山亭"坟山组织为总机构│
        │（创立年代不详，1861年重建，│        │      （1870 年创立）        │
        │     1887 年正式注册）    │        │                          │
        └───────────────────────┘        └──────────────────────────┘
```

```
┌───────────────┐  ┌───────────────────┐
│   嘉应五属      │  │  丰（顺）永（定）大（埔）│
│ 以应和会馆为总机构│  │ 以丰永大坟山组织为总机构│
│ （1822 年创立）  │  │（至少在 1854 年已存在）│
└───────────────┘  └───────────────────┘
```

广（府）惠（州）肇（庆）下属会馆：
南顺会馆（1889年）、肇庆会馆（1879年）、东安会馆（1876年）、惠州会馆（1890年）、三水会馆（1886年）、冈州会馆（1840年）、宁阳会馆（1822年）、香山会馆（1837年）、番禺会馆（1879年）

嘉应五属下属：
五华同乡总会（1947年）、嘉侨同乡会（1947年）、兴宁同乡会（1956年）、嘉应五属公会（1957年）、梅蕉平同乡会（1967年）

丰永大下属：
丰顺会馆（1873年）、永定会馆（1917年）、茶阳会馆（1858年）

图 1

笔者在新加坡长期的田野研究中，收集到相当数量的各类华人社团档案，其中包括绿野亭和其所属的"广惠肇""嘉应五属""丰永大"的会馆、庙宇、坟山、学校等保留下来的碑铭、账本、董事部会议记录、章程、纪念特刊等各类文献①。这些历史记录真实与具体地记载了殖民地时代新加坡华人移民社会内部的运作方式与认同形态，是考察包括新加坡在内的东南亚华人移民帮群组织珍贵的文本文献。

本文运用现有已出版的碑铭资料和华人社团账本、会议记录等新档案，重点考察1824—1927年的绿野亭，并以此为个案反思现有的东南亚华人社会结构及其特征的研究，进而提出笔者的一些新思考。

二 庙宇与坟山：绿野亭的建立及特点

根据匾额、碑文等相关资料，绿野亭的发展历史至少可以追溯到19世纪20年代的海唇福德祠古庙和青山亭坟山。

（一）从无主孤坟到具有社群边界的海唇福德祠

自1819年新加坡开埠后，海唇福德祠（以下简称福德祠）是南来拓荒的华南移民最早建立的庙宇之一。关于该庙的由来，"据前人所述，当日神座为一长者之坟地，初不过陋小而仅具规模，后以声灵显濯，远近蒙庥，遂至祈祝者日众，及道光甲申，乃集众而扩建之……"② 该庙的最早记录，是至今仍悬挂在庙内一幅1854年的匾额③：

广惠肇三府众信士敬送
赖及遐陬

---

① 有关绿野亭的文献，碑文部分见陈荆和、陈育崧《新加坡华文碑铭集录》，第70—93、231—261页。文字部分见曾玲编著《新加坡福德祠绿野亭文献汇编之一：1920—1927年会议记录》，《新加坡福德祠绿野亭文献汇编之二：1953年—1959年会议记录、1957年—1959年绿野亭坟山迁葬委员会会议记录》，《新加坡福德祠绿野亭文献汇编之三：1887—1933海唇福德祠绿野亭义山逐岁进支簿》，新加坡华裔丛书福德祠绿野亭系列，新加坡华裔馆2005年版；1927年福德祠绿野亭章程；《福德祠绿野亭沿革史纪念特刊》，新加坡福德祠绿野亭1960年版（非卖品）；下文所提绿野亭文献，均见上述内容。绿野亭属下的广、客的会馆、庙宇、坟山、学校的档案记录之原件，则均保存在所属社团的档案室。

② 陶公铸：《福德祠绿野亭沿革史》，载《福德祠绿野亭沿革史纪念特刊》。

③ 海唇福德祠在1985年3月被新加坡政府征用。政府将包括该庙在内的一片土地出售给新加坡地产商远东机构。现在福德祠是新加坡远东广场的一部分。1998年11月远东机构将其改建为新加坡第一个华人移民博物馆。

咸丰四年重修

道光岁次甲申仲春吉日立

庙里还立有两块与匾额同一年代的石碑。一块是"广惠肇"所立的"重修大伯公庙众信捐题芳名碑记大伯公庙序"碑①。该碑碑文除了记录此次修建的过程,强调"广惠肇"与福德祠的关系:"兹我广惠肇府人等羁旅于此,环居一埠,敬立福德神,建庙以壮神威,设祀以崇祀典,由来尚矣!……"另一块是客家社群所立的"重修大伯公庙众信捐题芳名碑记"②。在碑文所列的捐款名单中,有"应和公司"和"大丰永公司"为此次重修各捐赠75元以及潮郡万世盛公司捐93元的记录。

以上有关福德祠的传说与金石资料显示,其一,福德祠最初仅是一处无主的华人移民坟地。后来因有祭拜而成为一间小庙。换言之,福德祠是经由孤魂崇拜转变而来的庙宇。其二,福德祠最初并无社群所属,它是在1824年经由"广惠肇"移民修建并接手管理才开始具有社群属性。正是根据这块牌匾,绿野亭将其创办的年代定立为1824年。其三,在1854年"广惠肇"重修福德祠工程中,因客属的"嘉应五属"和"大丰永"的加入而扩大了福德祠的社群边界,亦因该庙由广、客共同管理而具有两帮总机构的功能。

福德祠从无主孤魂到社群庙宇的转变,显示伴随闽粤移民南来拓荒而传承到东南亚的中华传统文化在华人移民整合与帮群建构中的重要意义。福德正神即土地神崇拜,是中国传统民间宗教的一个组成部分。在新加坡移民时代华人帮群社会的脉络下,经由孤魂崇拜转化而来的福德祠已不仅仅是一座供奉大伯公神明的华人民间宗教庙宇,它同时也被赋予社群边界,承担整合移民社群与作为"广、客"总机构的功能。

(二) 从"青山亭"到"绿野亭"

在殖民地时代的东南亚,坟山组织普遍存在于华人移民社会。在19世纪的新加坡,几乎每个华人移民社群都建有自己的坟山,这些坟山大

---

① 《新加坡华人碑铭集录》,第70—79页。

② 同上书,第79—84页。

多以"亭"称之。移民时代华人社会的坟山组织既是丧葬机构——处理本社群先人的营葬和祭祀，同时也具有界定社群成员身份、承担团结、凝聚与整合本社群的重要功能①。

在广、客移民整合与绿野亭建构的历史进程中，坟山亦有着重要的作用。绿野亭最早的坟山，是设立于开埠之初的"青山亭"。"戊戍之先，属人原有青山亭之设，位于安祥山之东，即今柏城路之西一带滨海地段。120年前，正（值）新加坡开辟商埠之初，七属同人南来日众，黎庶云集，远离祖国，而灾疾死亡之事，亦再所不能无之，属人等以不忍目睹暴露之情，乃集议而谋寄葬之地于此，以其蓁莽青苍，邱陵起伏，故命其名曰青山亭。"② 有关青山亭的状况，保存下来的资料极其稀少，仅在保留下来的光绪年间绿野亭账本中可见零星记载。根据这些记录，在光绪乙巳年（1905），青山亭收地租15元和交屋契金15元③。青山亭的最后一次修建，是在光绪丙午年（1906）和丁未年（1907）④。另外，账本中有"光绪丁未五月青山亭起葬状师费50元"⑤的记录，说明青山亭在这一年开始迁葬。笔者在田野调查中，于当代嘉应五属义山见到一总坟墓碑上写有："青山亭迁徙总坟之墓、嘉应五属祀"，日期是"光绪三十三年丁未岁冬月旦"。由此进一步证实，青山亭的迁葬时间应在光绪三十年前后。

道光戊戍（1838）年间，因青山亭已无安葬先人的空间，广、客侨领向殖民地政府申请新建坟山。1840年1月20日，该申请获殖民地政府批准，并获赠一块签发土地执照为1525号的土地，位于中峇鲁和合洛路之间，面积32英亩，期限为999年的土地⑥。广、客将新义山命名为

---

① 曾玲：《坟山组织、社群共祖与帮群整合：十九世纪新加坡华人社会》，《亚洲文化》总第24期，新加坡亚洲研究学会2000年版；曾玲：《坟山组织与华人移民之整合：十九世纪新加坡华人建构帮群社会的历史考察》，周南京主编：《华侨华人百科全书·总论卷》，中国华侨出版社2002年版，第934—949页；曾玲、庄英章：《新加坡华人的祖先崇拜与宗乡社群整合：以战后三十年广惠肇碧山亭为例》，台北唐山出版社2000年版。
② 陶公铸：《福德祠绿野亭沿革史》，载《福德祠绿野亭沿革史纪念特刊》。
③ 《1887—1933海唇福德祠绿野亭义山：逐岁进支簿》，第29—30页。
④ 同上书，第45、59页。
⑤ 同上书，第60页。
⑥ 陶公铸：《福德祠绿野亭沿革史》。

"绿野亭"："朔自戊戌上已，迄庚子中秋，从事于此山清理建设者凡三年，山前筑一小桥，又建一亭，颜其亭曰绿野小亭，盖取青山与绿野相对之义也。"[1] 1840年，绿野亭建设基本告一段落，广、客再立"广东省永定县重修冢山碑记"[2]，记载新坟山修建的缘起与过程。

(三) 绿野亭建立的特点

从碑铭与账本记录，可见绿野亭由来自中国广东的广府、肇庆、惠州、嘉应、丰顺、大埔和福建的永定移民所创立，是管理广、客移民的庙宇和坟山的帮群组织。其建立具有两个显著特点。

第一，在绿野亭内部，即有"广府"与"客家"等方言的不同，又有广、客移民祖籍地缘的差异。因此，多元的认同形态与复杂的社群关系是这个帮群组织的一个重要特征。

第二，绿野亭建立的基本任务，是为新加坡广、客移民提供宗教活动的场所和安葬先人的坟山，以及进行与营葬、祭祀等相关的事物，这也是移民时代华人社会的基本功能之一。绿野亭与一般祖籍地缘会馆和姓氏宗亲会等社团组织的相异之处，在于它仅承担一般华人社团的部分功能，即处理移民的信仰与丧葬、祭祀事宜，并将这部分功能独立出来。换言之，在开埠初期的新加坡社会脉络下，广、客移民以中华文化中的神明信仰和祖先崇拜为纽带，建立了跨方言与地缘的帮群组织绿野亭。

综上所述，在新加坡开埠初期出现于华人社会舞台的绿野亭既是庙宇与坟山组织，处理广、客移民的信仰与身后的营葬、祭祀等事宜，也是广、客最高联合机构，承担团结、凝聚与整合两社群的功能。换言之，双重功能是绿野亭这个新帮群组织的基本与重要特点。

三 绿野亭内部的社群关系与认同形态

在绿野亭发展的历史进程中，处理内部复杂社群关系与认同形态是

---

[1] 陶公铸：《福德祠绿野亭沿革史》。
[2] 《新加坡华人碑铭集录》，第231页。

其中的关键与重要的问题。

(一)"分中有合、合中又分"的社群关系

自1819年开埠到1927年的一百多年里,新加坡社会与经济已有很大的发展。来自中国、印度和马来半岛的移民逐渐在新加坡这片新土地上安定下来。在政治上,这一时期的新加坡仍是英国殖民地,殖民政府对华人社会仍采取"半自治"的统治政策。在华人社会内部,伴随开埠以来新加坡社会的发展变迁,到19世纪80—90年代以后,一方面,移民帮群间的分立与互动仍在演化中,另一方面,超帮活动也在各华人移民帮群之间展开[1]。跨入20世纪,新加坡华人社会进入一个后帮权时代。一方面已有超帮的组织与不少超帮的领袖人物出现;但另一方面帮群关系仍此消彼长,在本质上仍是一个"帮派林立,相互冲突、消长、调和的社会"[2]。

碑文与账本记录显示,上述开埠以来新加坡华人社会的发展与演化的时空环境,制约绿野亭内部的社群整合与认同关系之形成的进程。

从19世纪20年代到30年代末,是广、客移民社群整合的最初阶段。在这一时期,广、客移民透过共同经营与管理福德祠和青山亭坟山,在两帮总机构内部奠定了属下社群关系的最初框架。

从19世纪40年代到80年代,绿野亭内部的社群整合进入一个新的阶段。在此一时期,广、客移民继续通过共同管理庙宇与坟山来巩固与发展之联合,其内部则在不断整合过程中逐渐形成"分中有合、合中有分"的社群关系形态。有关这一时期绿野亭运作状况,保留在以下的碑文中[3]:

咸丰四年(1854)"广惠肇"立《重修大伯公庙众信捐题芳

---

[1] 林孝胜:《十九世纪新华社会的帮权政治》,载林孝胜《新加坡华社与华商》,新加坡亚洲研究学会1995年版,第28—62页。
[2] 杨进发:《新加坡华人社会领导层初探》,新加坡南洋学会1977年版,第2—4页。
[3] 《新加坡华文碑铭集录》,第70—92、231—247页。

名碑记》

咸丰四年（1854）"客帮"立《重修大伯公庙众信捐题芳名碑记》

同治元年（1862）"广惠肇嘉应大埔丰顺永定"合立《重修新山利济桥碑记》

同治八年（1869）"嘉应州五属""丰永大三邑公司"立《福德祠大伯公碑记》

同治九年（1870）"广惠肇"立《砌祝地基捐缘勒石碑记》、《建筑福德祠前地台围墙序》

光绪十年（1884）"广惠肇"立《广惠肇重修新利济桥道碑》

光绪十年（1884）"嘉应州五属"立《重修绿野亭利济桥芳名碑》

从上述广、客修庙建桥的碑记，可以看出从20世纪40年代以后到80年代中叶绿野亭内部的社群关系特征。

第一，这一时期的广、客虽然合作进行了七次重修庙宇和坟山等项工程，但除了同治元年是由"广惠肇嘉应大埔丰顺永定"共同重修利济桥外，其他的六次工程均是由"广惠肇""客帮""嘉应五属""丰永大"等分别进行，说明这一时期的绿野亭内部仍具有明确的社群分界，因而呈现出"合中有分"的社群形态。

第二，在"广惠肇"和"嘉应五属""丰永大"具有明确的社群分野的同时，在绿野亭这个总机构内部，还呈现出广、客"分中有合"的另一面。例如，在同治八年客属修建福德祠大伯公碑中的副首事汤广生，其名字也出现在同治九年"广惠肇"修建福德祠捐款名单中。他为"广惠肇"的修建工程捐了6元，位居数百位捐款名单中的第十。另外，在光绪十年《广惠肇重修新山利济桥碑记》中，客属的茶阳会馆、丰顺会馆亦合捐了250元，应和会馆则独捐了250元。这三个客属社团为捐款名单中数额最高者。

绿野亭内部的社群关系架构，在光绪十二年（1886）的《福德祠二司祝讼公碑》①中被确认。以下是该碑文的内容：

光绪十二年（1887）福德祠二司祝讼公碑
广　惠　肇
　　立合约人：　　　　　　　等
　　嘉应丰永大
　　缘因海唇福德祠内二司祝人争闹喋喋不休，致讼公庭。蒙总巡捕护卫司二位大人提讯在案，随转谕两造绅商秉公妥办，兹已平允无异词。此后共敦和睦永相亲爱，特立明字存据。
　　谨将章程列左
　　一议所有入庙参神宝烛香油等项，及内外题福、潮、海南帮所捐签之银，一概归入庙尝，不许投充，以免滋事。
　　一议众请司祝四人，广帮二名，嘉应、丰永大帮二名，其人归值年炉主酌请。
　　一议庙内出息或不敷用，由两籍均派，各占一半。
　　一议司祝工食。俱由庙内出息支给，倘有籍端滋事。值炉主集众处革。
　　大英壹千捌百捌拾柒年然花里拾贰号。
　　清光绪拾贰年贰月玖日

　　广惠肇：梅照　何柱　李书祥　陈立厚
　　嘉　应：汤璋会　欧阳虞廷　　　　　等同立
　　丰永大：张族昌　余宰兆　梁福来　陈观保

上述碑文内容为我们了解19世纪八九十年代包括广、客在内的新加坡华人移民社会结构与社群关系，提供了非常宝贵的资料。

第一，由广、客移民管理的福德祠，其信众包括了福、潮、海南等不同的移民。说明新加坡华人社会发展到19世纪末，移民社群之间的界线已非泾渭分明。这一时期的福德祠既是广、客两帮的最高联

---

① 《新加坡华文碑铭集录》，第92—93页。

合总机构，又因中国传统民间信仰的"神是不分地域"的特征而能跨越不同的社群，从而在某种程度上促进华人移民社会向超帮的方向发展。

第二，该碑文另一个非常重要的意义，是以刻碑的形式首次确立了绿野亭内部广、客三社群的关系架构。随着社会变迁和华人移民社群的整合，绿野亭创立初期内部复杂的社群关系逐渐趋于简单和定型。碑文上呈现的"广惠肇""嘉应五属"和"丰永大"的三社群，反映了19世纪末华人社会发展与移民社群整合的客观现实。碑文内容也规定了广、客三社群在绿野亭内部的划分办法，以及与此相适应的权利与义务等问题，即在绿野亭内部，广、客帮权力与利益均等。广帮一方包括广惠肇社群，客帮一方则包括了"嘉应五属"、"丰永大"两社群。这样的划分为未来绿野亭内部各社群的权力、责任与经济利益的分配等问题奠定了重要的基础。

（二）认同形态之建构

作为一个跨方言与祖籍地缘的新帮群组织，到19世纪末20世纪初，其内部建立在广、客三社群"分中有合、合中有分"关系架构上的"整合大群，凝聚小群"认同形态也基本确定下来。

1. 广、客三社群的"绿野亭认同"

根据账本、会议记录等文献，广、客三社群的"绿野亭认同"体现在绿野亭管理运作等的许多方面。在绿野亭保留下来的账本中，有一份光绪戊子年（1888）八月至光绪庚寅年（1890）七月修筑青山亭、绿野亭围墙等各项费用的支出账目记录。根据这份记录，当时修筑青山亭、绿野亭围墙等的各项费用共需银6434.15元。这些费用由福德祠的香油银、"广惠肇"、"丰永大"、"嘉应"四个部分支付。在扣除了福德祠的香油钱后，尚需银4812.89元，即"按三股"即2∶1∶1的比例均派，以"广惠肇贰股""丰永大壹股""嘉应壹股"的方式支付①。从这份记录可以看到，"广惠肇""丰永大""嘉应"通过共同承担庙宇与坟山修建工程的经费，所显示的是三社群对总机构

---

① 《1887—1933 海唇福德祠绿野亭义山：逐岁进支簿》，第378—380页。

共有的"绿野亭认同"。另外,总机构在其运作中亦注重与强调其与属下社群之间的关系。以坟山管理和"春秋二祭"为例,在广、客三社群分别建立冢山之后,为了凝聚属下社群,根据董事部会议记录,绿野亭从20世纪初开始,就将祭扫属下社团的坟山纳入其运作内容中。账本记录显示,民国十六年和十七年春祭期间,绿野亭两次祭扫"广惠肇"的碧山亭坟山,两年支割草费工银30元[①],这显然有助于加强"广惠肇"的"绿野亭认同"。

2. 广、客三社群对各自所属社团的认同

在总机构内部,广、客三社群除共有的"绿野亭"认同外,还存在"凝聚小群"即认同各自所属社群的形态。以下是账本中有关1906—1932年绿野亭分派属下社团款项与属下社团对款项的使用情况记录,见表1。

表1　　　　绿野亭分派所属社群款项及使用情况（1906—1932）

年份	分派属下社群的款项	使用情况	文献来源
光绪丙午年 1906	广帮 4128 元	广惠肇学堂	福德祠绿野亭义山逐岁进支簿（1887—1933）
	客帮 4128 元	应新学校开办费 2060 元	福德祠绿野亭义山逐岁进支簿（1887—1933） 星洲应新小学民国二十七年特刊"本校史略"
		大安当借去 2064 元	福德祠绿野亭义山逐岁进支簿（1887—1933） 丰永大《大伯公庆祝总簿》：光绪丁未（1907）三月初三日清算丙午全年收纳店租各项使用列明：五月十八日条
民国丁巳年 1917	广惠肇 1250 元	养正学校	福德祠绿野亭义山逐岁进支簿（1887—1933）
	丰永大 625 元		福德祠绿野亭义山逐岁进支簿（1887—1933）
	应和馆 625 元	应新学校	福德祠绿野亭义山逐岁进支簿（1887—1933） 星洲应新小学民国二十七年特刊：本校校董会章程经费条："本坡源顺街福德祠分拨应和馆之款本校经费来源"

---

① 《1887—1933 海唇福德祠绿野亭义山：逐岁进支簿》,第256、270页。

续表

年份	分派属下社群的款项	使用情况	文献来源
民国戊午年 1918	广惠肇 1500 元	养正学校	福德祠绿野亭义山逐岁进支簿（1887—1933）
	丰永大 750 元		福德祠绿野亭义山逐岁进支簿（1887—1933）丰永大丁已止月结簿（1908—1918）："结戊午十一止结息分来 750 元"
	应和馆 750 元	应新学校	福德祠绿野亭义山逐岁进支簿（1887—1933）星洲应新小学民国二十七年特刊：本校校董会章程经费条："本坡源顺街福德祠分拨应和馆之款本校经费来源"
民国己未年 1919	广惠肇 2500 元	养正学校	福德祠绿野亭义山逐岁进支簿（1887—1933）
	丰永大 1250 元	借与茶阳大埔会馆创办与管理的启发学校，月息八分	福德祠绿野亭义山逐岁进支簿（1887—1933）丰永大民国八年会议记录、丰永大《报案年结（1909—1939）：1919 年条》
	应和馆 1250 元	应新学校	福德祠绿野亭义山逐岁进支簿（1887—1933）星洲应新小学民国二十七年特刊：本校校董会章程经费条："本坡源顺街福德祠分拨应和馆之款本校经费来源"
民国庚申年 1920	广惠肇 2900 元	养正学校	福德祠绿野亭义山逐岁进支簿（1887—1933）
	丰永大 1450 元		福德祠绿野亭义山逐岁进支簿（1887—1933）
	应和馆 1450 元	入"四海通银行"，作为应新学校费用	福德祠绿野亭义山逐岁进支簿（1887—1933）应和馆戊午逐日流水草簿（1918—1921）：庚申年二月十七条
民国癸亥年 1923	广惠肇 4000 元	养正学校	福德祠绿野亭义山逐岁进支簿（1887—1933）
	应和馆 2000 元	应新学校	福德祠绿野亭义山逐岁进支簿（1887—1933）应和会馆民国十二年"总清簿"："应新学校"条
	丰永大 2000 元		福德祠绿野亭义山逐岁进支簿（1887—1933）丰永大报案年结：民国十二年条

续表

年份	分派属下社群的款项	使用情况	文献来源
民国乙丑年 1925	广惠肇 2200 元	养正学校	福德祠绿野亭义山逐岁进支簿（1887—1933）
	应和馆 1100 元		福德祠绿野亭义山逐岁进支簿（1887—1933）
	丰永大 1100 元		福德祠绿野亭义山逐岁进支簿（1887—1933）丰永大报案年结：民国十四年条
民国丁卯年 1927	广惠肇 4000 元	养正学校	福德祠绿野亭义山逐岁进支簿（1887—1933）
	应和馆 2000 元	应新学校	应和馆民国十六年"来往总簿"："应新学校条"
	丰永大 2000 元	作为捐款转交客属总会	福德祠绿野亭义山逐岁进支簿（1887—1933）
民国己巳年 1929	应和馆 5000 元	分款应新学校 2500 元；分款嘉属留医院 2500 元	福德祠绿野亭义山逐岁进支簿（1887—1933）应和馆民国十八年立《逐月结册簿 1929—1935》："乙巳年九月进支：绿野亭与款条"
	丰永大 5000 元	将款项放在"荣和当"生息	福德祠绿野亭义山逐岁进支簿（1887—1933）丰永大民国十七年"日清簿""己巳年九月壹日条"，丰永大民国十七年"总清簿"："福德祠囗金：己巳年九月十七分来银五千元"
	广惠肇 10000 元	碧山亭 3000 元；碧山亭修纪念亭 1000 元；养正学校 3000 元；广惠肇方便留医院 3000 元	福德祠绿野亭义山逐岁进支簿（1887—1933）
民国癸酉年 1932	应和馆 1000 元	应新学校	福德祠绿野亭义山逐岁进支簿（1887—1933）应和馆民国十八年起立"逐月结册簿"：民国二十二年二月进支：息款对绿野亭分来一千元
	丰永大 1000 元		福德祠绿野亭义山逐岁进支簿（1887—1933）丰永大报案年结：民国二十一年条

备注：表中文献的来源，除已出版的绿野亭账本外，应和会馆账本与"丰永大"的账本及会议记录的原件，均保存在两社团的资料室。

上述内容，显示绿野亭内部认同形态的一些特征。

第一，透过款项的分派与接受，显示作为绿野亭与所属广、客三社群之间互为认同的关系。

第二，绿野亭所属社团对款项的使用，则显示出绿野亭内部社群认同的差异。"广惠肇"所分得的款项主要用于该社群所属的"养正学校""碧山亭坟山"和"广惠肇方便留医院"。而客属的"应和馆"，则用于会馆创办的应新学校。另一客属的"丰永大"，除了用于茶阳大埔会馆兴办的启发学校，也资助客帮总机构南洋客属总会。

总之，在19世纪新加坡华人社会发展与变迁的时代脉络下，广、客移民透过共同管理庙宇和坟山，以总机构绿野亭为整合的框架。从19世纪末到20世纪20年代，这个帮群组织内部逐渐形成"分中有合、合中有分"的社群关系架构和"整合大群，凝聚小群"的多元与多重的认同形态。

四 绿野亭运作系统的建立与制度化

（一）组织机构与坟山管理系统的建立

1. 组织形态的演化

根据会议记录、账本等，绿野亭组织机构的建立，历经了一个发展演化之过程。以下是笔者根据相关文献制作，见表2：

绿野亭管理形态的演变：

表2　　　　　　　光绪壬寅至民国二十二年（1898—1933）

年份	管理者	社群所属
光绪戊戌至辛丑（1898—1901）	经理 陈泗隆	广帮
光绪壬寅至乙巳（1902—1905）	经理 协利当	客帮
光绪乙巳七月初十至戊申九月（1905.9—1908.9）	经理 裕和号赵沛棠	广帮
光绪戊申九月初二至辛亥九月初二（1908.9—1911.9）	经理 大和当郭吉川	客帮

续表

年份	管理者	社群所属
辛亥九月初五至民国甲寅三月十六 (1911.9—1914.3)	经理 陈天送	?
民国甲寅三月十七至丁巳三月十三 (1914.3—1917.3)	香山（中山）会馆 信昌隆黄史卿代黄云辉收	广帮 应和
民国丁巳四月初十至庚申二月二十一 (1917.4—1920.2)	正总理 冈州会馆（广帮） 广泰号朱述筱 副总理 大埔帮 朱锐宸 谭清源	
民国庚申三月十三日至癸亥二月初九 (1920.3.12—1923.2.9)	正总理 大埔帮 刘登鼎 副总理 肇庆会馆 牛车水何锐昌何思观	
民国癸亥二月初九至乙丑二月二十八 (1923.2.9—1925.2.28)	正总理 番禺会馆 陈籍卿 副总理 应和馆 梁谷欣	
民国乙丑二月二十八至丁卯二月 (1925.2.28—1927)	正总理 应和馆 陈翼扶 副总理 东安会馆 陈子番	
民国丁卯三月十八至己巳三月初三 (1927.3.18—1929.3)	正总理 东安会馆 刘灿辉 副总理 应和馆 陈翼扶	
民国己巳三月初三至辛未年三月初二 (1927.3—1931.3)	正总理 丰永大 蓝禹甸 副总理 香山会馆 林煜	
民国辛未三月起至癸酉二月三十日 (1931.3—1933.2)	正总理 香山会馆 林煜 副总理 丰永大 蓝竞余	

备注：资料来源：《1887—1933年海唇福德祠绿野义山：逐岁进支簿》《福德祠绿野亭历届职员表》，载《福德祠绿野亭沿革史纪念特刊》。

根据上述内容，从1898年到1932年，绿野亭管理形态的演化大致经历了三个阶段。

第一阶段从1898年持续到1914年3月。这一时期，广、客移民以福德祠为总部，以两帮的商号如"协利当"或个人如"陈天送"，三年或四年一任轮流管理总机构。

第二阶段从1914年延续到1922年。在这一阶段，绿野亭的管理方式出现了两个变化。其一，虽然福德祠仍是总机构的总部，但在民国三年三月"香山会馆接管进支总结"，显示会馆开始取代个人或商号进入绿野亭管理系统。其二，出现"总理""副总理"等的机构设置和在报刊上"举总理"①的机制，如账本中有"丁巳年三月初三支国民报举总理4元""三月十三日支总汇报举总理3.5元"的记录②，表明绿野亭组织机构的设置已经开始趋向制度化和规范化。

第三阶段开始于民国十二年（1923）。这是绿野亭建构制度化的组织管理机构的重要阶段。这一年绿野亭以广、客三社群为原则建立董事制度，由属下的"广惠肇"9所会馆、"应和会馆"和"丰永大公会"等11所社团派出20名代表组成董事部来管理福德祠③。账本中开始出现与董事会有关的记录。如民国十二年二月九日"支董事叙会香酒菜银38.30元"、三月二十六日"支董事往绿野亭看山车费2元"④。

上述三个阶段的演化显示，从19世纪80—90年代到20世纪20年代，绿野亭管理经历了一个从以福德祠为总部，以广、客个人或商号轮流管理，到广、客11所会馆组成管理总机构的董事部的发展过程。这个过程不仅涉及绿野亭管理者和管理机构的制度化，亦有助于促进其内部的社群整合。

2. 庙宇与坟山管理的规范化

作为绿野亭运作主要内容的庙宇与坟山管理，在这一时期也历经了一个规范化的发展过程。

虽然福德祠在广、客社群内部的整合中发挥着举足轻重的作用，然而在数十年中并没有建立起制度化的管理机制。在《福德祠二司祝讼公碑》，首次确定"司祝"的社群所属和广、客分帮聘请的办法，"众请司祝四人，广帮二名、嘉应丰永大帮二名，其人归执年炉主酌请"。

随着绿野亭进入制度化的发展阶段，自开埠以来一直扮演总机构的福德祠逐渐作为绿野亭的一个组成部分而独立出来，对"司祝"社群所属的限制也在民国后逐渐淡化。民国三年，经广、客两帮公议，决定将

---

① 即在华文报刊上发布，有昭告天下之意。
② 《1887—1933年海唇福德祠绿野亭义山：逐岁进支簿》，第176页。
③ 有关1923年成立董事部与建立制度化组织机构与管理系统问题，下节还将具体讨论。
④ 《1887—1933年海唇福德祠绿野亭义山：逐岁进支簿》，第212、214页。

庙宇的司祝由"值年炉主分帮约请"改为"招人投票承理"。投标人以"月纳八十元香油金"标得承理权。另外，还规定庙宇司祝逐届以两年为期，"限满重新招票，价高而善祀神者得之"。经此改变，"司祝"已不受社群所属的限制而回归庙宇管理者的身份。

坟山管理处理的是先人的营葬事宜，所面对却是广、客三社群的生者，因而是绿野亭运作系统中最重要的组成部分。在这一时期绿野亭建构制度化管理系统的过程中，有关坟山的管理主要涉及坟山的埋葬形态、"春秋二祭"及"巡山制度"等内容。

其一，绿野亭的埋葬形态。

根据文献记录，到20世纪20年代，绿野亭坟山内已经确立"个人坟地"和"社团总坟"两类基本的葬地形态。有关个人坟地，所能见到的较完整的记录是1957年绿野亭坟山的迁葬记录，"有县籍姓氏者4341穴，无县籍姓氏者7177穴"，总计共有"11518穴"①。

另一类埋葬形态是"社团总坟"。所谓"社团总坟"，是东南亚移民时代华人社团所创造的一种埋葬方式。"社团总坟"由会馆、宗亲会、行业公会等不同类型华人社团设立于华人坟山内。华人社团修建总坟的目的不仅是为了解决社群成员身后的安葬与祭祀问题，亦是为了在帮群分立的华人社会，建构虚拟的"社群共祖"作为社群认同的象征以整合社群。

绿野亭坟场内的"社团总坟"依其性质又可分成两大类，一类是绿野亭属下各类社团建立的总坟；另一类是由绿野亭设立的"绿野亭总坟"。根据文献记载，在总机构创建初期，广、客社团就在青山亭设立总坟。例如，1849年刘关张赵四姓移民在青山亭建立"四姓先人坟墓"②。1840年以后，广、客社团继续在新开发的绿野亭坟山设立总坟。如1885年三水移民在绿野亭"三水义冢"等③。

有关"绿野亭总坟"的最早记录，根据保留下来的账本，1921年7

---

① 《蔡厝港先人坟墓表》，载《福德祠绿野亭沿革史纪念特刊》，第1—56页。
② 吴华：《新加坡华族会馆志》第2册，新加坡南洋学会1977年版。
③ 《广惠肇碧山亭118周年纪念特刊：三水会馆发展史略》，新加坡广惠肇碧山亭1988年版，非卖品。

月和10月，绿野亭支出做总坟的工料银分别为169.40元和159.50元①。20世纪20年代正是绿野亭制度化发展的重要阶段，修建具有象征"绿野亭认同"的"绿野亭总坟"，对于凝聚绿野亭内部的广、客三社群，无疑具有重要的意义。

上述绿野亭坟场内的"绿野亭总坟"和"属下各类社团总坟"的分类，是绿野亭内部社群结构与认同形态在埋葬形态上的反映。

其二，春秋二祭与巡山制度。

"春秋二祭"是中国社会祭祀祖先的传统习俗。在每年农历清明节和重阳节期间，中国人多以家庭与家族为单位举行祭扫祖先坟茔活动，此称为"春秋二祭"。伴随中国华南移来，"春秋二祭"习俗也传到东南亚。与中国本土不同的是，除了祭祀家族先人，在东南亚许多华人社团还祭祀"社群共祖"——各类社团总坟，以此来强调和凝聚社群成员对所属社团的认同感。

19世纪有关青山亭和绿野亭的祭祀先人活动，主要保留在碑文中。到了20世纪，有关祭总坟的记录频繁地出现在绿野亭账本与议案簿中。根据账本纪录，绿野亭祭总坟开始于1920年，该年因"春祭"支出160元②。从这一年开始直到账本结束的1933年，绿野亭每年都有"春祭""祭总坟"的开支记录。而"秋祭"则开始于1928年。另外，在民国九年至十六年的"福德祠绿野亭议案簿"中，亦有大量绿野亭董事部"祭总坟"的记载。例如1923年绿野亭成立董事部，此时正值清明节前后，董事部随即议决进行"祭总坟"工作。为此董事部成立了一个包括番禺、香山、南顺、东安、三水、冈州、惠州、肇庆、宁阳、永定、丰顺、嘉应、大埔、应和等会馆的代表共计15人所组成的"春祭"委员会，准备了"金猪"、酒、茶、鞭炮等"春祭之应用品"③。

在绿野亭坟山管理规范化的过程中，"巡山制度"是其中另一项重要的内容。所谓"巡山"，即定期巡视坟场，以免坟场遭到破坏。1913年2

---

① 《1887—1933海唇福德祠绿野亭义山：逐岁进支簿》，第199、200页。
② 同上书，第196页。
③ 《新加坡福德祠绿野亭文献汇编之一：1920—1927年会议记录》，第53—56页。

月16日的账本中有"支番人查山车工两元"的记录①。1923年董事部成立，这一年的3月26日、4月14日、4月20日、4月29日、5月1日"董事往绿野亭看山车费"共花费60元②。此后到账本结束的1933年，有关董事巡山车费的支出大量出现在账本中。说明在1923年董事会成立后，"董事巡山"已经成为绿野亭坟山管理的重要制度之一。

此外，绿野亭的坟山管理还包括休整道路、凉亭、割平坟场内过高的茅草等项常年工作。

（二）章程的颁布与管理运作系统的制度化

1927年8月21日，绿野亭章程经同人大会通过，正式刊印施行③。这是绿野亭自出现在新加坡社会舞台一百年来所颁布的第一部章程。该章程的颁布，显示历经一个世纪的发展与演化，绿野亭已基本完成内部的社群整合与管理运作制度化的历史任务。

1. 确认绿野亭的基本功能与社群边界

章程首次确定庙宇和坟山为绿野亭的基本组成部分，并将社团定名为"新加坡海唇福德祠绿野亭"。这显示原本作为庙宇与坟山名称的"海唇福德祠"和"绿野亭"，通过章程的条规同时也被赋予社团组织的形态，进而确认绿野亭在百年发展中所承载的庙宇坟山管理机构与整合广、客移民社群组织的双重功能。在章程的"宗旨"条中，确认由广、客的"广惠肇""嘉应五属""丰永大"构成绿野亭的整体，规定"绝对保护维持福德祠绿野亭产业广客两帮七属广惠肇嘉丰永大义冢坟场为宗旨"，这既是对一百年来广、客移民在新加坡社会脉络下所历经的整合进程的总结，亦是以章程的形式确认这个跨方言与跨地缘华人帮群组织的社群边界。

2. 确认广、客三社群为社团的基本组织架构

其一，以广、客三社群的会馆为社团成员设立董事部。

根据议案簿的记录，有关绿野亭设立"董事部"的讨论，开始于民

---

① 《1887—1933海唇福德祠绿野亭义山：逐岁进支簿》，第141页。
② 同上书，第214—216页。
③ 《福德祠绿野亭发展史：1824—2004（附录一）》。

国九年四月的会议。当时南顺会馆的陈赞明在会上提出设立16名"叶理"（即董事），其中广、客两帮各8名。广帮的8名，分别由惠州、南顺、番禺、三水、东安、冈州、宁阳、香山等会馆的代表担任。客帮的8名，则"丰永大"和"嘉应五属"各占4名。这个提议得到与会者的一致赞成①。民国十二年，绿野亭正式成立董事部，董事部由广、客各派10名、总计20名董事所组成。这一年3月25日的会议记录中有一份"癸亥年职员表"。这是在绿野亭保留下来的文献中第一份完整的绿野亭董事部成员名单。根据这份名单，绿野亭确定由当年已经成立的广、客11所会馆即广属的番禺会馆、香山（后改为中山）会馆、宁阳会馆、冈州会馆、三水会馆、惠州会馆、东安会馆、肇庆会馆、南顺会馆；客属的应和会馆、丰（顺）永（定）大（埔）公会为绿野亭的基本成员，并由这些会馆派出20名代表作为董事组成董事部，承担管理绿野亭的组织功能②。

章程确认1923年成立的董事部为绿野亭的组织机构和参与1923年董事部的广、客11所会馆为社团成员，并规定在1926年以后成立的广、客之会馆不再具有会员的资格。这是绿野亭在创立一百年后，首次以章程条规的形式确定其管理机构和成员组成。

其二，以广、客三社群为基干的董事部组织法。

章程在确认董事部为绿野亭的组织管理机构的同时，也规范了董事部组织法。该组织法最重要的部分是确认1923年董事部以广、客两帮三社群为基干的组织体系和广、客"轮值"的管理制度。

关于董事部的组织方式，章程规定"本亭祠设二十人，计广惠肇十名应和馆五名，五名丰永大公司五名组织之。""由本董事部二十名内推正总理、副总理、财政、司理各一人、查数两人。其余概为董事分任各项职责。"

章程也确定广、客两帮三社群"轮值"的管理制度。由广、客轮流管理总机构，是自以福德祠为总部以来所形成的一项传统。绿野亭百年的发展与演化的历史显示，这一管理方式有助于绿野亭处理与整合其内部"分中有合、合中有分"的社群关系。章程在确认1923年董事部成立

---

① 《新加坡福德祠绿野亭文献汇编之一：1920—1927年会议记录》，第16—18页。
② 同上书，第50—52页。

时制定的组织原则与管理系统的基础上，以条规的方式规范董事部核心成员由广、客轮流担任的"轮值制"及具体办法："本亭祠正总理、副总理、司理、财政为广客两帮双方轮值担任，两年为期。例如本届广帮担任正总理、司理，客帮则担任副总理、财政，下届互相更换。每届以两年为期，期满改选。惟财政员倘有携款潜逃及负欠公款等情，须有该邦负责偿还以维公款。"

章程还对正、副总理、财政、司理、查数、各部董事的职权、职责等，以及绿野亭召开董事会和同人大会等问题做了明确的规定。

其三，确认庙宇与坟山的管理制度。

确认并规范绿野亭在20世纪初所建立的庙宇与坟山管理制度，是1927年章程的另一重要内容。

福德祠的"司祝"经民国初年的变更，已由"招人投票承理"取代原来的"执年炉主分帮约请"。此项打破"司祝"社群限制的改革在章程中被确定下来。章程中有关庙宇的另一项条规是款项的支配。与司祝问题一样，该项条规改变光绪十二年由广、客"两籍各占一半"的做法，由董事部来管理庙宇的款项。值得注意的是，条规中增加了一项民国初年改革中所没有的内容，即祠亭收入的款项除支付运作开销之外，"有盈余当办新加坡广、客两帮公益慈善事业或正式学校经费等用"。这显示，20世纪以后绿野亭在其运作中内容中，除庙宇与坟山外，还增加了关注社会公益与教育的新功能。

关于坟山管理，章程在第七款"关于绿野亭地坟规则"中着重确认1923年董事部成立施行的"董事巡山"制度，并就有关巡山的方法、费用等事宜做了具体的规定。为了让"董事巡山"制度能常年不断地坚持下去，"规则"还规定："至年终，本祠按部核算，计董事一名巡山一次，本祠应贴回车力银一元。如遇值期缺巡一次，每次补香油两元，不得反抗。"上述制度经1927年章程确认，一直持续到1956年坟山被新加坡政府征用后才宣告结束。

由绿野亭董事部主持的"春秋二祭"在章程中没有直接涉及，但大量出现在20世纪20年代以后的账本与议案簿中有关"春秋二祭"的记录显示，这项具有整合功能的祭祀活动在20世纪20年代以后已经制度化，并成为绿野亭运作的重要内容之一。迨至1937年，一项关于祭祀的新条例进入董事部的议事日程。这一年秋祭"公众议决,此后春秋祭墓,所有青山亭、绿野亭,分散各属坟山之总坟散墓,应查点清楚,记录保存,每有祭祀应行一律预日斩草挂纸,以便至期焚香祭拜"①。至此,由总机构主持的"春秋二祭",其范围扩大到广、客三社群所属的广惠肇碧山亭、嘉应五属义山、丰永大毓山亭三坟山。由于祭扫广、客四坟山的"春秋二祭"对于强调与促进广、客三社群的"绿野亭认同"具有重要的意义,该项条规至今仍被执行,虽经新加坡社会的发展变迁而没有改变。它不仅成为绿野亭运作中的一项传统内容,亦是承载广、客移民社群整合历史记忆的重要制度之一。

综上所述,经过19世纪末到20世纪初的发展,绿野亭在社群整合的基础上于1920年代建立制度化的组织架构和规范化的管理系统。1927年颁布的首部章程,总结与确认了绿野亭在新加坡社会脉络下所历经的一百年的社群整合与制度化发展的成果,亦为该帮群总机构在20世纪的演化提供了一个重要的纲领性文件。

五 "帮"与"帮群组织"之建构:对东南亚华人社会结构研究的新思考

本文所讨论的绿野亭是一个在新加坡开埠初期出现在华人移民社会舞台上的帮群组织。在新加坡殖民地时代,绿野亭即是庙宇与坟山组织,处理广、客移民的信仰和身后的丧葬祭祀等事宜,也是广、客移民最高联合机构,承担凝聚与整合两社群的功能。本文运用绿野亭与所属社群相关的坟山、庙宇、会馆、学校等保留下来的账本、会议记录、章程等各类珍贵新资料,考察从19世纪20年代至20世纪20年代,绿野亭如何运用伴随移民传承而来的中华文化资源,透过庙宇、坟山的社群化,在新加坡殖民地的社会脉络下所历经的移民社群整合与帮群组织建构的历史进程,进而在审视既有研究成果的基础上,就有关东南亚华人社会结构研究提出一些新的思考。

本研究证实陈育崧提出的有关"帮"是东南亚华人社会结构特征的

---

① 陶公铸:《福德祠绿野亭沿革史》,载《福德祠绿野亭沿革史纪念特刊》。

论断。在笔者所收集的"二战"前绿野亭及其属下社群相关的各类文献中，尤其是账本、会议记录等，基本未见"福建帮"等新加坡其他帮群的记载。从文献的社群属性，显示殖民地时代新加坡华人移民社会"帮"及"帮群组织"之存在。另外，有关东南亚华人移民帮群社会结构的产生，陈育崧等学者特别强调"方言"因素的作用。本研究所考察的绿野亭，其属下包含有广、客的"广惠肇"和"嘉应五属""丰永大"的两大方言社群，这一方面说明不同移民社群的方言差异的确对华人帮群之形成有影响，但另一方面也显示，"方言"并非唯一的制约因素。

在总结与审视前辈学者研究成果的同时，本文对殖民地时代华人移民社会结构与特征的考察，呈现更多的研究内容。

第一，"帮"与"帮群组织"历经一个建构的历史进程。

本文对绿野亭的考察显示，在华南移民存在方言差异与殖民统治政策等诸多因素制约下，华人移民社会"帮"结构的形成与"帮群组织"之建立，历经一个历史进程。在绿野亭这个个案，这一历史进程是伴随"神""鬼"的社群化与帮群组织建构的制度化而完成。

"神"是指本文所讨论的海唇福德祠、忘海大伯公等庙宇中所祭拜的"大伯公"神明，"鬼"是指埋葬在青山亭、绿野亭、碧山亭等广、客设立的帮群坟山中的"先人"。神明信仰与坟山崇拜是中华传统文化的重要组成部分。绿野亭的历史显示，当闽粤移民南来新加坡拓荒，这些传统文化也随之传入，并历经了一个"社群化"的转换过程。通过这一过程，"神"与"鬼"被赋予"嘉应五属""丰永大""广惠肇"等社群的边界，从而承担起凝聚与整合广、客移民的重要功能。

如果说"神""鬼"的"社群化"为广、客移民社群整合提供重要的文化资源与认同纽带，那么，作为广、客三移民社群的总机构，绿野亭在历经一个世纪的运作之后建立的组织机构与规范化的管理系统，则为未来的可持续发展提供了制度上的保障。

总之，从19世纪20年代开始出现在华人移民社会舞台，到20世纪20年代第一部章程的颁布，作为帮群组织的绿野亭在新加坡殖民统治的时空脉络下历经了一百年的发展进程。这一历史过程亦是华南移民在新土地上实现社群整合与社会建构的一个缩影。

第二，"帮"与"帮群组织"所涉及的内涵。

本文所讨论的绿野亭个案，有助于思考移民时代华人社会"帮"与"帮群组织"所涉及的内涵。

在包括人类学、社会学、历史学等多个学科的海外华人社团研究中，多将地缘、血缘、业缘等因素视为华人移民人群结成关系之文化纽带，并认为是基于这样的认同关系而建立了会馆、宗亲会、行业公会等华人社团。换言之，移民个人的认同意识及其差异，是华人社团的分类与建立的内在文化因素。从这个意义上，笔者以为，"帮"是殖民地时代华人移民社会的另一种"分类法则"。不过，"帮"并非针对移民个体而是群体，是对华人移民社群关系的描述。因此，如果说会馆、同乡会、宗亲会等华人社团是基于移民人群结成关系而建立，那么"帮群组织"则是华人移民社群分类与整合的产物。

有鉴于"帮"与"帮群组织"具有华人移民社群分类与整合之特征，一方面，"帮"与"帮群组织"能够提供容纳更多单一华人社群的组织架构与整合机制。以本文所讨论的个案为例：作为广、客三社群总机构的绿野亭，其内部显现"分中有合、合中又分"的社群关系，为此，绿野亭建构了一整套能够"整合大群，凝聚小群"的帮群组织管理架构，并透过章程的制定将其制度化。绿野亭的组织机构从殖民地时代延续至今，对于维持这个帮群组织的运作发挥了重要作用。这充分显示了"帮"与"帮群组织"所具有的社群整合之功能。另一方面，从绿野亭作为"广惠肇""嘉应五属""丰永大"帮群组织的属性看，在华人社会建构的历史进程中，"帮"与"帮群组织"又是一把双刃剑，它在处理华人移民社群整合过程中，亦具有在华人社会内部将华人社群分类的功能。这在笔者所收集文献具有鲜明的社群属性已得到证实。这亦是陈育崧指出"帮"是东南亚华人尤其是新、马华人社会结构基本特征的奥秘之所在。

那么作为殖民地时代华人移民社群分类与整合产物的"帮"与"帮群组织"，其内部结构与社群认同又呈现怎样的形态？

对帮群组织绿野亭的考察，显示其运作内容涵盖了"人""神""鬼"三个系统。所谓"人"的系统，指的是以祖籍地缘、方言、姓氏血缘等宗乡文化为纽带而建立华人移民社团如应和会馆、丰顺会馆、茶阳大埔会馆、永定会馆等。"神"的系统是指具有广、客三社群边界的庙宇组织，如海唇福德祠、望海大伯公等。"鬼"的系统则亦指那些处理本社群先人丧葬祭祀的坟山组织，如青山亭、绿野亭、广惠肇碧山亭、嘉应五属义山、丰永大坟山等。事实上，在包括新加坡在内的东南亚华人移民社会，帮群组织内部涵盖"人""神""鬼"三个系统是普遍的现象。在新加坡，最大的华人帮群"福建帮"，其在开埠初期即拥有处理先人丧葬祭祀的恒山亭坟山，以妈祖为主神的天福宫和福建移民社群总机构福建会馆。而以玄天上帝为主神的粤海清庙，处理先人丧葬与祭拜事宜的泰山亭和潮州八邑会馆则属于潮州移民帮群。在马来西亚的柔佛州首府新山，其华人社会的五大帮群则共同拥有柔佛古庙、中华公会和埋葬与祭祀先人的绵裕亭义山。由此可见，通过以宗乡文化为纽带而建立的会馆、宗亲会等各类社团，运用中国传统文化中的神明信仰和坟山崇拜为资源而建立的具有社群边界的庙宇与坟山组织，华南移民在殖民地时代的东南亚建构了具有社群分类与整合功能的帮群社会。

就社群关系与认同关系而言，由于"帮"具有华人社群分类与整合之功能，故"帮群组织"内部的社群关系与认同形态呈现复杂之状况。在本文所考察绿野亭这个帮群组织内部，既有广、客三社群共有的"绿野亭认同"；又有"嘉应五属""丰永大""广惠肇"中的"惠州"对"客帮"的认同、"广肇"对"广府帮"的认同；亦有广、客三社群对各自所属的"嘉应五属""丰永大""广惠肇"的认同……因此，复杂的社群关系与多元的认同形态，是殖民地时代华人移民帮群社会的一个重要特征。

第三，"帮"及"帮群组织"与会馆等华人社团的关系。

如前所述，自新加坡开埠，南来拓荒的闽粤移民在殖民地时代的东南亚重建家园的历史进程中，会馆、宗亲会等社团与"帮"及"帮群组织"几乎就同时存在于华人社会。有些华人社团虽是冠以会馆名称，但实际上扮演的是帮群总机构的角色与功能。例如新加坡开埠三年后成立的应和会馆，是南来的嘉应五属移民帮群的总机构。在殖民地时代，应和会馆设立学校、坟山，与"丰永大"共建望海大伯公，以解决"嘉应五属"移民的教育、宗教信仰以及身后的丧葬与祭祀等事宜。而1840创立的福建会馆和1929成立潮州八邑会馆则是新加坡福建帮和潮州帮的总机构。另外，在每个帮群组织的内部，都涉及或包括诸多会馆、宗亲会、行业公会等社团与团体。本文所讨论的帮群组织绿野亭，在1927年订立的章程中，明确规定以"广惠肇"属下的9会馆、应和会馆和"丰永大"等共11所社团为该组织的团体会员。与此同时，"丰永大"属下包括了丰顺、永定、茶阳大埔三会馆。而作为"嘉应五属"总机构的应和会馆，亦涉及梅县、兴宁、五华、平远、焦岭等移民所成立的多所会馆、同乡会等。因此，考察与讨论"帮"与"帮群组织"和会馆、宗亲会等华人社团的关系，是一个必须面对的研究课题。

本文的研究，为上述问题的讨论提供了一个有价值的研究个案。一方面，不论是作为帮群组织的绿野亭，还是其所属的广、客三社群的会馆、同乡会、宗亲会、坟山、庙宇等各类社团组织形态，都具有整合与凝聚所属移民的共同特点。因此，在"华人移民整合"的意义上，绿野亭与属下各类社团的基本功能是相同的。另一方面，作为具有社群分类与整合特征的绿野亭，相比属下的各类社团，则具有更大的整合空间，它可以容纳广、客三社群所有的各类组织与社团。由此可见，"帮"与"帮群组织"，相对于由单一社群所组成的会馆等社团，具有凝聚与整合更多社群的功能。因此，就华人社会的发展进程而言，伴随"帮"结构的形成与"帮群组织"的建立，标志着华人移民的社群整合与华人社会的建构进入一个新的历史阶段。

需要指出的是，限于篇幅，本文无法就华人移民社会的"帮群组织"与会馆等华人社团做更深入的研究与考察。不过，无论如何，对该课题的讨论，将有助于学界从一个新的视角讨论殖民地时代华人移民的社群关系。

综上所述，本文以新加坡一个具有近两个世纪发展历史的帮群组织绿野亭为研究个案，运用华人社团账本、会议记录等珍贵资料，一方面从华人移民社会内部，具体地了解与考察近现代以来，南来拓荒的华南移民如何在殖民地时代新加坡的时空脉络下，运用传承自祖籍地的文化资源再建其社会结构与文化形态的历史图像；另一方面，透过对这批珍贵文献的整理与解读，本文力图从方法论上重新审视与反思既有的东南亚华人社会结构与形态研究成果，并在前人研究基础上提出一些新思考。笔者认为，在东南亚殖民地时代，华人移民社会"帮"结构的形成与"帮群组织"的建立，是华人社会发展与演化进程中的重要阶段。笔者阐述了"帮"与"帮群组织"所历经的建构历史过程及具体的内容；讨论了"帮"与"帮群组织"所涉及的内涵，这包括"帮"与"帮群组织"所具有社群分类与整合功能，其内部结构与认同形态；考察了"帮"及"帮群组织"与会馆等华人社团的关系，并指出对该问题的考察，有助于学界从一个新视角讨论殖民地时代东南亚华人移民的社群关系。

（本文初稿发表于 2015 年 6 月出版的新加坡南洋理工大学《华人研究国际学报》第 7 卷第 1 期，收入本书时，对文字与注释做了订正）

"三属认同"与"社会国家认同"：广惠肇碧山亭研究

一 前言

广惠肇碧山亭（以下简称"碧山亭"）由来自中国广东省的广州、惠州、肇庆三府移民于1871年创立于新加坡。在殖民地时代，碧山亭的基本功能是作为广、惠、肇三属坟山管理机构，处理三属先人的营葬、祭祀以及有关的事务。从创立直至1973年新加坡政府发出封山令，碧山亭在一个世纪里管辖的坟山逐渐扩展到354英亩之多①。在这样大的范围内，除安葬有广、惠、肇十数万个先人和数百个社团总坟外，碧山亭还在坟场内兴办小学和安置住户。碧山亭作为三属坟山管理机构的功能一直持续到20世纪80年代。80年代初因坟山被政府征用，碧山亭进行重建，改土葬为安置骨灰。为了适应社会发展需要，重建后的碧山亭修改章程，打破三属限制，向全新加坡各族群开放，继续造福社会大众。

在作为坟山管理与丧葬机构的同时，从创立迄今，碧山亭也是新加坡广、惠、肇三属的总机构，在新加坡华人社会占有举足轻重的地位，其属下曾包括有新加坡广府、客家两个方言群的众多祖籍地缘、姓氏血缘以及行业公会等社团。换言之，这是一个以"坟山认同"为纽带而建立的华人宗乡社群组织。到目前为止，碧山亭的基本会员是新加坡广、惠、肇三属的16所会馆，即番禺会馆、清远会馆、增龙会馆、南顺会馆、花县会馆、顺德会馆、中山会馆、鹤山会馆、宁阳会馆、恩平会馆、

---

① 1970年2月8日董事部会议记录。该记录保存在新加坡国家档案馆，缩微胶卷号为NA239。

冈州会馆、三水会馆、东安会馆、高要会馆、惠州会馆和肇庆会馆。

二 殖民地时代碧山亭"三属认同"之建构

碧山亭并非产生于新加坡移民社会初期，而是在19世纪下半叶新加坡华人帮群社会结构基本确定之后建立的。在碧山亭出现之前，广府、惠州、肇庆移民为了谋求生存空间，于新加坡开埠初期即建立了一些地缘、血缘、业缘性组织①。因此，碧山亭组织内部存在着多元与多重的社群认同关系，其中既有三属社群对自己所属祖籍地缘会馆、同乡会、姓氏团体、行业公会等社团的认同；亦有各类三属社团对更大社群"广惠肇"的认同。因此当碧山亭创立之后，如何整合与凝聚属下社群凝聚力以形成"三属认同"，就成为这个跨地缘和方言的联合宗乡组织最重要的任务。

（一）"淡化社群认同差异"的组织机构

作为新加坡殖民地时代广、惠、肇三属移民社群的总机构，如何建立一个既能容纳小群又能整合大群的组织架构，是碧山亭能否存在与发展的关键。

根据碧山亭碑文、档案与章程等资料的记载②，碧山亭创立之初，采

---

① 林孝胜：《新加坡的华社与华商》，新加坡亚洲文化出版1995年版，第1—62页。
② 有关碧山亭的碑文主要来自两部分。其一为石碑碑文。据目前所知，最早一块与碧山亭有关的石碑立于道光二十年。之后在同治元年、同治八年、同治九年、光绪十年、光绪十二年等，又有数块石碑记载与碧山亭相关的历史。以上碑文内容均收入在陈育崧、陈荆和编著的《新加坡华文碑铭集录》（香港中文大学出版部1970年版）中。碧山亭直接立碑始于光绪十六年所立之《劝捐碧山亭小引》，在这之后所立的石碑，大多保存在20世纪80年代重建后的碧山亭福德祠内。在这些石碑中，记载祭祀先人的碑文占有相当分量。碧山亭在民国十年首次举办万缘胜会，到1965年新加坡建国前，分别在民国十年、民国二十三年、民国三十五年、1952年、1958年、1964年立六块石碑，记载历次超度活动情形与捐款人姓名。此外，另有一些记载碧山亭运作的石碑，如1943年所立的《广惠肇碧山亭稗贩亭记碑》，1948年所立之《广惠肇碧山亭购山辟路建设模范坟场序碑》等。其二为主要来自碧山亭社团总坟石碑碑文。碧山亭的社团总坟墓碑资料，主要来自两份记录。一份是现在碧山亭公所内的"广惠肇三属先贤纪念碑"上所刻的社团总坟名单；另一份是碧山亭最后一任校长郭明编辑整理的"广惠肇碧山亭各会馆社团总坟集编名录"。碧山亭档案主要有会议记录与埋葬证书等内容。这些文献以缩微胶卷的形式保存在新加坡国家档案馆。会议记录的缩微胶卷号码为：NA206、NA239、NA240；埋葬证书的缩微胶卷号码为：NA67、NA68、NA81、NA82、NA84、NA85、NA86、NA101、NA102、NA108、NA109、NA110、NA111、NA112、NA115、NA116、NA125、NA242。另外，有关碧山亭章程，目前笔者见到1947年与1978年修订的两份。以下所指的碑文、档案与章程主要来自上述内容。

用大总理、值理两级制。管理层中包括了人数不等的三属地缘社团代表。此种组织方式的意义在于，它能在容纳属下各小社群意识的基础上提供一个与新社群相适应的组织空间与架构。

20世纪初，为了适应华人社会和广、惠、肇移民社群的变化，碧山亭将属下成员由个人改为会馆，规定由广、惠、肇三属的会馆各派出两名代表，组成董事会共同管理碧山亭。碧山亭以会馆取代个人为组织成员的规定，是要让各会馆在碧山亭组织机构中有相对平等的权利和地位，并共同管理碧山亭，以此来加强三属社群对碧山亭的认同。

碧山亭以会馆为组织成员和让各会馆享有相对平等的组织与管理空间的做法，到1947年以章程的形式被肯定了下来①。1947年章程的基本特点是将广、惠、肇三属各会馆在碧山亭内所享有的相对平等的组织与管理空间规范化，同时规定采取轮流制的办法，由各会馆代表轮流担任碧山亭董事部里的核心成员。这项规定使三属会馆不论力量大小、成立先后都拥有管理碧山亭的机会。

碧山亭在"二战"后组织结构的状况基本反映在1960年章程里。根据1960年章程，"二战"后碧山亭继续坚持运用"淡化社群认同差异"的组织原则。具体做法是在1947年章程的基础上，让三属各会馆在碧山亭组织与管理中有更多的空间。主要内容有三。其一，受托团成员由个人改为以"府"为单位。该项规定承认碧山亭内以府为单位的不同地缘差别，但也给予相对平等的权利，以淡化三属间的差异。其二，明确规定同人大会中会馆的权利。其三，确立董事部核心成员由各会馆轮流担任的"六常务"轮值制。

碧山亭的组织架构在1960年章程之后基本确定了下来并延续至今。碧山亭一个多世纪的发展历史表明，传统的"淡化社群认同差异"的原则和组织系统，不仅能够有效的维持碧山亭的运作，同时具有整合三属建立社群认同感的重要功能。

---

① 这是目前笔者所见碧山亭最早的一份章程。这份以英文书写的章程现存新加坡社团注册局。该章程因当时的碧山亭董事部未按殖民地政府的要求修改有关条文而未获当局批准。实际上从会议记录来看，这份章程在碧山亭实施的时间很有限。虽然如此，该章程仍能在一定程度上反映"二战"前后碧山亭的组织状况。

(二) 制度化的坟山管理系统

作为一个坟山管理机构，碧山亭丧葬与坟山管理的对象是广、惠、肇三属先人，所要面对和处理的却是与属下社群或社群内个人以及各社群间的关系问题，换言之，这是一项面对生者，工作量极大，内容相当庞杂的工作，因而是碧山亭运作系统中最重要的组成部分之一。

相关的文献显示，"二战"后碧山亭整顿坟场，推行模范坟山制度，葬地分类、葬地循环使用以及葬地申请手续系统化等项新政策，在此基础上逐渐建立起一套制度化的坟山管理系统。这套系统的基本宗旨是要打破三属众多社群的界限，形成超越属下社团的"三属认同"。

所谓"模范坟山制度"，即由碧山亭统一规划使用坟山的办法。1947年碧山亭开始策划推行"模范坟山制度"，翌年立"广惠肇碧山亭购山开路建设模范坟场序"碑，阐明碧山亭推行该计划的目的，乃是"改建模范墓坟，编排既无畛域之分，复无贫富之别，后人凭吊，容易辨认"，为推行制度化的坟山管理奠定基础。

"葬地分类与葬地循环使用"亦是由碧山亭统一规划的葬地安排，借以打破三属社团的界限。碧山亭的葬地类别，"二战"前主要分成社团总坟和个人坟地两类。根据规定，凡经注册的广惠肇三属社团，不论地缘、姓氏、血缘、业缘等团体，均可在碧山亭设立总坟[①]。有关个人坟地，根据档案记载，从1933年至1973年的整四十年，碧山亭大约登录了十数万份的三属先人埋葬资料。

碧山亭对个人坟地的管理情况在"二战"以前缺乏资料。根据保留下来的碧山亭理监事会会议记录，"二战"后，碧山亭内的个人坟地分为两类。一类是碧山亭排编葬地号码的坟地。这类坟地所付费用很少或基本不需费用，但墓地不得自行选择；另一类是"自择坟地"。这是20世纪50年代开始新设的个人葬地类别。"二战"以后新加坡华人逐渐从"侨居"转向到"定居"，需要有永久性的先人墓地。为了适应这种需求，同时也为了扩大资金来源，碧山亭便在新购的山地中划出部分作为可自由选择的坟地，称为"自择坟地"，并规定三属人可以500元（20世

---

① 有关社团总坟问题，下节还将讨论。

60年代后增加到1000元）的香油费在公所指定的"自择坟场"内为先人购买坟地。

对三属社群具有重要整合功能的还有碧山亭制订的葬地申请条例。根据183卷的埋葬证书，碧山亭的埋葬证书分旧新两种。差别在于前者由董事部司理签发。后者由碧山亭统一印制，编有号码，并由碧山亭分发给三属会馆填写。葬证上登录的主要项目有：死者姓名、籍贯（府、县、乡）、年龄、住址、死亡时间、医生证明书（附死亡证明书或证明书号码），埋葬号（山葬证号码）、葬地（第几山、第几亭）、墓地情况（广、宽、座向）、是某会馆的成员或是某会馆成员的亲属等。"发给"栏有某会馆的盖章或会馆盖章加会馆主席的签名。

新的葬地申请条例一直实施至政府征用碧山亭坟山。上述条款构成一个完整的埋葬管理系统。这个系统不仅有效地处理了广惠肇三属人士的身后事，也具备沟通会馆与公所的联系，以及界定碧山亭所属人员的功能。

（三）"坟山崇拜"的文化纽带

碧山亭建立的基本任务是为广、惠、肇三属提供安葬先人的坟山和进行与营葬、祭祀以及其他有关的事务。这也是移民时代许多华人社会组织的基本功能之一。碧山亭与一般会馆的相异之处在于它仅承担一般会馆的部分功能，即处理移民去世后的安葬和祭祀事宜，并将这部分功能独立出来。换言之，碧山亭是以坟山崇拜作为整合属下三属移民社群的文化纽带。由于坟山崇拜是中国传统文化中的祖先崇拜的基本内容之一[①]，碧山亭必须通过这一文化纽带来达致"三属认同"的形成。

碧山亭主要是通过设立社团总坟以建构虚拟的"祖先"或"先人"的"社群共祖"，使社团总坟具备社群认同象征之特性，以具体操作和落实坟山崇拜对三属社群的整合。

所谓社团总坟（墓），即由社团设立的坟山（墓），这是东南亚华人移民时代创设的一种埋葬祖先或先人之方式。根据碧山亭登录的不完整的社团总坟碑文资料，从1830年至此1975年，坟山内先后建有近数百座

---

① 李亦园：《文化的图像》上册，允晨文化实业有限公司1991年版，第212页。

社团总坟。这些社团总坟基本可分成两大类。一类是由碧山亭设立的广惠肇三属总坟。另一类是三属社团在碧山亭设立的总坟。这类总坟因社团性质的不同又可区分为：约有近百座的地缘性会馆、同乡会总坟，近一百五十座的姓氏宗亲会总坟，以及数十座的业缘性行业公会总坟。此外还有三属民间艺术团体及宗教社团设立的总坟，以及一些性质不明的社团总坟①。

设立社团总坟的基本功能，是建构"社群共祖"。所谓"社群共祖"，即社群共同的先人。根据各项相关资料，总坟内所葬基本是有社群所属但无亲人后嗣祭祀的先人。换言之，这些先人是具有社属社群的无主孤魂。正因为这些孤魂不属任何血亲家族和后嗣，才可以属社群所共有。设立总坟要经过二次葬（或多次葬）先人骨殖、修建总坟工程以及举行开光仪式三个过程。经过这三个过程，这些孤魂的个体意义淡化了，他们不再是一个个的个体，而是集合起来形成一个整体"社群共祖"，以总坟的形态作为社群认同的象征。因此，总坟的设置过程，就是社群共祖的建构过程。而在社群共祖的建构中，社群本身因此也增强了凝聚力。由于修建总坟即是本社群的大事，也要与三属共有的碧山亭发生关系，因而修建总坟本身即涉及本社群认同与"三属认同"这两重认同关系。

根据会议记录，三属各类社团要在碧山亭新建或重修总坟，都必须向公所提出书面申请并经董事部（后改为理监事会）批准。作为三属坟山管理机构，碧山亭也制订社团总坟设立和重修的条规。这些条规的制订，目的在于划一属下所有社团建立总坟的申请办法。另外，透过条规与社团总坟的修建，强化了碧山亭与属下社团的关系，而碧山亭接受、审查、批准三属社团设立或重修总坟时，也具有协调、调解三属社团间矛盾的功能。

上述碧山亭坟山内不同的葬地形态，表明作为广惠肇三属社群总机构的碧山亭内部，存在多元多重的社群认同关系。而碧山亭内社团总坟的建立，其重要意义在于，三属各类社团即可通过总坟的设立建构"社

---

① 《新加坡广惠肇碧山亭庆祝 118 周年纪念特刊：广惠肇碧山亭各会馆社团总坟集编名录》，广惠肇碧山亭 1988 年版，非卖品。

群共祖",以加强本社群的凝聚力,亦可通过坟山崇拜的纽带相互联系起来,形成在三属各类社群认同之上的以"广、惠、肇"为一体的"三属认同"。

总括以上所述,在殖民地时代,碧山亭以传承自华南原乡的"祖先崇拜"与"坟山崇拜"作为文化纽带,通过"淡化社群认同差异"的组织机构与制度化的坟山管理系统等的运作,来建构广惠肇移民社群的"三属认同"。另外,由于中国人向海外移民非宗族性迁徙,"祖先崇拜"在海外华人社会缺乏祖籍地传统的家族组织和祭祀组织的维系。在新的社会情境下,祖先崇拜在形态和功能方面均呈现出一些新的特质。以碧山亭的情况看,祖先崇拜在新加坡华人移民帮群社会发生的最重要变化是"祖先"或"先人"的"虚拟化",以及虚拟的"祖先"或"先人"的"祖先崇拜"与地缘、业缘、业缘等其他社群关系的结合,从而扩展了"祖先崇拜"的整合空间,使之不仅具有整合血缘性宗族的功能,亦涉及虚拟血缘的姓氏宗亲组织、地缘性的乡亲会馆、业缘性的行业公会等社群组织的凝聚和认同。

三 建国以后碧山亭的转型与社群、社会及国家关注

新加坡在 1965 年独立建国,进入一个独立、和平、建设与发展的新时期。包括广、惠、肇在内中国华南移民转变身份认同,成为以新加坡为祖国的公民。作为广、惠、肇三属的总机构,碧山亭因应时代变迁,在管理运作、社会功能等诸方面不断做出调整。伴随碧山亭在国家架构下的转型,其认同形态也出现新变化。

在碧山亭发展历史上,1973 年是一个重大的转折点。这一年的 8 月 31 日,碧山亭接到新加坡政府来信通知,因市政建设需要,碧山亭与全新加坡 15 处营葬先人的坟山,自 8 月 17 日起封山停止营葬事务。7 年之后,政府全面征用了碧山亭[1]。当国家发出封山令与征用坟山之后,现实

---

[1] "建设委员会 1973 年至 1988 年实录",《新加坡广惠肇碧山亭庆祝一一八周年纪念特刊》,新加坡广惠肇碧山亭 1988 年版,非卖品。

逼使碧山亭亟待处理因封山与征用所带来的与三属社群和国家相关的一系列问题，进而使碧山亭开始其在国家架构的新时空情境下重建与转型的演化进程。

（一）碧山亭社会功能的扩大

为了国家发展需要，接到政府封山令之后的碧山亭和广、惠、肇三属社团先后妥善处理了改土葬为火葬，安置原有坟山的先人骨灰，与政府谈判赔偿，筹集资金进行重建等一系列重大课题。从20世纪80年代中期到90年代，碧山亭进入重建阶段。重建后的碧山亭，结束了坟山时代一整套与葬地安排、营葬事务相关的运作系统，进入以主要管理安置在新建灵塔内先人骨灰的灵厅时代①。

面对时代与社会变迁，碧山亭在1978修订章程。新章程中最重要的改变是有关碧山亭"宗旨"的新规定。在碧山亭一个多世纪的发展中，曾因配合社会发展而不断修改"宗旨"条的内容。1987年新修订的章程，在"宗旨"条第二款里，第一次明确规定碧山亭的服务对象从三属扩大到全新加坡社会："设立火葬场为各族人士提供服务，并依据火化场条例处理与管理之。"设立火葬场的计划后来由于与政府发展碧山新区的计划不吻合而无法实施。不过过后兴建的灵塔，其服务对象则援引新章程的条例，向全新加坡社会开放，新加坡人不论种族、宗教、社群所属，均可将先人的骨灰安置在碧山亭灵塔。

重建后的碧山亭在社会功能在从服务三属扩大到全新加坡社会，反映了广、惠、肇宗乡社群在建国后对新加坡的社会与国家认同。

碧山亭还通过华人传统民间宗教活动，促进三属宗乡社群与新加坡华人社会的整合。

"万缘胜会"是碧山亭一项传统的祭祀先人的宗教活动，对整合三属社群深具意义。根据保留在碧山亭内的碑铭，自民国十年举办首届"万缘胜会"，直至建国前，在碧山亭制定的"万缘胜会"举办宗旨中都有明确的"三属"限制。当时参与"万缘胜会"超度和捐款者绝大部分是广、惠、肇移民和三属各类社团。

---

① 施义开：《新加坡的广惠肇碧山亭》，载《扬》第16期，广惠肇碧山亭2008年版。

"万缘胜会"在举办宗旨上跨越三属社群的最初改变是在1985年。由于重建后的碧山亭把服务对象扩大到全新加坡社会，这一年举办的第九届"万缘胜会"在其"宣言"中规定："不限广惠肇三属，即使其他省、府、县属人士，亦欢迎参加付荐，收费一律平等，以示大公。"不过，仍附有宣传重建后碧山亭的任务[①]。1998年碧山亭再次举办"万缘胜会"。此次万缘胜会在"宗旨"上完全摒弃对参与者社群所属的限制。碧山亭还通过报章广告，鼓励新加坡华人参与这项祭祀先人的宗教活动。"万缘胜会"举办宗旨突破社群界限，显示三属宗乡社团和碧山亭对新加坡的"社会认同"。

重建后碧山亭的再造神明以及在神明信仰形态上的一些改变，客观上也促进了三属宗乡社团和碧山亭与新加坡华人社会的整合。

坟山时代碧山亭的神明信仰具有鲜明的社群特色。这些安置在碧山大庙内的神明中有一些是移民时代广府人的行业神，另有一些则从被拆迁的隶属广府、肇庆两社群的广福古庙迁来的神明。在神明崇拜的形态上，碧山大庙不立主神，所供奉的十二尊神明地位平等。碧山亭也从不为神明庆祝"神诞"。碧山亭处理神明的方式显然不太合乎华人传统民间信仰的一般做法。

碧山亭在重建中，再造了"财帛星君"与"观音"两尊新神明。此外，碧山亭还一改百年来的做法，立观音为碧山大庙的主神，同时为新造的两尊神明举行神诞庆典活动。

根据碧山亭理监事会的会议记录，碧山亭的造神与神诞活动，是因应碧山亭在重建过程中面临一些亟待解决的现实问题而采取的应急措施。"财帛星君"的出现，是基于当时碧山亭运作中财政状况窘迫的困难局面。碧山亭在埋葬先人的坟山被政府征用后，急需资金兴建临时骨灰罐安置所。碧山亭希望通过举办"财帛星"神诞活动上的"标福"[②]以筹集款项。立观音为碧山大庙的主神，则是要借"阳"神的观音，改变人们对碧山亭属"阴"的传统看法，以适应重建后的碧山亭向全新加坡开放的需要。

---

① 《广惠肇碧山亭万缘胜会特刊》，新加坡广惠肇碧山亭出版，1985年，非卖品。
② 有关标福物的问题，见本书卷三《创造传统：当代新加坡中元节研究》一文的讨论。

上述改变虽然是基于一些现实问题的考虑，但客观上却改变了碧山亭一个多世纪以来在神明信仰系统上浓厚的社群色彩，对促进碧山亭和三属宗乡社团跨越社群边界具有积极的意义。

先谈观音崇拜。碧山亭重建后面对社会功能的转型，需要调整原有的神明形态，其中的关键，就是要改变传统神明崇拜的社群色彩。观音崇拜正具备了碧山亭所需要的社会功能。观音崇拜在全世界华人中普遍得到认同，新加坡也不例外，新加坡华人社会有众多的观音信徒。四马路的观音庙是新加坡香火最旺的庙宇之一。每年农历春节的大年初一，到观音庙抢上第一炷香的华人之多使途为之塞。观音信仰的普遍性是碧山亭再造观音，并尊为碧山大庙主神的基本与重要原因之一。换言之，观音信仰是一座桥梁，它有助于碧山亭和三属宗乡社群趋同于新加坡华人社会。

再造"财帛星君"以及为其做神诞，在一定程度上也促进碧山亭重建后的"社会认同"。首先，碧山亭一改历史上不做神诞的传统，为财帛星君庆祝神诞，这样的做法本身即具有三属社群趋同于新加坡华人社会的象征意涵。因为对信仰民间宗教的华人来说，每年定期为神明庆祝神诞（俗称做大日子），是已被普遍认同的崇拜规则。碧山亭的财帛星君神诞活动，显然符合华人社会传统的文化规范。其次，在为财帛星君举办的神诞活动中，碧山亭采用在新、马华人社会普遍的做法，以"标福"来筹集重建的资金款项，意在淡化与其他华人社群的差异。

碧山亭举办的神诞活动，还具有跨出三属，与新加坡社会建立联系的功能。根据笔者的田野调查，碧山亭邀请中国大使馆官员出席财帛星君神诞晚宴、捐赠款项支持中国赈灾；接受非三属社团或个人香油钱或报效的"福物"；宴请非三属个人或社团等[1]。总之，通过神诞活动，碧山亭和三属宗乡社团与新加坡社会有了更多的交往与联系。

（二）延续与强调"三属认同"

建国后重建的碧山亭及其所属的广、惠、肇宗乡社群，在具有社会

---

[1] 根据笔者1998年9月11日、12日参与观察并记录碧山亭举办的财帛星君诞的接神、祭祀仪式以及晚宴和标福物情况的田野考察。

与国家认同的同时，也延续与坚持建构于殖民地时代的"三属认同"。

首先看1978年修订的章程。如前所述，该章程在"宗旨"条中首次订立条规，向全新加坡社会开放。与此同时，新章程也强调了碧山亭的三属特色。"宗旨"条的第一款与第五款规定："本亭创立之宗旨为管理及发展新加坡广惠肇碧山亭之一切产业，同时也为广惠肇三属人士谋福利与促进乡谊。本亭所获之盈余，不论用在社会、教育、医药或慈善福利事业等，概需由同人代表大会议决。"

再看运作方式。碧山亭是一个以"坟山认同"为纽带所建立的广惠肇三属最高联合宗乡组织。从1871年创立以来的一个多世纪里，碧山亭透过设立模范坟山、社团总坟，对三属先人的"春秋二祭"和"万缘胜会"的超度，以及"六常务轮值制"等一系列组织管理与运作系统，在有效处理三属移民身后的丧葬与祭祀问题的同时，也促进了三属的整合。进入新加坡本土社会之后，上述这些在殖民地时代形成的文化传统与运作方式，基本被保留了下来。

在组织原则与组织架构上，碧山亭坚持和延续了移民时代的体系：作为广惠肇宗乡社群的总机构，碧山亭的基本成员是三属的16所会馆；碧山亭基本与核心机构及其组织运作方式，如理事会、监事会、同人大会、六常务轮值制等均被保留下来。

在重建后的灵厅布局上，碧山亭延续了坟山时代的埋葬理念，将社团总坟以"社团灵厅"的形式保留下来。"社团灵厅"的设置也延续殖民地时代"碧山亭三属总坟"与"三属社团总坟"的做法，分成"三属"与"三属社团"两类灵厅。重建后的碧山亭具有三属总坟意义的有两处。一处是1985年修建的"广惠肇先贤纪念碑"。纪念碑位于重建后的碧山亭中心，碑上刻有坟山时代三属149个社团名称。纪念碑下所葬为坟山时代149个三属社团总坟的墓碑，部分社团总坟的骨灰罐等。另一处是位于灵厅二楼（三属各地缘、业缘、姓氏等社团灵厅的集合之处）首位的七君子灵厅[①]。社团灵厅则有38间，基本分为地缘会馆、同乡会灵厅、姓氏宗亲会灵厅、行业公会灵厅三大类别。社团灵厅内的布局，包括牌位、

---

① 七君子"指恩平李亚保、开平黄义宏、新兴赵亚德、三水梁亚德、高要赵亚女、新兴顾文中、高要谢寿堂"等七人。有关"七君子"，下节还将讨论。

碑文、对联等基本与坟山时代的社团总坟相同，有不少甚至把原有的总坟对联原样复制在灵厅上。

重建后的碧山亭也延续殖民地时代每年定期祭祀先人的"春秋二祭"传统。在坟山时代，碧山亭的"春秋二祭"已经形成了一套规范化的做法，即三属人祭祀先人和三属社团祭祀总坟的仪式是在碧山亭理监事会祭祀总坟之后才展开的，这是为了显示和体现碧山亭内部的认同关系。迄今为止，碧山亭和三属社团仍遵循这套在坟山时代建立的运作方式与祭祀文化。换言之，碧山亭内部的社群认同关系通过传统的"春秋二祭"被保留与延续了下来。

再以"万缘胜会"为例。笔者参加并现场考察了1998年碧山亭举办的万缘胜会。该届"万缘胜会"筹委会成员全部来自广惠肇三属16会馆。参与"万缘胜会"期间游艺活动的团体也都来自16会馆。在"万缘胜会"场所维持次序的人员也均从16会馆中调派。

在宗教仪式的安排上，碧山亭更是延续了坟山时代的许多做法，强调和突出广惠肇的"三属认同"意识。"万缘胜会"分公祭和私祭。在道坛的空间布局上设有公祭坛和私祭坛。私祭坛是主家对先人的祭祀和超度的场所。公祭坛的祭祀和超度仪式由道长、法师带领碧山亭理监事成员进行。公祭坛设在碧山亭内的"广惠肇历代先贤纪念碑"下。公祭坛上设置了三十一面甲种龙牌和六面大龙牌。三十一面龙牌是为历届去世的理监事成员而设。六面大龙牌没有具体的超度对象，但其中的"广州府上历代祖先之神位""惠州府上历代祖先之神位""肇庆府上历代祖先之神位"三面大龙牌，摆在主祭坛的最显著的中间位置[①]。很显然的，碧山亭在"万缘胜会"空间布局和祭祀仪式上凸显广、惠、肇三属，目的是要通过宗教仪式，强调和再界定建立于移民时代的新加坡广、惠、肇"三属认同"的社群意识。

总括以上所述，建国以后碧山亭的社群、社会及国家关注，显示建国后历经重建与转型艰难挑战的碧山亭与三属宗乡社群在认同形态上的基本特点。

---

① 根据笔者在1998年6月20—23日参与并纪录碧山亭并举办万缘胜会的田野考察。

四 21世纪以来碧山亭的多元认同形态

1998年碧山亭基本完成重建工作，并在当年11月8日举办128周年纪念与碧山庙重建落成开幕的庆典活动①。重建后的碧山亭在21世纪以来外部世界与新加坡社会变迁的时空环境下继续演化发展。在这一节，笔者主要根据碧山亭出版的半年刊会讯《扬》，具体考察21世纪以来的十数年，碧山亭的运作与多元并存的认同形态。

（一）承继与强化"三属认同"

如上节所述，在碧山亭重建与转型的艰难进程中，延续并强调建构于殖民地时代的"三属认同"，是凝聚广、惠、肇宗乡社群最重要的内在纽带。此一趋势在21世纪以来碧山亭的运作中继续被承继与强化，并因应对时空变迁而有了新的形式与内容。

1997年5月，碧山亭以会讯形式出版半年刊《扬》。有关《扬》的出版，据时任碧山亭理事长的何顺结在"创刊献词"中所言："本亭子成立一百二十七年以来，曾出版过特刊，但以会讯形式出版半年刊，尚属首次。"出版《扬》的目的与宗旨，其一，"以实际行动促进十六会馆与本亭的联系"。其二，"让本亭的历史与精神发扬光大"。其三，弘扬华族儒家思想与文化。此外，也希望借此会讯让"外界了解本亭的近况、活动与新发展"②。从1997年5月至2017年8月，《扬》已不间断地发行了35期。

根据《扬》的报道，21世纪以来碧山亭主要通过内与外两个途径来强调与强化广、惠、肇社群的"三属认同"。

在广、惠、肇三属内部，碧山亭除了保留与延续了殖民地时代与建国以后的组织结构与运作内容，如"六常务轮值制""同人大会""春秋二祭"等外，自1978年以来，其会务中增加了一项颁发奖助学金与敬老

---

① 曾玲：《128周年纪念及碧山庙重建落成开幕庆典盛况》，载《扬》第3期，广惠肇碧山亭1999年版，第6—9页，非卖品。
② 何顺结：《创刊献词》，载《扬》创刊号，1997年版。

度岁金的内容。度岁金与奖助学金的颁发对象，是三属社团成员及其子女。另一项有助于促进广、惠、肇宗乡社群"三属认同"的重要会务则是创办半年刊会讯《扬》。

《扬》在创刊时，设立"本亭活动"与"会馆活动"两个栏目，让碧山亭和属下的广、惠、肇16会馆定期在《扬》中报告会务。自2007年起，《扬》新增"人物介绍""本亭文物""历史回顾""广东文化"等栏目类别，介绍与广惠肇社群相关的历史事件、社团与社团领袖、祖籍原乡历史文化等内容。上述栏目的设置与内容，不仅进一步强化了碧山亭与属下16会馆联系，促进16会馆之间的相互了解与交流提供了一个重要的平台，亦有助于唤起与强调广、惠、肇社群共有的历史记忆，进而凝聚与强化广、惠、肇"三属认同"。

以"广惠肇社群"名义参与跨国的社会文化交流，是碧山亭强调与强化"三属认同"的外部途径。

海外华人社团的跨国活动开始于20世纪70年代末80年代初。新加坡的华人社团紧跟当时时代潮流，大约在八九十年代也纷纷跨出国门，以宗亲宗乡为文化纽带，展开全球华人社团的恳亲与联谊活动[①]。相较于新加坡其他宗乡社团，碧山亭参与跨国联谊活动较晚。《扬》的报道显示，从1997年到2002年的8期会讯中，均未见碧山亭跨出国门的会务活动。直到2003年，碧山亭才开始其跨国的社会文化交流。自此以后，频繁的跨国活动成为21世纪以来碧山亭会务运作的一项重要内容。

根据对《扬》内容的整理，在21世纪以来的十数年里，碧山亭的跨国社会文化交流，主要在三个地域展开。其一为包括广东省和属下广、惠、肇16会馆的祖籍原乡。活动的内容除了拜访各级侨联侨办、参观访问外，另一项重要的工作是"回乡寻根"。2006年12月，碧山亭首次组织"广惠肇"年青一代，到广东省展开7天的寻根访问[②]。

其二为亚细安区域。《扬》的报道显示，碧山亭在2003年首次派出

[①] 曾玲：《认同形态与跨国网络：当代海外华人宗乡社团的全球化初探》。
[②] 《本亭首次组织青年团下乡寻根》，载《扬》2008年第16期。

13人的代表团出席马来西亚新山广肇会馆125周年纪念庆典①。自此以后，碧山亭与区域的联系与文化交流日益增多，其中尤以紧邻的马来西亚为最频密，其次是印尼、泰国等亚细安国家。与此同时，碧山亭也在新加坡接待来自亚细安各国的"广惠肇会馆""广惠肇公会""广肇会馆""广肇总会"等，以及"广惠肇"属下的社团如"惠州会馆""冈州会馆""增龙总会"等。

除了祖籍地与亚细安区域，新时期以来，碧山亭多次组团参与在广东、亚细安区域乃至世界各地举办的"世界广东社团恳亲联谊大会"，进而密切与世界各地广、惠、肇华人社团的经贸文化联系。

碧山亭的上述跨国活动，显示"广惠肇"是将碧山亭与祖籍地、亚细安区域至世界各地的广、惠、肇华人社团联系在一起的文化纽带与社群认同符号。

（二）以"广惠肇社群"形态"融入"新加坡

在21世纪以来的时空环境下，碧山亭以"广惠肇社群"形态更为主动地参与各项社会文化活动，从而使碧山亭的社会与国家关注有了新的内容。

1. "融入"华人社会

主动将其在近一个半世纪的奋斗历史，提升到新加坡华人社会精神与文化层面，这是新时期以来碧山亭运作的一项重要内容。

以碧山亭对"七君子"内涵的诠释与处理方式为例。"七君子"是流传在碧山亭和广惠肇社群的一则传说。据传这七人为义士，他们是为碧山亭牺牲了生命。不过，关于"七君子"为何牺牲，有不同说法。一种说法是，碧山亭最初的坟山是"七君子"与别帮械斗打下来的。另有一说法则认为，当时的"广惠肇"与别帮发生械斗，"七君子"为保护碧山亭而战死。不过，迄今为止并未有确切的历史记录证实该传说的时间与内容。

"七君子"作为广惠肇社群英雄的身份，是伴随碧山亭在20世纪八九十年代重建而得到确认。如前所述，当碧山亭重建，从坟山时代进入

---

① 《本亭代表团十三人出席新山广肇会馆125周年纪念》，《扬》2004年第8期。

灵厅时代，设立了具有象征"广惠肇三属总坟"意义的"七君子灵厅"，并在之后由碧山亭与属下16会馆进行年复一年的"春秋二祭"。历经这一过程，"七君子"已从往日的传说转变成被正式认定的碧山亭英雄，进而成为承载新加坡广、惠、肇社群历史记忆的符号。

"七君子"地位的再提升是在21世纪之初。2003年碧山亭理监事会在公所内为"七君子"建亭立碑[1]，并在当年11月庆祝创立133周年纪念活动中，恭请新加坡政府官员曾士生与时任碧山亭理事长的梁少逵先生为"七君子亭"主持揭幕仪式。在致辞中，梁先生以"学习七君子精神"为题发表演讲，他认为"七君子"体现了中华文化传统值观，呼吁让"七君子"勇于为社会献身的精神永远留存。曾士生则认为"七君子"精神是新加坡华人宗乡会馆宝贵的文化遗产。他勉励华人年青一代应以"七君子"大无畏精神保卫华人社会的文化遗产[2]。由此可见，通过上述活动，"七君子"不仅承载了广、惠、肇社群一个多世纪奋斗历程的历史记忆，亦作为华人宗乡社团重要的文化遗产而被提升至华人精神与文化的层面。

走出公所、跨越三属，参与新加坡华人社会的各项活动，是碧山亭新世纪会务运作中一项新内容。根据《扬》的报道，碧山亭所参与的，主要是中华总商会、华人宗乡会馆联合总会等举办的各项活动。这些活动多涉及促进新加坡中华语言文化发展与社会的种族宗教和谐等内容。此外，碧山亭也参加广府、客家、福建、潮州等新加坡各方言社团举办的周年纪念等。在碧山亭转型中，2014年是一个具有象征意义的年份。这一年，为庆祝新加坡建国50周年，碧山亭首次打破传统走出公所，在宗乡总会举办成立144周年纪念庆典。为此，《扬》在首页报道了此次庆典的内容，并以"广惠肇碧山亭144周年走出碧山"为题，强调首次"走出碧山"举办纪念庆典对碧山亭在新时期的转型所具有的重要意义[3]。

---

[1] 碑文内容见本书的附录"广惠肇碧山亭碑文两则"。
[2] 《梁少逵呼吁学习七君子精神》《曾士生部长鼓励年轻人保护文化遗产》，载《扬》2004年第8期。
[3] 《广惠肇碧山亭144周年走出碧山》，《扬》2015年第30期。

2. "融入"碧山社区

在碧山亭近一个半世纪的历史发展进程中,虽然从"二战"到新加坡建国之后已经有明确的社会认同意识,但真正主动参与国家社会文化建设,则始于21世纪以来的十数年间。

21世纪以来,促使碧山亭在社会与国家认同上进一步转型的一个重要因素,是新加坡国家政策与政府官员的积极推动。基于"多元文化与种族和谐"的国策,在新的历史时期,政府从政策制定、经费支持等方面,加大力度鼓励各种族传承与发展自己的语言文化传统,同时以"传统文化遗产"理念,呼吁各种族重视、整理与传承在新加坡本土的发展历史与奋斗精神,并将其作为国家文化建构的重要资源与组成部分。

就碧山亭而言,直接推动其"融入"所在的碧山社区的是国会议员再努丁。2002年,再努丁以碧山—大巴窑北区国会议员身份首次来到碧山亭。他被这个由华人宗乡社群创办的坟山组织在近一个半世纪的发展历程,以及碧山亭所保留与呈现的具有浓郁中华文化与新加坡特色的广府文化色彩所震撼[1]。在这之后,他于2004年与2008年又两次莅临碧山亭[2]。2008年这一次,他是以新加坡中区市长的身份,为其辖区内的碧山亭主持该社团翻新工程的开幕仪式。

在再努丁的直接鼓励与支持下,碧山亭从2003年开始对社会开放。这一年,碧山亭积极配合新加坡国家文物局主办的传统文化遗产节活动,拨出上万新元举办历史文化图片展,同时向全社会开放,让包括华族在内的新加坡各种族民众进入碧山亭,通过参观公所内的碧山大庙、古鼎古钟和行政楼的壁画等,了解碧山亭与广、惠、肇社群的历史与文化[3]。自此以后,碧山亭已经接待诸多包括政府与民间、华族与非华族等在内的、涉及社会、文化、宗教等各类性质的社团。

碧山亭在向新加坡社会开放的过程中,还主催了一项"碧山文化之旅"的活动。在新加坡中区市镇理事会与碧山镇十个机构的大力支持下,

---

[1] 《本亭接待碧山—大巴窑北区国会议员再努丁先生到访》,《扬》2003年第6期。

[2] 《2004年11月10日碧山—大巴窑北区国会议员再努丁先生莅临访问》,《扬》2005年第10期;《新加坡中区市长再努丁先生到访》,《扬》2009年第18期。

[3] 《2003年3月16日,参与国家文物局文化节展出本亭历史照片及开放大庙壁画及古鼎古钟等供众参观》,载《扬》2003年第7期。

该项活动的成果被编写成《碧山文化之旅手册》，由中区市长再努丁于2009年在碧山亭主持发布仪式，另一位政府官员陈惠华亦在碧山亭主持"碧山文化之旅"的启动仪式[①]。

上述会务运作对于作为广、惠、肇宗乡社群总机构的碧山亭在认同形态上的进一步转型具有重要的意义。通过开放与主动参与，碧山亭已不仅是关注与社会国家相关的事务，而是将碧山亭的历史视为新加坡社会发展的组成部分，亦将广、惠、肇宗乡社群文化纳入当代新加坡中市—碧山镇社会文化的建构之中。

五　结语

本文所讨论的碧山亭，由南来拓荒的广府、惠州、肇庆移民于1871年创立于移民时代的新加坡。从创立迄今的近一个半世纪，碧山亭既是坟山组织，处理"广惠肇"先人的丧葬与祭祀以及相关事务，亦是"广惠肇"社群的总机构，承担整合与凝聚三属的重要功能。

基于碧山亭是个跨地缘与方言、内部存在多元与多重社群认同的社团组织，殖民地时代的碧山亭以传承自华南原乡的"祖先崇拜"与"坟山崇拜"作为文化纽带，通过"淡化社群认同差异"的组织机构与制度化的坟山管理系统等的运作，在解决三属先人的丧葬与祭祀的同时，亦建构了凝聚与整合广惠肇移民社群的"三属认同"。另外，在华人移民社会舞台上出现的坟山组织碧山亭，其作为"广惠肇"总机构的社群边界也得到确定。

20世纪七八十年代，为因应建国之后新加坡经济建设的需要，碧山亭结束了一个多世纪的坟山时代，进入国家架构下的灵厅时代。伴随重建与随之而来的转型，碧山亭在社会功能、运作方式等诸方面不断做出调整的同时，其认同形态也随之发生变化。一方面，碧山亭坚持与延续殖民地时代建构的"三属认同"，与此同时，碧山亭也关注新加坡社会与

[①]《180万元修缮工程竣工亮灯、碧山文化之旅手册发布》《新加坡中区市长再努丁先生演讲》，载《扬》2009年第19期；《陈惠华部长主持碧山文化之旅启动仪式》，载《扬》2010年第20期。

国家的发展。可以说,"三属认同"与"社会国家认同"并存,是建国后碧山亭与三属宗乡社群在认同形态上的基本特点。

21世纪以来的十数年,碧山亭的会务运作有了新内容:从会讯《扬》的创刊发行、为"七君子"建亭立碑、将"七君子"的社群意涵提升到华人社会精神文化的层面,到总结与展示碧山亭与广、惠、肇宗乡社群在近一个半世纪的奋斗历史、将其纳入包括华社在内的新加坡社会发展的脉络、主动参与所在的中市—碧山镇的社会文化建构以及与祖籍原乡、亚细安各国、世界各地的广、惠、肇社团的跨国社会文化活动等。上述会务运作,显示21世纪以来碧山亭与三属宗乡社群在认同形态上的一些特点。

其一,国家认同下的多元且并行不悖的认同形态。

伴随时空演化与社会变迁,自新加坡建国以来的半个世纪,碧山亭与广、惠、肇三属宗乡社群的社会国家认同不断增强。与此同时,建构于殖民地时代"三属认同"虽曾面临挑战却未消失,而是在国家认同的前提下被继承、强调与强化。可以说,多元且并行不悖,是当代碧山亭与三属宗乡社群在认同形态上的基本特征。

其二,多元认同形态的相互影响与促进。

自20世纪八九十年代以来,基于政府对华人宗乡社团传承中华传统文化与价值观的鼓励,碧山亭对"三属认同"的强调与强化,有助于促进广、惠、肇宗乡社群的凝聚与摆脱边缘化的困境。而碧山亭参与新加坡华人社会与国家文化建构的各项活动,不仅增强了碧山亭的社会、国家认同,同时也凸显了其作为"广惠肇"总机构的社群边界,因而进一步促进"三属认同"意识的增强。

其三,在新加坡时空变迁脉络下建构与演化的"三属认同",是新加坡广惠肇宗乡社团展开跨国活动的重要文化纽带。而广、惠、肇宗乡社团的跨国会务,亦有助于拓展当代新加坡的跨国网络、促进新加坡与亚细安、大中华地区乃至海外华人社会的经贸文化交流。

综上所述,从移民时代具有社群边界的"三属认同"之建构,新加坡独立后"社会国家认同"意识的产生,到当代在国家认同前提下所呈现的多元且并行不悖的认同形态,以"坟山崇拜"为纽带而建立的碧山亭与广、惠、肇宗乡社群在认同形态上的变迁,是新加坡华人社会建构与演化的一个缩影。本文的研究,为考察南来拓荒的闽粤移民如何运用传承自祖籍地的中华传统文化，在新加坡时空变迁的脉络下实现社群重组与家园再建的历史进程提供一个有价值的个案。

（本文"二""三"节的内容，部分来自笔者已发表的两篇论文。一篇是《新加坡广惠肇碧山亭的建立及其社会文化意义》，载陈荣照主编《新马华族文史论丛》，新加坡新社1999年版，第227—250页。另一篇是《新加坡华人宗乡社群认同形态的历史考察：以广惠肇碧山亭为例》，载李元瑾主编《新马华人：现代与传统的对话》，新加坡南洋理工大学中华语言文化中心2002年版，第77—100页）

社群边界内的"神明"：
移民时代的新加坡妈祖信仰研究

新加坡是一个由移民社会发展而来、以华人占绝大多数的多元种族国家。根据1955年一项有关新加坡华人庙宇和宗教习俗的调查，当时新加坡共有280间华人庙宇，其中寺67间，庙213间[①]。在移民时代新加坡华人的宗教活动中，妈祖信仰是其中重要的组成部分。到目前为止，有关东南亚移民时代妈祖信仰的研究，较多关注该信仰形态对于维系华南移民"中国认同"的重要功能[②]。本文从移民时代新加坡华人帮群社会结构的历史脉络切入，运用金石与特刊等文献，具体地讨论传承自祖籍地的中国民间信仰资源对东南亚华人社会之建构与华人社会内部整合与凝聚社群认同的重要意义。

一 移民时代新加坡华人社会的帮群结构

从1819年英国莱佛士爵士开埠到1965年独立建国，是新加坡历史上英殖民政府统治的移民时代，在这一历史时期，殖民地政府采取分而治之和间接统治政策，华人社会处于半自治状态。华人移民必须进行社群整合，建立社团和组织，方能维持华人社会的运作。

许多学者的研究已指出，"帮"是东南亚华人社会尤其是新马地区华

---

① 刘丽玲、麦留芳：《曼谷与新加坡华人庙宇及宗教习俗调查》，载《民族学研究所资料汇编》，台湾中研院民族研究所1994年版，第6页。
② 参见颜清湟《新马华人社会史》中有关"宗教与习俗"一节的讨论。

人移民社会结构的基本特征。新加坡华人移民主要来自中国东南的闽粤两省。开埠初期，华人内部来自相同地域说同一方言的移民结合成最初主要的五大"帮群"，即"福建帮""潮州帮""广帮""客帮"和琼州"海南帮"等。这五大帮群因操相同方言和具有相同的风俗、习惯等因素，形成各自帮群的文化认同而与异帮群相区别，使开埠初期的华人移民社会即呈现高度的异质性[①]。

华人移民帮群社会的形成与演化是一个动态的历史过程。因移民史与殖民地政府有关政策的影响，开埠初期华人移民五大帮群的力量并不均衡。根据1881年海峡殖民地人口统计资料，当时华人移民总共有86766人。其中福建移民有35508人，占28.8%；潮州移民有22644人，占26.1%；广府移民14853人，占17.1%；海南移民8319人，占9.6%；客家移民6170人，占7.1%；其他约占11.3%[②]。

五大帮群的经济力量也有很大差异。莱佛士开埠新加坡后，采用发展商业与贸易政策。这一政策不但决定了殖民地时代新加坡的经济体系和商业社会的本质，也造成华人社会内部各帮群力量的不平衡。开埠初期，福建帮主要从事转口贸易，财雄人众。潮州帮以种植甘密和胡椒为主要职业。广、客、琼诸帮则主要从事城市手工业、建筑、农业等行业，经济力量远不如福建帮。

在上述各帮群力量不平衡的情况下，华人移民社会在初期五大帮群基础上，逐渐发展出两极性的帮权政治结构。一极是强大的福建帮，另一极则是以广、客二帮为主力的广、客、潮、琼联合阵线[③]。两极性帮群均有各自的总机构。总机构下涵盖了帮群内各社群所设立的会馆、宗亲会、行业公会等各类社团。

华人移民社会内部帮群形态的演化，是伴随新加坡社会经济的变迁

---

① 谢剑：《志愿社团的组织原则：新加坡华人社团的个案研究》，《东南亚华人社会研究（下册）》，李亦园、郭振羽主编：《海外华人社会研究丛书之一》，台北正中书局1985年版，第123页。

② 《新加坡各主要民族人口比例：1824—1980》，载郭振羽《新加坡的语言与社会》，第2页；《1881年海峡殖民地人口统计》，载林孝胜《新加坡华社与华商》，第29页。

③ 陈荆和、陈育崧编：《新加坡华人碑铭集录》，香港中文大学出版部1970年版，第15—23页。

而不断发展。开埠之后的新加坡，迅速从一个小渔村发展成为东南亚繁荣的大商港。与新加坡社会不断发展变迁的同时，华人社会内部结构也在不断进行调整。到了19世纪八九十年代，两极性帮权结构开始发生变化，此时福建帮与其他帮群的对立已减弱，各帮群间经过不断的互动与调整，逐渐从两极性的帮群组合演化出新的帮群形态，即闽帮社群、广惠肇社群、嘉应五属社群、丰永大社群、潮州八邑社群、琼州海南社群。此外还有闽粤以外的三江帮等移民社群。至此，新加坡华人移民帮群社会的架构基本确立，并延续了整个殖民地时代。甚至到了当代新加坡华人社会，还能见到此种帮群形态的深深痕迹。

移民时代华人社会的帮群结构具有较大的整合空间。其内部包括了各类社团、坟山组织、庙宇组织等系统。透过移民社群的会馆、宗亲会等社团形态，处理社群先人坟山组织，以及具有"社群边界"的庙宇机构，华人移民建构了一个整合社群的帮群社会[1]。而移民时代新加坡的妈祖崇拜正是在帮群架构的神明系统内，扮演整合与凝聚社群的重要功能。

二 从中国到新加坡的"妈祖"

根据保留下来的庙宇楹联、匾额、碑文等文物资料，在新加坡最早出现供奉妈祖的庙宇可能是潮州移民社群所建的粤海清庙。该庙是在潮州移民林泮搭建于1820年的亚答小屋基础上建立起来的。1839年福建移民社群也在直落亚逸祭拜妈祖小庙的基础上修建天福宫。修建工程前后进行了4年，至1842年建成竣工[2]。1857年，海南移民社群在小坡吗拉合街六号建立馆（琼州会馆）宫（天后宫）合一的"天后宫"，崇祀天后圣母、水尾圣娘及昭烈一百零八兄弟诸神[3]。1876年，移民新加坡的永春社群成立永春会馆。在会馆内设立神龛供奉妈祖和张公圣君[4]。从19世纪80—90年代直至20世纪上半叶，伴随新加坡的发展和华南移民的不

---

[1] 见本书"绪论"和卷二《坟山、庙宇社群化与新加坡华人移民帮群组织之建构》一文及其他相关文章的讨论。
[2] 《波靖南溟：天后宫与福建会馆》，新加坡福建会馆2005年版，非卖品。
[3] 《新加坡琼州会馆庆祝成立135周年纪念特刊》，新加坡海南会馆1989年版，非卖品。
[4] 《新加坡永春会馆130周年纪念特刊》，新加坡永春会馆1997年版，非卖品。

断南来，更多的妈祖庙、妈祖神龛和祭祀妈祖等神明的宗教活动出现在华人移民社区，并基本奠定了今天新加坡妈祖信仰的规模和内容。

根据相关的统计和笔者的田野调查，新加坡妈祖信仰的场所基本可分成两大类，一类是以妈祖为主神的庙宇。这类庙宇不太多。主要有前节所提到的福建社群所属的天福宫，海南会馆天后宫，以及"二战"后出现的金榜山亭天后宫、云峰天后宫、林厝港阿妈宫等；另有一类是妈祖神龛。这类神龛因依附地点之不同，又可分为下述几类。

第一，设置在庙宇的妈祖神龛。

根据笔者的调查，新加坡设置在庙宇的妈祖神龛仅有两处。一处在"粤海清"庙内。如前所述，该庙是殖民地时代潮州移民社群所建，至今仍属潮州社群的义安公司管理。另一处在"碧山大庙"内。碧山大庙是广惠肇三属移民于1870年所建坟山组织"广惠肇碧山亭"的组成部分[①]。目前仍位于20世纪80—90年代重建后的"广惠肇碧山亭"内。

第二，设置在华人社团的妈祖神龛。

殖民地时代新加坡华人移民建立了会馆、姓氏宗亲会、行业公会等不同社团。妈祖神龛主要设置于这些社团。

先看会馆。根据笔者掌握的资料，在会馆所设神龛中，除了上文所提宫馆合一的"琼州会馆天后宫"外，还有宁阳会馆、永春会馆、福州会馆、莆田会馆、三和会馆等。

再看姓氏宗亲会。由于妈祖本姓林，所以东南亚许多林氏宗亲社团都尊妈祖为"祖姑"，在会所内设神龛供奉"亦祖亦神"的妈祖。新加坡也不例外。在新加坡崇拜妈祖的宗亲团体主要是林氏宗亲会。林氏大宗祠九龙堂家族自治会是新加坡林氏宗亲组织的总机构，其会所内设置了金碧辉煌的妈祖神龛。属下的一些林氏社团也在会所内设有供奉"祖姑"天后圣母的神龛。如"九牧世家联谊会""西河旧家""西河别墅""潮州西河公会""义顺村西河公司天后宫"等。

在新加坡的行业公会中，祭拜妈祖的主要是一些与航海、河运有关的业缘社团。由于职业的缘故，经营者需要海神妈祖的护佑。故多在会所设置神龛供奉妈祖。如"新加坡红灯码头电船公会""新加坡

[①] 参见本书卷二关于广惠肇碧山亭的讨论。

摩多船主联合会""星洲炭商公局与新加坡材炭出入口商会"等行业公会。

上述有关妈祖庙宇、神龛分布状况的分类，显示移民时代新加坡华人妈祖信仰具有鲜明的社群化特征。华人供奉妈祖的场所主要设置在具有社群特征的庙宇和社团会所里，如潮州社群的粤海清庙、广惠肇社群的碧山大庙，以及祖籍地缘会馆、姓氏宗亲会、行业公会等华人社团。即使是以妈祖为主神的庙宇，也有相当部分具有某一移民社群的属性。例如"天福宫"属于福建移民社群，"天后宫"则属于海南移民社群等。因此，移民时代的新加坡华人是在具有社群边界的妈祖庙宇或神龛祭拜妈。新加坡"妈祖"的社群化，以及妈祖崇拜具有鲜明社群边界等特征，是与移民时代新加坡华人社会的帮群结构密切相关。换言之，新加坡殖民地时代的社会环境制约了妈祖信仰在新加坡的发展形态。

三　妈祖信仰与华人移民"帮群"之界定与互动

（一）妈祖信仰与华人移民"帮群"之界定

在新加坡早期移民社会，妈祖崇拜不仅是华人宗教信仰的一个重要内容，同时还具有界定华人移民"帮群"的功能。这首先表现在一些崇拜妈祖先的重要庙宇如天福宫、粤海清庙以及海南社群的天后宫等，同时也充作华人帮群的总机构。以福建帮群为例。该帮最早的总机构是出现于19世纪20年代的坟山组织恒山亭。当1840年天福宫建成后，即成为"我唐人会馆议事之所"，进而取代恒山亭作为福建帮群的总机构。虽然1916年福建帮进入会馆管理的时代，但直到1937年，福建帮群仍以"天后宫福建会馆"名义向殖民地政府备案注册[1]。

妈祖崇拜界定19世纪华人移民帮群的重要意义，还体现在妈祖庙的领导层与庙宇的经费来源诸方面。19世纪妈祖庙宇的社会功能，可以从帮群领导人作为庙宇组织的大董事等出现在碑文上得到印证。还是以天

---

[1]《波靖南溟：天后宫与福建会馆》，1937年福建会馆章程。

福宫为例。根据道光三十年（1850）所立之"建立天福宫碑记"，天福宫的创始理事由3名大董事和9名大总理组成。这9名领导成员是以薛佛记为首的福建帮领导层。薛佛记祖籍福建东山，他于1830年出任福建帮最早总机构恒山亭的大董事。在碑记中位居天福宫大董事之首的陈笃生祖籍福建漳州海澄县，他是薛佛记的接班人。在薛之后他率领福建帮侨领创立天福宫，取代恒山亭成为福建帮新总部。另据碑文的记载，天福宫的建筑费用三万七千余西班牙银圆，由闽帮侨领发动四百多位来自新加坡、马六甲以及东南亚各地的福建富商捐款支付。其中薛佛记和陈笃生两位大董事捐款最多，分别捐赠3074元和2400元[①]。

在新加坡两极性帮群结构的时代，妈祖祭典中的迎神赛会等仪式还具有建构帮群边界的功能。根据记载，19世纪20年代以前，每年农历十月间，潮州社群所属的粤海清庙，例有请神及回銮的盛举。游神之日，潮、广、惠、肇、嘉应、茶阳、琼州各属人士联合参加游行，队伍壮观，有鼓乐旗景，行经大坡小坡各街道，群众争看盛极一时[②]。从上述参与粤海清庙请神及回銮仪式信众的社群所属，可证实19世纪早期华人帮群结构中广、客、潮、琼联合阵线的存在，以及在联合阵线内部各社群互动中妈祖崇拜的纽带功能。

离粤海清庙不远的天福宫，亦举办具有界定和强调福建帮社群边界功能的迎神赛会活动。作为福建帮总机构的天福宫，每三年举行一次有固定的迎神与送神的路线迎神赛会。该活动由当时福建人聚居的五条街道各选出协理2名共10名组成的五股头值年协理筹办。福建会馆编撰的"波靖南溟"具体记载了1901年农历十月初八在天福宫举办的一场迎神赛会。当天，天福宫浩浩荡荡的迎神队伍，沿着既定的路线锣鼓喧天地迎请恒山亭的大伯公、福建帮属下南安社群凤山寺的广泽尊王，以及另一座闽帮庙宇金兰庙的清水祖师三神像到天福宫观戏。三神明在天福宫做客近两个月，至十二月初四才再由五股头的台阁鼓乐车马送神回庙[③]。

[①] 该碑文现仍保存在天福宫内。碑文内容收录在《新加坡华文碑铭集录》和福建会馆编撰的《波靖南溟：天福宫与福建会馆》。

[②] 潘醒农：《粤海清庙：新加坡华人古神庙》，载《新加坡潮州八邑会馆成立七十周年纪念特刊》。

[③] 《波靖南溟：天福宫与福建会馆》，第41—42页。

天福宫的迎神赛会对于福建帮的整合具有重要的象征意义。天福宫在继恒山亭后成为福建帮的总机构后，通过迎请属下社群神明的迎神赛会，无疑具有再界定和强调福建帮社群边界以及凝聚属下社群对总机构认同的重要功能。

（二）妈祖信仰与华人移民社群间之互动

妈祖崇拜对于19世纪新加坡华人移民帮群间的互动，亦扮演了重要的角色。这主要是通过对庙宇内的赠匾来显示与强调社群之间的关系。

在中国传统民间宗教的运作中，一个普遍的现象是借助庙宇开光或重建，以赠送匾额、对联等方式来建立不同庙宇及神明之间的关系，进而建立人际的联系网络。在移民时代新加坡的妈祖庙，则把此种方式运用于帮群关系的建构中。

如前所述，由于受移民史及新加坡开埠后社会经济等因素的制约，造成移民社会早期华人各主要帮群力量的不均衡，并由此形成了华人社会以福建帮为一方和以广、客、潮、琼联合阵线为一方的两极性帮群结构。在新加坡移民社会早期华人帮群关系的建构中，包括妈祖庙在内的华人庙宇是一个非常重要的舞台。就两极性的帮群结构而言，在作为福建帮总机构的天福宫里，基本不见广、客等帮群赠送的匾额或对联等。而在广、客、潮、琼所属的庙宇里，也不会出现福建帮的匾额或对联。而在联合阵线内部，情况则大不相同。以潮州社群所属的粤海清庙为例。光绪二十二年（1896）粤海清庙重建。重建工程竣工后，从光绪二十三（1897）到二十五年（1899），联合阵线内的各帮群相继赠匾予粤海清庙。以下是部分广、客、琼社群信众在粤海清庙重建开光时赠送给妈祖神龛的匾额[①]：

"赫濯声灵"：光绪二十三年，潮郡茶阳会馆众信商敬酬
"溥援天下"：应和馆众等同敬
"后载坤元"：沐恩琼州众信商敬叩
"泽及斯民"：沐恩弟子广惠肇众信顿首拜

---

① 匾额至今仍保留在粤海清庙内。

上述匾额是研究 19 世纪华人帮群关系的重要碑铭资料。从匾额落款信众的社群所属，仅见"广惠肇"、客属的应和、茶阳，以及琼州社群的"众信商"，而未见福建社群"众信商"片言之语之情形，充分印证了 19 世纪华人帮群社会的内部结构关系。

四　妈祖崇拜与华人帮群内部之整合

在上一节，笔者讨论了移民时代新加坡妈祖崇拜具有社群边界，以及由此形成"妈祖社群化"的基本特征。"妈祖社群化"的基本功能之一，就是作为神明的妈祖在所依附的社群内成为凝聚该社群的文化纽带。以新加坡广西暨高州会馆为例。该社团由广东高州、廉州和广西三属移民建立于移民时代的 1883 年。根据该社团特刊的记载：1883 年以前，三属先辈南来者为数不多，故未有乡会之组织。……殆至 1883 年旅新广西省博白县人庞公敦武发起组织成立"三和公司"，广招三属人士为会员。至 1891 年据当时的社团法令正式注册又易名为"广西、廉州、高州"三和会馆。会馆极盛时据说有会员五千余名。最初馆址设在美芝路门牌 46 号，那是一间两层楼排屋，馆中奉祀天后圣母与关帝君。原来前辈南渡皆需乘搭轮船，身历一两个月的惊涛骇浪，始能抵达南洋，起航前先得祭拜天后圣母，以保顺风航行平安抵步。故此该会购置会所时，即敬奉天后圣母于馆中设立神坛。此后每逢农历三月二十三，例必举行隆重圣诞庆祝，同时亦是该会周年纪念。是日设宴联欢，历百年而不替，至今成为该会的传统之一[①]。上述记载显示了妈祖崇拜闽粤人南移以及社团建构中的重要意义。

在移民时代华人社会的建构中，妈祖崇拜亦具有整合社群之功能。以新加坡林氏九龙堂家族自治会为例（以下简称"九龙堂"）。九龙堂是新加坡林氏宗亲会的总机构。不过与福建社群总机构的天福宫不同，作为林氏总机构的九龙堂经历了一个发展的历史过程。九龙堂的前身是成

[①]　成立超：《新加坡广西及高州会馆史略》，载《新加坡广西及高州会馆成立 120 周年纪念特刊》，新加坡广西及高州会馆 2003 年版，第 145 页，非卖品。

立于1857年的"福建九龙堂公司"。1928年，闽、粤林氏移民倡议成立"林氏家族自治会"。1929年建成林氏大宗祠大厦，即保留至今的"新加坡林氏大宗祠九龙堂家族自治会"两层楼式宗祠。1949年9月，林氏家族自治会改为林氏大宗祠九龙堂庙。1956年10月，九龙堂向所有新加坡林氏宗亲会开放，共有18家林姓宗亲团体加入成为会员。这18家社团是：九牧世家联谊会、西河旧家、福建九龙堂、西河别墅、长林公会、潮州西河公会、潮安仙都林氏同乡会、西河联谊社、港西霞湖马鞍五房家族互助社、璧山青龙坛、广东林氏公会、康美林氏联谊社、琼崖林氏公会、客属林氏公会、西河上官路同乡会、义顺村西河公司天后宫、潮安宝陇林氏同乡会、仟岛互助会。而这18家宗亲社团的会长和主席亦被聘为大宗祠的特别董事。至此，九龙堂成为新加坡林氏社群的总机构，并改称为"新加坡林氏大宗祠九龙堂家族自治会"[①]。

作为总机构的九龙堂，其内部的所属社群既有地缘的差异，亦有方言的区别，具有相当高的异质性。从1857年"福建九龙堂公司"的创立，到1956年总机构"新加坡林氏大宗祠九龙堂家族自治会"的出现，新加坡林氏宗亲社群的整合，经历了整整一百年的发展历程。而在总机构出现后，其属下的18所社团亦各有自己的运作内容、认同形态与社群所属。例如，潮安仙都林氏同乡会既是九龙堂的属下社团，同时又隶属于潮州社群，是新加坡潮州八邑会馆的成员之一。该社团有自己的会庆，每年循例在粤海清庙祭拜天后祖姑，然后返回会所礼堂谒拜祖先。与此同时，该社团也积极地参与林氏大宗祠的各项活动，如在1999年，参与了林氏大宗祠九龙堂举行的"祖姑晋座消灾清醮、普施法会"，祈福林氏家族合家平安，事业顺利[②]。

面对如此多元而复杂的社群认同形态，妈祖无疑是总机构内部的一条重要凝聚纽带。在九龙堂会所内，设置有金碧辉煌的妈祖神龛，神龛前刻有两幅对联："祥发湄州渤海安澜歌圣德，炉分星岛黎民乐园颂神

[①]《新加坡林氏大宗祠九龙堂家族自治会简史》，载《新加坡林氏大宗祠九龙堂家族自治会70周年纪念特刊》，新加坡林氏大宗祠九龙堂家族自治会1997年版，第20—21页，非卖品。

[②]《新加坡林氏大宗祠九龙堂家族自治会75周年纪念特刊》，新加坡林氏大宗祠九龙堂家族自治会2002年版，第139页，非卖品。

功";"坤仪媲美千秋显耀尊天后,圣德仁慈万世流芳祀祖姑"。前一幅对联蕴涵了从湄州分炉到新加坡的妈祖为林氏移民前辈南来拓荒护航的历史记忆;后一副对联则表明,亦神亦祖的"祖姑"妈祖是林氏社群共有的认同象征与维系纽带。

为了凝聚林氏社群对总机构九龙堂的认同,林氏大宗祠特别重视对妈祖的祭拜。每年的清明节,林氏大宗祠召集宗亲们先祭拜天后圣母祖姑,然后到坟山拜祭祖先。农历三月二十三日妈祖诞辰,则遵循祖宗遗训,以完整的仪式祭拜妈祖。仪式的内容包括:祭拜天公(玉皇大帝)、祭拜妈祖、祭拜祖先,其间须先请出神明并向各位神明敬茶、敬酒、献花、献果、献宝等①。隆重的祭拜仪式强化了林氏社群所共有的"祖姑认同"。

第三,妈祖信仰与社群的经济运作。

对于移民时代新加坡那些以妈祖崇拜作为凝聚社群认同的华人社团来说,妈祖庙宇还兼具维系社群经济运作的重要功能。以下笔者以琼州天后宫为例讨论之。

根据新加坡海南会馆碑文、特刊等文献记载②,在1857年琼州会馆正式成立以前,天后宫应已存在。自1857年以后,位于琼州会馆内的天宫后亦与会馆合二而一,成为海南移民社群最高联合总机构。此种格局一直持续至1932年。这一年因殖民地政府颁布《社团注册法令》的条令,天后宫以祭拜神明的庙宇而向政府登记为"免注册社团",而琼州会馆则属注册社团,为独立机构。至此,作为海南社群总机构的琼州会馆与天后宫有了明确分工。前者则承担支持会馆及社群运作与活动的财政来源之重任。后者主要负责会馆会务,以及处理海南移民与祖籍地、中国政府及英殖民政府等相关的各项事宜。

天后宫的经济来源,除了海南移民信众的香油钱,主要来自海南社群数十家商家的捐献,如海南人的"九、八行",即规定须定期捐款天后宫之数目。其他如海南人的舢板业等亦向天后宫捐款。此种由社群成员中的成功商人通过天后宫自行管理社群的方式,也反应在天后宫的管理

---

① 《新加坡林氏大宗祠九龙堂家族自治会70周年纪念特刊》,第127页,非卖品。
② 《新加坡琼州天后宫琼州会馆大厦落成纪念特刊》,新加坡海南会馆1965年版,非卖品。

方式上。早期的天后宫实行炉主制度，由琼帮商号或个人之慷慨捐献的数十人中，推举若干主持天后宫事务，再从其中决出一人为炉主，其余为董事。当时并未有宫员之设。自1932年海南社群管理机构制度化后，琼州天后宫规模扩大，经营义山，经济日益丰裕。于是遂修改章程，在"公司法令"的名下注册。同时建立宫员制度，以琼帮"商号宫员"为主要会员，同时规定以2000人为限[1]。

作为财务总部，天后宫对于维持移民时代海南社群与会馆的运作与各项公益事业做出巨大贡献。在移民时代，天后宫对海南社群的重要贡献有：筹募历次重建与改建琼州天后宫琼州（后改为海南会馆）会馆的款项，拨出经费支持会馆日常运作的经费开销，支持海南社群所办育英学校的经费，购买土地设立琼州帮群坟山"海南山"，1902年发起筹款建立海南社群的慈善机构"乐善居医院"，免费照顾孤苦无依的海南同乡，并拨出经费充作"乐善居"维持费等。此外，天后宫也购置产业生息，收益拨充海南会馆和天后宫的建设基金[2]。

新加坡海南社群天后宫的组织形态与运作方式，为我们了解东南亚殖民地时代华人社会如何通过民间宗教的神明系统以实现其社群内部的运作，提供了一个很有意义的研究个案。就基本功能来说，神明妈祖和天后宫是移民时代新加坡海南社群的信仰中心。然而这个信仰中心还承担了作为该社群总机构的功能。通过这个总机构，移民新加坡的海南人建构并维系了一个兼具社会、经济、教育、慈善等多方面功能的新社群。

总括以上所述，伴随闽粤移民的南来，妈祖也跨境"移神"到新加坡。当闽粤移民南来拓荒之时，妈祖是护佑他们在茫茫大海中平安航行顺利抵达新加坡的海上保护神。而当闽粤移民在新加坡社会脉络下再建其社会结构之时，妈祖信仰则转变功能，成为维系华人移民"中国认同"的文化纽带，亦在凝聚社群和维持社群经济运作等方面，扮演重要的角色。从闽粤移民南来拓荒的海上护佑神，到新加坡华人社会建构中凝聚

---

[1] 王兆炳：《大施主"琼州天后宫"与"琼州乐善居"》，载《琼州乐善居百年大庆纪念特刊》，新加坡琼州乐善居2002年版，第66—67页，非卖品。

[2] 同上。

移民社群的认同象征,这是传承自闽粤的妈祖崇拜在新加坡移民时代的一次重要转型。

五 结语

以上笔者考察了移民时代新加坡的妈祖信仰。本文的研究显示,移民时代新加坡华人社会的妈祖信仰呈现出鲜明的社群化特征。不论是以妈祖为主神的福建会馆天福宫或海南会馆天后宫,还是依附于各类华人社团的妈祖神龛,都具有鲜明的社群属性。适应华人社会的帮群结构,"妈祖"作为维系华人移民的纽带,发展出不同的形态,如"亦祖亦神"的"祖姑""妈祖"、福建人的"妈祖"、海南人的"妈祖"、潮州人的"妈祖"等。由于各帮群的妈祖庙之间没有分香的关系,故各帮之间的"妈祖"互不往来。而具有社群所属的华人移民则是到属于各自社群的妈祖庙或妈祖神龛祭拜妈祖。妈祖信仰在功能上,除了维系华人移民的"中国认同"外,另一个重要作用则在于凝聚华人移民的"社群认同"。这包括通过社群化的妈祖崇拜,界定与整合移民社群,维系社群的经济运作等内容。

移民时代新加坡华人社会妈祖信仰形态之建构,是受制于新加坡人文环境的结果。基于移民史和开埠后殖民地政府的社会经济等政策的制约,移民时代的新加坡华人社会呈现出多元的帮群结构特征。"帮"内与"帮"外、"帮"与"帮"之间,以及以各帮为基础的超帮社群之互动,是华南移民在新加坡再建华人社会的主要内容。在这样的历史背景之下,伴随华南移民跨境分香到新加坡的妈祖,即被纳入华人移民的帮群社会架构内,并作为一种重要的文化纽带,承担起凝聚与整合华人移民社群的重要功能。

综上所述,伴随华南移民而跨境分香"移神"到新加坡的妈祖,在当地移民社会的脉络下,其信仰形态都经历了再建构的历史过程。受移民时代新加坡时代华人帮群社会结构特征的制约,源自闽粤的妈祖信仰发展出"社群化"的崇拜形态,并承担起凝聚与整合华人移民社群之功能。透过对"社群化"妈祖信仰的研究,将有助于考察华南移民在新加坡建构与发展华人社会的历史进程,亦有助于深入思考包括民间宗教在内的中华传统文化，在不同社会环境下的传承与创造性发展等问题。

［本文最初发表在《河南师范大学学报》（哲学社会科学版）2007年第2期，收入本书时对文章的文字与注释稍作修改］

社群整合的历史记忆与"祖籍认同"象征：新加坡华人的祖神崇拜

一 前言

东南亚华人社会的历史经验显示，中国历史上到东南亚拓荒的闽粤移民，几乎都与"移神"相伴随①。而当闽粤移民在东南亚建构华人社会的同时，也可见到一个与"人"的世界紧密相连的"神"的世界②。本文讨论的"祖神崇拜"，是包括福建社群在内的东南亚华人民间信仰形态之一。所谓"祖神"也称为"祖佛"，它最初是指伴随华人南来拓荒而"移居"到东南亚的华南移民原乡的神明。在社会发展变迁的历史过程中，这些源自闽粤的"祖神"逐渐演化成为一些华人社群的"祖神"，并作为认同的象征承担起整合社群、维系华人与祖籍地关系文化纽带等多种功能。与一般宗教信仰相比，"祖神崇拜"在形态上具有"亦祖""亦神"的双重特征。在东南亚华人社会，它主要存在于来自同一祖籍地缘和相同姓氏的地缘性宗亲会和以姓氏庙为凝聚中心的华人社群。在这些社群中，有些是以设置神龛的形式供奉祖神。例如马来西亚麻坡永春大

---

① 颜清湟：《新马华人社会史》，中国华侨出版公司1991年版，第10—14页；林孝胜等：《石叻古迹》，新加坡南洋学会丛书第十三种，新加坡南洋学会1975年版；李天锡：《华侨华人民间信仰研究》，中国文联出版社2001年版。

② 巴素在《马来亚华侨史》一书中对殖民地时代马来亚华侨社会的"人""神"两个世界的关系有这样的记载："在描述马来亚的华侨，我们还不能充分从人口调查表中检查出他们私人的活动，因为还有一个神鬼居住的世界。不管华人到什么地方去，这些鬼神都是随身不离的；而且在他们的生活中，与他们周边的物质世界一样的重要。"载［英］巴素著《马来西华侨史》，刘前度译，槟榔屿《光华日报》创刊四十周年纪念，1950年12月出版，第82页。

邱头林氏公所内所设的"祖佛玄天上帝"神龛①，马来西亚永春湖洋彭城刘氏公会内所设的"祖神圣祖金仙"神龛②，新加坡澄海渔洲蔡氏同乡会内的"福圣公妈"神座③等。有些宗亲组织则是建立祖神庙祭拜。例如新加坡福清江兜王氏的"昭灵庙"④，新加坡南安英都洪氏的"水沟馆葛岸馆庙"⑤，新加坡同安孙厝孙氏的"孙真人宫"⑥，马来西亚麻坡永春扬美郑氏的"锦绣宫"⑦、马来西亚麻坡永春高阳余氏的"仟堂宫"⑧等。笔者曾在对新加坡一个聚族而居的华人移民村落进行研究时，发现村落中移植自祖籍原乡福建南安炉内村的横山庙，考察该庙如何使供奉的"潘府大人"转变成新加坡"炉内潘移民"的"祖神"，并承担整合与建构新加坡"潘家村"的功能⑨。本文所讨论的新加坡蓬莱寺内的六个姓氏庙就是这类供奉"祖神"的庙宇。

  蓬莱寺建立于新加坡殖民地时代，由新加坡安溪移民社群所管理。根据新加坡安溪会馆特刊的记载⑩，早在新加坡开埠初期，已经有福建安溪移民因避战乱南来谋生。1922年成立的安溪会馆是该社群的总机构。移民时代的安溪人除了在城区经营五金、溪茶、食品等行业，许多人聚居在当时的海南山、红毛丹阁、九条桥等乡村地带从事农业垦荒。为了凝聚这些地区的移民，一些侨领于20世纪40年代末从祖籍安溪的清水岩将清水祖师分香到新加坡，并在1951年筹措巨资建立蓬莱寺，使之成为

---

① 《马来西亚永春大邱头林氏公所50周年金禧纪念特刊》，2008年版，第29页，非卖品。
② 《马来西亚永春胡洋彭城公会四十周年纪念特刊》，1998年版，第41页，非卖品。
③ 《澄海渔州蔡氏同乡会》，载《新加坡潮州八邑会馆成立六十周年纪念》。
④ 《出土庙碑印证百年庙史》，载《新明日报丛书·新加坡民俗导览第二本：庙宇文化》，新加坡焦点出版有限公司2007年版，第52—54页。
⑤ 同上书，第106—109页。
⑥ 《新加坡孙氏公会简史》，载《世界舜裔宗亲联谊会第十六届国际大会纪念特刊》，新加坡舜裔宗亲联谊会2002年版，内部刊行非卖品。
⑦ 《马来西亚永春扬美郑氏公所五十周年纪念特刊及郑氏家族世系撰志》，马来西亚永春扬美郑氏公所出版，内部发行，第23—26页，非卖品。
⑧ 郑名烈：《拓荒扎根——武吉巴西永德公塚与地方拓殖史》，马来西亚华社研究中心2013年版，第100、101、102页。
⑨ 曾玲：《越洋再建家园：新加坡华人社会文化研究》，江西高校出版社2003年版，第42—53页。
⑩ 《新加坡安溪会馆金禧纪念特刊（1922—1972）》，新加坡安溪会馆1972年版，内部发行。

安溪移民共同膜拜的庙宇和安溪会馆之外的另一个联络中心。

1985年蓬莱寺受新加坡政府发展计划的影响搬迁并重建。在筹建新庙中，"祥福亭""水口宫""名山宫""普庵宫""慈济堂""中亭庙"等6个庙宇加入，与旧庙的清水祖师组成的新蓬莱寺于1991年初落成于新加坡后港。上述6个庙宇具有一些共同特征，一方面，庙宇的管理者均来自祖籍福建安溪蓬莱的姓氏宗亲："祥福亭"，由祖籍安溪蓬莱魁头村的柯姓管理；"水口宫"，由祖籍安溪虎头善益迁龙村的廖姓管理；"名山宫"，由祖籍安溪蓬莱岭尾的刘姓管理；"普庵宫"，由祖籍安溪蓬莱美滨村的李姓管理；"慈济堂"，由祖籍安溪蓬溪乡（1949年以后改为"鸿福"乡）的张姓管理；"中亭庙"，由祖籍安溪蓬莱联中大乾村的林姓管理。另一方面，6个庙宇内供奉的周府大人、章三相公、董公真人等神明亦都来自这些姓氏宗亲社群的祖籍地安溪蓬莱。所供奉的是来自原乡的"祖神"。

笔者从2001年开始，多次到该庙实地调查与访问。2002年6月和2003年10月，笔者两次随新加坡安溪社团到其祖籍地安溪蓬莱镇做田野调查。2004年1月，笔者再次来到新加坡蓬莱寺做研究，并参与该年正月初六的清水祖师神诞活动。2013年1月底，笔者再次重返新加坡蓬莱寺访问。本文根据上述田野考察和相关的文献资料，主要讨论两个问题：其一，跨境"南移"的闽南民间"祖神"，如何在新加坡社会脉络下"定居"与建构安溪社群"祖神"的历史过程，以及祖神崇拜对于殖民地时代华人移民社群整合的意义；其二，历经新加坡从移民时代到本土社会近两百年社会发展变迁的历史积淀，新加坡华人社群之"祖神"，如何成为维系当代华人与祖籍地关系的象征符号和"祖籍认同"对象的历史演化，进而思考在历史变迁和文化延续中的东南亚华人与祖籍地的文化纽带问题。

二 "祖神""南移"：跨境"分香"与祖籍地记忆

在中国区域社会史的研究中，许多学者相当关注传统民间信仰对于建构区域社会组织的重要意义。中国传统民间信仰一个重要特征是对

"香火"的注重。"香火"基本功能之一是它的"纵向性",其灵力通过"分香"可以纵向地贯通起来①。由于"香火"具备纵向的沟通功能,通过"分香"或曰"刈火",神明成为"人间的行政等级体系的翻版",由此"分香"及其代表的地域性组织便发展了出来②。一些学者甚至认为,这样一种地域空间的等级秩序体现了中国大区域的"象征一体性"③。

伴随华人移民而"南移"东南亚的祖籍神明,也经历了一个"分香"的过程。不过,与祖籍原乡相比,海外"移神"的"分香"呈现出空间上的"跨境"特征,这直接影响和制约中国海外"移神"的方式、过程与功能。以下笔者以新加坡蓬莱寺内六个姓氏庙为个案,讨论伴随包括闽南人在内闽粤移民的"移神"跨境"分香"或"分炉"东南亚的方式、过程与功能。

根据笔者在中、新两地的田野研究资料,祥福亭祭拜的"周府大人""金身",是新加坡柯氏公会前副会长柯长源的母亲20世纪40年代末在家乡将"分身"经厦门乘海轮"抱来新加坡"。据柯先生和在其祖籍地安溪蓬莱魁头村村民的回忆,当时柯母从安溪到厦门后因钱包丢失而无钱购买去新船票,幸而她拾到一串金手链,才解了燃眉之急。她认为这是她携带的家乡神明"周府大人"保佑的结果④。

普庵宫供奉的"章三相公"是曾任蓬莱寺董事长李逢春的叔叔先把"金身"从家乡抱到广州。再由他另一叔叔李宪章接着从广州乘飞机抱来新加坡⑤。

中亭庙供奉的"邢府大人",是林鸿明的祖父在民国初从家乡庙宇包一包香灰而"分炉"到新加坡⑥。

---

① 王铭铭:《走在乡土上:历史人类学札记》,中国人民大学出版社2003年版,第199—200页。
② 黄美英:《访李亦园教授:从比较宗教学观点谈朝圣进香》,台湾《民俗曲艺》1984年第25期,第1—22页。
③ 王铭铭:《走在乡土上:历史人类学札记》,中国人民大学出版社2003年版,第198页。
④ 2003年11月21日在福建省安溪线蓬莱镇魁头村的田野访谈资料。
⑤ 2004年1月15日在新加坡宪利无线私人有限公司办公室对公司执行董事李宪章所做的访谈。
⑥ 2004年1月18日在新加坡后港蓬莱寺对林鸿明所做的访谈。

名山宫供奉的"朱邢李",是经由宗亲南移时用木箱背来的"分身"①。

从安溪跨境"分香"到东南亚的神明,承载了许多安溪移民祖籍原乡的传说和记忆。

首先是关于这些神明在移民祖籍原乡的地理方位。许多祭拜者特别是第一代移民对于祖籍神明在家乡的庙宇方位多较为清楚,并在有关的场合将这些信息传给本社群。笔者在田野调查中,不少被访问者都很清楚了解或听说这些祖籍神明是从家乡何处被分炉而来。例如,廖姓的水口宫位于"唐山村口";张姓的慈济堂在"唐山家乡岭美村的隔壁蔡氏地界的哪头庵"等。

一些有关祖籍地的社会经济状况、宗族组织演化、村落历史发展以及传统文化习俗等信息,也通过祖籍神明的传说而在安溪移民中流传。例如,李氏普庵堂的章三相公"在唐山是供奉在村口的庵堂"。历史上该村落所处的地带虎患甚多。但因有章三相公,所以李氏村落从未出现过虎患。另一尊来自祖籍原乡的董公真人在"唐山是医神,医术非常灵验,救活许多村民"。他身上的袈裟除了在家乡,别处绝无仅有等②。再如廖氏的水口宫。据说在唐山该村原属黄姓村民,后因廖氏族人进入并逐渐发展壮大,迫使黄氏迁移他乡。黄氏族人迁出后,留下水口宫和黄二大使,成为全村人共同祭拜的神明③。另有张姓的慈济堂,位于祖籍地安溪蓬莱岭美村相邻的哪头庵。岭美村是一个蔡姓人的村落,历史上曾与周边的苏、温、杨、张等族人发生宗族械斗。后来他们从龙海白礁分香(炉)保生大帝来哪头庵建慈济堂供奉,由苏、温、蔡、杨、张诸姓共有管理,各姓每三年轮流一次主持祭拜④。

上述口述资料显示,"祖神"的"南移",主要是通过各种形式的"分香"。而跨镜的"分香",又有着许多与中国传统社会不尽相同的以下三个特征。

---

① 2004年1月18日在新加坡后港蓬莱寺对刘连生所做的访谈。
② 2004年1月15日在新加坡宪利无线私人有限公司办公室对公司执行董事李宪章所做的访谈。
③ 2004年1月13日在新加坡南洋廖氏公会对该会会长廖荣业、总务廖祥江的访谈。
④ 2004年1月18日在新加坡后港蓬莱寺对张成琳所做的访谈。

第一，跨境"南移"东南亚的"祖神"，其"分香"方式和过程，基本上是移民个人的行为。此种"移神"方式与闽粤人南移东南亚拓荒的方式有直接关系。因为明清以来，大多数闽粤人移民东南亚，主要经由在"南洋同族或同乡的经验与协助"而实现[①]，并非由国家主导的整体移民。因此，与移民相伴随的海外"移神"，大多缺乏祖籍原乡"集体进香"的环节，其"香火"主要是经由华人移民以各种方式带到东南亚。

第二，中国跨境"分香"的海外"移神"，承载了许多祖籍原乡的历史记忆。Hutchinson and Smith 提出，族群特征是在于共同分享传说和历史记忆，由共同的原乡、祖先或文化所强化的一种共属感[②]。因此，与闽粤移民相伴随的跨镜"分香"的祖籍原乡神明，对该移民社群具有重要的整合功能。这些"南移"的神明承载的许多祖籍地记忆与传说的内容在所属社群的流传和被强调，起着加深或唤起移民之间"祖籍认同"的作用，从而促进移民时代华人社群之整合。

第三，伴随上述"移神"方式而来的另一个重要结果是"分香"功能的改变。在移民的祖籍原乡，神明的"分香"或"刈火"通常与一个向地方性庙宇"进香"仪式过程相联系，其目的在于"建构了一幅由各级地方中心构成的等级秩序的地图"[③]。而当祖籍原乡的神明跨境"分香"后，即脱离了原有的社会文化脉络体系，在此种情况之下，它已无法承担建构和发展出中国本土"地域性的组织"的功能，转而与华人移民在移居地社会与文化结构的建立联系在一起，重新发展出一个属于东南亚华人社群的"祖神"世界。这一过程是通过祖籍神明在东南亚的"定居"而实现。

---

① 陈达：《南洋华侨与闽粤社会》，商务印书馆1938年版，第51—52页。
② Hutchinson, John and Anthony D. Smith（eds.）, *Ethnicity*, New York: Oxford University Press, 1996, pp. 6–7，转引自蔡志祥《汕头开埠与海外潮人身份认同的建构：以越南西贡堤岸市的义安会馆为例》，载李志贤主编《海外潮人的移民经验》，新加坡潮州八邑会馆、八方文化企业公司2003年版。
③ 王铭铭：《走在乡土上：历史人类学札记》，中国人民大学出版社2003年版，第199页。

三 "祖神""定居":建构整合华人社群的"祖神"

当闽粤人脱离祖籍地的社会文化脉络移民东南亚,在移居地重建其社会结构与文化形态之同时,伴随闽粤移民而来的"移神"也经历了一个在移居地"定居"与重建神明系统的历史过程。笔者的田野研究显示,"南移"的祖籍神明在新加坡"定居"的基本内容是"再社群化",并作为华人社群认同象征而承担整合新功能,从而从祖籍原乡神明转变为移居地华人社群的"祖神"。

(一)"南移""祖神"的再社群化与社群"祖神"之建构

当祖籍神明脱离原乡的社会文化环境"南移"后,他们在新加坡"定居"的首要任务就是要重新进入移居地华人社会的脉络。通过华人社群的主导与运作,"南移"的神明历经了一个"再社群化"与建构社群之"祖神"的历史过程。这个历史过程大致有以下几个步骤。

第一,以社群的力量建立神明"新家"。

如前所述,中国的海外"移神"大多是华人移民的个人行为。因此,这些来自华南移民祖籍原乡的神明初到移居地时,多被安置在"移神"者暂居地所设的小神龛中供奉。南来拓荒的新移民在艰苦创业中,需要超自然的神明的力量。因此来自同一祖籍地缘或姓氏血缘的闽粤移民就会慢慢以此神龛为中心而聚合,逐渐形成华人社群,并从中产生社群领袖。当南来的华人移民人数不断增加,社群已经有足够的经济实力建造庙宇,该社群侨领通常会发动所属成员筹款募捐建庙,将"南移"神明从移民个人家中迁移到社群修建的庙宇中[①]。从移神者家中的神龛到迁入社群修建的"新家",祖籍神明在移居地的"再社群化"跨出了重要的一步。

从蓬莱寺内6个姓氏庙宇的情况看,受华人移民在新加坡经济发展的实力、社群整合程度等因素的制约,"南移"的祖籍神明在"移居地"

---

① 曾玲:《华南海外移民与宗族社会再建》,《世界历史》2003年第6期。

的"新家"即庙宇及其供奉方式主要有以下三种形态。

其一，重建祖籍地庙宇。

例如林姓的中亭庙。在新加坡殖民地时代，来自福建安溪蓬莱大垅村的林氏移民主要聚集在新加坡的汤申乌桥一带垦殖，人数有一千多，占当地人口30%左右。当19世纪中叶，一批批的"大垅林"移民新加坡，一些家乡神明也随之"南移"，被安置在乌桥乡亲的"阿答"屋中。后来该社群侨领林拱河等人发动族人和宗亲筹款，在乌桥再建了一座"中亭庙"，将"南移"的祖籍神明从族人的"阿答"屋中迁移到乌桥"中亭庙"中供奉①。

其二，再建新庙宇。

例如刘姓的名山宫。在刘姓祖籍原乡并无此庙。该宫原建立于新加坡殖民地时代，建庙者是祖籍安溪的林、苏、张、刘四姓移民所建，宫内设有四个神龛，分别供奉四姓的祖籍原乡的神明②。"名山宫"庙名是新加坡一位华校老校长根据四姓移民所聚居和庙宇所在的芽笼芭山状而起的名字。1985年名山宫因市镇建设而迫迁，刘姓将所属神龛撤出迁往新建的蓬莱寺合炉，并仍采用"名山宫"庙名③。

其三，仅设神龛没有庙宇。

笔者在田野调查中，了解到一些华人移民社群因各种因素的制约，并无能力为"南移"的祖籍神明建庙设立供奉的"新家"。以柯氏的祥福亭为例。自20世纪40年代祖籍神明的"金身"来到新加坡后，一直供奉在以祖籍安溪蓬莱人为主要成员的新加坡五金公会四楼天台所设的神龛中。直到1991年祥福亭才从五金公会迁移到新建的蓬莱寺④。

再以廖姓水口宫为例。"移居"新加坡的祖籍神明廖府大人原本供奉

---

① 《新加坡安溪大垅林氏宗亲会及中亭庙简史》，载《雪隆安溪蓬莱寺大垅林氏家族会庆祝成立及大厦落成开幕典礼纪念特刊》，雪隆安溪蓬莱寺大垅林氏家族会1999年版，非卖品；2004年1月27日在新加坡蓬莱寺对新加坡安溪大垅林氏宗亲会理事会林进强、林添和、林炼锻的访谈。
② 《安邑供奉的神庙简介》，载《新加坡安溪会馆成立70周年及第一届世界安溪乡亲联谊会纪念特刊》，新加坡安溪会馆1992年版，非卖品。
③ 2004年1月18日笔者在新加坡后港蓬莱寺对刘连生所做的访谈。
④ 2002年12月20日笔者在新加坡柯氏公会对柯长源所做的访谈。

在杨厝港乡亲住家的神龛中。1987年该地段被新加坡政府征用以发展政府组屋,一些廖氏宗亲提议将"廖府大人"迁入南洋廖氏公会会所内供奉。此时恰逢蓬莱寺筹建联合新庙,水口宫便迁入合炉①。

上述祖籍神明在新加坡的"新家"形态虽然不同,但移民社群参与或主持"新家"的建构却是相同的。通过社群成员的筹款和建立"新家"的过程,原本由移民个体"分香"而来的祖籍神明重新被赋予社群色彩。祖籍神明的再"社群化",是跨境"南移"的神明在新的社会文化环境下重新"定居"的重要一步。

第二,整合"祖神"。

整合"南移"的祖籍神明,是建构华人社群"祖神"历史过程的另一重要环节。这是因为,神明信仰在东南亚华人主要祖籍地的闽粤地区十分普遍,各乡镇、各村落甚至村落中的各角落都遍布大大小小神明的庙、宫、堂等。随着闽粤移民的一拨一拨的南来,一些祖籍神明也陆续地"分香"到东南亚。因此,为了整合华人移民,透过祖籍神明的整合来凝聚和建构社群认同是重要的途径之一。

以廖氏水口宫为例。廖姓是祖籍地安溪虎头善益回龙(能)村的大姓。该村落基本上是一个单姓村。村落中有三个较重要的庙宇。一个是水口宫,供奉主神黄二大使,该庙属全村人所有。另有回龙(能)宫,主神曾府大人;再一个是庵堂,主神为廖府大人。前一个庙宇主要属五房、四房和长房;后一个庙宇则主要属二房和三房②。

当廖氏移民南来拓荒,祖籍原乡主要的神明"廖府大人""曾府大人""黄二大使"等也随之跨境"分香",被供奉在新加坡建立的水口宫,并以廖府大人作为主位神供奉在神龛正中。有关廖府大人的金身照片与供奉状况也载入了南洋廖氏公会的特刊中③。这样,新加坡水口宫整合了祖籍地三座庙宇中主要的神明,因而成为新加坡安溪廖氏移民的凝聚中心。

---

① 《南洋廖氏公会庆祝新大厦落成及成立八十五周年纪念特刊 会务顾问良海献词》,南洋廖氏公会1996年版,内部刊行,非卖品。
② 2004年1月18日笔者在新加坡后港蓬莱寺与廖荣业所做的访谈。
③ 《南洋廖氏公会庆祝新大厦落成及成立八十五周年纪念特刊 会务顾问良海献词》,南洋廖氏公会1996年版,内部刊行。

再以林姓中亭庙为例。在林姓的祖籍安溪蓬莱大垵村有两座庙宇，一座是忠义庙，拜顺平圣侯，即子龙公；另一座是中亭庙，拜"朱邢李"①。新加坡建立的中亭庙整合了两座祖籍庙宇供奉的神明，并以中亭庙为名供奉了顺平圣侯和"朱、邢、李"四尊神明。据该庙负责人林育忠对笔者所述，之所以采用"中亭庙"名，是因为在新加坡拜子龙公的忠义庙有好几间，而"中亭庙"则仅属"大垵林"②。林育忠的诠释显示，"大垵林"选择"中亭庙"名的原因，是基于对社群祖籍地缘与血缘认同的强调。换言之，"中亭庙"在某种意义上已经成为"大垵林"社群认同的象征符号。

第三，从南移"祖神"到华人社群"祖神"。

历经了以上"再社群化"的过程和步骤，"南移"的"祖神"逐渐向新加坡华人社群的"祖神"转变。而这种转变的一个重要标志是对神明神性的诠释。

根据笔者的实地田野考察，"南移"新加坡的华人祖籍神明大致可以分成两大类。一类是祖籍原乡的"祖神"。所谓"祖神"，一般认为是开基祖先的护卫神，或开基祖先祭拜的神明。例如中亭庙供奉的顺平圣侯"随我祖佛孙公来大垵开族，故称大垵祖佛"③。另一类是普遍流行于闽粤的各种民间信仰。如包括廖府大人、曾府大人、池府大人、"朱、邢、李"、"周朱齐"、潘府大人等在内的王爷信仰；保生大帝、清水祖师、三代祖师等具有地域特征的神明崇拜；以及一些村落特有的神明如"章三相公""风雨圣者"；等等。因此，"南移"的"祖神"并不一定都是移民祖籍原乡所认同"祖神"。而就崇拜的神明而言，后一类形态的神明要远多于前一类。

当"南移"的"祖神"在新加坡经历了"再社群化"的历史过程之后，所谓"祖神"在新加坡华人社会有了与祖籍原乡不完全相同的诠释。例如，在安溪蓬莱魁头村，当地有昭显宫、洲月庙、邱城庙等，供奉七

---

① 《雪隆安溪蓬莱寺大垵林氏家族会庆祝成立及大厦落成开幕典礼纪念特刊》，雪隆安溪蓬莱寺大垵林氏家族会1999年版，非卖品。

② 2004年1月18日在新加坡后港蓬莱寺对林育忠所做的访谈。

③ 《雪隆安溪蓬莱寺大垵林氏家族会庆祝成立及大厦落成开幕典礼纪念特刊》，雪隆安溪蓬莱寺大垵林氏家族会1999年版，第83页，非卖品。

王爷等许多神明。在这些神明中,当地认同为"祖神"只是"四公真仙"和"大使、二使"①。而在新加坡"魁头柯"的祥福亭,并无供奉祖籍地的祖神"四公真仙"等,而视"周朱齐"三王爷为"祖神"。

新加坡华人对"祖神"的诠释还表现在其他一些方面。例如,安溪"大垵林"的"祖佛"供奉在忠义庙,新加坡"大垵林"的"祖神"则被供奉在中亭庙。另一种情况是祖神位置的调整。例如安溪水口宫以"黄二大使"为主神,当地最热闹的民间宗教活动是为黄二大使和曾府大人做神诞。新加坡的水口宫则将廖府大人"金身"置于神龛正中,作为新加坡安溪廖氏认同的"祖神"②。

经过上述调整,祖籍原乡的"祖神"与新加坡移民时代的华人社群的"祖神"在概念与特征上已经出现了差异。

一是从南移的"祖神"到新加坡华人的社群的"祖神",经历了一个转变的历史过程,由此显示出二者之间的联系与差异。南移的"祖神",是宗族祖先留下的神明,它承载着当地社会历史变迁的内容。源自祖籍地并在新加坡转变成华人社群认同象征的"祖神",它所承载的更多则是移居地社会环境和华人社群整合的历史需求。

二是在"南移"神明神性转化的历史过程中,包括祖籍地"祖神"在内的各类神明原有的分野已经不那么重要或逐渐淡化,进而转变成为整合华人移民认同象征的"祖神"。

(二) 凝聚和整合华人社群的祖神崇拜

源自祖籍地、在新加坡社会脉络下建构的"祖神"崇拜,其基本功能是凝聚与整合华人社群。而伴随着新加坡从移民时代到本土社会的历史变迁,祖神崇拜对华人社群的整合在内容与功能上也呈现不同的形态。

殖民地时代的新加坡是一个移民社会。从跨境"分香"的祖籍神明转化而来的"祖神",其在殖民地时代是作为"祖籍认同"的象征来凝聚与整合华人移民社群。

新加坡华人的"祖神崇拜"能够承担整合功能的奥秘,在于它与一

---

① 2003 年 11 月 22 日笔者在福建安溪蓬莱魁头村所做的田野调查。
② 2004 年 1 月 18 日笔者在新加坡后港蓬莱寺对廖荣业所做的访谈。

般民间信仰形态不同的"亦祖""亦神"特征。由于"祖神"源自"祖神"所属华人社群的祖籍神明,承载许多华人移民祖籍地的记忆,因此"祖神"在某种程度上承载了"祖先"的意涵。"祖神"介于"祖"与"神"之间的特征,特别适应新加坡移民时代华人社会的需求。移民时代的新加坡处于英殖民政府的统治之下,鸦片战争前后一批一批南来拓荒的闽粤移民很少有人将此地当成永久家园而"落地生根","很多人年头来赚钱,八月中秋就准备回唐山。在这样情况下,是不可能把祖先神主牌位背来新加坡,更不可能把宗祠迁移过来"。而"祖神"则不同,"神是用来保佑平安的",并不存在是否在当地生根的问题。在技术上,"神明是可以有分身的",因此,移民透过分香(炉)的技术处理,很轻易地就把神明"抱"来新加坡①。再就整合社群的边界而言,"祖神"的功能亦大于"祖先"。许多被访问者告知笔者,祖先是"自己的","祖神"是"众人的"。"祖先"是私有的,是纯血缘的;"祖神"是公众的,带有地缘的色彩,更加具有团结宗亲的作用②。因此在整合社群的过程中,具有祖籍地缘色彩的"祖神"比仅属某一房的"祖先"具有更大的整合空间。这也就是说,由于"祖神崇拜"可以满足华人移民社群对于"祖"和"神"的双重需求,因此,通过祭祀"祖神"和参加年复一年社群定期为祖神举办的神诞仪式与活动,社群成员间共有的"祖籍认同"不断被唤起和强调,进而达致整合社群之功效。因此,"祖籍认同"是"祖神崇拜"能够凝聚华人移民社群的内在文化内涵。

由于"祖神"具有"亦祖""亦神"的双重特征,在新加坡华人社会的建构中,"祖神崇拜"作为文化纽带促成一些祖籍地缘与姓氏血缘相结合的宗亲会的成立。例如,新加坡官山呈美陈氏公会由供奉祖神"仙祖公"的神坛发展而来③。新加坡南安罗溪公所的前身是未经正式注册的"奉祀故乡祖佛的芦川公所"④。在这些宗亲会,祭拜和认同的对象不是姓

---

① 2004 年 1 月 22 日笔者在新加坡后港蓬莱寺对柯长源所做的访谈。
② 2004 年 1 月 15 日笔者在新加坡后港蓬莱寺对李逢春所做的访谈。
③ 《简说筹置会所经过》,载《新加坡官山呈美陈氏公会 35 周年及自置会所双庆纪念特刊 1963—1997》,新加坡官山呈美陈氏公会 1997 年版,内部刊行。
④ 《本公所史略》,载《新加坡南安罗溪公所庆祝成立六十周年纪念特刊》,新加坡南安罗溪公所 1997 年版,内部刊行。

氏"祖先"而是"祖神"。如新加坡西林孙氏同乡会所祭拜的"风雨圣者"①，以祖籍福建同安人为主的孙氏公会的"孙真人"②，澄海渔洲蔡氏同乡会的"福圣公妈"③，新加坡碧石陈氏公会的"杨家府五使爷公"④，刘陇同乡会的玉封大帝⑤，以及林氏大宗祠的"祖姑妈祖"⑥，等等。

另一类以"祖神崇拜"凝聚与整合华人移民的组织形态是姓氏庙宇。与上述以"祖神"为认同象征的宗亲会相比，姓氏庙宇的管理成员亦基本上具有相同的祖籍地缘和姓氏血缘。两类组织的区别在于，"祖神认同"的宗亲会，其成员主要是流动性较大的华商，所以多设在新加坡的城区。而供奉"祖神"的姓氏庙宇，则主要建在华人移民聚居垦荒的乡村地带。本文所研究的6个姓氏庙，亦属于这一类型。以中亭庙为例。如前所述，中亭庙在新加坡乌桥的建立，即是"祖神"整合"大埕林"移民社群的结果。

与会馆等其他殖民地时代的华人社团一样，乡村区以"祖神庙"为中心的管理机构也承担照顾南来移民的社会功能。除了安置新来的移民，让他们有暂时的安身之外，不少祖神庙也兴办学校，为移民子弟提供受教育的机会。以安溪社群为例，殖民地时代安溪移民在乡村区兴办了15所学校。这些学校基本上都是由祖神庙的董事会兴办和管理。学校学生中的安溪移民子弟占有的比例从45%至80%不等⑦。在本文考察的6个姓氏庙宇中，水口宫曾兴办私塾，请家乡的老师来执教。中亭庙亦曾兴办3所小学，其中新民学校和中立学校在殖民地时代的新加坡具有较大的规模⑧。

---

① 《西林孙氏同乡会》，载《新加坡潮州八邑会馆成立六十周年纪念》，新加坡潮州八邑会馆1989年版，内部刊行。
② 《新加坡孙氏公会简史》，载《世界舜裔宗亲联谊会第十六届国际大会纪念特刊》，新加坡舜裔宗亲联谊会2002年版，内部刊行。
③ 《澄海渔洲蔡氏同乡会》，载《新加坡潮州八邑会馆成立六十周年纪念》。
④ 《新加坡碧石陈氏公会简史》，载《世界舜裔宗亲联谊会第十六届国际大会纪念特刊》。
⑤ 《刘陇同乡会简史》，载《新加坡刘氏总会复兴55周年纪念特刊1946—2001》，新加坡刘氏总会2001年版，内部刊行。
⑥ 《新加坡林氏大宗祠九龙堂家族自治会七十周年纪念特刊》，新加坡林氏大宗祠九龙堂家族自治会1997年版，内部刊行。
⑦ 《邑人对新加坡教育之贡献》，载《新加坡安溪会馆金禧纪念特刊》。
⑧ 2004年1月27日笔者对新加坡安溪大埕林氏宗亲会理事的访谈资料。

"二战"后，包括新加坡在内的东南亚社会发生巨大变化。1965年新加坡结束英殖民统治走上独立建国之路，华人也转变身份认同成为新加坡国家公民。那么历经"再社群化"而成为华人移民社群整合象征的"祖神"对于当代新加坡华人社会又有何意义呢？笔者曾讨论当代新加坡华人宗乡社群多元的认同形态，认为对新加坡社会的认同和对传统社群认同的延续与坚持，是其中基本的内容[1]。而笔者对新加坡蓬莱寺内6个姓氏庙的个案研究，显示"祖神崇拜"对于当代新加坡华人社会的意义，正是在于延续、坚持和强调在移民时代形成的华人社群认同。以下根据田野调查资料讨论之。

考察当代蓬莱寺和庙内的6个安溪社群姓氏庙，其对传统社群认同的坚持与再确认，首先体现在庙宇管理层的社群结构。众所周知，新加坡在建国后短短的几十年已经取得举世瞩目的骄人成就。今天的新加坡华人对国家和社会都有很强的认同感与自豪感。在此种情况下，20世纪90年代初新建的蓬莱寺和庙内的6个姓氏庙对于管理层人员的社群所属仍有限制。根据蓬莱寺董事部提供的资料，董事部由包括主席、总务、财政和董事等的15位成员组成，其中祖籍福建安溪蓬莱的柯、林、李、张、刘、廖等6姓有13位，占领导班子成员的85%以上。其他非六姓者大多与他们有姻亲或商业上的关系。而庙内的6个姓氏祖庙的"炉主""头家"的社群所属的限制更为严格，均必须来自具有同一的祖籍地与姓氏。事实上，这些"炉主"与"头家"中有相当一部分也是蓬莱寺董事部的重要成员。

其次，新建的蓬莱寺和庙内的6个安溪社群姓氏庙的管理层，也通过对"祖神"源自"祖籍原乡"特性的再诠释，来坚持、强调与再确认其在移民时代所形成的"社群认同"。以李姓的普庵宫为例。在移民时代，由于各种原因，南来的安溪李氏移民一直无法为"跨境""分香"的祖籍神明建庙，这些神明"有炉无厝"，仅能轮流供奉在炉主家中。当时，一些李姓宗亲也从新加坡别的庙宇"分香"一些神明如李府元帅、广泽尊王等与祖籍神明一起祭拜。在进入蓬莱寺的建庙讨论中，普庵宫理事会对供奉在宗亲家中神龛的神明身份做了认真的研究，断定只有

---

[1] 曾玲：《新加坡华人宗乡社群认同形态的历史考察：以广惠肇碧山亭为例》。

"董公真人"和"章三相公"是由祖籍地分香（炉）来的，并经由宗亲亲自抱来新加坡，因而只有这两尊才是真正的"祖神"。因此，理事会决定在新建的蓬莱寺的普庵宫中将这两尊神明摆放在神龛正中，并确定仅为这两尊神明的神诞庆典安排宗教仪式。董公真人的神诞庆典在农历十一月二十七，章三相公的神诞庆典则在农历三月十三。两年前[①]，为了节省人力和物力，普庵宫理事会再次议决将两个神诞庆典活动合二为一，以农历十一月二十七作为整个普庵宫的神诞庆典。至于目前供奉在神龛内的李府元帅、广泽尊王、福德正神等，理事们认为，"他们是新加坡众人的神明，不需要我们专门照顾"。很显然，当代普庵宫理事会对"祖神"的再诠释和对神诞选择与安排上的社会文化意义，是要借此来再确认与强调安溪蓬莱李氏宗亲在移民时代形成的社群认同。

上述情况说明，新加坡殖民地时代华人移民整合的社群边界痕迹，在某种程度上还深深遗留在今天新加坡华人社会。而区分这些边界痕迹的重要象征或指标之一，是通过"祖神崇拜"所显示的传统的"社群认同"。

综上所述，在不同于祖籍地的新加坡殖民地时代的社会脉络下，"跨境""分香"的祖籍原乡神明从形态到功能上都发生了程度不同的变化。在这一历史过程中，来自"唐山"的"祖神""再社群化"后，转变成为整合华人移民的"祖神"，而再建的"祖神"庙宇则成为华人移民联络和凝聚的中心。换言之，"祖神"的建构过程亦是华人移民整合的历史过程。当新加坡从移民社会进入本土社会，华人转变身份认同，对新加坡国家与社会产生强烈归属感的同时，"祖神崇拜"作为华人社会内部延续、坚持与再确认其在移民时代形成而发展起来的传统"社群认同"的文化纽带，继续发挥重要的作用。

四 "祖神寻根"：当代新加坡华人的"祖籍认同"

"祖神崇拜"源自华人祖籍地，虽然历经"跨境""分香"，以

---

① 指笔者 2004 年所做访谈的两年前，即 2002 年。

及在新加坡社会脉络下重新建构的历史过程，但它与祖籍原乡的神明系统具有一脉相承、无法割断的"神缘"。因此，当20世纪七八十年代以来，全球经济一体化的发展、中国的改革开放和迅速崛起，以及中国和东南亚各国重建正常经贸与外交关系等新形势的出现，涵盖了祖籍地和移居地两方面历史记忆的"祖神崇拜"成为维系当代包括新加坡在内的东南亚华人与祖籍地关系的一条重要历史文化纽带。

以下笔者以新、马安溪"大垟林"中亭庙在1995年和2000年两次举办"祖神寻根"活动和新加坡蓬莱寺姓氏庙几位负责人的口述访谈资料，具体地讨论当代新加坡华人的"祖籍认同"与"祖神崇拜"。

根据新加坡新蓬莱寺中亭庙理事会提供的资料[1]，祖籍福建安溪大垟村的林氏宗亲（其自称"大垟林"）主要分布在新加坡、马来西亚、印尼、菲律宾、缅甸仰光、中国台湾等地。由于历史原因，新、马两地的"大垟林"宗亲联系较为紧密。20世纪八九十年代以来，在华人不断回返祖籍地的热潮中，新、马两地的中亭庙于1995年和2000年共同组织了两次"大垟林"宗亲回返"乡里"的活动。

1995年新、马"大垟林"宗亲返乡是为了参加"乡里"的庆祝"大垟林"族谱重修完成和祭祖大典。新加坡的中亭庙组织了100多人前往参加，于当年的农历八月初十抵达祖籍地。马来西亚则有300多位"大垟林"宗亲在八月十五从吉隆坡飞抵祖籍地。

2000年新、马"大垟林"返乡则是为中亭庙重建竣工之事。安溪蓬莱大垟村林氏的中亭庙在"文化大革命"期间已基本被破坏。20世纪90年代新、马中亭庙在海外"大垟林"宗亲中筹集款项，与安溪的"大垟林"组成筹建委员会重建中亭庙。中亭庙重建始于1999年，历时一年至2000年竣工。当年农历九月十八，筹委会举办新庙开光和"朱、邢、李""进主"仪式。为此，新、马两地的中亭庙再次组织数百位"大垟林"宗

---

[1] 2004年正月初六中午11时，新加坡安溪大垟林氏宗亲会在新加坡安溪蓬莱寺为笔者举行了一个小型座谈会。出席座谈会的有：宗亲会理事长林育忠先生、正司理林进强先生、副司理林添和先生、理事林炼锻先生。以下有关新、马安溪蓬莱"大垟林"组织的"祖神返乡"与祖籍地寻根活动，均来自这次座谈会的内容。

亲飞抵祖籍地参加盛典。

在以上的两次活动中，新、马两地的中亭庙以"祖神寻根"动员和号召新、马两地的"大垵林"宗亲回祖籍地探亲、祭祖、旅游或从事经贸活动。所谓"祖神寻根"，即抱着新、马两地"大垵林"宗亲共同的"祖神"往返祖籍地。以下是新加坡中亭庙在1995年组织"大垵林"宗亲回乡祭祖的具体做法。

在活动举办前，中亭庙通告新加坡的"大垵林"宗亲，将把供奉在庙里的"子龙公""朱、邢、李"四尊祖神抱回祖籍地省亲，同时参加在林氏德门祖祠举办的新族谱完成和祭祖庆典。1995年农历八月初十，新加坡安溪"大垵林"一行100多人飞抵福建厦门机场。不过他们并没有直接回到安溪"乡里"。根据来自祖籍地的传说，安溪蓬莱大垵村的"朱、邢、李"三王爷是由南安洪濑玉湖"分香"而来。因此，新加坡安溪"大垵林"在抵达厦门机场后，先抱着四尊神明乘大巴来到南安洪濑玉湖让"祖神寻根"。第二天再从南安回到大垵村"乡里"。在往后的两个星期里，大部分的新加坡"大垵林"宗亲在"乡里"祭拜先祖，探亲访友，参加一系列仪式与活动。也有一些宗亲北上中国各地旅游。与此同时，新加坡蓬莱寺中亭庙的"祖神"则被供奉在"乡里"重建的中亭庙里，与祖籍神明"会亲"。两个星期后，新加坡"大垵林"宗亲和伴随他们而来的四尊"祖神"告别"乡里"回返新加坡。

为什么要借助"祖神寻根"而展开"大垵林"的祖籍地寻根？中亭庙理事们认为，他们这样做是为了满足新加坡安溪"大垵林"不同世代"祖籍认同"需求：对第一代移居新加坡的安溪"大垵林"说，南移的"乡里神明"既承载了祖籍地历史记忆和他们认同祖籍乡土的情怀，也蕴含着他们在移民时代艰苦创业和在新加坡社群建构的历史记忆。因而他们对新加坡中亭庙和庙里供奉的子龙公等"祖神"始终怀有深厚的感情。而对当代年轻的"大垵林"来说，由于时代变迁和1965年建国后新加坡政府推行的英文教育等因素的影响，他们中的许多人已不谙中文和祖籍方言，对中华文化和祖先血脉根源的认同逐渐淡化。如果说在他们生活中还有什么内容与安溪"乡里"相关联的话，大多也是从祖父辈延续下来的有关祖籍地祖先和神明等的传说。而在这些内容中，最重要的是新加坡的中亭庙和所供奉的"祖神"。因为这是新加坡安溪"大墘林"和中国安溪"大墘林"唯一的联系纽带。因此，不论是哪一世代的新加坡安溪"大墘林"，也不管他们是否淡忘了"乡里"的血脉根源，只要有新加坡中亭庙和"祖神"存在，并通过这条纽带与祖籍"乡里"的"大墘林"联系起来，就有可能唤起新加坡"大墘林"与祖籍地血脉联系的历史记忆。事实证明，中亭庙借助"祖神寻根"的方式，的确有助于激发宗亲们尤其是较年轻的"大墘林"对祖籍地的兴趣，有效地动员和组织了新、马两地数百位宗亲回到祖籍地寻根，并在不同程度上与"乡里"建立了各种文化经贸活动。

为了进一步讨论"祖神"作为华人"祖籍认同"象征的重要意义，以下笔者再以蓬莱寺姓氏庙几位负责人人生经历中与"祖神"有关的口述资料来阐述之。

李先生是2004年蓬莱寺董事部主席，也是李姓普庵宫的受托人。李是第二代华人，他的父亲从中国安溪蓬溪村南来新加坡谋生。李在新加坡出生，受中、英文教育，从商。在1994年之前，李从未回去中国。当他很小的时候，父亲做过"祖神"董公真人的炉主。不过他当时对祖籍"乡里"和父辈文化并没有太多的关注和兴趣。20世纪80年代，蓬莱寺正在筹建新庙，他受宗亲和乡亲推举接手"祖神"之事，开始试图去了解父辈移民的历史和过程，思考"祖神"对李氏宗亲、对安溪乡亲乃至对新加坡华人社会的意义。1994年，他第一次回到安溪蓬溪村"乡里"。作为第二代华人，他对笔者谈到他回"唐山"有两个目的："回唐山去看看，看父亲移民所走的路，看乡里的董公真人和章三相公是什么样子，希望知道自己的根源之所在，知道自己是什么人。"对于参与新加坡的"祖神"事务和回乡祭拜"祖神"意义，李告诉笔者，这有助于确认他在新加坡华人社会尤其是安溪社群里的李氏身份和认同，也因此认识更多安溪李氏宗亲和安溪乡亲。这对扩大他的人际网络和商业活动网络有帮助。换言之，在新加坡的社会舞台，他的"祖籍认同"与"祖神崇拜"具有更多现实的功能。说到"祖籍认同"与中国的关系，李先生一再强调他更多是想了解自己"从哪里来"，"当孩子问起这些问题时，我不会因答不上来而尴尬"。他有三个儿子，一个在美国，一个在澳州，一个在新加坡。目前他自己暂时没有到中国发展的打算。当然，他也提到，在回乡祭祀祖先和"祖神"的过程中,如果有机会,他也会进入中国市场,毕竟他是一个商人。但李一再对笔者强调"这绝不是我回乡里的根本原因和动力"①。

刘先生是第三代移民,其祖父辈从安溪蓬莱美滨村南来新加坡谋生。父亲和他都出生新加坡,他在新加坡接受中小学教育。在20世纪80年代以前他从未回到祖籍乡里。1980年他作为炉主参与蓬莱寺名山宫活动。从前辈的口述中,他得知"名山宫"至少已存在了80年,供奉的祖神"朱、邢、李"是宗亲用木箱背来的。参与"祖神"的活动,使他对祖籍地和祖神的原貌产生极大兴趣,并成为推动他回乡的动力。从1997开始到2000年,他四次回返"乡里",其中一个重要的原因就是想看看祖籍地的"祖神"。1998年,他带领40多位刘姓宗亲回乡,了解中国和"乡里"的情况②。

张先生的祖籍是安溪蓬莱镇岭美村。与刘先生一样,张也是第三代华人,其祖父辈开始移民新加坡,父亲和他均在新加坡出生。移民第三代的张先生在1984年以前从未到过"乡里",对祖籍原乡的地理和乡亲都很陌生。1978年,他参与蓬莱寺张姓祖神庙的管理工作,开始对祖籍原乡历史社会文化等问题感兴趣,希望能够回乡看看真正的"祖神"。1984年他作为安溪会馆的副总务带领会馆南音团到侨乡泉州表演。在泉州侨办侨联的热情安排下,他第一次回到"乡里"安溪蓬莱镇岭美村。他在家乡找祖先坟墓,祭拜祖神,还设立"岭美小学教育基金",1988年他在岭美村开办全安溪第一个英文班,教育家乡孩子。他也捐钱翻建了"乡里"的舟月庙和慈济堂③。

以上3位新加坡华人的人生经历虽然不尽相同,但他们都是在新加坡土生土长、对祖籍原乡和中华文化缺乏感性了解和认知的华南移民后代。在20世纪80—90年代东亚和东南亚社会变迁的新形势下,他们通过"祖神"认识祖籍地的历史文化传统,进而重建与祖籍地的社会与文化联系。

---

① 2004年1月14日,笔者在新加坡森林广场一个咖啡厅对李先生所做的访谈。
② 2004年1月19日,笔者在新加坡蓬莱寺对刘先生所做的访谈。
③ 2004年1月20日,笔者在新加坡蓬莱寺对张先生所做的访谈。

总括以上所述，维系当代新加坡华人与祖籍地关系的一条重要文化纽带，是建立在"祖籍认同"基础上的祖神崇拜。而新加坡安溪人重建与祖籍地的社会文化联系的实践显示，包括新加坡在内的当代东南亚华人的"祖籍认同"的内涵更多体现在文化价值的层面，是一种对"血脉根源"的认同与追寻。而经由"祖神崇拜"而确认的其在文化上的"祖籍认同"，无疑是一条重要的途径。

五 结语与讨论

本文从中国移民南来拓荒的历史背景和新加坡社会发展的演化脉络，以新加坡安溪社群蓬莱寺的 6 个姓氏庙为研究个案，考察跨境"分香"的闽南民间"祖神"如何在新加坡社会文化环境下建构华人社群"社群祖神"的历史过程，以及祖神崇拜对于新加坡华人社会发展以及当代包括福建社群在内的新加坡华人与祖籍地关系的意义。

本文的研究显示，伴随华南移民的南来拓荒，福建闽南乡村的一些神明也"南移"新加坡。当这些神明被跨境"分香（或分炉）"到移居地时，与祖籍地相关的社会经济文化信息也随之传入，成为华人移民对祖籍地的历史记忆。这些历史记忆的内容随着社会发展和变迁，不断地在所属社群中的流传与被转述，起着加深或唤起社群成员之间"祖籍认同"的功能。在这个意义上可以说，从祖籍地传承到新加坡的"祖神"，在某种程度上承载了"祖先"的意涵。

当跨境"分香"的闽南"祖神"脱离了原有的社会文化脉络后，在新加坡的社会环境条件下经历了一个"定居"的过程。这个过程亦是包括闽南在内的华南移民在新加坡殖民地社会脉络下重新整合的历史过程。在这一历史的演化中，源自华南村落的各类神明和开基祖先的祖神，经过在形态和功能上的许多重要调整，转化为新加坡移民社群的"祖神"，并作为所属社群认同的象征而扮演整合该社群的重要角色。

"二战"后新加坡结束殖民地时代进入本土社会，新加坡华人也转变身份认同从中国移民变成新加坡公民。伴随时代的发展，社会的转型,在移民时代建构的社群"祖神"也与时俱进,历经1819年新加坡开埠华人南移以来两个多世纪的社会历史文化积淀,逐渐演化成为维系华人与祖籍地关系在价值观层面的象征符号和"祖籍认同"的对象。

新加坡建国以来,由于市区重建和20世纪七八十年代以来华人联合庙的出现①,许多作为移民时代华人社群凝聚中心的庙宇也逐渐跨越社群,淡化"祖神"色彩,回归一般"神明"的功能,成为庙宇所在社区百姓的宗教场所。以本文研究的蓬莱寺为例,在笔者几次到该庙进行的田野调查中,都可见一些非祖籍安溪蓬莱的华人在庙内的神明神龛前上香祭拜。2013年1月底笔者重访蓬莱寺,据该庙董事会所告知的统计数据,目前蓬莱寺的信众中,祖籍为安溪蓬莱的信众占70%—80%,其余为庙宇所在的后港一带的居民,包括潮州人、客家人、广府人等。因此,虽然到目前为止,在庙宇的管理、与祖籍原乡的关系等方面,蓬莱寺及其庙内的5个姓氏庙②仍具有鲜明的社群边界且仍不断再被强化中。而与此同时,该联合庙也在逐渐向着作为后港社区庙宇的方向转化。

综上所述,历经新加坡社会发展的历史变迁,当代新加坡的祖神崇拜仍有着鲜明的社群边界。由于新加坡华人的"祖神崇拜"涵盖了祖籍原乡和移居地两方面历史记忆,因此,在新加坡华人的社群整合及当代华人与祖籍原乡互动关系的历史演化中,"祖神崇拜"作为具有历史延续性和动态发展的一种文化纽带,将持续发挥重要的作用。与此同时,在当代新加坡社会变迁的情境下,祭拜祖神的庙宇也在逐渐向社区庙宇的方向发展。从本文所考察与讨论的个案来看,作为社群的"姓氏庙"与作为社区的"香火庙",是现今蓬莱寺及其5个姓氏庙的基本特征。这不仅是当代新加坡许多传统华人庙宇的真实写照,亦是这类庙宇在未来相

---

① 有关新加坡建国后的市区重建和20世纪八九十年代出现的华人联合庙及其对新加坡华人民间信仰的影响,参见《独特的风景线:联合庙》,载许源泰《沿革与模式:新加坡道教传播研究》,新加坡国立大学中文系、八方文化2013年版,第183—191页;林纬毅《国家发展与乡庙的整合:以淡滨尼联合宫为例》,载林纬毅主编《民间文化与华人社会》,新加坡亚洲研究学会2006年版,第173—197页。

② 在2013年笔者对蓬莱寺的访问中,得知廖氏水口宫已搬离,回到南洋廖氏总会。

当长一段时间的发展与演化之趋势。

（本文最初以"祖神崇拜：东南亚华人与祖籍地文化纽带之建构——以新加坡蓬莱寺的六个姓氏庙为例"为题，参与2004年2月5—7日由香港中文大学陈志明教授在泉州举办的"侨乡与海外华人"学术研讨会。本文初稿发表在《文史哲》2006年第1期。收入本书时，增加了2006年之后笔者在新加坡等地继续进行有关该项研究的文献收集与田野调查资料及思考）

卷三　节庆

"创造传统"：当代新加坡中元节研究

一 前言

中元节又称"普度"，又称"鬼节"，是中国一个具有宗教色彩的传统节庆。有关中元节的起源及其演化过程，学界一般认为，经历代王朝的提倡并与传统中国社会普遍存在的对祖先和鬼神的信仰和祭祀活动相结合，至少在宋元以后，"中元普度"已成为遍布中国大江南北的民间习俗及节庆活动[1]。

中元节是伴随近现代华南移民的南来拓荒而传入新加坡的，并在新加坡社会变迁时空脉络下，逐渐从中国传统节庆转变成为新加坡华人中元节。这一历史进程大致可以1965年新加坡建国为界，划分为两个时期。1965年以前的新加坡处于英殖民政府统治的移民时代，华人则主要是在1819年新加坡开埠后相继来到这片新土地拓荒。在不同于祖籍原乡的自然与人文环境下，南来的闽粤移民一方面要应对陌生与艰难的生存环境；另一方面，因英殖民政府实施半自治的统治政策，闽粤移民必须进行社群整合与社会建构，才能维持华人社会运作。在这样的时空情境下，传承自华南的传统中元节被打上新加坡移民社会的时代烙印[2]。

---

[1] 徐杰舜、周耀明：《汉族风俗文化史纲》，广西人民出版社2001年版，第282页。
[2] 有关移民时代新加坡华人中元节研究，见曾玲《中元普度》，载曾玲《越洋再建家园：新加坡华人社会文化研究》，江西高校出版社2003年版，第255—276页。

1965年新加坡独立建国，结束英国政府近一个半世纪的殖民统治，华人也从中国华南移民转变身份认同，成为这个新兴国家的公民。建国后的五十年来，新加坡面对一系列问题。诸如国家认同之建构、社会重组与城市重建、多元种族、宗教、文化和谐政策的制定等等。而如何在急剧社会变迁情境下传承与发展中华文化，维系华族民族与文化认同，重整与强化华社凝聚力，以及如何与马来、印度等族和睦相处共同建构新家园等，亦是占新加坡国家人口75%以上的华人社会所面对的挑战。在上述新时空背景下，新加坡中元节进入一个新的历史演化进程。

首先，历经移民时代到本土社会的历史发展与社会变迁，中元节这项传承自祖籍地的中国传统节庆已经发展成为今天新加坡重要的一项节庆活动。根据笔者从20世纪90年代中叶以来的持续观察，在每年的农历七月期间，全新加坡到处可见"庆赞中元"的旗帜与标语，祭拜"好兄弟"的祭坛与大香，琳琅满目的祭品与"福物"等。到了夜晚，千人乃至万人的"中元晚宴"在大街小巷和酒店登场，而歌台的音响与演唱声、"标福物"的"喊标"声也在全岛的各个角落热闹响起。上述景观汇成一道具有浓郁新加坡特色的人文风景线。可以说，参与每年中元节的华人人数之多，"庆赞中元"活动规模之大，涉及的社会、经济、文化等领域之广，都远在其他新加坡华人传统节日之上。

其次，中元节成为当代新加坡一个具有社区意义，且在某种程度上可以超越华族的传统节庆。根据新加坡当地报章的报道，"中元节已经走入基层民众的生活，不单个别家庭自己祭拜，有组织的庆赞一年甚一年。……有的市民一年赶三、四个中元会，社区领袖、国会议员在中元节期间，也忙着赶中元酒会，与民众同乐"[1]。不仅如此，至少从20世纪90年代中期开始，中元节正逐渐吸引马来、印度等非华族的参与，为新加坡的种族和谐与互信提供一个民间交流的舞台[2]。

最后，与殖民地时代的华人"中元普度"相比，为适应新加坡建国五十多年来的社会变迁，中元节在活动方式、内容以及功能等诸方面都

---

[1] 《鬼节盛会，越唱越红》，新加坡《联合晚报》1996年8月8日。
[2] 《多元种族庆中元》，新加坡《联合早报》1995年8月8日。

发生了变化。例如，出现了制度化的组织机构"中元会"。在中元节活动方面，除了延续殖民地时代的祭拜仪式，还出现了"标福物"与"中元歌台"等新内容，并由此催生可观的"中元经济"。以1996年为例，根据不完全的统计，当年新加坡的三百万人口中，大约有百万人次自发参与了农历七月期间的"庆赞中元"活动。这一年包括酒宴、福物、歌台等总共耗费了近4000万新元（约合当时24000万元人民币）[1]。2001年的中元节，不包括"标福物"与歌台等费用在内，其他的消费已达3600万新元[2]。至于"中元歌台"的数量，2012年大约有400台[3]。2014年的中元节亦有歌台300—400台[4]。与此"庆赞"规模相适应，新加坡出现了"中元歌台台主、福物制造商、赶场献艺的艺人、喊标人"等与"中元经济"相关的行业[5]。

  本文主要根据笔者长期的田野观察，并结合已收集的各类资料和研究积累[6]，从新加坡中元节的组织形态、庆赞方式、活动内容、文化与社会功能等诸方面，具体讨论华人社会如何通过孤魂崇拜的"庆赞中元"，来解决新加坡建国五十年以来所面对的诸如中华文化认同、宗乡社群的边缘化、多元种族和谐等的各种挑战。在"结语"的部分，笔者将运用"创造传统"的理论，讨论新加坡的中元节如何以传承自华南传统节庆的"旧形式"，创造性地发展出适应新加坡时空变迁需求的"新的过去"，并以此为个案研究华人文化之建构等问题。

---

[1] 韩山元：《从宗教节日演变成民俗活动 我国百万人次庆祝中元》，新加坡《联合早报》1996年9月14日。

[2] 《中元节活动历时30天：一次中元节千万元消费》，新加坡《联合早报》2001年8月31日。

[3] 《台主申诉缺乏歌台场地》，新加坡《联合早报》2012年8月18日。

[4] 《歌台人物》，新加坡《联合早报专刊》2014年8月10日。

[5] 吴韦材：《中元业者赴民俗大派对》，新加坡《联合早报》2001年8月21日。

[6] 笔者1994—2001年在新加坡工作期间，几乎在每年的农历七月中元节期间都走入华人社群，参与各类社团举办的"庆赞中元"活动，进行访谈与实地考察等田野研究工作，收集相关的文献与口述资料。1996年笔者承担新加坡南洋理工大学中华语言文化中心"殖民地时代新加坡华人的中元节"课题，并提交研究报告。2006年中元节期间，笔者再次回返新加坡进行田野研究与资料收集工作。2013年与2015年，笔者利用在新加坡访学机会，继续进行中元会研究。此外，笔者亦非常关注并收集新加坡报刊与中元节相关的报道和中元会包括邀请函等在内的各类记录。

二　中元会:"庆赞中元"的组织机构

(一) 中元会的出现与特点

与殖民地时代相比,建国后新加坡中元节的一大变化是出现"庆赞中元"的组织机构——中元会。

保存下来的《叻报》《南洋商报》《星洲日报》《总汇新报》等华文报刊,均未见涉及每年农历七月中元节活动中与"中元会"相关的报道。另根据笔者在20世纪90年代对新加坡中元节的田野调查,在20世纪六七十年代以前,当时城市与乡村"中元普度"活动主要由庙宇和会馆等社团组织与筹办。

到目前为止,笔者还无法确定新加坡中元会最早出现于何时。不过根据所收集的华人社团特刊等资料,海南社群的"昭应祠"在1970年创设的中元会[①],应该是新加坡华人社团和庙宇组织中较早设立的一个中元会。到了20世纪80年代中后期,华人社会已普遍设立中元会作为中元节活动的组织机构[②]。以位于新加坡东北部的义顺社区为例。该社区在80年代中期已设立各类中元会达22个(见表1)。

到了90年代中叶,华文报刊不时出现有关全新加坡中元会数量的统计。如1996年的中元节,据新加坡《联合早报》报道,这一年仅参与"广惠肇留医院"筹款活动的中元会就达900多个[③],显示当年"中元会"的数量至少已在千个以上。

作为因"庆赞中元"之需而设立的民间社团,中元会与传统的华人宗乡社团如会馆、宗亲会等相比,具有以下几个基本特点。

第一,中元会的组织原则非常宽松。不论哪一类的中元会,参与者基本不受社群所属之限制。即使是由具有社群边界的会馆组织的中元会,其会员或参与中元节的活动者亦可来自别的社群。

[①] 《本祠十年祠务辑要》,载《大巴窑昭应祠重建十周年纪念特刊》,新加坡大巴窑昭应祠1985年版,非卖品。

[②] 《中元节特辑:中元节起源与习俗》,新加坡《联合早报》1985年7月31日。

[③] 《全国九百多个中元会,筹两百七十万元义款》,新加坡《联合早报》1996年10月9日。

表1　　　　　　　　　　义顺区中元会一览

中元会名称	庆祝日期（农历）	庆祝地点
1. 兴兴社中元会	七月初三	义顺新镇大牌126座旁
2. 义顺村十个石宏兴吧刹小贩中元会	七月初七	宏兴吧刹边
3. 华顺吧旺梨山中元会	七月初八	元寿堂龙霞馆新胜坛联合庙广场
4. 宏茂桥603乌桥村中元会	七月初八	宏茂桥大牌603座旁
5. 艺龙体育会社友中元会	七月十一日	义顺新镇大牌101座车场
6. 义顺顺德兴中元会	七月十三日	义顺新镇第九道大牌244及245之间
7. 义顺村天公坛中元会	七月十五日	义顺律天公坛
8. 义顺环路第一邻区中元会	七月十六日	义顺环路大牌114座旁
9. 合春格中元会	七月十六日	杨厝港路大伯公口
10. 义顺镇11街联合中元会	七月十七日	义顺镇11街大牌157停车场
11. 宏茂桥608民安社中元会	七月十九日	宏茂桥大牌608座旁
12. 义顺镇朋友社中元会	七月廿日	义顺环路大牌111草场
13. 义顺镇商贩吧刹熟食中心联合中元会	七月廿二日	义顺新镇吧刹边
14. 义顺A工业区联合中元会	七月廿三日	义顺A工业区
15. 义顺新镇第72街上段中元会	七月廿四日	义顺第72街大牌731及732中间空地
16. 义顺新镇第三道联合社会中元会	七月廿四日	义顺新镇第3道大牌769
17. 义顺新镇众兴社中元会	七月廿四日	义顺环路大牌233停车场
18. 南凤善堂中元会	七月廿五日	南凤善堂
19. 兴利芭春叶园中元会	七月廿八日	春叶园
20. 义顺镇财启村大众中元会	七月廿八日	义顺新镇大牌101座停车场
21. 义顺新镇大牌107新合社中元会	七月廿九日	义顺新镇大牌107草场
22. 宏茂桥603大众中元会	七月廿九日	洪茂桥大牌603座旁

备注：《义顺社区发展史》，新加坡义顺区基层组织、国家档案馆、口述历史馆编撰，第162页，非卖品。

第二，绝大多数中元会并非长年运作。中元会的基本功能是筹办与组织每年农历七月的"庆赞中元"活动。为此，各类中元会通常在农历六月前后组成并运作，待中元节整个活动结束后即停止工作，直到来年中元节前再重组。故虽然中元会已成为周而复始不间断地在每年农历七月举办的中元节的制度化机构，但对具体的中元会而言，它却仅是每年一设且非长年运作的机构。

第三，作为非长年运作的机构，中元会成立时无须向政府正式注册。中元会与政府发生关系，主要是为其主办的中元节活动向政府相关部门申请准证。

基于上述特点，中元会成为当代新加坡华人社会最基层的民间机构。由于中元会不需要正式注册，故它的人员组成与变动可以非常灵活，与此同时也使其运作极易受到社会变迁诸因素的制约。

（二）中元会的分类

要对新加坡的中元会进行精确的分类是一件非常困难的事情。这不仅因为新加坡的中元会遍布在全岛的各个角落，数量很大。更重要的是，有相当一部分中元会，其组织原则并非单一。以下笔者根据各类文献与田野资料，尝试对新加坡的中元会做一个大致的分类。

1. 庙宇中元会

由庙宇主持与举办"中元普度"，是新加坡殖民地时代华人社会的普遍做法。此一传统历经移民社会一直延续到当代。在每年的农历七月，新加坡的各类庙宇，包括佛教如双林寺，道教如三清宫，以及遍布在全岛各个角落的华人民间宗教庙堂几乎都举办"庆赞中元"活动。与殖民地时代不同的是，当代华人庙宇多组织中元会，并由其操办中元节活动。

另一不同是20世纪70年代中后期出现的"联合庙"与"联合庙"组织成立的"中元会"。所谓"联合庙"，是指"集合至少两间有善信基础、有经济条件与有整合意愿的庙宇，联合向建屋发展局或裕廊镇管理局申请购买租赁期三十年的地皮"联合建造的庙宇，其"最常见的形式是联合宫与联合庙"[1]。作为20世纪70年代开始的新加坡市区重建的产物，"联合庙"的出现，不仅改变了新加坡的宗教地理景观，亦有助于促进华人的新地缘关系之建构与对新社区的认同[2]。

---

[1] 林炜毅：《国家发展与乡区庙宇的整合》，载林炜毅主编《华人社会与民间文化》，新加坡亚洲研究学会2006年版，第174页。

[2] 《独特的风景线：联合庙》，许源泰：《沿革与模式：新加坡道教与佛教传播研究》。

根据联合庙出版的特刊、报刊报道与田野调查资料，有关联合庙组织的中元会，大致可分成两类。一类是由联合庙统一组成的中元会。另一类是联合庙中的各庙宇分别组织中元会。前者如"淡滨尼联合宫"。该联合宫由十个庙宇组成，由统一的组织"中元会"筹办每年农历七月的"庆赞中元"[1]。后者如"大巴窑伍合庙"。该联合庙现由潮州社群的"亚福律大伯公庙"、福建同安社群的"山竹园福德祠""聚天宫"以及海南社群的"昭应祠"等4间庙宇所组成，而每个庙宇均设立中元会主办中元节活动。根据笔者的田野研究，后者的情况似乎更为普遍。不过由于中元节活动的开放性，因此不论是哪一种组织方式，都有助于联合庙及其所属信众的整合。

2. 华人宗乡社团中元会

据《叻报》的报道[2]，会馆、宗亲会等华人宗乡社团在殖民地时代的"中元普度"中扮演重要角色，从而使这一传承自华南的传统节庆被烙上新加坡华人移民社会之印记，并伴随时代变迁成为新加坡中元节的传统特点之一。不过，由于建国后华人社会与中华语言文化发展面临严重挑战，许多传统华人宗乡社团已经取消了中元节活动。20世纪80年代中叶以来，伴随世界局势变化，中国改革开放和平崛起，华人社会转型和中华文化振兴等时空变迁，"庆赞中元"再次走入华人社会，成为许多宗乡社团的常年活动内容之一。许多会馆、宗亲会成立"中元会"，在农历七月期间举办庆赞活动[3]。

3. 新镇社区中元会

如果说庙宇、宗乡社团的"中元会"是在延续移民时代华人社会"中元普度"传统基础之上建立的主办机构，那么"新镇社区中元会"则出现于新加坡建国之后。

---

[1] 《淡滨尼联合宫晋宫十周年纪念特刊》，淡滨尼联合宫2001年版，第63页，非卖品。
[2] 据笔者检索1887年至1925年《叻报》上有关华人"中元普度"的相关报道，从中可见"闽籍""潮人""闽商""源顺街""大坡""小坡""奎因街""潮音""闽音"等与华人移民帮群分类相关的文字。而中元普度的主办者，则是庙宇、会馆等帮群社团组织。如福建帮的天福宫、潮帮的粤海清庙、广、客两帮总机构的福德祠、莆田社群的兴安会馆。见《叻报》1901年8月27日（农历七月十四）、1905年7月6日（农历六月初四）、1906年12月26日（农历十一月十一日）、《叻报》1926年8月11日（农历六月二十七）等的报道。
[3] 该问题在下节还将讨论。

"新镇社区"是新加坡独立建国出现的新地理景观。1959年新加坡自治，面对殖民地时代遗留下来的严重"屋荒"问题，新加坡政府在1960年成立建屋发展局，大量、快速地建造高层组屋，以低廉价格出售或出租给低收入家庭。1965年建国后，新加坡政府为了建构国家认同和发展经济，开始了大规模的市区重建，同时继续实行公共建屋政策，以彻底解决居民的住房问题，实现"居者有其屋"的目标[1]。在此过程中，伴随郊区的开发，政府陆续将大量的城市人口迁移到位于郊区的义顺、宏茂桥、淡滨尼、后港、盛港、巴西立、巴西班让、金文泰、武吉巴督、蔡厝港等数十个新镇。与此同时，乡村的居民也被有计划地被安置到这些新镇居住。新镇是一个完整的社区，新镇内不仅有政府建造的各种类型的组屋和与之相配套的市镇管理系统，还拥有完整的"一站式"的教育、医疗、生活、交通等设施，如地铁站与巴士总站，大、中、小型商场与市场、学校与医院等。

由于建国后的社会发展与经济建设，特别是市区重建造成移民时代人们的居住与生活方式以及人群聚合形态等的改变，新加坡需要重组与重建基层社会与新地域认同，以促进全社会的凝聚力。新镇社区中元会的出现正适应了时代发展与社会变迁的新需要。由于中元节已经是新加坡华人社会的一项传统习俗，为了聚合来自各地的新居民与重建社区联系网络，华人在每个新镇都组织了各种类型的中元会以筹办"庆赞中元"活动。以新加坡大巴窑、宏茂桥、巴西班让、武吉巴督等新镇为例。据笔者的田野调查，在这些新镇，一类是以政府组屋为单位的中元会，如成立于1980年的宏茂桥10道、由居住在577座组屋的居民组成的"577联合中元会""大巴窑八巷中元会"等。另一类是新镇内商家组织的中元会。如"巴西班让生果批发市场中心中元会"；还有一类是新镇社区居民与商家联合组织的中元会，如"大巴窑中心商店住户联合社中元会""大巴窑七巷市场商店住户联合社中元会""武吉八督第二中心大众中元会"等。这些分布在各个新镇社区、数量众多的不同类型中元会，把"庆赞中元"活动扩展到新加坡的各个角落，并形成

---

[1] 陈寿仁：《新加坡五十年来的社会发展》，载《从〈星洲日报〉看星洲50年1929—1979》，星洲日报社1979年版，第A53—54页。

全岛性的活动规模。

值得提出的是，这些新镇社区中元会的会员，不仅有新社区的居民，还包括了这些会员在原来村落、乡镇等的亲朋好友等。如表1中所列的义顺新镇的22个中元会中，"义顺村天公坛中元会""合春格中元会""兴利芭春叶园中元会""南风善堂中元会"等，就是由殖民地时代该地华人村落、庙宇等的村民与信众组织的中元会。由此可见，新镇社区中元会在凝聚新居民的社区认同的同时，也是维系新老社区人群关系的一条重要纽带。

4. 行业、工厂与商场中元会

一般说来，在农历七月期间新加坡各个行业公会、工厂和商场都会进行"中元普度"活动。在当代新加坡数量众多的中元会中，与商贸活动相关组织有关的中元会占有相当的比重。如表1义顺新镇在1987年统计的22个中元会中，除原村落、庙宇、新镇组屋区居民组织的中元会外，其余就是小贩中心、工业区等组织的中元会。如"义顺镇商贩吧刹熟食中心联合中元会""义顺A工业区联合中元会"等。自20世纪90年代以来，有些中元会如"星马歌台艺人中元会"[1]，"新加坡鸡鸭商公会"[2]，"森林商业中心中元会"[3]，"大巴窑八巷多层工厂联合中元会"[4]，等等，因其规模盛大或富有特色而几乎每年都会出现新加坡的华文报章有关"中元节专题"的报道中。

除了上述商家，笔者的田野调查显示，一些政府部门，如移民厅、警察局和政府公共交通系统的地铁站和巴士总站也举办中元祭拜与庆赞活动。2006年8月笔者在新加坡参加了一个由退休警察组织的"福建帮中元会"祭拜仪式。该中元会的成员当年均参与打击福建帮私会党，故中元会以"福建帮"为名。"福建帮中元会"从1996

---

[1] 《星马艺术歌台为慈光福利协会筹2万，替蒙巴登教育基金筹1500元》，新加坡《新明日报》2006年7月28日。

[2] 《鸡鸭商在德福12巷庆中元，福物"鸭王"标1万8千》，新加坡《联合早报》1996年9月13日。

[3] 《中元节喊标大热，10包大米标6万元》，新加坡《新明晚报》2006年7月3日。

[4] 《大巴窑8巷多层工厂联合中元会，17对灯笼标3万7000》，新加坡《新明日报》2006年8月4日。

年开始，在每年农历七月十七借用韭菜芭城隍庙场地举办中元祭拜及活动①。

（三）中元会的组织与运作

1. 中元会的组织原则与规模

中元会的会员构成与一般传统华人宗乡社团的组织原则有所不同。

其一，传统华人宗乡社团如会馆、宗亲会等，其成员都有祖籍、姓氏等的限制。而中元会的会员则基本没有社群边界。即使是会馆组织的中元会，虽然其会员基本上属于该社团，亦允许和欢迎非社团成员者加入。

其二，中元会的会员是以"份"为单位。所谓"份"是一个非常宽松的概念。"一份"即可以是一个个人，也可以是一个家庭，亦可以是一个商号或店号。不过，以个人构成"一份"的情况较为少见，在大多数情况下，多以一个家庭或一个商号、店号为"一份"。

中元会的规模取决于以"份"为单位的会员的数量。根据笔者2006年的田野调查，一些中元会如"宏茂桥10道577联合中元会"拥有380份会员②；"义顺福发宫中元会"有会员138份③、"大巴窑中心商店住户联合社中元会"会员124份④；"淡宾尼联合宫中元会"有会员250份⑤；"韭菜巴城隍庙年年兴旺中元会"则有会员500份⑥。一般说来，中元会的开放性使其具有扩大规模的空间，如"韭菜巴城隍庙年年兴旺中元会"2016年会员增至575份⑦。但有些中元会因经济问题而被迫解散或减少会员规模。如"哥罗福美芝路小贩中心联谊社中元会"。当1972年该中元会成立时，有会员150多份，但后因各种经济社会等原因会员逐渐减少，

---

① 2006年8月10日，在新加坡韭菜芭城隍庙的实地考察与对"福建帮"中元会成员陈先生的访谈。
② 新加坡《新明日报》1996年9月7日。
③ 2006年8月9日笔者在新加坡义顺"福发宫联合中元会"的田野访谈。
④ 2006年8月4日笔者在新加坡大巴窑"大巴窑中心商店住户联合社中元会"的田野访谈。
⑤ 2006年8月8日笔者在淡滨尼联合宫"联合宫中元会"所做的田野访谈。
⑥ 2006年8月6日上午笔者在"韭菜芭城隍庙年年兴旺中元会"的田野访谈。
⑦ 2017年3月23日"韭菜芭城隍庙年年兴旺中元会"陈至理发来的微信数据。

到 2006 年仅剩 90 份①。亦有一些中元会因成员之间的关系，有意限制中元会的发展规模。例如"宏茂桥 10 道 577 联合中元会"从 1985 年成立至 1996 年，一直坚守 380 份会员的规模②。这显示作为最接近民间的中元会具有很强的凝聚力。

2. 中元会的构成与会员来源

中元会的会员来源，一般说来与中元会的分类密切相关。例如，庙宇中元会的会员一般是庙宇周边的信众。传统宗乡会馆中元会的会员基本上是该社团的会员。新镇社区中元会的会员大多来自该社区的住户与商家。而行业、工厂与商场中元会的会员组成亦基本如此。

然而，由于中元会所具有的民间性、社会性以及由此产生的非常灵活、多元包容及开放性的组织特色，使之很容易在社会变迁的环境中调整其会员结构。以新加坡南安会馆组织的中元会为例。该中元会在 2002 年以前的会员仅限于祖籍为福建南安的会馆成员。2002 年后，适应社会发展与传统宗乡社团转型的需要，南安会馆以所在区域"水廊头"和会馆及南安社群所属的"凤山寺"名义，将原来"南安会馆中元会"改名为"水廊头凤山寺中元会"，其会员也由会馆成员扩展到水廊头一带的居民和商家。根据南安会馆提供给笔者的资料，到 2006 年，该中元会共有会员 85 份，其中非南安会馆或祖籍南安的住户或店家会员大约占了三分之一③。由此观之，当代新加坡中元会的开放性使其能够成为维系与重组华人社会的纽带，这也是新加坡中元节活动能够蓬勃发展的重要因素之一。

中元会会员的基本义务是缴纳会费。综合新加坡《联合早报》《新明日报》等当地报刊的报道与笔者的访谈资料，每个中元会缴纳的会费不尽相同。一般说来在数十元至一百多元之间。例如，"水廊头凤山寺中元会"每份会费是 96 元、"美芝路小贩中心联谊社中元会"每份会费是 120 元、"淡宾尼联合宫中元会"的会费是 60 元等、"义顺福发宫中元会"的

---

① 2006 年 8 月 3 日在美芝路"哥罗福美芝路小贩中心联谊社中元会"所做的田野调查与访谈。

② 新加坡《新明日报》1996 年 9 月 7 日。

③ 2006 年 8 月 6 日下午笔者在新加坡南安会馆"水廊头凤山寺中元会"活动现场所做的田野调查与访谈。

会费是27元、"韭菜吧城隍庙中元会"的会费是100元①。在会员的权利方面，主要就是在农历七月期间参与中元祭拜，领取"福物"② 以及出席中元晚宴。

3. 中元会的组成

笔者在新加坡中元节进行田野研究中，除参与观察与访谈外，也收集各类相关的文字记录，其中包括各中元会发放的请柬。由中元会制作的请柬，即作为领取"福物"的凭证发给会员，同时也发给非会员以邀请他们参与"中元晚宴"与"标福物"。在这些请柬上，除写有"庆赞中元"的活动时间、地点等信息外，也包括该中元会机构设置与组织成员的完整名录③，因而是研究中元会组织形态的重要资料。

根据笔者收集到的请柬，新加坡中元会机构主要由炉主、头家与理事会两部分所组成。

由炉主、头家筹办与主持"庆赞中元"活动，是移民时代新加坡中元节的传统。不过，在当代新加坡，中元会中的炉主、头家的实际作用并没有移民时代那么大。有关中元会的炉主与头家的产生，基本沿袭移民时代的做法，在神明面前经由掷杯等宗教仪式而决定。参与掷杯竞争炉主与头家者，并不局限于会员，任何人均可参与。在人数的设置上，从请柬提供的名单看，一般是正炉主一人、副炉主一至二人。头家人数则不限，从数人到数十人不等。有些中元会的头家人数达数十人之多。此外，炉主与头家，既可以是个人亦可以是店号和商家。有些中元会要求炉主与头家所付会费高于一般会员，例如，在2006年，"哥罗福美芝路小贩中心联谊社中元会"炉主需缴320元，头家170元。而一般会员的会费则是120元。"大巴窑住户商店中元会"，其炉主500元、副炉主300元、头家200元，会员则仅需120元。亦有一些中元会的头家与炉主不需缴纳额外会费，如"韭菜芭城隍庙年年兴旺中元会"。

由于炉主与头家是经由掷杯仪式、即尊神明的旨意而产生，所以在

---

① 以上数据均来自2006年笔者的田野调查。
② 给以"份"为单位、缴纳了会费会员的"福物"，是经过道士等做过宗教仪式的物品，主要是米、面、食用油等生活用品。此类"福物"不同于与中元晚宴上"标福物"中的"福物"。
③ 多年来笔者已收集数十份中元会邀请函。由于涉及众多中元会，此处就不一一列出中元会名称。

整个中元会的组成机构中,炉主与头家的角色更多是象征性的[①]。他们所做的主要工作是传承香炉、"庆赞中元"红布条和两对写着"发财"的红灯笼。每个中元会都有一大一小两个香炉,在"庆赞中元"期间,一个大香炉放在主坛,另一个小香炉放在主坛正对面设置的祭坛。当活动结束时,这些香炉及相关的物品就会被经过掷杯确定的来年的正、副炉主请回家张挂,待明年中元会举办庆赞活动时再拿到祭坛祭拜。因此,香炉及其相关的红布条和红灯笼是中元会存在的象征,也是凝聚中元会会员的纽带。只要香炉存在,并通过炉主、头家的传承,中元节与"庆赞中元"活动就会在新加坡年复一年地举办。

在当代新加坡,实际主持与筹办"庆赞中元"活动的是理事会。根据笔者收集到的中元会请柬和对一些中元会理事会成员所做的访谈,理事会基本仿照传统华人宗乡社团的机构设置。大部分中元会的理事会由理事与核心成员两部分组成。参与中元会的理事多为自愿者,理事会的核心成员则须经选举而决定。中元会核心机构通常设置正副主席、正副总务、正副财政、文书、查账等职位。有些中元会完全按照会馆董事部的规模设置组织机构。如"大巴窑昭应祠中元会"与新加坡海南会馆基本是同一批会员。该中元会由两位法律顾问、正副主席、正副秘书、正副财政、正副查账、正副交际、正副文教、正副康乐以及 5 位理事共计 21 人组成核心机构。当代新加坡中元会组织机构与宗乡社团相似的机构设置,显示两类华人民间社团组织在某种意义上的同质性。事实上,中元会理事会的核心成员中有相当部分同时也是会馆、宗亲会等社团的董监事会主席、总务等核心成员。不过,笔者在田野调查中,亦可见仅有理事的中元会。例如 1996 年"兴利芭春叶园联合庆祝中元会"的请柬上,除财政与文书 2 位外,其余 28 位成员均为理事。另有 2006 年"淡滨尼联合宫中元会"请柬上的机构名录,除正炉主 1 位、副炉主 2 位、头家 8 位外,其余则为 36 位理事。

除了炉主、头家和理事会,一些中元会还设立荣誉与赞助机构。例如"武吉巴督第二中心大众中元会"的请柬,可见包括 13 位商家和 13

---

① 不过,有些中元会由炉主、头家筹办中元活动。例如"福发宫联合中元会全体理事协会",即由 2 位正副炉主与 8 位头家组成。不过在笔者的田野调查中,这类中元会不是太多。

位个人在内的"名誉赞助"。此外,"应和会馆双龙山五属义祠中元会"除炉主、头家与理事会外,还设置了来自会馆属下的嘉应五属公会、嘉侨同乡会、梅蕉平同乡会、南洋五华同乡总会等的"名誉炉主"。

4. 中元会的运作

作为全新加坡"庆赞中元"的组织机构,中元会的基本工作就是筹备与安排整个中元节的所有活动。主要工作有如下几项。

其一,向政府有关部门申请举办"庆赞中元"活动的"准证",了解政府有关中元节活动的一些条例及其他一些事宜。在这期间,一些国会议员和社区基层领袖也会与中元会的代表见面吃饭,讨论与沟通涉及中元活动的一些政府规章,中元会的慈善捐款,以及邀请国会议员作为中元会活动的嘉宾等问题[1]。

其二,为即将开始的庆赞活动进行各项准备工作。这包括寻找活动的场地,联系搭棚的商家,选定与邀请主持普度仪式的道士或和尚,中元歌台的台主、艺人,中元标福物的"喊标人",准备会员和晚宴上标福的各类"福物"等项内容。

其三,确定"庆赞中元"的活动时间。新加坡中元节是一个无统一组织的全岛性活动。这就使每个中元会决定"庆赞"活动时间成为一项具有挑战性的工作。一方面,全新加坡的中元会数量众多,"庆赞中元"从华南原乡历经移民时代的传承与演化,已经成为当今新加坡华人社会一项传统节庆与宗教习俗;另一方面,由于华人对一些日子的偏好并将这些日子赋予象征意义,如农历"初一""十八""十九"等,这也给中元会活动时间的安排造成困难。此外,新加坡是个工作、生活节奏快速的商业社会,中元会在时间的选择上要尽量避开繁忙的工作时段,才能保证参与者有时间到来。上述各种因素都给中元会确定庆赞活动的日子带来诸多挑战,以致许多新加坡华人在农历七月期间常常必须同时奔走于数个中元会参与活动。尽管如此,各中元会还是会根据会员的要求想方设法安排好时间。尤其在新镇社区的中元会,透过社区基层组织的参与协调,还是能尽量错开各中元会的庆赞时间,让一年一度的中元节为新老朋友聚会提供舞台。

---

[1] 何柄基:《义顺东基层组织与中元会关系良好》,新加坡《联合早报》2001年11月12日。

5. 中元会的经费来源

在移民时代，新加坡的"中元普度"活动一般没有固定的经费来源，尤其是乡村由庙宇筹办的中元节活动，主要经由炉主、头家等到各处募捐及他们自己的捐款。此外，在乡村地带"中元普度"使用的祭品，通常是信众自己拿来祭拜后再拿回去，所以组织者的花费通常也不会很大。不过在城区华人举办的"中元普度"则"常至耗费千金"①，有时报章还以作为祭品的猪只数目来形容中元节的活动规模②。

当代新加坡的中元节不论是参与人员数量、活动内容及庆赞规模等方面，都远超过移民时代。《联合早报》等华文报刊的报道显示，自20世纪70年代新加坡各类中元会相继建立，尤其是90年代以来"标福物""歌台"等被各中元会普遍接受后，新加坡中元节活动的花费迅速增加。虽然受制于经济等因素的影响，每年中元节规模的费用多有增减③，综合各种数据，显示各个中元会运作的经费多在数万与数十万新元之间。以2006年笔者的田野资料为例："韭菜芭城隍庙年年兴旺中元会"的活动费用大约是30万新元，"大芭窑住户商店中元会"的费用是6万新元，南安会馆"水廊头凤山寺中元会"的庆赞费用在3万新元左右，而"美芝路小贩中心中元会"的费用则约为2.8万新元④。

当代新加坡中元节活动经费，主要来自"标福物"。大多数中元会一般不在银行设立户头。其经费的管理与使用办法，并没有依赖现代银行系统。具体的做法是，每年参与竞标"福物"成功者，在中元晚宴结束后把所标得的"福物"带回家。待来年中元节举办之前，再把去年竞标

---

① 《叻报》，1888年9月5日"中元普度说"。
② 如据1896年《叻报》对该年农历七月十七中元活动的报道："近值中元，人皆举行盂兰盆会，其祭品所需牲牢甚伙。兹查十三晚甘公西贡即大坡屠房内所宰猪只共330头，而甘公加薄即小坡屠房所宰杀计共183头，十四日晚大坡所宰666头，小坡所宰500头。以此两日合计所宰之豕已共至6917头。是亦可见需用猪只之繁矣。"
③ 例如在2001年，因1998年金融危机阴影未过去，新加坡经济仍在恢复中，但华人社会仍进行中元节活动。见《经济放缓淡风吹，节约开支庆中元》，新加坡《联合早报》2001年8月11日；《经济不景气，小中元会变通求存》，新加坡《联合早报》2001年8月11日；《七月歌台行情不好，中元会筹款靠妙招》，新加坡《联合早报》2011年8月22日。
④ 根据"韭菜芭城隍庙年年兴旺中元会"提供的资料，该中元会在2015年的活动费用大约是36万新元。

"福物"的金额交给所属的中元会。中元会的理事用这些钱来筹办当年的中元节活动。

基于经费来源的上述特点，中元会主要与重要的一项工作，就是主持与管理经由"标福物"而完成的经费筹措，并经由理事会决定每年庆赞活动举办的相关内容，如"中元晚宴"的桌数，歌台或酬神戏的价格、待标"福物"的类别与数量等。而直接的经手人是中元会的"财政"。笔者在实地考察中，曾询问中元会的理事，如果竞标者来年不付所竞得之金额，那又该如何处理？得到的回答大多是：这类情况发生的概率不太多。因这些金钱是给"好兄弟"的。如果一个人连"好兄弟"都敢欺骗，他还有什么资格在这个社会立足？不过，笔者从报刊的新闻报道中，还是见到有关竞标"福物"者在来年不付款而遭法律制裁的案例[1]。只是从中元会整体财务运作的状况看，这类的"赖账"仅是个案，并不多见。这显示，作为非常民间化且有广泛社会参与的中元节，其活动经费的来源与管理，自有一套由以孤魂崇拜的"好兄弟"宗教形态规范的运作方式与游戏规则。

总之，中元会具有广泛社会基础，是维系各类人群的纽带。它的开放性、包容性及灵活性，使之能够适应社会环境的改变，因而充满活力与生命力。

三 "庆赞中元"的方式与内容

根据新加坡华文报刊的报道，至少从 20 世纪 70 年代开始，移民时代的"中元普度"已被"庆赞中元"所取代[2]。当代新加坡中元节从农历七月初一午夜开始至七月三十一结束，整整持续一个月。至于各中元会安排的活动时间，则不尽相同。有些中元会仅举行祭拜仪式与中元晚宴，有些中元会除祭拜外，还安排"中元晚宴""标福物"与"歌台"等[3]。一般说来，多数中元会安排活动大多持续一至两天，但亦有举办三至五

---

[1] 《中元节得标后不付款、男子被重判》，新加坡《联合早报》2016 年 5 月 16 日。
[2] 究竟何时"庆赞中元"取代"中元普度"及其原因，有待进一步的讨论。
[3] 有关"标福物"与"歌台"，见下节的讨论。

天的活动。通常工厂、大型商场举办的中元节活动时间较短。而庙宇和居民组屋区举办的中元节活动则时间较长。例如"韮菜芭城隍庙年年兴旺中元会"在2016年举办的"庆赞中元"活动持续了五天。不过,不论"庆赞中元"活动时间长短,各中元会活动的基本内容均主要由"中元祭拜"与"庆赞活动"两部分所组成。

(一)"中元祭拜"

在当代新加坡,华人称中元节祭拜的孤魂野鬼为"好兄弟"。每到农历七月,在新加坡通常可以看到两类对"好兄弟"的祭拜。一类是家庭的祭拜,另一类是中元会主办的祭拜。笔者在多年的田野研究中,对新加坡华人尤其是民间社会各阶层对"好兄弟"祭拜的高度重视印象深刻。

华人家庭在农历七月中元节期间祭拜"好兄弟",通常是在傍晚时分。此时许许多多的华人会在自家居住的组屋楼下插上香和焚烧金银纸,以祭拜"好兄弟"和祖先。由于参与祭拜所烧的冥纸太多,不仅造成烟灰污染环境及损害周边草坪等问题,也引起别的种族和一些拒斥传统民俗的华人的不满。为此新加坡政府不得不颁布规定,限制甚至改变华人的祭拜方式[1]。更有一些华人和宗教社团在报刊发表意见,呼吁华人为了环保问题放弃在七月中元节期间焚香和金银纸的传统做法[2]。

由中元会主办的"中元祭拜"比家庭的祭拜仪式复杂得多。在祭拜前的主要工作是"设坛",即"搭建普度棚"。一般说来,新加坡中元节的普度棚主要是设在组屋区、工厂、庙宇、会馆、大型商场等前面的大操场、停车场等空地上。在整个中元节期间,新加坡全岛的各处可见华人设立的中元祭坛和点燃的各种大小不一的香烛。

新加坡中元祭坛的设置形态,并无统一的规划或方式,基本上是由各中元会根据所请主持祭拜仪式的道士或和尚的意见而决定。根据笔者的调查,大多数中元会特别是那些成立年代较久的中元会,其所请的道士或和尚以及祭坛的设置等通常已经较为固定和制度化。尽管如此,作

---

[1] 《农历祭拜活动增加,民防部队提醒公众防火》,新加坡《联合早报》2014年7月28日。
[2] 《随地烧冥纸,铁桶成空桶》,新加坡《联合早报》2009年8月21日;《让冥纸燃烧过程更干净便捷,三宗教组织探讨重新设计焚烧桶》,新加坡《联合早报》2013年8月8日。

为一个已经成为新加坡华人传统宗教节庆习俗的中元节，历经历史的延续和积淀，还是可以看出新加坡各中元会在中元祭坛的设置形态所具有的一些共同的特性。

其一是关于"普度棚"的整体布局。绝大多数新加坡中元会所搭建的"普度棚"基本由两大部分所组成。一个部分是"祭坛"；另一个部分是在"祭坛"正对面、中间隔一条通道的"普度坛"。

其二是"祭坛"并非单个，而是一个"群"。最基本的"祭坛群"至少由两个"坛"组成。一个是"主坛"。主坛上供奉的神明很复杂。如果是庙宇中元会，主坛正中供奉的是该庙的主神，其后是各类民间宗教神明作为配神。再后面是一面红绒布，上面绣着中国传统的"福、禄、寿"。除了上述神明，主坛上还供奉着各类祭品。大多数的中元会在主坛上供奉的是大伯公——新、马华人的土地公。

另一个"大士爷"坛。"大士爷"又被称为"普度公"，其面貌凶狠丑恶，长舌下垂，大肚，头顶立有一座小的观音纸像。"大士"神坛是在佛教"放焰口"仪式中常见的。焰口是佛教中恶鬼道鬼王的名字，因他口吐火焰，故意译为"焰口"；又可理解为脸上冒火，故亦意译作"面燃"[1]，也称为"面燃大士"。不过，在新加坡中元节祭坛中的"大士爷"，与佛教的"焰口"并没有必然联系。华人民间传说大士爷是鬼王，统辖阴间众鬼。中元节时观音会化身为鬼王，管制出来阳间的"好兄弟"。所以一般在大士爷的头上都有一个小小的观音像。在"大士爷"坛的前面，通常供奉着一座纸扎的彩绘大士神像，其后则设有"孤魂棚"。棚内摆放着纸扎的拖鞋、毛巾、脸盆、浴室、锅碗瓢盆、厕所等供"好兄弟"使用的生活用品。

"普度坛"上摆放着一个插上香的香炉和各种祭品。其后面是插上"庆赞中元"小旗的"福物"，主要有大米、饼干、面、实用油等用品。当"普度仪式"结束后，这些"福物"将被缴纳了会费的会员们领回。在"福物"后面或旁边，还设置了供"好兄弟"宴饮的酒席，通常是一至三桌。

除了上述基本的布局外，一些中元会设置了更多的祭坛。2006 年笔

---

[1] 赖永海主编：《中国佛教百科全书·仪轨卷》，上海古籍出版社 2001 年版，第 170 页。

"创造传统"：当代新加坡中元节研究 / 267

者在新加坡中元节的田野考察中，见到"武吉巴督第二中心大众中元会"的祭坛有三个。中间是主坛，供奉"大伯公"，坛的后方是"福、禄、寿"红布帘。右坛供奉地藏王等佛教神明。左坛则包括纸扎的"大士爷"及其后面的"孤魂棚"。"韭菜巴城隍庙年年兴旺中元会"则在"祭坛"部分设置了五个坛①（见图1）。

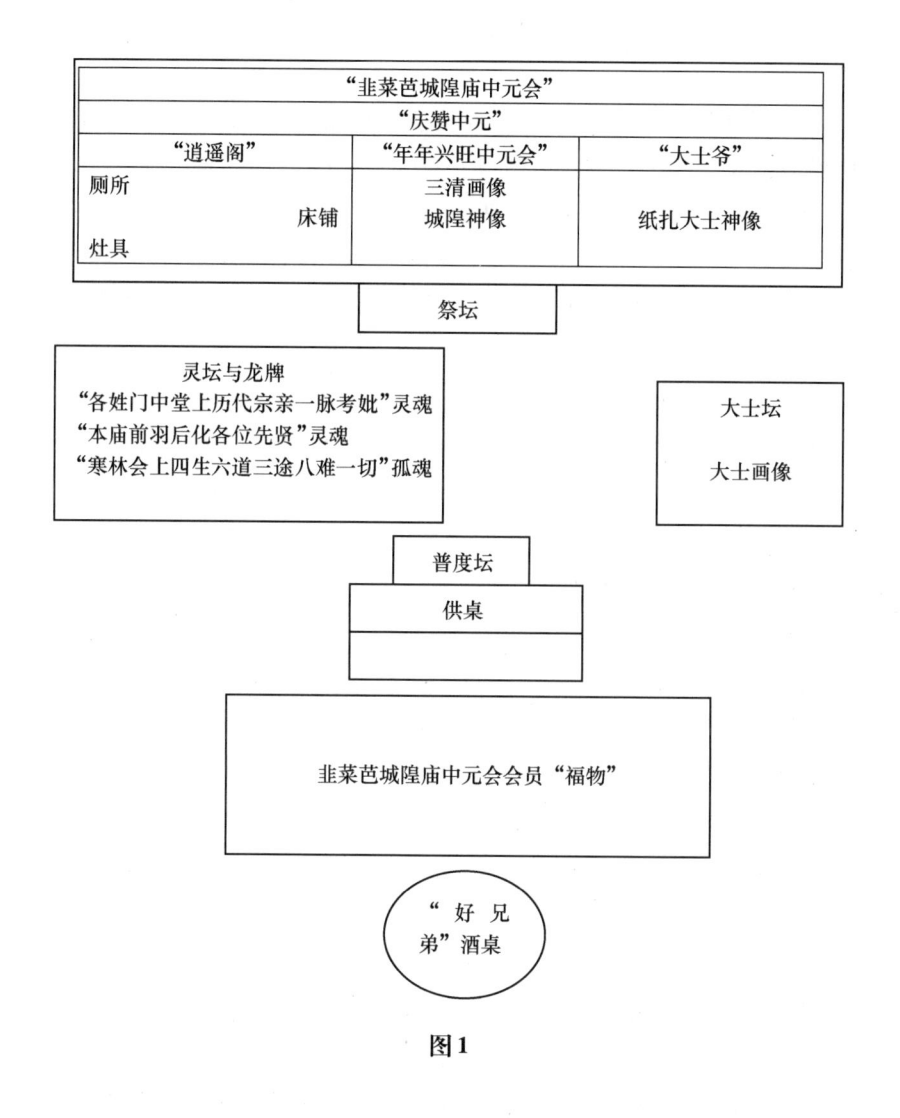

"韭菜芭城隍庙中元会"		
"庆赞中元"		
"逍遥阁"	"年年兴旺中元会"	"大士爷"
厕所 灶具	床铺	三清画像 城隍神像	纸扎大士神像

祭坛

灵坛与龙牌 "各姓门中堂上历代宗亲一脉考妣"灵魂 "本庙前羽后化各位先贤"灵魂 "寒林会上四生六道三途八难一切"孤魂

大士坛 大士画像

普度坛

供桌

韭菜芭城隍庙中元会会员"福物"

"好兄弟"酒桌

图1

---

① 有关该中元会五个坛的画面，见徐李颖的博士学位论文《佛道与阴阳：新加坡城隍庙与城隍信仰研究》，厦门大学，2007年，第181页。

当"祭坛"设好后,祭拜仪式的另一个重要环节是举行"普度"仪式。"普度仪式"一般在中午 12 点或下午 1 点准时举行,整个仪式大约持续近一个小时。虽然一般说来,在新加坡的佛教、道教与民间宗教均在农历七月期间举办中元祭典,但据笔者所见,以道士来主持的中元"普度"仪式还是占了绝大多数。即便是那些供奉"地藏王"等具有佛教色彩的"祭坛",如"武吉巴督第二中心大众中元会",亦是由道士主持仪式。

"普度"仪式最后以"抢孤"结束。紧接着中元会的会员开始陆续到祭拜场地领取"福物"。此时,有些中元会理事们把纸扎的"大士爷"抬到一个铁制大筐中焚化,象征"普度"仪式结束。有些中元会则在整个活动结束后才焚烧"大士爷"。当"普度"祭祀仪式结束后,所设的祭坛则继续留在现场,让信众随时前来上香祭拜,直到"庆赞中元"活动全部结束。

综上所述,不论是家庭还是中元会举办的"中元祭拜",都构成新加坡的"庆赞中元"的核心与重要的组成部分。"中元祭拜"传承与承载了中国传统中元节核心的孤魂崇拜与祖先崇拜之宗教意涵。而另外,中元祭坛的多元布局以及主持祭拜仪式者的宗教取向,显示出新加坡华人民间宗教佛道杂糅的形态与特征。

(二)庆赞活动

如果说"中元祭拜"是新加坡"庆赞中元"中延续中国传统中元节中浓厚肃穆的宗教仪式与意涵的主要体现,故主持者与参与者均为道士、法师及中元会的炉主、头家、会长、理事长等,那么中元节的庆赞内容则是宗教化与世俗化的糅合,且伴随新加坡社会变迁而呈现动态的演化趋势。

当代新加坡"庆赞中元"主要包括酬神戏或歌台、标福物与中元晚宴等内容。一般说来,这三项活动是在"中元祭拜"仪式结束,会员领取了"福物"后才开始。不过,如果中元会是以地方戏曲、掌中班或木偶戏酬神,酬神戏通常是与"中元祭拜"同时进行,并延续至整个庆赞活动结束。

1. 酬神戏与中元歌台

在庆祝神诞时上演酬神戏，是中国民间宗教活动的基本内容之一。伴随闽粤移民的南来，这一传统也传承到新加坡。在移民时代的新加坡，每年的农历七月中元节期间，不论是城市还是乡村都热闹上演潮州戏、福建戏以及掌中班、木偶戏等以酬神。《叻报》《南洋商报》《星洲日报》等华文报章对此具有详尽的报道[①]。由于时空环境改变，特别是1965年新加坡建国后华文教育的衰弱与社会变迁，华人社会尤其是宗乡社群的被边缘化，受英文教育的华人年青一代淡化对中华文化的认同，被称为"街戏"的传统地方戏剧因观众群的不断缩小而逐渐退出舞台[②]。此种情形也制约了中元会的酬神戏形态与内容，其结果是"中元歌台"取代酬神戏，成为"庆赞中元"活动的主要内容之一。

所谓"歌台"，又称"流动舞台"，最初出现于1942年新加坡日据时期。但直至20世纪50年代才有"歌台"这一称呼，并在60年代达到一个发展高峰。不过受制于建国后新加坡社会变迁诸因素，"歌台"在70年代逐渐没落，最终向酬神戏"七月中元歌台"方向转变[③]。笔者的田野调查显示，至少从20世纪六七十年代以后，中元歌台已经出现在中元节的庆赞活动中。到了八九十年代，则基本取代传统的酬神戏，成为"庆赞中元"的主要活动内容之一。

"中元歌台"逐渐取代传统的酬神戏，既有深刻的社会变迁之原因，亦因其在表演内容与运作方式等方面的调整，而能适应新时期华人社会"庆赞中元"的需求。

[①] 如据《叻报》1896年8月25日即在光绪二十二年（1896）农历七月十七日的报道，"十五日为中元佳节，凡属华人例有施济孤魂之举，是日本坡旧巴源顺街诸商无不兴高采烈，满街陈设，时果牲醴以及花草人物，备极丰洁新巧别致，并雇有福寿升班官音一台，又傀儡戏女唱书指头戏各一台，且燃点自来火十余支，五光十色，各极其妙。而小坡新兴街闽商亦斗巧争奇，各擅其胜，所设古玩景致殊觉不俗，亦雇有福庆升班正音永乐香潮音指头戏各一台，又闽音九甲戏三台童子戏三台，计共九班。亦燃自来火廿一支，海滨一带照耀异常，远望之余几如流星万点，是夜风清月朗，以故红男绿女无不驾言出游，以扩眼界，其热闹拥挤处较之上元夜迨有过之无不及也。越至报时钟鸣十二下游人始觉"。

[②] 例如，具有百年历史，在新加坡享有盛誉的福建戏班"魏记福建新赛凤闽剧团"虽经挣扎，最终也在2014年走入历史。见《百年戏班新赛凤后晚熄灯》，新加坡《联合早报》2014年3月2日。

[③] 王振春：《新加坡歌台史话》，新加坡青年书局2006年版。

一方面,"歌台"表演内容较传统酬神戏多样化。众所周知,传统的酬神戏多为地方方言戏曲,其内容较为单一。歌台与之相比则丰富得多,既可有传统地方戏曲的表演,更多唱的则是福建歌,也有一些广东歌曲和英文歌。随着21世纪以来中国新移民的增多,中文歌也成为主要节目内容之一。其他则有雅俗共赏的脱口秀、杂耍搞笑表演等。由于中元歌台表演方式的灵活与多样,因而更容易应对社会环境的改变而做出调整。

另一方面,"中元歌台"的包容与开放,使其更能为今天新加坡华人社会各阶层百姓所接受。在1995年以前,新加坡政府为了保护本地艺人,规定非新加坡人不得在歌台演出。1995年新加坡肾脏基金为了扩大筹款范围,首次邀请中国香港艺人谭炳文、李香琴来新参与中元歌台的大型筹款活动。自此以后,中国和马来西亚、印尼、泰国等东南亚乃至世界各地的艺人进入了新加坡的中元歌台[1]。这不仅使"中元歌台"聚合了大陆和港台、东南亚区域乃至世界各地的华文民间表演艺术形式,且在大中华以外提供了一个世界华人文艺表演与交流的民间舞台,亦使"中元歌台"在"酬神"之外,也增添了筹款与公益的社会功能[2]。

"中元歌台"的出现,既是新加坡建国后社会变迁的产物,其自身也随着时空的演化而不断改变。

经济是制约"中元歌台"生存与发展状况的一个最重要与直接的因素。根据报章记者采访的资料,从20世纪60—70年代至90年代,新加坡的中元歌台的台数从数十台发展到数百乃至千台以上。而在价格方面,则从一台数百元发展到数千元。从2006年开始,"万元歌台"也开始频频出现在当地报章有关中元节本地专题报道中。制约中元歌台生存与发展的直接因素是新加坡的经济。因为歌台的经费来自"标福物"。如果经济状况不好,"福物"自然就"标"不到好价钱,中元会也就没有足够的经费聘请歌台。1997年东南亚的金融危机,曾经严重影响新加坡中元歌台的台数与价格。2007年新加坡经济好转,中元歌台又转趋活跃。不仅

---

[1] 《有声有色欢庆鬼节》,新加坡《联合早报》1999年7月31日。
[2] 关于歌台的筹款功能,将在下节讨论。

"万元歌台"增多，各地艺人也竞相在新加坡的中元歌台登场[1]。有鉴于"中元歌台"深受经济因素的制约，以致被认为是"新加坡经济景气的指标"[2]。由于"中元歌台"与经济景气与否直接挂钩，导致一些中元会因无法支付场地、歌台等的费用而被迫取消歌台表演或转而选择费用不高的酬神戏，从而也给传统酬神戏在当代华人社会留下一些生存空间。

社会因素亦制约"中元歌台"生存发展的空间与形态。进入21世纪尤其是近十多年来，伴随新加坡社会变迁与华人文化发展，中元节已呈现如下两个显著的变化。

一个重要变化是"中元歌台"内容的改革。

一般认为，歌台是通俗的、草根的甚至有些粗俗的。但近些年来，随着社会要求改变"中元歌台"内容的呼声不断出现，许多歌台台主都在探索如何对歌台内容进行改革，使之能适应时代需求。以新加坡"丽星娱乐"制作执行总监陈志伟为例。他从事歌台工作已十数年，是新加坡歌台台主中名气较大且较为年轻的一位。在对"中元歌台"改革的探索中，他认为一方面要减低歌台的宗教色彩，使歌台不再仅仅是与祭鬼拜神相关的舞台；另一方面，则要让歌台与社区活动结合，使之更加年轻化和艺术化。2014年，陈志伟主办的歌台在当年乌节路妆艺大游行上首次华丽登场。他认为，这次参与国家级的艺术表演之壮举，对"中元歌台"在未来的发展是好的开始[3]。

另一重要变化，是"中元歌台"的表演地点逐渐从组屋区、商业区向工业区的转移。

"中元歌台"在工业区逐渐兴旺，是近些年来新加坡"庆赞中元"活动出现的一个新现象。该现象出现有很多原因，例如组屋区华族年青一代对传统节庆兴趣淡化，导致中元会逐渐老化与青黄不接等[4]。另一个重要的原因是新兴工业区人潮聚集，工业区的公司企业和商家期待通过"庆赞中元"与歌台凝聚员工，促进公司发展。2014年中元节期间，位于

---

[1] 《七月歌台，外地歌手来抢滩》，新加坡《联合早报》2007年8月12日。
[2] 《中元节七月歌台话当年》，新加坡《联合早报》2001年8月20日。
[3] 《歌台人物》，新加坡《联合早报专刊》2014年8月10日。
[4] 《在组屋区青黄不接，中元会转移到工业区》，新加坡《联合早报》2012年9月2日；《组屋区中元会青黄不接》，新加坡《联合早报专刊》2015年8月23日。

福德二道的明辉父子公司除了祭拜"好兄弟",还花费上万新元为公司员工举办"中元歌台"①。由于工业区的员工来自华族、印度、马来等各种族,"中元歌台"由此成为一个多元种族同欢共乐的舞台。

总括以上所述,当代新加坡中元节呈现多元的"酬神方式"。其一,较有经济实力的中元会,聘请价格数千乃至万元歌台以"庆赞中元"。其二,经济实力一般或会员对地方戏有特殊感情的中元会,以传统酬神戏"酬神"。其三,受制于经济等其他因素的中元会,取消各类"酬神"内容。此外,鉴于"中元歌台"相比于酬神戏所具有的世俗性特征,有助于非华族的参与观赏与促进不同种族间的文化了解,发挥"中元歌台"对于新加坡与海外华人民间文艺发展的正面意义等,这些都是当代新加坡"中元歌台"如此兴盛的重要原因之所在。

2. "中元晚宴"与"标福物"

如果说"酬神"活动在新加坡"庆赞中元"中带有一定的随意性,那么"中元晚宴"与"标福物"则是必不可少的内容。对新加坡绝大多数中元会来说,中元晚宴与"标福物"是同时进行的,有些中元会甚至称此活动为"中元标福晚宴"。"中元标福晚宴"通常安排在庆赞活动的最后一夜举办。如果庆赞活动仅一天,那么在当天中午 12 时或午后 1 时的"普度好兄弟"仪式之后,傍晚随即举办"中元标福晚宴"。晚宴通常在午夜前结束,至此,也宣告当年该中元会举办的"庆赞"活动结束。

"中元标福晚宴"即是"庆赞中元"的重头戏,亦是具新加坡特色中元节活动的重要内容之一。

其一,"中元晚宴"。

大多数中元会的中元晚宴与白天举行中元普度仪式地点相同。通常当中元会在午后举行的祭拜仪式结束,会员陆续来领取"福物"之后,中元宴席就在设有祭坛的普度棚内摆开。近些年来,为了节约开支,一些没有举办歌台和传统酬神戏的中元会将中元晚宴设在酒楼。而那些会所内设有礼堂的宗乡社团,则会选择在会馆内举办中元晚宴。中元晚宴的规模,从十数桌到数十桌乃至数百桌均有,"万人宴"也常见诸报端。

---

① 《过去三年台数倍增,中元会歌台逐渐在工业区旺起来》,新加坡《联合早报》2014 年 7 月 29 日。

中元晚宴的一大特色，是为新加坡这个繁忙的商业都市提供一个让人们相聚的社会舞台。中元晚宴的参与者，除了中元会会员，还有会员的亲朋好友、新老邻居、同事、商场上的伙伴、朋友的朋友、社区基层领袖、国会议员等等。这些出席者涉及社会的政界、商界、企业界以及来自新加坡全岛四面八方各个不同阶层的男女老少。

中元会主办的中元晚宴不仅有助于凝聚华人社会，还向马来人与印度人开放，吸引非华族参与。根据《联合早报》的报道，"多元种族庆中元"最早开始于1995年。这一年的中元节，"马林百列大牌84小贩中心兴兴社中元会"在中元晚宴中，设立了20席由马来和兴都厨师烹调的"特别宴"，招待回教徒和兴都教徒。在晚宴上，中元会将所捐得的2000元款项交给马来和印族两宗教团体。此外，出席晚宴的异族同胞还可拿到中元会赠予的十元红包[①]。2006年报刊也报道了"新门广场中元会为马来同事准备回教餐"的新闻[②]。笔者2006年在新加坡中元节的田野调查中，亲身参与、观察并记录了义顺福发宫、洛阳大伯公庙与相邻的印度庙共同庆赞中元的情况。

中元晚宴能够对非华人的开放，一方面显示华人对新加坡多元种族国家的认同，另一方面则是新加坡政府鼓励的结果。"种族和谐"是新加坡自建国以来的国策。特别是"9·11事件"以来，新加坡政府以各种方式鼓励各种族和睦相处，避免发生种族冲突事件。包括中元会在内的一些传统华人宗乡社团响应政府的号召，展开活动以吸引非华人参加。在华人接受与开放的情况下，回教徒的国会议员透过对马来人参与中元节的诠释，鼓励马来人克服宗教认知上的障碍，参与华人的"庆赞中元晚宴"活动[③]。

"中元晚宴"的另一特色是它的慈善与社会公益的功能。在"庆赞中元"中进行慈善公益筹款，是当代规模较大、经济实力较为雄厚的中元会很关注的一项内容，并正逐渐成为新加坡中元节活动内容的组成部分

---

① 《多元种族庆中元》，新加坡《联合晚报》1995年8月8日。
② 新加坡《新明日报》2006年8月12日。
③ 雅国：《马来族或回教徒参加中元节属于社交活动》，新加坡《联合早报》2002年9月5日。

之一。"庆赞中元"与慈善公益挂钩始于1978年佛教福利组织"观音救苦会"通过中元会筹募活动基金的行动。"观音救苦会"是一个赠医施药、济苦救贫的佛教公益团体。每年的开支达四十多万元，其经费完全靠民间捐助。自1978年以后，该团体在每年农历七月期间都到各种类型的中元会"标福物"与募捐，所筹集的款项已经成为该团体运作经费的主要来源之一①。在这之后，很多教育、福利团体和慈善机构和社区福利基金会、华社自助理事会等，都在"庆赞中元"期间透过中元会进行筹款活动。根据新加坡《联合早报》在1996年中元节期间提供的统计资料，这一年有下述团体获得较大笔的捐款②：

全国肾脏基金：700多个中元会参与筹款，获100多万元善款；

广惠肇留医院：1987年开始通过中元晚宴筹款。1996年有900多个中元会参与筹款，获48万元善款；

大众医院：1985年开始通过中元晚宴筹款。1996年有560多个中元会参与筹款，获11万元善款；

德教太和观：1996年中元晚宴56个中元会参与捐款，获22万元善款。

中元会在晚宴上的慈善公益活动，主要经由三种方式进行。第一，慈善机构亲自到中元晚宴上筹款。第二，慈善机构制作"福物"，通过中元晚宴的喊标而筹款，例如新加坡全国肾脏基金，在1996年的中元节期间，就获得900多中元会为该基金会制作的"福物"喊"标"筹款。第三，中元会在晚宴的"标福物"过程中，直接将款项捐给社会公益团体或社区基层组织、学校、老人院等机构。

其二，"标福物"。

在中元晚宴上，最具特色的活动内容就是"标福物"。"标福物"始于何时，有一种观点认为，"标福物"的出现可能与新加坡20世纪五六

---

① 吴炳强：《中元节的转向：祭祖先拜好兄弟之外》，新加坡《联合早报》1995年7月31日。

② 新加坡《联合早报》1999年10月9日。

十年代私会党的活动以及他们筹集经费的方式有关。不过，此一说法还未得到相关史料的证实。

所谓"福物"，指的是经由道士开光的商品或物品。"福物"与一般的商品与物品相比，经由道士开光的"福物"，物品被赋予"好兄弟"超自然的灵力，从而使价格与价值脱离，成为具有超越实用价值的"福物"。

从20世纪90年代中叶笔者开始关注新加坡的中元节以来，可见"中元标福"中的"福物"形态不断伴随时代发展与社会需求而不断变化中。在90年代中期至21世纪初，多以具有象征意义的物品如柑橘（象征"大吉"）、木炭（象征"乌金"）、发财米桶等。最近十多年来，许多中元会在所采购的物品中，除需具象征意义之外，也注重具有实用价值的各类商品。如洋酒、电视机、影碟机、自行车、各种日用品以及彩票、购物券等。此外，还有将象征意义与使用价值相结合的"福物"。如发财米桶、旺旺彩灯、发财炉、发财米糕、乌金大伯公神龛、风水球等。

"中元福物"的来源主要有三类。一类是中元会向制作"福物"的商家订购；第二类是会员和参与晚宴者的捐赠，其中包括国会议员、基层组织等捐赠的锦旗、XO洋酒等"福物"；第三类是"普度"仪式所用的物品和祭品，如香炉、大米、水果、发糕、蔬菜、三牲等，亦包括所设的孤魂棚内供给"好兄弟"使用的非纸扎的拖鞋、脸盆、毛巾、浴巾、衣服等各种生活用品等。

"福物"的价值是通过"喊标"而实现的。在新加坡"中元喊标"已经成为一个特殊的职业。笔者在田野研究中访问了一个具有近三十年经验的"喊标人"马先生。他告诉笔者，"喊标人"一般都有一份工作，仅在中元节期间兼职"喊标"。"喊标人"除了中气足声音洪亮、能够带动会场气氛外，最重要的是要掌握两个基本要点。一是必须用福建方言喊标；马先生是广府人，但他只有用福建话喊标，才可以将"福物"喊出高价。二是要运用福建方言的谐音喊出具有好预兆的内容，例如"168"即"一路发"等。

作为新加坡中元节活动最重要的一个内容，正如上文所谈，"中元标福"的直接功能在于筹集经费，是各中元会进行"庆赞中元"和慈善公益筹款活动的直接经费来源。

当"标福"台上所有"福物"都被参与者所竞标①，中元晚宴也接近了尾声。在一片"发啊""发啊"的欢呼声中，晚宴的主持人、喊标人、慈善团体的筹款人、基层领袖、国会议员等与所有的来宾一起为当年中元节的圆满结束、为来年的中元会、为新加坡的未来干杯！

综上所述，在新加坡这个相当西化的商业都市，盛大、持续一整个月的祭拜孤魂"好兄弟"与祖先的"中元祭拜"，显示当代新加坡华人对中华传统文化的认同与传承。另外，通过渗透浓厚世俗化与社会化意涵的"庆赞中元"活动，新加坡的中元节也创造了"以歌台取代酬神戏""标福"以及开放让非华族参与、为社会进行慈善公益的中元晚宴等新方式与内容。这些中国原乡与华人移民时代的"中元普度"所没有的内容、伴随着年复一年地不间断地进行的"庆赞中元"，已经逐渐成为新加坡中元节的新传统。

四 结论："创造传统"与新加坡华人文化之建构

在东南亚华人文化研究领域，"传统"是经常被社会与学界提及的名词。这是因为，基于移民史等原因，东南亚华人文化形态主要传承自中国华南民间传统文化。伴随社会变迁与不同于中国的自然与人文情境，这些传承自中国尤其是华人移民主要祖籍地的中华传统文化亦历经了一个在地化的发展过程，进而创造性地发展出具有华人社会特色的文化传统②。因而，如何理解"传统"以及华人文化如何历经从祖籍地到在地社会的"传统转换"，就成为一个有助于了解与考察东南亚华人社会文化有价值的切入点。

"传统"的定义在《辞海》中为"由历史沿传而来的思想、道德、风俗、艺术、制度等"③。英国人类学者 Eric Hobsbawn 在 1983 年提出

---

① 关于与新加坡中元节"标福物"相关问题的研究，如"福物"种类的演化、"福物"生产的跨国网络、"标福物"过程所承载的新加坡华人文化认同、价值观念以及执政党与基层民间社会关系等许多课题，限于论文的篇幅等，将有待于未来进一步的研究。
② 曾玲：《越洋再建家园：新加坡华人社会文化研究：结论》。
③ 《辞海》1979年版，第一册第491页，"传统"条。

"被创造的传统"的理论探讨。他认为：传统的持续性很大程度是人为的，"它们是对新的情形的回应，这个回应是以旧的形式表现出来，或者是通过持续的形式来建立他们自己新的过去"[1]。另一位华人人类学者陈志明总结前人对"传统"的定义和理论探讨，将"传统"广义地定位为"一种传统的文化原则或者文化类型，特别是作为一种制度化的社会实践，它从过去传承而来并浸透了文化意义和象征意义"。他将"传统"概念的讨论引入华人文化认同的研究领域，认为传统的活动提供了人们一种文化的持续意义，以及一种具有文化认同的意义。在华人的情形中，传统提供了一个华人文化认同或华人意识的表达[2]。借由上述对"传统"的诠释，本文试图从"创造传统"与"文化建构"的视角，来考察中国传统文化在包括新加坡在内的东南亚华人社会的传承与发展。

本文所考察与讨论的新加坡中元节，是近现代以来伴随大批中国华南移民南来拓荒而传播到新加坡的一个以孤魂与祖先为主要崇拜内容的中国传统节庆，该节庆至少在宋元时期已经遍布中国的大江南北。

从中国的中元节到新加坡华人中元节，历经一个传承、演化与发展的历史进程。制约这一历史进程的是新加坡从殖民地时代到本土社会演化变迁的时空环境。

移民时代的新加坡处于英殖民政府统治之下，华人移民社群整合与建构华人社会是当时的时代需求。在上述因素的制约下，移民时代的中元节，不再如中国传统社会般由官府主持中元节"公普"祭祀。另外，适应移民时代华人社会的方言帮群结构，中元节走入华人移民社群与社区，通过年复一年的"中元普度"，有助于促进华人移民社群之凝聚与整合。

1965年新加坡独立，历史翻开新的一页，华人也从移民转变成为国家公民。面对建国后五十年来新加坡急剧的社会变迁，如何传承与发展中华文化、如何维系与强化华人的文化与社群认同，是华人社会面对的

---

[1] Hobsbawm Eric, Introduction: Inventing Traditions: In the Invention of Tradition, ed., Eric Hobsbawm and Terence Ranger, pp. 1 – 14, Cambridge: Cambridge University Press. 1983.

[2] 陈志明：《华人的传统与文化认同》，载陈志明、张小军、张展鸿编《传统与变迁——华南的认同与文化》，文津出版社2000年版，第16页。

新挑战。在此时空背景下，传承自华南原乡与移民时代的中元节再一次扮演重要角色，以传统节庆的"旧形式"创造性地发展出"新的过去"。

中元会的出现，适应了建国后新加坡社会变迁中社会重组与加强社会凝聚力的需要。从社团分类看，中元会是当代新加坡聚合人群、凝聚社会认同的基层民间组织。从庙宇、会馆到新镇社区与工业区的"中元会"，已经成为维系新加坡华人社会过去与现在的重要纽带。广泛分布于新加坡城市中心的商业区和郊区新镇的组屋居民区、工业区等的大大小小、不同类型的中元会通过其所主办"庆赞中元"活动，把分布在全新加坡各地、认同中华传统文化的各个阶层的百万华人聚合起来。

就中元会的组织形态而言，以"份"为单位的中元会会员构成方式，显示新加坡中元节创造了"公普"中有"私普"、"私普"与"公普"相结合的新形态。特别是会员中以家庭为单位的"份"，表明当代新加坡华人对传统亲属关系的重视。而中元会机构设置上与华人传统宗乡社团的渊源关系，对当代华人社会更有着重要的社会意义。新加坡建国后，移民时代建立的具有社群边界的宗乡社团逐渐被边缘化，中元会的出现在某种程度上与传统宗乡社团有互补作用。由于绝大部分中元会因没有社群边界而可以向全社会开放，这使中元会所承载的中华传统文化传承，有助于在当代新加坡的现实环境下扮演唤起华人的中华文化认同与促进华人社会凝聚的重要角色。

面对新加坡的社会变迁，传统中元节在"庆赞"方式与内容上也做出调整，创造出适应当下时代的中元节新形态与新内容。例如酬神戏基本被中元歌台取代，是因应新加坡建国后的语言教育政策、华人年青一代的价值取向、传统地方戏剧衰弱等状况而做出的改变。而马来等非华族参与中元节活动、在"庆赞中元"中加入社会慈善与公益内容，则显示了华人对新加坡的国家与社会认同。此外，以关爱社会来淡化华族节庆的宗教色彩，是要在新加坡的现实环境下获取社会主流尤其是华人年青一代对中元节的了解与认同[①]。换言之，中元节在社会功能方面努力适应新加坡多元种族、多元宗教文化的国情与社会现实，在坚持中元节庆

---

① 吴炳强：《中元节的转向：为慈善喊标声更大》，新加坡《联合早报》1995 年 7 月 31 日。

中对孤魂崇拜与祖先崇拜的文化传承中，也增加了关爱社会与弱势群体、种族和谐等新内容，从而赋予这一文化传统在当代新加坡社会的价值与意义。

综上所述，当代新加坡的中元节，是承继了华南原乡与移民时代的"中元普度"传统而形成的。在这一历史演化进程中，浸透了中国传统文化意义与"制度化社会实践"的中元节，通过对孤魂"好兄弟"与祖先崇拜的重视与祭拜，不仅承载了新加坡华人对祖籍地的历史记忆与对中华文化的认同，亦表明当代新加坡中元节与中国传统中元节一脉相承。与此同时，历经新加坡的历史发展与时代变迁，当代新加坡中元节在坚持中国传统中元节孤魂崇拜宗教意涵的同时，在"庆赞中元"的内容上也创造出和新加坡国情与社会变迁相适应的形态，客观上促进了中元节的演化与发展，进而使蕴含了丰富历史社会文化内容的中元节成为新加坡华人节庆文化的重要组成部分。这充分说明，作为"制度化的社会实践"的"传统"之所以具有"持续化"之特征，是因为其能够在不同的时空脉络下不断"被创造"地演进而实现。从这个意义上说，新加坡中元节为研究"作为持续性的文化原则和制度化实践或文化传承"的"传统"所具有的华人社会文化之建构的意义，提供了一个具有重要学术价值的研究个案。

卷四　走出新加坡

李亦园教授与东南亚华人研究：
人类学的视野与方法

一般认为，人类学的东南亚华人研究开始于"二战"后[①]。人类学者涉及东南亚华人研究领域与"二战"后亚洲区域局势变化密切相关。一方面，东南亚各国在"二战"后的反帝反殖浪潮中相继独立，以及随后在该区域出现的社会、经济变迁引起学者研究的兴趣；另一方面则是1949年后中国大陆的政治变迁，使得研究传统中国文化的西方人类学者无法到中国进行实地考察，于是当时的汉学人类学者，如 W. Skinner、M. Freedman、田汝康等不得不选择新的替代性的田野地点，除了台湾、香港之外，东南亚华人社会自然成为这些学者关注的焦点。到了20世纪六七十年代，此一学术思潮也传入东方，并影响和推动东方人类学界的东南亚华人研究。而李亦园教授正是在这一时期进入东南亚华人研究领域，并成为东方人类学界最具代表性的重要学者之一。

李亦园最大的贡献，是开启和推动台湾中研院民族所的东南亚华人研究。由于"二战"后特殊的历史背景，台湾中研院民族所是当时东方人类学界研究东南亚华人的重镇。1962年时任中研院民族所研究员的李亦园开始进行沙捞越华人的田野研究，这项工作被视为"开启了台湾人类学界的东南亚华人研究"[②]。1965年他先后发表了《马来亚华人社会的社团组织与领袖形态》《东南亚诸国现代化的若干问题》，以及 *The Dynam-*

[①] 叶春荣：《人类学的海外华人研究：兼论一个新方向》，台湾"中研院民族所集刊"第75期，台湾中研院民族所1993年版，第174页。

[②] 赵树冈：《东南亚华人的人类学研究：以区域及主题为分析焦点》，《华侨华人历史研究》2003年第3期。

ics of Dialect Groups among the Chinese in Sarawak 等论文，这些成果亦被视为"台湾人类学界东南亚华人研究的起点"。从 1963 年至 1967 年的三四年间，他又三度前往马来西亚柔佛州的麻坡镇进行田野工作，其成果后撰成《一个移殖的市镇——马来亚华人市镇生活的调查研究》于 1970 年出版。该是第一本以中文发表的人类学东南亚华人研究专著，同时也奠定了李亦园在人类学东南亚华人研究领域的学术地位。20 世纪 70 年代以后，李亦园教授先后任职台湾大学人类学系教授、新竹清华大学社会人类学所研究员、台湾中研院民族所所长、新竹清华大学人文社会学院院长、中研院代理总干事等部门，教学工作与学术行政十分繁忙，少有机会再到东南亚做长期的田野研究工作，但他仍多次主持综合性的研究计划，支持、鼓励和推动学者的东南亚华人研究，并有相当的成果①。

笔者从 1989 年开始因各种机缘接触李亦园教授，拜读他的著作，聆听他的教诲和了解他的学术贡献和治学方法②。《华侨华人历史研究》主编嘱笔者在"海外著名学者"专栏中，介绍李亦园教授的研究与贡献，笔者欣然应允，但笔者自觉才学薄浅无此功力，故仅能在本文阐述笔者对李亦园教授包括东南亚华人研究在内的多重视野与学术贡献，以及他的人类学视野与方法的学习心得与体会。

一　成长经历与学术训练

1931 年李亦园出生于福建泉州。这是中国一个著名的侨乡。与当地许多人家一样，他的家族与东南亚有着密切的联系。他的父亲在菲律宾执教数十年，他的一些家族成员移居并长期生活在马来亚。因此他从小就生活在一个与东南亚以及东南亚华人有着密切联系的家族环境中，"对

---

① 李亦园：《中国社会科学院海外华人研究中心成立并举办"海外华人研究研讨会"祝贺词》，郝时远主编《海外华人研究论集》，中国社会科学出版社 2002 年版。

② 从 1989 年开始，笔者因参与李亦园等教授主持的"闽台社会文化比较研究"计划的机缘，有幸认识李教授并拜读他的著作。1994 年笔者随夫人移居新加坡后，李亦园教授即鼓励我利用身处新加坡之便，展开东南亚华人研究，以及进行新加坡华人社会与台湾汉人社会研究的比较。他又多次惠赠大作和支持笔者提交的研究计划。此后，在新加坡的七八年里，我有机会在去台参加学术研讨会或进行田野调查研究期间，登门拜访向李教授讨教。

华侨在东南亚社会的贡献有着亲切的了解和认识"①。

1948年他在家乡的培元中学完成学业后，因仰慕泉州同邑乡长、时任台大校长的庄长恭化学家院士之名，17岁的他从泉州去台报考台湾大学。李亦园在高中时代最喜欢的科目是地理，特别是对人文地理深感兴趣。但当他来台湾大学求学时，由于当时该校未设地理系，只好选择相近的历史系就读。1949年台大成立考古人类学系，李亦园决定转系就读于考古人类学系，直到1953年毕业，开始其作为专业文化人类学者的研究生涯。

李亦园的学术训练和研究兴趣，深受20世纪50—60年代中国和西方著名人文学家和学术思潮的影响。

20世纪50年代，由于中国社会政治变迁，一大批当时中国著名的考古学家、人类学家、民族学家、语言学家迁移台湾。如中国考古学、人类学的开山始祖、因发掘河南安阳殷商文化遗址而闻名国际的李济先生。1929年获法国巴黎大学博士学位返国，在中国进行第一次正式的科学民族田野调查——松花江下游赫哲族调查，并开创中央研究院民族学、人类学实地调查传统的凌纯声先生、汉语语言学家董同禾等。这些学贯中西的人文学家因政治变迁从中原南下，在台湾大学、台湾"中央"研究院等学术机构继续从事教学和研究。当李亦园在台大求学时，他很幸运地得到这些著名教授的训练。当时的台大设计的课程内容很丰富，"各种范围和层面都有"。如修读"体质人类学"，也要到医院学习"人骨学"；修读"殷商社会"，也要辨识甲骨文等。学校的人文环境也很宽松，例如，"李宗侗先生在讲授《中国古代社会》课程时，以法国民族学理论的初民社会组织来解释中国古代社会"，这些都给李亦园留下了深刻的印象。他对民族学的研究兴趣，直接来自李宗侗、李济、董作宾、凌纯声、芮逸夫等著名的人文学家。尤其是凌纯声、芮逸夫的教学内容，更给了李亦园很大的影响。这些教授的课程不仅为李亦园未来的学术发展尤其文化人类学的研究兴趣打下坚实的基础，也提供了他那一时代前卫的人文思考。例如李济先生所开设的"体质人类学"，对他后来探讨文化问题

---

① 《〈思与言〉口述历史访谈之二：李亦园先生访问记录》，台湾《思与言》第41卷第3期，2003年9月，第203页。

时对"进化观点"的理论和运用影响至为深刻。半个世纪后他在一次口述历史的访谈中谈到李济先生所教授的"体质人类学"知识,对他影响深刻。他说,直到现在,他在探讨文化问题时,仍然不脱"进化"的观点和理论。他所谓的"进化",并非只是指由高到低的发展,"而是对基因的变化、基因的保存,乃至强调多元基因的重要,把少数民族视为稀有的生物与文化基因一般。所以文化多元的概念,逐渐成为我在学习上跨学科的动力"[1]。后来,他也把"文化多元"的基因理论,运用在马来亚麻坡华人社会结构的研究中[2]。

对李亦园学术训练和治学方法产生重要影响的另一因素是20世纪50年代美国哈佛大学的学术思潮。1958年已跟随凌纯声先生在中研院民族所工作了两年的李亦园获美国哈佛大学哈佛燕京学社提供的奖学金,前往哈佛人类学系攻读。在20世纪50—60年代的美国人文学界,盛行社会科学科际整合的学术风气。李亦园在这样的学术气氛中,受到很好的多元学科与科际整合的训练。他的系主任克隆孔贯通体质人类学、考古学、文化人类学及语言学四门知识;一位教授斐约翰是东方与日本经济研究专家,提供给他进行亚洲研究的基础;另一位教授杜宝亚专精于文化与性格的研究,是当时美国甚为流行的人类心理学的代表人物。在哈佛学习的两年,对李亦园日后治学影响甚大,激发了他对多领域社会学科整合的研究兴趣与视野。1960年,当完成留学任务回返台湾后,他不仅以"文化多元"和跨学科的理念开始包括东南亚华人在内的多元学科的学术研究,也推动台湾人文学界科际整合学术风气的发展[3]。

二 多重视野与学术贡献:从异文化到己文化的研究

李亦园在总结自己的学术生涯时曾指出,数十年来,他研究的领域

---

[1] 《〈思与言〉口述历史访谈之二:李亦园先生访问记录》,台湾《思与言》第41卷第3期,2003年9月,第197—198页。
[2] 见本文"三"的讨论。
[3] 《〈思与言〉口述历史访谈之二:李亦园先生访问记录》,台湾《思与言》第41卷第3期,2003年9月,第200页。

是从异文化到己文化,再延伸到东南亚华侨的探索①。因此,在讨论李亦园的东南亚华人研究之前,有必要阐述他在从异文化到己文化研究中的多重视野与学术贡献。

(一)研究异文化:对台湾高山族的研究

李亦园的文化人类学研究开始于对异文化的考察,主要对象是台湾的土著高山族。

李亦园对异民族文化的研究兴趣,是受了凌纯声等一批去台的考古学、民族学、人类学等前辈的直接影响。在大学时代,他就随凌纯声、卫惠林两位教授去台湾花莲做花莲南势阿美族研究。1953年中研院成立民族所,凌纯声任所长,主要的目标就是要对即将迅速消失的高山族文化进行调查研究。李亦园受凌纯声先生影响,从台大转入民族所,多次参与凌纯声、陈奇禄等教授主持的对邵族、排湾族等的民族学田野调查。1960年从哈佛留学回台后,他担任总主持人完成了民族所对台湾南澳泰雅族文化的一项大型集体田野调查计划,并主撰编成《南澳的泰雅人——民族学田野调查和研究》上、下两册,于1963年和1964年出版为民族所专刊甲种五及六。

除了这部南澳泰雅人的研究著作,1962年李亦园出版了《马太安阿美族的物质文化》一书。他的另一部重要著作《台湾土著民族的社会与文化》,1982年由台北联经出版社出版。此外,从1954年到1963年,李亦园发表了《邵族的经济生活》《祖灵的庇护——南澳泰雅人超自然信仰研究》《Anito的社会功能——雅美族灵魂信仰的社会心理学研究》《台湾土著族的两种社会宗教结构系统》等共18篇有关台湾高山族的研究论文②。这些学术成果对与台湾高山族文化的研究做出了重要的贡献。

对李亦园的治学而言,他对台湾高山族的研究与成就,给了他异文化的视野。他在阐述自己对异文化研究体会时指出,作为一个汉人,他在对土著民族文化考察中感受到不同民族间强烈的文化震撼(cultural

---

① 李亦园:《李亦园自选集·自序》,上海教育出版社2002年版,第1页。
② 《李院士亦园教授目录1952—1999》,台湾"行政院"建设委员会、"中央"研究院民族学研究所编印。

shock）和不同族群之间的文化差异，并体认到"任何不同的群体共同居住在同一社会中，只要经历一段时间的互动后，势将形成高低不同的位阶"。而不同族群在接触之后所出现的高低位阶差异，也会"因此影响族群之间互动的模式"①。这种对异文化的研究经验对他以后探讨包括东南亚华人与当地土著关系在内的各种族群关系有很大的影响。他后来到沙捞越进行华人研究的田野调查，就以他对高山族的研究经验印证当地的族群关系：英国人在当地地位最高，其次为中国人，马来人第三，而非马来人的土著则最低，并以此作为研究当地族群关系的基本架构和出发点。

（二）研究已文化：对汉文化的研究

在经过多年的异文化研究之后，李亦园的研究对象和兴趣开始转向已文化，即对汉文化的研究。这其中的原因从学术发展来说，是20世纪中叶西方人文学界流行的行为科学和整合社会科学的研究方法与治学路向对李亦园的影响。在哈佛留学期间，李亦园对趋向于当代的行为科学产生浓厚兴趣，他接触最多的 Dubois 教授很着重华侨问题的研究，而他的导师 Pelzel 则是汉文化研究专家。在他们的影响下，李亦园在哈佛时就兴起研究汉族文化的念头，"常以费孝通先生的《江村经济》和田汝康先生的《砂劳越华侨》等著作为范本思考"。另外，就学术理念而言，李亦园认为，"作为一位人类学者，在对异民族文化有了一番理解之后，应该反过来回到原点，认识自己的文化"②。

从1962年开始，李亦园将研究重点转向汉文化。受美国教授的影响，他最初的计划是以东南亚华侨社会研究作为切入点，继而进行汉文化研究。但由于受当时环境和经济条件的制约无法进行，他便考虑先从台湾当地的研究着手。1964年9月，他来到距离台湾鹿港镇不远的泉州厝，先后进行十个月的田野工作。这是一次对李亦园的学术转型意义重大的研究工作。数十年后，他在总结自己的学术发展时指出，"那是最愉快的

---

① 《〈思与言〉口述历史访谈之二：李亦园先生访问记录》，台湾《思与言》第41卷第3期，2003年9月，第198—199页。
② 《我的人类学田野研究生涯》，载李亦园《李亦园自选集》，第27页。

一次田野工作,而所得的资料与经验一直是我后来探讨中国民间文化的主要基础"①。"彰化的汉族村落研究不仅使我得到很丰富的民间文化研究资料,也给我后来华侨社会的比较研究、对照的框架。两年之后我才前往马来亚做调查,并完成《一个移殖的市镇——马来亚华人市镇生活的调查研究》一书。"②

李亦园的东南亚华人研究在20世纪70年代以后因教学和行政学术繁忙而暂时搁下。随后,他除了继续推动学者的海外华人研究之外,主要的研究重心是以台湾汉人社会为主要对象的汉文化。有关李亦园的东南亚华人研究,笔者将在下一节详细讨论。

李亦园对汉文化研究的最大贡献,是寻求一条与传统的汉文化经典研究或"大传统"的哲理思维相异的治学道路,从民间文化或从"小传统"文化来研究汉文化。他认为:人民大众的生活方式,以及他们的所思所欲,他们生活的一切也代表中国文化的一部分,欠缺对这些常民文化的了解,总是难以窥视我们中国文化的全体③。李亦园的汉文化研究以"汉人民间信仰系统及仪式行为"和"中国文化体系特质"这两个领域最为著名。他的汉人民间信仰研究的基本特点是"以小见大""由俗论精"④。从1964年他的泉州厝研究开始,数十年来,他以民间信仰为主题的论文很多,早期的论文讨论民间信仰的理念和仪式、分析民间信仰对个人心理平衡、对社会和谐的重要功能。20世纪80—90年代以来的论文则多以民间信仰的变化及其对台湾社会文化变迁的关联、因果为主题。1988年,李亦园提出著名的"李氏假设",以台湾民间信仰及其仪式行为中所表现出来的汉人通俗文化的特色,探讨存在于小传统里促进台湾企业文化和经济发展的因素。由于该理论校正了一般社会学家们只重视大传统的偏失,同时也为将来研究同类课题的学者开辟了一条重要的研究

---

① 《我的人类学田野研究生涯》,载李亦园《李亦园自选集》,第29页。
② 《〈思与言〉口述历史访谈之二:李亦园先生访问记录》,台湾《思与言》第41卷第3期,2003年9月,第203页。
③ 李亦园:《李亦园自选集 自序》,第2页。
④ 陈中民:《我的老师李亦园院士:一位辛勤的人类学界园丁》,王秋桂、庄英章、陈中民《社会、民族与文化展演国际研讨会论文集》,台湾汉学研究中心2001年版,第757页。

途径，因而被学者们誉为颇有启发的"李氏假设"①。

对文化观和中国文化的文法的探讨，是李亦园对汉文化研究的另一重要贡献。他根据自己数十年对文化的研究，提出他的文化定义。他认为，所谓文化，可分成可观察与不可观察的文化两部分。可观察的部分按其性质，可分为物质技术、道德伦理以及表达感情安定心灵的精神文化三个面向。但这些仅是文化的图像，要了解文化的内部结构，还必须从文化结构法则、文化的文法这些看不见的部分入手。李亦园从上述文化观，再根据他自己研究中国民间文化的心得整理出一套见解精辟的文法。李亦园认为，中国文化精髓是"均衡"与"和谐"，也就是儒家所谓的"致中和"②。这基本语法处处主导了汉人对自然事物、对人际关系及超自然神明的行为模式。李亦园提出的这套汉文化文法是对中国文化研究的重要贡献。"它是从大众文化或民间文化基础上建构的理论模式"；"它是一套解释中国传统文化为什么的理论模式"；同时它是"既能解释社会运作的规则，又能适用于研究小传统和大传统的一套理论"③。

三 以"文化调适"为理论架构的东南亚华人研究

在上节笔者已经谈到，李亦园是从研究东南亚华人切入而开始其对汉文化的研究，换言之，李亦园是在汉学人类学的框架下研究东南亚华人。在这样的背景之下，"文化调适"自然成为研究的理论架构。所谓"文化调适"，即指移民海外的中国人在移居地的文化适应。事实上，这也是当时的人类学东南亚华人研究所普遍接受的理论架构。正如由李亦园、郭振羽主编的《海外华人社会研究丛书总序》所言：当时研究的理念，是把海外华人社会当成中国文化的一个实验室，企图借实地调查以了解中国文化以及中国人的社会组织在本土以外的环境下是如何适应与

---

① 《台湾民间宗教的现代化趋势》，载李亦园《李亦园自选集》，第210—212页。
② 《从民间文化看文化中国》，载李亦园《李亦园自选集》，第227—228页。
③ 陈中民：《我的老师李亦园院士：一位辛勤的人类学界园丁》，王秋桂、庄英章、陈中民《社会、民族与文化展演国际研讨会论文集》，第760页。

发展，同时也可以与中国文化的另一个实验室——台湾的研究互为比较，以便在某一程度上达到社会科学方法论所说的控制的比较①。

(一) 强调对海外移居者的全面性研究

虽然在研究的目的上，李亦园也把海外华人当作中国文化的实验室来看待，但与其他以"文化调适"论考察研究东南亚华人的人类学者相比，他在研究过程中更强调华人在不同环境下所显示的适应形态的全面性研究。1984年他就华南移民在海外移殖的适应问题提出一个全面的分类框架。这个框架把华人海外移殖的环境适应分成两大类，一类是"本土移殖"，又分为"台湾"和"海南岛"两种类别；另一类是"非本土移殖或海外移殖"。这一类又再分为两种形态，即弱势客地文化，如东南亚；又包括"殖民地时代"和"独立时代"两种形态。另一类则是优势客地文化如北美、欧洲等②。

2002年他再次修正海外华人文化适应的分类架构。他把海外华人研究的相关领域分成"辅助性研究领域"和"主体性研究领域（海外华人社会）"两大类。在前一类，包括"华南侨区"与"台、港、澳"两个部分；在后一类则分成"弱势客地文化区域（东南亚地区）"和"强势客地文化区域（欧、美、澳地区）"两种类型。李亦园认为，"研究海外华人必须先了解他们在国内（特别是华南）原居地的社会文化状况，才能对他们的背景资料有所掌握。……台湾、香港、澳门虽然不能算是海外，但总有其特殊性，把这三地当作海外华人社会这个真正的实验室的比较控制群来看待，也是很有意义的事情。至于第三部分主体的海外华人社会，也因实验室这一概念，就把实验的外在环境区分为弱势客地文化区域和强势客地文化区域两类"③。

上述的分类框架实际上是汉学人类学海外华人研究的一个完整体系。从纵向看，这个体系涵盖了华南移民从祖籍地到海外移居地发展变迁的

---

① 李亦园、郭振羽主编：《海外华人社会研究丛书》总序，台北正中书局1985年版。
② 李亦园：《中国海洋发展史论文集》第一集，序言，"中研院"三民主义研究所1984年版。
③ 李亦园：《中国社会科学院海外华人研究中心成立并举办"海外华人研究研讨会"祝贺词》，郝时远主编《海外华人研究论集》，第15页。

历史脉络；而就横向而言，这个体系则显示了源自同一祖籍地的华南移民，因移居地人文环境的差异而呈现出不同类型的调适形态。换言之，结合华南移民在海外发展变迁的历史脉络和不同社会环境下的调适形态这两个面向，并在此基础上对不同地域的华人社会进行比较，这是李亦园提出的海外华人研究体系的重心所在。

（二）麻坡华人研究：一个"文化调适"的研究个案

李亦园除了在理论上提出华南移民海外文化适应的分类体系，也在实践上运用"文化调适"理论考察东南亚华人社会。

如前所述，李亦园从 1962 开始，进行将近十年的马来亚华人研究。在他一系列的研究中，以对马来亚麻坡镇的考察以及 1970 年出版的《一个移殖的市镇——马来亚华人市镇生活的调查研究》研究成果最具代表意义。关于李亦园的麻坡研究及成果，陈志明已经做了很好的评价。他指出：该书描述一个市镇的华人群体认同、华人经济结构和地方领袖制度的关系，并论述了华人的家庭和宗教生活，展现出一个人类学者如何运用参与观察、访问和问卷方法研究一个市镇的族群，对人类学和东南亚华人研究具有重要的参考价值和学术价值[①]。这里笔者进一步讨论李亦园如何运用"文化调适"的理论架构，来研究源自华南的中国移民如何在东南亚建立他们的社会组织与文化形态。

根据李亦园的海外华人文化适应分类架构，他在 1963 年至 1967 年间所研究的马来亚柔佛州麻坡镇的华人社会属于华南移民在东南亚"弱势客地文化区域"环境下调适之类别。他在研究中考察了自 1884 年麻坡开埠到 20 世纪 60 年代，南来拓荒的华南移民在马来亚和麻坡镇所经历的历史变迁过程。这个过程包括：在经济上，"华人把一个荒凉的小'港'发展成为树胶集散市镇"；在政治上，华人经历了"土帮的统治、殖民的压榨、民族主义的纠缠，而逐渐步入目前的情况"；在华人社会内部，则经过了从"私会党"进入"自愿社团"，又逐步涉及"现代政党政治"的

---

① Tan, Chee Beng: 2000, li, *Yih-Yuan and the Study of Chinese in Malaysia*，台北中研所集刊 89: 17 – 31。

不同历史时期①。很显然，在李亦园的海外华人分类架构里，这是一个纵向的分析层面。

李亦园研究的另一个重点是在横向上考察华南移民在"弱势客地文化区域"的马来亚柔佛州麻坡镇的文化调适状况。根据李亦园的研究，在马来西亚独立建国三年后的1966年，当时占全国总人口36.7%的近300万华人中，约有250万已具有马来西亚的公民资格。虽然如此，在麻坡镇不论是社团领袖还是一般华人，绝大多数还是生活在"种族隔绝"中，与当地马来等其他族群缺乏互动②。因此，麻坡华人很大程度上仍处在延续于殖民地时代的华侨社会。然而麻坡的华侨社会形成于当地社会，因而呈现出许多华南祖籍地所没有的社会结构和文化形态。在社会形态上，由于英殖民政府的半自治统治，麻坡华人建立自己社会结构与组织以维持华人社会的运作。但麻坡华人在当地所建构的已不是祖籍地的宗族或家族，而是以福建、潮州、广府、客家、海南等8大方言帮群为基本结构的帮群社会；这样的政治与社会环境，使得脱离祖籍地行政管理系统的华人社会必须通过各社团间"执事关联"关系来建立内部的交往频道，以克服社群内部无统属关系、无权威系统的缺陷，进而建立起一套适应麻坡华人的管理体系和组织机构；与此相适应，华人社会精英与领袖的产生，也不再经由传统中国社会的教育、科举等方式，而是视其在麻坡华人社会中的经济实力、贡献，以及与英殖民地政府、土著社会的关系等因素而定。在经济形态上，华人面对的是一个以胡椒、甘密、树胶的生产和贸易为主要内容的商业市镇，而非祖籍地的农业社会。此种经济环境直接制约了华人社会内部的帮群认同、帮群间社会与经济力量的互动与消长，以及华人社会领袖的帮群所属与变迁等，从而影响了华人社会的建立和整合形态等问题。除了上述政治、社会和经济领域，李亦园所研究的麻坡华人的家庭生活和宗教生活也出现了与祖籍地相异的变化。例如在麻坡镇，真正来自同一宗族而能聚族而居的已很少，"代替宗族的是同宗会"，"同宗会或宗亲会之不同于宗族的地方在于宗族成

---

① 李亦园：《一个移殖的市镇——马来亚华人市镇生活的调查研究》，台北"中研院"民族所1970年版，第245页。

② 同上书，第9、184、248页。

员是生而与具的,而同宗会都是要经过一番加入的手续才能取得成员的资格,因此两者在基本组织上是不同的"①。

对于上述变化,李亦园借用"藤"的结构来解释华南移民何以能在马来亚和麻坡复杂的社会环境下"移殖"一个华人市镇所做的"文化调适"。李亦园以 Babara Ward 女士提出的"直接范式""内在观察范式"和"理想范式"来考察麻坡华人社会,认为华人社群中虽然有各种差异,对"我群"和"他群"都有着各自的"直接"与"内在观察者"范式,但每个人心中都有一个"中国文化的理想范式"存在,这才使他们能共同形成一个华人社区。不仅如此,海外华人社会中,经常在一个"中国文化的理想范式"之下,藏有许多不同的地方群文化范式。这些具有差异的不同范式在特殊时期能适应不同的情况做适当的调整。"因此,模式越多,适应不同情况的可能性也就越大,这便是我们所理解的华人社会结构的关键。"为了进一步阐明华人社会的差异与整合之间的关系,李亦园运用生物学的进化理论,强调所谓"适应"概念是指最具变异的因子以适应不同的环境变迁者,并从对海外华人社会的考察扩大引申到中国文化中的地区歧异性与持续整合之间关系的讨论,从而达致以海外华人社会作为中国文化实验室的研究初衷②。

(三)"文化调适"的特征与局限

从以上李亦园的麻坡华人研究,可以看出他的"文化调适"理论框架的一些特征和局限。

从逻辑上讲,华人在海外的"文化调适",是源自华人祖籍地的社会结构和文化形态在海外进行调整以适应当地社会的历史过程,因而它涉及华人祖籍地和移居地两方面的研究。李亦园在研究中,相当重视对华人祖籍地社会文化形态的考察。前节提到,由于中国大陆的政治变迁,人类学者无法深入华南研究东南亚华人的祖籍地。为了弥补这一缺陷,李亦园在到马来亚进行田野调查前,先到台湾与麻坡福建人祖籍地非常相近的"泉州厝"进行十个月的考察,以获取"后来华侨社会的比较研

---

① 李亦园:《一个移殖的市镇——马来亚华人市镇生活的调查研究》,第 212 页。
② 同上书,第 246—247 页。

究、对照的框架"。他的研究著作中，也尽量利用有限的资料考察麻坡八大华人方言群祖籍地的风俗文化与移民历史。另外，李亦园亦非常重视华人在移居地的适应与发展。他相当深入细致地考察麻坡华人在当地社会脉络下如何进行调整，以及由此所产生的在经济、社会、政治、文化、教育、家庭、宗教等诸方面的变化。换言之，强调华人社会在当地环境下的发展变迁，是李亦园东南亚华人研究的重要和基本特色。

特别值得提出的是，李亦园的"文化调适"理论并非不变和静止的，而是呈现出可变和动态性。李亦园认为，直到20世纪60年代末，麻坡华人基本是在"种族隔绝"中生活，但"未来有可能被跨种族间互相调适的生活所取代"。其原因是马来西亚独立建国后教育制度的改变，导致华人年青一代有可能因接受马来文或英文教育而淡化对中国文化的认同[①]。从"文化调适"理论的动态特征，再次显示当地社会的状况在李亦园东南亚华人研究中的重要意义。

李亦园的麻坡华人研究，也呈现出"文化调适"理论一些明显的局限。这些局限主要表现在"文化调适"结果的形态上。正如李亦园的研究所揭示的，当华人离开祖籍地的社会文化脉络移民海外，在新的社会自然与人文环境条件下，华人社会的组织结构和文化特征不可避免地会发展出许多祖籍地社会所没有的变异。例如麻坡华人以闽粤八大方言帮群为其社会的基本结构、以社团间的"执事关联"作为华人社会组织系统的基本纽带等，这些新形态的出现是当地社会环境的产物，因而很难产生于华人的祖籍地。因此，与其说华人社会形态与文化结构是中国本土文化在海外的延伸，还不如说是经过"文化调适"的华人文化逐渐趋向于当地化的结果。在这个意义上，东南亚华人社会并非祖籍地社会的"移殖"，而是一个在当地社会脉络下再建构的历史过程。另外，正如李亦园所看到的，随着"二战"后东南亚国家的相继独立，以及教育、文化、种族、宗教等新政策的改变，华人的身份认同和文化认同也会随之发生变化，华人文化因之也越来越在地化而呈现出所在国的本土特征。可以预见，随着社会的发展变迁和时间的推移，华人必须不断进行文化调适，但其发展的趋势并非作为中国文化实验室的一种形态，而是华人

---

① 李亦园：《一个移殖的市镇——马来亚华人市镇生活的调查研究》，第248页。

社会本土化的加深。

五　田野调查：人类学东南亚华人研究的基本方法

作为一个文化人类学家，李亦园的研究方法是田野调查。他对田野调查的执着和热爱几乎到了忘我的地步。曾有一个故事讲到，在停止做长期田野工作一段时间之后，1994年前后李亦园陪同他早期的学生黄树民教授到台湾宜兰做短期的田野考察。一到村落，李亦园喜形于色的情绪马上被也是老田野的黄树民所觉察，于是向身旁的同行和学生们说：你们看，李老师一到田野眼睛都放光了。李亦园自己才意识到田野工作对他所具有的"致命吸引力"①。

李亦园在许多论著中谈到人类学的田野研究方法②。他认为，田野调查工作（filework）是人类学最具特色也是最重要的研究方法，是一种对社会及其生活方式亲身从事的长期性的调查工作。人类学家的田野调查工作，通常都要求研究者在当地至少半年以上。在这段时间内，研究者最重要的工作就是要浸淫在民族的生活中，学习当地人的语言、参与当地的活动，尽可能地将自己融入当地人的日产生活中。借助这样的手段，人类学家才可以从当地的特殊经验里，提炼出文化的内在意义。田野调查的重要内容是"参与观察"与"深度访谈"，其目的是为了收集人类学家的研究资料。所谓"参与观察"是指人类学家在一个社区中做研究时，不仅作为旁观者观察所研究对象的一切，同时也相当程度地参加到他们的活动中去，以求更密切接触的观察。而"深度访谈"，则是指人类学家与研究的对象做无拘束、较深入的访问谈话。上述研究的主要目的，是为了了解当地人的观点（native's point of view）。李亦园强调，对于人类学家而言，每一个民族的概念性世界都是独一无二的，只有从该民族的眼光去了解，进入当地人的世界，以当地人的眼光看待事物，才能进入、容忍且欣赏所有不同于我们自己的文化习俗，才能掌握文化真正的意义。

---

① 李亦园：《李亦园自选集》，第38页。
② 李亦园：《田野图像：我的人类学生涯》，立绪文化事业有限公司2000年版。

另外，在研究者与被研究者之间，因不同的立场而产生差异实属正常。因此当一个外来的人类学者要了解当地人的想法，必须长期观察并参与其间，才能了解他们真正的想法①。

李亦园在总结自己数十年的治学时曾指出，他在台湾高山族文化、台湾汉族传统文化和东南亚华人的研究工作"都是经过一番长久的实地田野工作"②。他的学生陈中民教授也指出："亦园师论文的素材都是一点一滴地从田野工作中收集而来的，论文都是言之有物，以实际的文化现象、社会问题来支持他的理论。"③ 本节笔者仅讨论李亦园东南亚华人研究的人类学田野调查，还是以麻坡研究及成果为例。

根据《一个移殖的市镇——马来亚华人市镇生活的调查研究》，李亦园的麻坡华人田野调查有以下几个特点。

第一，注重实地田野研究。从1962年开始到1966年，李亦园前后到麻坡三次进行田野调查。第三次的田野工作从1966年10月至1967年3月，前后历时半年。《一个移殖的市镇——马来亚华人市镇生活的调查研究》即是以几次的麻坡调查资料加以分析撰写而成。

第二，在田野研究工作期间，李亦园主要采用以询问法和参与观察法。由于他的母语为当地人的方言，同时有一些真正的亲缘关系，所以"参与观察程度远较一般外国学者在研究华人社会为深"。此外，他也采用"问卷法"作为收集补充材料的方法。

李亦园在麻坡的田野调查获得了丰富的研究资料。除了收集有关马来亚华人及各种族人口大量的人口数据、1955—1964年马来亚政党和大选等文献、各华人社团的特刊、会议记录等资料外，他还运用问卷调查、参与观察、深入访谈等方法，获得大量非文本资料，制作成各类重要的表格。以他对"社区领袖的本质"研究为例。他选取130位麻坡华人社区领袖作为研究对象。其中经过面谈记录的有103人，其他27位则间接由朋友或家人提供资料。在访问社区领袖时，为了深入了解当

---

① 《人类学的理念和方法》《田野工作纵横谈》，载李亦园《李亦园自选集》，第1—7、405—508页。
② 李亦园：《李亦园自选集 自序》。
③ 陈中民：《我的老师李亦园院士：一位辛勤的人类学界园丁》，王秋桂、庄英章、陈中民《社会、民族与文化展演国际研讨会论文集》，第759页。

事人的想法,他询问被访问者的问题包括"方言群""年龄""侨居世代""职业""来马时年岁""参否回国及回国次数""来马原因""教育程度""受教育种类""财富状况""财富背景""语言能力""方言状况""婚姻状况""儿女教育""宗教信仰""妻妾之籍贯""公职与勋位""与其他领袖之亲缘关系"等19项。在上述丰富调查资料的基础上,他分别整理出近50份统计数据表,从20个方面讨论华人社区领袖的特性,得出这些领袖在方言群、财富、受教育程度等10个方面的特征[①]。正是在丰富的第一手研究资料和扎实严谨考察基础上,李亦园完成了这部在人类学东南亚研究领域具有重要学术价值的麻坡华人研究著作。

综上所述,李亦园的研究成就显示,作为一种研究方法,人类学的田野调查对于东南亚华人研究有着重要的意义。人类学者长期深入华人社会进行田野调查,亲身感受并力求真实了解当地社会的脉络与当地(事)人的观点,显示人类学者的人文关怀和严谨的科学态度。田野调查方法对于研究资料的获取,意义亦很重大。众所周知,海外华人社会研究仅靠文本资料是不够的。因为大多数海外华人社会都缺乏完整的文献资料记载。另外,海外华人社会的许多文化大多通过仪式等民间文化形态传承下来。在文本资料不足或缺乏的情况之下,人类学的田野调查方法能够发挥其功能,通过田野调查收集口述与问卷资料,记录传说、仪式等非文本资料,并与文献、档案、碑刻等文本资料相互补充和印证,是解决海外华人研究中资料不足或缺乏问题的一个重要途径。

总括以上所述,李亦园的成长经历和学术训练为他日后治学的多重视野打下了良好和扎实的基础。而半个世纪以来对高山族文化、中国文化、东南亚华人文化的研究,不仅开阔了李亦园多重的研究视野,使他在对不同文化形态的考察中容易找到比较的参照数,而且也扩大了他理解各种类型文化的学术胸怀和人文关怀。从1952年直至2002年的半个多世纪里,在承担繁重的教学和学术行政工作的同时,他出版和发表了19本专著和近200篇学术论文,这些论著涉及人类学论说、台湾高山族、华

---

① 李亦园:《一个移殖的市镇——马来亚华人市镇生活的调查研究》,第145—184页。

人研究、汉人家族与宗族、汉人民间文化、中国文化综合讨论、神话传说及少数民族等许多研究领域，他对中国文化人类学的发展，对中国文化研究在过去数十年中所做出的贡献之大，"在今日的文化人类学界里是难有能望其项背的"[1]。

（本文初稿发表在北京《华侨华人历史研究》2004年第3期）

---

[1] 陈中民：《我的老师李亦园院士：一位辛勤的人类学界园丁》，王秋桂、庄英章、陈中民《社会、民族与文化展演国际研讨会论文集》，第757页。

研究和建构中国与东南亚之间的"接触区"

——评刘宏《中国—东南亚学：理论建构、互动模式、个案分析》

　　由王赓武教授作序、刘宏博士撰写的《中国—东南亚学：理论建构、互动模式、个案分析》一书于2000年由中国社会科学出版社出版后，这本"清晰而真实地记录了作者成长于中国大陆、游学于欧美日、任教于新加坡，在学术殿堂里不懈地探索、思考的历史和轨迹"的新著，在学界引起了相当的反响，迄今为止已有相关的评论文章发表在香港中文大学的《二十一世纪》双月刊、北京《世界历史》等学术杂志上[①]。这些评论者对该书的内容与特点、学术观点与价值，以及研究方法等都做了较为全面和详细的介绍和评论。以下笔者简要概述之。

　　有关该书的内容，评论者指出：通过全书四部分内容，即导论：理论与分析架构；中国与东南亚：多维互动模式；当代海外华人跨国网络：机构基础与社会特征；东南亚视野：国家与社会关系的多元格局等，"作

[①] 以下所引有关评论该书的内容，都见下述的两篇文章：黄云静《拓宽视野，努力构筑新范式》，载《二十一世纪》双月刊，2001年4月号，香港中文大学中国文化研究所；郑一省《一部研究中国与东南亚问题的有创见的力作》，载《世界历史》2002年第2期。
　　另外，有关评论该书的文章，还可见下述两篇：顾长永：《评刘宏著〈中国——东南亚学〉》，载香港《中国社会科学季刊》（总第32期），2000年冬季号；臧小伟《对东南亚研究的新贡献——评刘宏新作〈中国——东南亚学〉》，载《世界经济论坛》2001年第3卷第2期，华盛顿及香港。

者以独特的视野探讨了二十世纪中国与东南亚互动的基本模式、海外华人社会商业网络的建构与运作，以及当代东南亚国家与社会关系演变等重要问题"。"该书既反映了作者个人成就，也向读者展现了一幅即透彻明了，又发人深思的知识图景。"评论者也讨论了该书的特色，认为作者在研究中，将具体问题的探讨与理论分析结合起来，融专题研究与理论探讨为一体；勇于对现有的理论与分析模式进行批评和反思；同时能够站在国际学术发展前沿，不断吸收西方社会科学新理论；等等。评论者还注意到该书在方法论上的特征，指出作者寻求一种"中规"分析法，试图在宏观理论和大叙述与微观实证研究之间建立一个平衡点。书中除了反映历史学的基本关怀，也融入政治学、社会学、文化研究和经济学的一些相关概念和理论框架，并在此基础上进行科际沟通和整合。此外，对于作者在史料运用（包括中、英、印尼/马来、日、荷等不同语言）、学术规范以及论证的逻辑与细密等方面所显示的严谨的治学态度，评论者也给予了好评。

　　评论者最为关注和肯定的是刘宏新作的学术价值。他们认为，作者从民族国家、区域研究在现有的分析模式上及理论上的困境出发所提出的"中国—东南亚学"新理论范式，"即是对主流学术界民族国家视野的反思，也试图阐述一种不同的分析架构"，并以此作为实现"从亚洲看亚洲"新研究视野的主要目标，因而也是该书最为重要的学术价值所在。

　　本文即是在上述评论与分析的基础上，进一步讨论刘宏在其新著中提出的"中国—东南亚学"新研究架构，重点讨论"接触区"理论。对于该书的内容、研究特色等问题，本文则不再赘述。

　　什么是中国—东南亚学？该书"导论"中有一个定义：中国—东南亚学（Sino-Southeast Asian Studies）是一种具有内在逻辑性的分析架构，用于系统地和科学地研究中国与东南亚之间长期互动的动力、进程与后果。它不仅注重货物、资本、信息和人口的双向交流，而且也注重这些互动关系如何产生新的社会文化与政治经济格局及其对国内、区域和全球的影响。换言之，"中国—东南亚学"的核心可以说是"终点作为开端"，它的出发点是多数中国或东南亚研究学者所认为的终点，亦即各自文明的交界处。为了论证和运用"中国—东南亚学"新理论，刘宏引用了"接触区"（Contact Zone）和"跨国主义"（Trans-nationalism）的概念。他特别强调,这两个理论和概念不仅涉及民族国家,而且更注重不同地理/文化圈之间的互动及其后果,因而具有更大的启发性。

从上述作者对"中国—东南亚学"所下的定义,以及全书运用该理论对中国与东南亚相关课题的考察与讨论,笔者以为,"接触区"理论以及作者在该书"导论"中所提出的建构跨国领域之间"接触区"的研究框架,是"中国—东南亚学"的关键所在。

首先,"接触区"理论是作者针对现有中国与东南亚分析架构的局限性而提出的新研究范式。该书在学术理论上所做的重要工作之一,是对现有的、建构于"二战"后的、在亚洲研究中占主导地位的民族国家和"次区域"论说进行反思和批评。作者认为,由西方(尤其是美国)建构、融合了人文、语言和社会科学角度的亚洲研究诞生于"二战"后的冷战高潮中,它从一开始就是"民族安全国家"(National-Security State)的产物。因此,亚洲研究是建立在民族国家和"次区域"的理论构架之上。这一研究框架视地理为一成不变的地域界限,将中国与东南亚这两个范畴绝对割裂开来,其结果是忽略了20世纪以前中国与东南亚之间存在了近千年的广泛而深入的商业和文化交往的历史,更无法理解和研究20世纪以来,这两个地理与文化圈之间互动的模式及其对各自内部进程的影响。与此同时,以民族国家作为研究出发点的多数论著,其关注的最主要问题是对主权、人民、市场和自然资源的争夺,对其他许多重要的领域,例如华人社群跨国跨区域乃至全球性的社会和经贸活动等课题,通常无法给予足够的重视和深入的探讨。基于对上述研究方法和研究视野局限性的反思,作者提出建构中国与东南亚"接触区"的理论。所谓"接触区",就是要建立跨越中国和东南亚民族国家地理疆界的整体分析框架,以"用于解构和重新审视两个地理和文化圈之间的广泛而复杂的互动模式及其对各自内部进程的影响"。

那么,刘宏提出的中国与东南亚"接触区"理论具有一些怎样的特征呢?以下从空间和时间两个层面讨论之。

就空间层面而言,"接触区"的基本特点是它的"跨界"性。从该书的研究来看,其所跨之"界"涵盖了"地理""社会""文化""经济""思想观念"等许多领域。这里重点讨论地理概念上的"接触区"问题。如上所述,"接触区"是直接针对视民族国家的地理为固定不变的疆界之象征的民族国家论说而提出的新概念。从以上有关的定义和讨论可以看出,"接触区"概念既是地理的,又不是地理的。"中国—东南亚学"是以中国与东南亚各自文明的交界处,即多数中国和东南亚研究学者所认为的终点作为"接触区"的开端和研究的起点。换言之,"接触区"在起点上是有地理疆域的限制,即"各自文明的交界处"。但在另外,"中国—东南亚学并非向我们提供另一个地理框架"(王赓武序),"接触区并非具体的地理区域,而是无具体形状,无固定边界的概念上的区域"。在这里,地理可以被视为"进程","辽阔的南中国海不仅不是割裂中国与东南亚的地理屏障,相反的,它更像一条交通繁忙的高速公路,通过它,人口与货物不断地流动并形成新的形态"。很显然,"接触区"的研究对象包括了自然的"地理"和人文的"地理"两方面的内容。以中国与东南亚各自文明的交界处作为"接触区"的起点,这里的"接触区"是自然的"地理"概念;从作者具体探讨中国进入后殖民地时代印尼现代化活动的背景和过程,到海外华人社会与商业网络形成与特征的考察,以及跨越两个区域的其他社会经济文化等问题的讨论,则都涵盖在"接触区"的人文的"地理"概念之内。由此看来,"接触区"与民族国家论说的不同之处,除了"跨越民族国家地理疆界"这一点之外,其所具有的双重地理内涵,也是它与民族国家论说在研究架构上的另一重要区别。

在时间层面上,"接触区"理论具有动态的历史演化特征。作者在该书中以四类个案为研究对象,讨论了 20 世纪中国与东南亚"接触区"的历史演变。这四类个案是:1900—1920 年近代中国与东南亚互动的建立;20 世纪 30 年代重组跨界机制;现代性的不同模式:中国在苏加诺的印尼(20 世纪 50—60 年代);从跨国到跨区域(20 世纪 90 年代)。从作者对以上四个个案的讨论,显示出"接触区"理论所具有的历史视野。

第一,在不同的历史时期,中国与东南亚"接触区"呈现出不同的内容和表现形态,并对各自内部进程产生影响。例如,在 20 世纪的头 20 年间,中国与东南亚的互动和互助所构成的观念,行动和族群之间的相互融合是两地"接触区"的主要内容。在此宏观背景下所出现的"华侨"概念与东南亚华人社群,"为中国与东南亚之间的'接触区'注入了新的种族内涵"。再以 20 世纪 30 年代为例。在这一历史时期,中国与东南亚之间的"接触区"出现了制度化的因素和力量,"华人社团成为跨国和跨次区域交往的一种有效的制度化桥梁"。这一桥梁的重要功能在于,一方面,从垂直联系的角度,它们能够沟通国家内部华人社群和殖民地政府之间的纽带;另一方面,它们能够有效建立起连接东南亚华人之间及其同中国华南侨乡的横向网络。因此,"华人社团不仅影响侨乡的发展,它们同时也是'接触区'和'跨文化性'的产物"。

第二,中国与东南亚"接触区"的历史演化,直接受制于不同历史时期中国与东南亚,乃至于亚洲和整个世界的发展脉络。例如,作者以苏加诺时期的印尼为个案,讨论了20世纪50—70年代中国与东南亚"接触区"的状况。他指出,这一时期"接触区"所呈现出的更加明显和日益政治化的特征,是"二战"结束后,世界冷战的兴起制约中国与东南亚互动模式发生深刻变化的结果。再如作者在讨论20世纪90年代中国与东南亚"接触区"的跨国跨区域特征时,考察了80年代初期以来急剧变化的中国与东南亚"接触区"的周围环境,如何影响与日益强化两个地理与文化圈之间在观念上的融合与一致,以及在全球化浪潮之下,东南亚华人企业集团如何迅速崛起,并在此基础上形成当代华人跨国主义新模式的历史过程。

以上的讨论表明,中国与东南亚之间"接触区"的形成与发展,是一个动态的历史进程。制约各个历史时期"接触区"形态,特征以及演化方式等的诸要素中,既有中国与东南亚内部特有的历史社会经济文化等状况,亦有亚洲乃至世界的历史发展脉络。换言之,中国与东南亚之间"接触区"的形成,发展与变迁,是区域与世界各种复杂因素发展互动的产物,因此,从中国—东南亚"接触区"切入,不失为研究包括中国与东南亚在内的亚洲历史的一个重要途径。

作为一种新的理论范式与分析架构,"中国—东南亚学"不可避免存在一个不断完善的过程.相关的评论文章已经指出了该书在运用新理论等方面的不足之处。这里,笔者仅就中国与东南亚"接触区"问题,提出几点补充看法,以就正于作者与读者。

首先,关于"接触区"的地理界定。

在上节,笔者已经讨论了"接触区"的学术价值及其与现有的民族国家论说的区别,特别分析了它的自然的与人文的双重"地理"特征。

在这里，笔者想要进一步讨论的是，在自然的"地理"特征方面，作者将中国与东南亚各自文明的交界处作为"接触区的"起点，那么，"接触区"是否有终点？如果有终点，是否是中国与东南亚两个区域内民族国家的地理疆界？另外，在全球化的当今世界，当代东南亚华人的社会与商贸活动已经跨越国界和区域，甚至具有全球性的发展特征。例如，从20世纪70年代末发展起来的当代海外华人社团以举办世界恳亲联谊大会为主要内容的跨国活动，正在影响包括中国与东南亚在内的全世界华人社会。类似这样具有全球性特征而又有着重大社会经济文化影响的活动，其"接触区"的"自然地理终点"又在哪里？它与在中国与东南亚地理区域内的"接触区"在动力、进程、后果诸方面有何差异？

就"接触区"的"人文地理"特征而言，鉴于民族国家论说的局限性，作者力图以跨"界"的视野来纠正其偏差，进而实现作者"从亚洲看亚洲"的目标。为此作者一再强调，"亚洲研究的结构重组必须注重到地方，区域和全球力量之间多层面互动关系，而中国—东南亚学则有助于达致这一目的"。作者这一探索的理论价值和学术意义，笔者在上节已经做了分析。这里笔者所要指出的是，作者在强调亚洲研究的结构重组中，没有特别提到国家因素。笔者同意作者有关民族国家论说具有局限性的批评，但在社会现实中，"民族国家"的存在是一个客观的事实，其作为社会历史发展与变迁的重要制约力量之一，不仅存在于历史，在当今全球化的新时代也并未有丝毫的减弱。相反的，在某些方面甚至有增强的趋势。因此，我们的研究既不能陷入民族国家论说的困境，也不可忽略"国家"因素的影响和制约。笔者以为，由"民族国家"所构成的人文疆界，尤其是在当代全球化的发展趋势中，"国家"与"接触区"的互动及其结果，应该成为"中国—东南亚学"必须讨论的重要课题之一。只有在充分考虑国家、地方、区域乃至全球等多种社会力量和因素之间多层面互动关系的基础上，才能准确把握和研究中国—东南亚"接触区"的形成，发展与变迁的历史进程。

其次，关于"接触区"的研究内容。

如上所述，由于"接触区"具有历史的视野，它可以成为研究者考察中国与东南亚问题的重要途径之一。这就对研究"接触区"的研究内容提出了要求。事实上，该书透过对20世纪四个"接触区"个案的考察和讨论,已经在"接触区"的研究内容方面做了有益的尝试和探索。这些个案涉及中国与东南亚之间"接触区"的许多研究内容,如思想文化观念的交流和互动,中国的内政与外交对东南亚直接与间接的影响,跨国跨区域的华人社会与经贸活动等。笔者认为,为了进一步完善"接触区"理论,有必要科学、系统、逻辑地规划"接触区"的研究内容,例如,可以建立中国与东南亚的"社会接触区""经济接触区""文化接触区"等,以及各类型"接触区"的综合的考察与研究,等等。这些研究既可以是纵向的亦可以是横向的考察。还可以设立某专题性质的"接触区"研究等。

最后,关于"接触区"的研究视野。

"中国—东南亚学"作为是一种具有内在逻辑性,用于系统地和科学地研究中国与东南亚之间长期互动的动力、进程与后果的新分析架构,要求研究者具备中国与东南亚等多元的考察视野,这是"接触区"理论能否成立的重要关键所在。正因为如此,作者一再强调以"接触区"作为分析的起点,重视20世纪中国—东南亚之间存在的互动关系及其对各自社会进程的影响。在该书的研究内容上,作者也力图以实证研究,来阐明在刚刚过去的那一个世纪里"接触区"所发生的重大事件。不过,稍嫌不足的是,正如作者自己所说,该书更多是以"南洋视野"来考察中国与东南亚的"接触区"。事实上,中国学者在20世纪中国与东南亚互动关系的研究中,已经有了一些成果的积淀。例如,20世纪30年代社会家陈达所著的"南洋华侨与闽粤社会",以社会人类学的研究方法,深入细致地考察了以闽粤移民为主的南洋华侨社会与祖籍地的互动,如何影响闽粤侨乡和东南亚两地的社会文化变迁,这些变迁包括了两地闽粤人(华侨)在生产与生活方式,观念意识,教育,婚姻形态,宗教信仰等方面的内容。20世纪90年代以来,厦门大学历史系杨国桢教授主持推动的"海洋中国与世界"研究计划,试图打破传统的研究框架,视中国与东南亚为一互动的地理区域,"从海洋看中国,从中国看海洋",重新思考明清以来中国沿海社会与海外移民,及其侨乡的社会变迁等课题,已经出版了诸如"明清中国沿海社会与海外移民"等一批具有新视野的成果。由此看来,未来的"接触区"研究,不仅要整合不同的研究学科,亦要进行中国视野,东南亚(南洋)视野等多元研究视野的讨论与整合。

综上所述，该书对于中国与东南亚问题的研究具有重要的学术价值。作者站在国际学术发展的前沿，反思和批评现有的亚洲研究理论，同时在深入理解的基础上把一些新理论和新概念运用于中国与东南亚问题的研究中。该书在理论上的重要贡献是提出"中国—东南亚学"理论。这一新研究构架"以更新，更广的视野思考更新研究理论和方法的必要，并为如何更新指出了一个方向"。本文重点讨论了"中国—东南亚学"中的"接触区"理论的学术理论价值及其特征，以及进一步完善这一研究框架所需要思考的一些问题。笔者相信，建构与研究中国与东南亚的"接触区"，将有助于促进包括中国和东南亚在内的亚洲研究的发展。

[本文初稿发表在《北京大学学报》（哲学社会科学版）2003年第2期]

"中国"的与"东南亚"的郑和

郑和下西洋是明初中国一次规模空前、跨越国界的政治、经济、外交活动，也是一次震惊世界的航海活动。历经六百年来的历史变迁和文化积淀，在中国和当年郑和下西洋远航船队主要经过的东南亚地区，已经形成了两个"郑和"。一个是中国历史范畴的郑和，一个是存在于东南亚各族群历史记忆中文化范畴的郑和。

对中国人来说，郑和是中国历史上最伟大的航海家。他从1405年（明永乐三年）至1433年（明宣德八年）的近三十年中，率领当时世界上最庞大的船队七下西洋，帆舟遍及亚洲、非洲等数十国，出色地完成了所负的使命，为亚非各国人民之间的友谊，为南海—印度洋国际贸易圈的繁荣，为中国社会经济的发展做出了不可磨灭的贡献。中国学术界对郑和及其史迹做较系统的研究始于梁启超1904年发表的《祖国大航海家郑和传》。近百年来，中国几代史学家和日本及欧美的一些学者，以官修正史和中国典籍为文本资料，在明代中国的社会经济史和外交史的框架下，研究"经事三朝，先后七奉使节"的郑和。

而东南亚视野中的郑和，虽然是以中国明代郑和为基础，却是由包括华人、马来人、印度人等在内的东南亚各族群以当地文献、宗教仪式、神话传说和社会民俗等方式诠释出的郑和。在东南亚地区，有许多在中国典籍里未见记载的郑和资料。这些文献除了中文以外，大多以马来文、英文、印尼文、荷兰文等写成。例如成书于1615年《马来纪年》，记载了未见中国文献的郑和护送明朝汉宝丽公主和亲马六甲王的史实。一直到今天，这个美好的故事不仅出现在东南亚的历史专著中，也一再被马来人和华人艺术家当成艺术创作的素材，搬上戏剧和歌剧舞台，深受社会各界的欢迎。又如中国史籍从未提到郑和远航到过印尼三宝垄地区，但印尼华人林天佑以马来文撰写的《三宝垄历史》却多次谈及郑和对三宝垄的访问以及当地的三宝洞、三宝公庙、王景弘墓等与郑和及随从有关的庙宇、历史遗迹和当地马来人和华人及土著祭祀郑和的宗教仪式和活动。

有关郑和在东南亚留下的历史遗迹，除了据说是郑和远航经过时留下的遗物，如郑和送给印尼亚齐王子的大型青铜钟，郑和在东南亚各地挖筑的"郑和井"，郑和船队远航时留下的大锚等，最为重要的是在泰国、菲律宾、印尼、马来西亚等地的佛教化、道教化、回教化的郑和庙（又称三宝宫庙）和随行人员的庙宇等宗教遗迹。"郑和崇拜"并非形成于中国本土而是形成于东南亚，郑和是由信奉中国传统民间宗教的华人、信奉回教的马来人、信奉佛教的泰国人以及信奉其他宗教的当地土著等族群在东南亚共同造就出来的神明。那些至今仍存在于东南亚各地的三宝庙（宫）以及祭祀郑和的宗教仪式和庆典，已经构成东南亚民间文化的一个组成部分。

在东南亚，流传着许多与郑和有关的传说，我国著名历史学家向达早在20世纪20年代末已经注意到，并肯定这些来自民间的神话传说对郑和研究的学术价值。东南亚有关郑和的传说具有世代相传、富有神话色彩、涉及面广等特点。郑和在东南亚建清真寺、教导当地人斋戒、传播回教等，是有关郑和传说的一项重要内容。一些东南亚和欧美学者即运用这类传说及其他资料，考察和研究马来半岛15世纪以后接受伊斯兰教的历史过程与郑和下西洋的关系。在有关的传说中，郑和还被赋予许多超自然的神力。他不仅可以造山造岛——现今东南亚的一些山与岛就是因郑和神力而出现，还具有镇妖魔斗鬼怪、治病救人等超自然的威力。郑和是一个太监，但在东南亚却流传着许多郑和及其随从与当地土著女子通婚的传说。这些爱情故事大多有美丽浪漫的结局。在有关郑和神话传说中，与东南亚民间习俗、动物与物产有关的内容占了相当大的比重。在泰国、印尼、马来西亚等地，流传着不同版本的郑和诞辰日或抵达日的传说，并举行不同形式的宗教仪式和庆祝活动。这些仪式和庆典在历史的演化中，已经逐渐延续下来成为当地的习俗。其他还有郑和与杜固，郑和与印尼巴厘岛荔枝、花生、白葱的传说，印尼和马来西亚的"郑和鱼",郑和留下的"拍手以呼风"习俗等。

由此可见,在郑和下西洋主要经过的东南亚地区,经过漫长的历史岁月,当地各族群对郑和的热爱与崇敬,已经发展成为今天东南亚文化的一个特色。东南亚历史记忆中的郑和虽然不乏附会、荒诞和神化,却是一个历经六百年历史文化积淀、由东南亚各族群用不同文字记录的文献、历史与宗教遗迹、世代相传的神话传说以及社会风情民俗等非文本形式诠释的郑和。东南亚视野中的郑和,其是否具有历史的真实性已不是那么重要,因为在某种意义上,郑和已经成为蕴含着复杂和具有多方面文化内涵和象征意义的符号。它涉及15世纪以来东南亚社会历史发展变迁许多重大的问题,这包括中国与东南亚区域的关系,中华文化在东南亚的传播,华人移民在东南亚的拓荒,华人的国家与文化认同以及与当地土著的关系,包括华人、马来人、印度人、当地土著等在内的多元种族的文化与宗教在东南亚的发展与互动等。因此,对东南亚来说,郑和问题已从中国明朝的历史范畴演化成为具有本区域历史内涵的文化现象。

(本文初稿发表在2003年9月9日《光明日报·理论版》)

东南亚的"郑和记忆"与文化诠释

一 前言

郑和下西洋是中国明朝初期一次规模空前、跨越国界的政治、经济、外交活动,也是一次震惊世界的伟大的航海活动。从1405年(明永乐三年)至1433年(明宣德八年)的近三十年中,郑和率领当时世界上最庞大的船队七下西洋,帆舟遍及亚洲、非洲等数十国,出色地完成了所负的使命①。历经六百年来的历史变迁和文化积淀,在中国和当年郑和下西洋远航船队主要经过的东南亚地区,已经形成了两个郑和:一个是中国历史范畴的郑和,一个是存在于东南亚各族群历史记忆中的文化范畴的郑和。

对郑和下西洋及其史迹的研究,一直受到海内外学术界的关注。在中国学术界,一般认为历史上对于郑和下西洋的记录最早可见张廷玉的《明史》"郑和传"。但该记述过于简略且有错误,其他的记载均较为零星一鳞半爪。真正称得上对郑和及其史迹做较完整的研究,当为近代之事。而开其端者,应为梁启超于1904年发表的《祖国大航海家郑和传》②。从那时至今日的一百多年里,中国几代史学家和一些日本、东南亚和欧美学者,基本上是以官修正史和中国典籍的文本资料、在明代中国的社会

---

① 有关中国对郑和的评价,请参见张维华主编的《郑和下西洋》第五章"郑和下西洋的伟大成就",人民交通出版社1985年版。

② 梁启超:《祖国大航海家郑和传》,《饮冰室合集》,中华书局1936年版。

经济史和外交史的框架下，相当深入地研究了"经事三朝，先后七奉使节"，存在于《明史》《明实录》等正史中的郑和。这些研究主要包括了几个方面的内容。其一是对郑和及其下西洋远航史料的研究。在数十年的时间里，中国老一辈的史学家如向达、冯承钧、张星烺、郑鹤声等，发现、考证、校订、注释、整理与出版了一大批重要的文献、碑文、郑和家谱、传记等资料，为郑和下西洋研究提供与奠定了至关重要的史实基础。其二是对郑和下西洋科技史的研究。涉及的内容包括郑和宝船的尺寸、船型与建造地点、《郑和航海图》、对郑和远航所到国地名的考订、牵星术的航海技术等诸方面。该领域的研究已取得很大的成果。其三是关于郑和下西洋的学术研究。对郑和及其下西洋事件的学术研究开始于20世纪30年代吴晗、童书业与许道龄关于郑和下西洋目的与性质的讨论。从那时以来，国内学界除继续吴晗等人讨论问题，主要关注的课题还有"明初的外交政策""郑和远航中断的原因""郑和下西洋对东南亚华人社会的影响""郑和下西洋与明代朝贡贸易""郑和下西洋与西方航海活动的比较""郑和下西洋与天妃信仰的影响""郑和家世研究""郑和下西洋在地方史上的影响及其作用""郑和与福建"等课题。20世纪90年代中期以来，也有学者从郑和下西洋讨论中国人的海权意识问题[①]。上述研究成果显示，到目前为止，国内外学界的郑和研究主要集中于明代历史范畴中的郑和及其下西洋壮举，且已有相当深厚的学术积累。但对存在于东南亚各族群历史记忆中的"郑和"关注不多，尤其是中国学界则基本没有涉及。

二 东南亚"郑和"的文化诠释

本书关注的重点是东南亚视野中的"郑和"。历史与社会人类学研究者王明珂在研究"族群与历史记忆"时指出，许多学者将历史文献和考古文物当成"过去发生的事"的记录与遗存。……然而，我们可以从另外一个角度来看古史记载……探讨他们在所反映的社会情景及相关的族

[①] 参见南京郑和航海协会《新的里程，新的进展——郑和研究十年回顾》，《中国航海》1995年第2期；《郑和与福建》编辑组：《郑和与福建》，福建教育出版社1988年版。

群现象。由这种角度来看,古代文献记载与文物遗存可当作人群集体记忆的遗存,他们是在某种个人或社会主观的"意图"下被创造和被保存的。在这种研究中,我们主要探索的并非是过去的事实(但并非否定研究史实的重要性),而是古人为何要以文献、文物来组织、保存某种记忆,也就是探寻古人的"意图"及其社会背景[①]。本文借鉴王明珂关于"历史记忆"的理论架构,以东南亚的"郑和记忆"和文化诠释为题,从郑和下西洋六百年来东南亚社会发展与历史变迁的脉络,研究一个文化范畴中的"郑和"。

本书由两部分所组成。上篇收录了6篇学术论文。这6篇论文的作者均为东南亚当地研究郑和的华人学者和具在东南亚长期工作和生活经历的中国学者。他们从各自所在区域的社会历史脉络,具体地讨论"东南亚的"郑和之建构与演化,以及东南亚历史记忆中的"郑和"对东南亚区域历史进程与文化形态的深刻影响。

李炯才的论文讨论"印尼的"郑和。李炯才是一位出生于马来亚北海的新加坡土生华人,他从1959年至1988年活跃在新加坡政坛上,曾受命出任新加坡驻埃及、印尼、日本、韩国、巴基斯坦、南斯拉夫等国大使[②]。该文是根据其在20世纪70年代担任新加坡驻印尼大使期间,实地考察印尼爪哇三宝垄著名的三宝庙及雅加达、巴厘岛等地为纪念郑和及其随从而建立的庙宇,并收集各种用当地文字记载的有关郑和及其船队远航印尼的文献及"遗迹"、神话、传说、社会习俗等非文本资料等的基础上撰写而成[③]。有关郑和下西洋是否经过印尼的三宝垄等地,并未见中国文献的记载。但在印尼却有用马来文撰写的文献和当地学者的研究。例如,印尼人 Mangaraja Onggang Parlindungan 撰写的《端古劳:三宝垄编年史》,据称该书包含了许多郑和远征三宝垄及其对爪哇华人回教社会影

[①] 王明珂:《华夏边缘:历史记忆与族群认同》,社会科学文献出版社2006年版,第33页。

[②] 李炯才:《追寻自己的国家:一个南洋华人的心路历程》,台北远流出版事业有限公司2005年版。

[③] 该论文的大部分内容曾发表在李炯才《印尼——神话与现实》,新加坡教育出版社1979年版。论文收入本书时,作者对该文的题目与内容做了修改。

响的资料①。另外，印尼华人林天佑以马来文撰写的《三宝垄历史》，多次谈及郑和对三宝垄的访问，以及当地的三宝洞、三宝公庙、王景弘墓等与郑和及随从有关的庙宇、历史遗迹和当地马来人和华人及土著祭祀郑和的宗教仪式和活动②。李炯才根据自己的考察与研究，认为郑和下西洋对印尼的历史进程和社会文化产生了重大的影响：其一，著名的三宝垄的三宝庙所呈现的回教化特征，显示作为明代大航海家的郑和已经转变成为印尼具有护佑当地各族群功能的神明；其二，关于回教与中华文化在印尼的传播及其对印尼华人社会的影响。李炯才质疑中国典籍为何缺乏对郑和下西洋与爪哇地区回教化关系的记载。他认为，从文献记录、碑铭资料和大量流传至今的有关郑和在爪哇传播回教的传说与故事来看，"很难令人置信，三宝太监及其回教徒通译员在远征东南亚过程中不会顺便宣扬回教"。他运用印尼文的研究资料，具体地讨论15世纪初期爪哇地区的宗教形态，指出"当时回教仅伸展到苏门答腊的沿海和马六甲，而爪哇仍受兴都教和佛教的控制"。从郑和在当地人民中进行有关斋戒等回教戒律的教导，他认为"郑和可能是首位访问爪哇的有地位的回教徒的"。他还根据这些传说，推断"是否郑和每次访问爪哇时，都是在禁食节期间？"另外，他还指出，郑和对爪哇回教化的影响，不仅改变了当地的宗教形态，亦促进了华人社会爪哇化的历史进程。这主要通过华人回教徒与当地土著通婚的方式。此外，李炯才也充分肯定郑和下西洋对中华文化在印尼传播的积极作用。他在论文中收集了印尼民间大量与中国文化相关的故事、风俗习俗、物产等内容，并指出："三宝太监的宝船不仅运载物质的财富赠送给爪哇的统治者，还有中国少女，以及婚礼的礼物。这解释了为什么中国的文化产物如轿子（tandu）仍在宫廷婚礼中用来迎接新娘；明代瓷器出现于爪哇宫廷的花园；还有宫廷里的痰盂。它揭示了在爪哇人婚礼中新娘的潮州戏发饰的来历；以及在巨港的婚礼中所采用的中国婚服和新娘的发具。这些已经成为今日印尼风俗的一部分。"

---

① 具体内容见文献汇编附录二中陈达生文。
② 见林天佑《三宝垄历史：自三保时代至华人公馆的撤销（1416—1931）》，该书已由李学民、陈巽华译成中文，暨南大学华侨研究所，1984年。

段立生的论文研究"暹罗"的郑和。"暹罗"是郑和七下西洋的航行中多次到达并做较长停留的东南亚国家之一。段立生是国内研究泰国历史文化的著名学者,曾长期任职泰国华侨崇圣大学教授。在论文中,他一方面运用《明史》《明实录》《西洋番国志》《瀛涯胜览》等中国文献资料,考察明代历史范畴的"郑和"在带领远洋船队七下西洋的远航中,如何通过"招谕暹罗进贡和调解暹罗与满拉加的矛盾冲突""与当地人做生意""了解暹罗地理环境和历史风俗"等方式,来推进与发展明朝与暹罗等周边国家的朝贡关系,并使之经常化、固定化与制度化的重要作用。他还认为郑和为之辛劳奔走所要建立和完善的以中国为中心的朝贡贸易体制,是古代的一种区域经济或者说是亚洲经济圈。他指出:"此种以几个毗邻的国家和地区联合形成一体化的经济圈,既具有某种程度的独立性,又在若干领域实行分工与合作的模式,对于当代促进各国经济共同发展,仍具有重要的借鉴意义。"另外,他也实地调查了位于华人称之为大城府的阿瑜陀耶城郊的具有佛教特色的三宝公庙、在北榄府以郑和名字命名的海港"三宝港"、收集了一些在泰国世代相传的神话传说中有关的"郑和"的故事,如郑和在暹罗与鬼斗法、一夜之间筑成寺塔、郑和投药水中,教人沐浴治病等,讨论泰国历史记忆中的"文化郑和"。

安焕然和苏庆华都是马来西亚的华人学者,他们的论文从不同的角度考察了马来西亚的"郑和"。安焕然以文化人类学的"历史叙述与当代诠释"为理论架构,具体地讨论历史范畴中的"郑和"在郑和下西洋之后,如何在马来西亚历史发展的脉络中,演化成为与马来西亚华社命运相联系并对其历史历程发生重要影响的精神力量与象征符号。安焕然认为,马来西亚的马六甲作为重要的物质补给和中转站,是郑和七下西洋的远航中的必经之地,这不仅强化了明朝和马六甲的亲密关系,由此写下了中马友好关系史上光辉的一页,也奠定了马来西亚华社"郑和叙述"的历史基础。然而,在郑和下西洋之后,历史的"郑和"在马来半岛社会变迁与历史演化的脉络中经历了一系列变化。从17世纪开始,特别是在19世纪及其之后,历史的"郑和"开始神格化,有关郑和的"遗迹"与神话传说广为流传,亦出现祭拜神明郑和的庙宇。郑和的神格化,是与这一时期大批中国华南移民拓荒马来半岛密切相关。面对与祖籍地完全不同的人文环境和艰难的拓荒生活,闽粤移民需要能够荣耀自身的历史召唤,并作为他们共同心灵的支柱和依托。在此种历史情境之下,15世纪初的郑和下西洋,威武英明,斩风劈浪,扬威东南亚许多地方的"伟大"英雄形象,正好可填补这一时期华南移民初到"番邦"打拼与惶恐交杂的心理虚拟期待。"感念郑和,神化郑和,民间信仰也是一种文化调适,期盼获得超现实神能的佑护,以求更好地适应在番邦异域艰险的生存环境。把当年拥有中国官方强大力量做后盾的郑和这个历史人物加工神化,视为开拓先驱的神祇,是东南亚华人民间信仰上本土化形塑的一个特征。"当历史发展到"二战"后的40年代末至50年代,伴随马来西亚独立国家的出现和马华社会身份与文化认同的转变,神明"郑和"重回历史与社会舞台。一方面,在新国家的建构中,借由马华知识分子历史文化论述,这一时期的"郑和"被还原为一个对马来西亚的经济开发与社会发展做出重要贡献的历史伟人,此种诠释有助于华人在马来西亚这块土地上取得"合法"地位并被土著所认可。另一方面,面对马来西亚种族政策结构和政治资源分配的不平等等挑战,作为马来西亚华人"始祖"的象征符号和历史文化纽带,"郑和"为受挫连连的马华社会承担团结与凝聚华人族群的历史重任。20世纪90年代以后,在马来西亚经济起飞,中国改革开放以及中马关系日趋融洽的时代大气候下,"郑和"在当代马来西亚再次被赋予重要的时代功能。安焕然通过马六甲苏丹皇宫文化博物馆内的明朝特使"下跪"形象的转变、马六甲郑和石像从凄凉倒卧到昂然站立,马中政府首脑以"郑和"作为两国具有渊源悠久友好关系象征的历史文化表述,马华社会推展的与郑和相关的文化"护根"活动,以及马六甲导游小姐以"郑和"为招徕游客的噱头等故事,具体地阐述"郑和"在郑和下西洋后的当代马华社会,马来西亚的政治、经济、中马外交等领域扮演重要的角色。他还预见,"郑和""将继续被叙述下去,以不同的方式,在不同的时空,在不一样的当下"。

与安焕然从马来西亚社会发展的纵向脉络展开对郑和下西洋之后的"郑和"在不同历史时期的形象与功能的讨论有所不同,苏庆华则是从马来西亚的郑和庙以及与此相关的郑和"遗迹"、神话传说等切入,通过对马来西亚现存的四间郑和庙,即马六甲"宝山亭"(百姓也称之为"三保庙")、登嘉楼"三保公庙"、沙拉越尖山的"义文宫三保庙"以及槟城峇都茅的"郑和三保宫"的建庙过程、信众来源、庙务管理、祭拜内容与方式等的考察，具体地阐述了历经郑和下西洋六百年后的积淀，历史的"郑和"如何在马来半岛和马华社会发展变迁的时空下衍化为神明化的"郑和"。他同意安焕然的看法，"在马来西亚华人心中，郑和的象征意义常常超越史实。郑和的传说和神化，其中的荒谬和附会，使我们对客观历史的认识大有妨碍。但郑和的传说及其神格化、乃至其形象的再塑，实际上却又反映了当地华人的共同意念，自有其意义和价值"。论文的另一个重点，是讨论存在于马来西亚的历史记忆，且经由包括华人在内的马来西亚各族群以神话传说，社会习俗等方式诠释与认同的"郑和"，如何作为蕴涵丰富历史与文化内容的纽带，在当代的情境下继续对包括华人社会在内的当代马来西亚社会发展、族群融合、马中关系等产生重大的影响。

到目前为止，对文化范畴中的"郑和"的研究，学界关注的重点在郑和下西洋主要经过的东南亚地区的"郑和崇拜"。对中国民间的"郑和崇拜"，虽然有一些零星报道，亦有一些学者提出要重视"环南中国海郑和崇拜"现象的研究[1]，但基本未见较为深入的讨论与研究。曾玲撰写的论文《一个闽南侨乡的郑和传说、习俗与崇拜形态及其社会文化意义：福建省漳州市角尾镇鸿渐村"太保公"庙的田野调查》，是一篇考察中国民间郑和崇拜的研究报告。该文是本书中唯一一篇研究中国民间文化范畴中的"郑和"的文章。该文虽未直接讨论"东南亚的"郑和，但文章中所考察的闽南侨乡鸿渐村的郑和传说、习俗与崇拜形态与东南亚华人有密切之关系。村落中的"太保庙"中供奉的神明郑和和王景弘有可能是祖籍鸿渐村的东南亚华侨从侨居地引入后，当地村民才建庙崇拜的。换言之，福建闽南侨乡的郑和崇拜有可能源自东南亚而非产生于本土。曾玲从2004年6月至2005年1月的半年多的时间里，带领研究生多次到鸿渐村进行田野考察，收集该村族谱资料、村史及相关的方志等记录，以及与"太保公""二保公"相关的传说、故事、习俗等口述资料，同时也参与并记录太保公圣诞活动的内容与仪式等。该文主要根据这些文字记载和田野调查资料，讨论与东南亚华人相联系的中国民间文化范畴

---

[1] 李庆新：《在广东发现"郑和"：以地方文献与民间信仰为中心》，载福建侨联举办的"郑和下西洋与华侨华人论坛"《会议论文汇编之一》，福州，2005年5月（未刊本）。

的"郑和记忆"及其所承载的华南海外移民、侨乡与东南亚华人之间的历史记忆与社会文化网络。该文的考察显示，东南亚的"郑和崇拜"是伴随东南亚历史发展而出现的文化现象。而在东南亚华人与祖籍地的关系中，"郑和记忆"则是一条文化纽带，它不仅承载中国华南移民东南亚的历史记忆，也维系着东南亚华人与祖籍地关系的过去、现在与未来。

陈毅明是一位从马来亚归国的东南亚华人研究者，她的父辈从海南岛漂洋过海到南洋，本人则在南洋土生土长，至成年方返国。作为研究者的学术背景和归侨的生活经历，使她对活在东南亚华人心中的神明"郑和"及其崇拜形态有深切的理解和感动。她的《郑和庇佑华侨》一文，以其亲生的经历与观察，具体地记述了当代南海"七洲洋上的郑和竹"、印尼三宝垄的"郑和庙"和"郑和船的铁索"，以及中国闽南侨乡鸿渐村"郑和庙"等三个与郑和及其下西洋历史有关的故事与传说。上述故事与传说的内容涉及的地点和情节虽然有所不同，但神明"郑和"是一条纽带把三个故事联系起来。这显示，一方面，历经六百年的积淀，明代郑和下西洋历史中的"郑和"已经以神明的形态活在东南亚华人心中。在这些故事和神明"郑和"的背后，承载着包括华南移民南来东南亚的拓荒史，东南亚华人在不同于祖籍地的人文脉络中的族群与文化认同，以及维系东南亚华人与祖籍地之间的血脉纽带等近代以来中国与东南亚社会发展的厚重历史文化内容。另一方面，伴随历史时空的转换，从历史"郑和"衍化而成的文化"郑和"具有顽强的生命力，它能够伴随着时代的变迁不断被诠释，并被赋予新的时代内涵与功能。神明"郑和"将永远庇佑全世界的炎黄子孙。

本书的下篇为东南亚"郑和记忆"与文化诠释的文献汇编，其内容均来自东南亚（除刘宏在20世纪90年代初撰写的文章外）。编撰"文献汇编"的目的主要有二。其一，为上篇学术论文所讨论的问题提供更多与详细的背景资料；其二，让读者通过东南亚的各类记载与资料，能有更多的视角了解明代历史范畴中的"郑和"如何历经六百年的历史与文化积淀而演化成东南亚的"文化郑和"，东南亚的"郑和记忆"如何在当代东南亚被诠释，以及作为一个象征符号的"文化郑和"如何在新时代的脉络下继续发挥其社会与文化功能。

文献汇编辑录了与三个研究课题相关的内容。附录一为"郑和与东南亚的回教"。作为外来宗教，回教传入东南亚对于该区域尤其是对印尼和马来半岛的社会历史发展、文化形态乃至人文景观之建构等都有着及其重大的影响。有鉴于此，对东南亚回教的传播者、回教传入东南亚的时间、方式，以及收集、鉴别与研究回教在东南亚传播的文献资料等问题的讨论，一直是学术界关注的重要课题。其中有关郑和下西洋与回教在东南亚传播关系的研究，始终争议较大。对这一问题的讨论亦是国际郑和研究中的一个很热门的课题。然而不论是中国古代文献中有关郑和下西洋的记载，还是近代以来中国学界对郑和及其下西洋远航的研究，对此都甚少关注。一些西方和东南亚本地的学者，根据郑和下西洋主要经过的东南亚地区由当地不同文字记载的资料和民间有关郑和及其随从传播回教的故事、传说、神话等非文本资料，研究对郑和下西洋对回教在东南亚传播的重要作用。"附录一"收录的中国与东南亚学者的三篇论文，分别发表在20世纪90年代初至2005年的中国和新加坡的学术刊物上，主要涉及郑和及其随从在爪哇传播回教的文献资料，郑和及其随从传播回教与爪哇华人回教社区的建立和演变，以及冷战结束后的二三十年来印尼学者对郑和与爪哇回教化关系的研究与成果等课题的讨论。

"附录二"辑录了印尼、马来西亚、新加坡、泰国等东南亚国家与郑和及其随从相关的传说、"遗迹"、神话等的一些记载。有关东南亚的郑和庙宇，本书辑录了2003年6月由马来西亚登嘉楼三保公庙理事会出版的特刊"登嘉楼三保公庙"。这本马来西亚华人社团编撰的特刊资料十分珍贵。虽然在中国明代的历史文献中，并未见郑和远洋船队曾航经登嘉楼的记载，但特刊的内容却显示了登嘉楼华人社会如何根据19世纪初以来出现的一些有关郑和"遗迹"的传说，在马来村落设立"三保（宝）公庙"并历经一个多世纪的历史演化，在当地多元种族的社会脉络中建构了包括华人与马来人在内的登嘉楼各族群所认同的"郑和崇拜"的历史过程。登嘉楼三保公庙编撰的特刊为东南亚"郑和崇拜"的个案研究提供了有价值的第一手研究资料。

在上编的学术论文中，学者的研究已经指出，从明代历史范畴的"郑和"演化而来的"文化郑和"，不仅存在于15世纪初郑和下西洋以来东南亚区域六百年社会发展的历史记忆中，他亦能够伴随时空的转换被重新诠释，进而被赋予新的时代内涵与功能。这正是"文化郑和"的魅力所在！附录三辑录了当代马六甲和新加坡两个与郑和议题相关的报刊等资料。马六甲有关郑和议题的争论主要围绕郑和石像能否矗立在三宝山、马来西亚中华大会堂总会（简称"华总"）要求在马六甲设立郑和纪念馆等问题而展开。上述问题的争论涉及马六甲州政府、马六甲华社、马六甲土生华人社群（即青云亭管理层）等诸多方面。争论的时间从20世纪90年代初延续了十三四年，至2004年方大致告一段落。关于当代马六甲郑和问题的争议，上编安焕然和苏庆华的论文已有较深入的分析。他们将该问题置于20世纪90年代中国崛起，中马两国重建外交经贸文化关系，马华社会内部的社群凝聚与华人文化根源之维护等时代背景之下，具体地讨论了郑和在这一新的历史时期如何被赋予"和平友好使者的当代寓意"和"华人维护文化之根的当代象征"等社会与文化功能。收入附录三有关上述讨论的相关资料主要来自2000年到2004年马来西亚《南洋商报》《星洲日报》等报刊的报道，以及华总会讯的部分记录。

  郑和在当代新加坡引起讨论是源于当地一位著名的戏剧家郭宝崑创作的戏剧作品《郑和的后代》。该剧在1995年以华语剧和英语剧形式在新加坡上演后即引起轰动，包括华人、马来人等在内的各族群在新加坡的英文、马来文、华文、淡米尔等语言的报刊上对该剧进行热烈讨论。2002年郭宝崑去世，新加坡各界沉痛悼念这位关怀社会、为新加坡文化做出重要贡献的戏剧艺术家。为了纪念郭宝崑，2003年新加坡举办第一届"郭宝崑节"。在"郭宝崑节"上演的剧中，作为重要代表作的《郑和的后代》不仅有华文剧与英文剧版本，还增加了马来语剧版本，演出再一次在全社会引起轰动与讨论。不仅如此，《郑和的后代》还走出新加坡，到中国台湾、埃及、日本等地演出。事实上，郑和下西洋是否航经现在的新加坡所处的地域，在中国明代典籍中并无记载，海内外学界对此大多也持否定的看法。况且历史的郑和是一个宦官，他是不能有后代的。那么在当代新加坡，话剧《郑和的后代》为什么会引起轰动？它为何需要以华语、英语、马来语三种剧本上演，并在包括华人、马来人等在内的社会各族群中引起讨论？要考察这其中的原因，还必须从新加坡所在的区域和社会内部的状况等方面入手，从对新加坡的地缘政治特征，多元的种族文化结构，华人与马来人的族群互动，多元异质的华人社会结构，当代华人尤其是年青一代所面临的种族身份与中华文化认同等课题的研究中寻求答案。"附录三"辑录了 1995—2003 年发表在新加坡《联合早报》上有关《郑和的后代》戏剧的部分报道与讨论。这些报道和讨论为了解和研究当代东南亚的郑和诠释提供了当地人的视角,这有助于我们了解与思考历经六百年积淀的"文化郑和"对当代东南亚的价值与意义。

三 结语

综上所述,在郑和下西洋主要经过的东南亚地区,经过漫长的历史岁月,当地各族群对郑和的热爱与崇敬,已经发展成为今天东南亚文化的一个特色。本书所讨论的东南亚的"郑和记忆"有几个基本内容与特征。第一,东南亚视野中的"郑和",以中国明代的"郑和"及其下西洋远航的历史为基础,并从历史范畴的"郑和"演化而来。第二,东南亚历史记忆中的"郑和"虽然不乏附会、荒诞和神化,却是一个历经六百年历史文化积淀,由东南亚各族群用不同文字记录的文献,历史与宗教遗迹,世代相传的神话传说,以及社会风情民俗等非文本形式诠释的郑和。第三,形成东南亚的"郑和记忆"与文化诠释的社会背景,是郑和下西洋六百多年来东南亚社会发展与变迁的历史脉络。东南亚视野中的"郑和",其是否具有历史的真实性已不是那么重要,因为在某种意义上郑和已经成为蕴含着复杂和具有多方面文化内涵和象征意义的符号。它涉及 15 世纪以来东南亚社会历史发展变迁许多重大的问题,这包括中国与东南亚区域的关系,中华文化在东南亚的传播,华人移民在东南亚的拓荒,华人的国家与文化认同以及与当地土著的关系,包括华人、马来人、印度人、当地土著等在内的多元种族的文化与宗教在东南亚的发展与互动等。因此,对东南亚来说,郑和问题已从中国明朝的历史范畴演化成为具有该区域历史内涵的社会文化现象。

有鉴于此,今天我们的郑和研究,一方面要注意明朝历史中的"郑和"以及他率领中国庞大船队七下西洋的人类壮举。因为跨越六百年的历史文化长廊而沉淀下来的有关郑和的历史记忆,已经衍化成一种文化象征,它所代表和体现的是中华民族和中华文化所实践和追求的国与国之间睦邻友好、和平外交、不同宗教与文化族群之间相互接纳、和谐相处、互动融合以及积极进取、不畏艰险的普世价值。这些人文价值不仅是郑和留给世界的宝贵的文化遗产，对于今天加强中国与东南亚各国的和平友好关系，也具有重要的现实意义。另外，亦要注重东南亚历史记忆中的"郑和"对东南亚区域历史进程的深刻影响。因为这些影响以及所产生的结果，已经成为东南亚六百年来历史、社会、经济与文化的组成部分，并将伴随东南亚社会历史变迁而世代延续下去。

（本文是笔者主持的福建省社科"十五"规划课题《东南亚历史文化语境中的郑和研究》的结项成果。由笔者编著的论文集《东南亚的"郑和记忆"与"文化诠释"》的"导论"，黄山书社2006年版）

跨境"移神"与"家园"再建：
新、马华人民间信仰研究

一 前言

受近代以来中国海外移民构成等因素的制约，传承自华南的民间宗教始终是占世界华人人口绝大部分的东南亚华人社会最主要和最广泛的宗教形态。有鉴于此，有些人类学家甚至以"华人宗教"来归类东南亚华人民间宗教[①]。

在东南亚这个多元种族与多元宗教并存的地区，华人[②]民间宗教是该地区复杂宗教形态的重要组成部分。作为传承自中国、对当地华人社会有着重要影响民间宗教，从移民时代的南洋各殖民政府到当今的东南亚诸国，都相当关注所在国华人社会的民间宗教问题。而对东南亚华人而言，"神"是与"人"紧密相连的另一个世界[③]。民间宗教并不仅仅是华人的一种信仰形态，它亦与东南亚华人社会发展与衍化的历史进程、华

---

① Tan Chee Beng, "Chinese Religion in Malaysia: A General View", *Asian Folklore Studies* 42 (2), 1983, p.219.

② 在近现代以来东南亚社会发展史上，"华侨"与"华人"在国籍、国家与身份认同上有不同的意义。一般说来，"华侨"是指东南亚殖民地时代的中国华南移民。"华人"则指"二战"后独立建国的各东南亚国家的华人公民。本课题在研究与讨论中，将"华侨"与"华人"合二而一统称为"华人"，主要原因有二。其一，本课题基本不涉及"国籍、国家与身份认同"问题的讨论。其二，本课题注重的是文化意义上，即认同中华文化、认同民间宗教的"华人"。

③ 例如，据巴素的观察，"在描述马来亚的华侨，我们还不能充分从人口调查表中检查出他们私人的活动，因为还有一个神鬼居住的世界。不管华人到什么地方去，这些鬼神都是随身不离的；而且在他们的生活中，与他们周边的物质世界一样的重要"。

人所在地的国家与社会的许多重大问题等密切相关。如殖民地时代闽粤移民的社群凝聚与整合、华人社团组织建立与华人社会之建构、华人的中华文化认同、华人与当地马来、印度等民族的关系、当代华人社会的跨国网络、华人社会与中国及祖籍地关系的重建等。因此，东南亚华人民间宗教是一个跨越国界、涉及宗教、政治、社会、文化等多个层面的重要研究课题。

在中国学界，陈达是较早关注东南亚华人民间宗教的社会学家。他在20世纪30年代出版的《南洋华侨和闽粤社会》一书中，将祖先崇拜和民间信仰作为考察东南亚华人与闽粤侨乡关系以及区别闽粤侨乡与非侨乡的重要内容之一[1]。建国以后，受到当时国内外政治、社会等因素的制约，包括民间宗教在内的东南亚华人研究基本处于停顿状态。20世纪的七八十年代，中国实施改革开放打开国门，与东南亚各国重建正常的外交、经贸、社会与文化联系。在此新形势下，与东南亚华人相关的各项研究随之在学界展开。在东南亚华人民间宗教研究领域，一项重要且较有成果的研究，是从文化传播的角度考察华南的妈祖、保生大帝、观音、城隍、玄天上帝、土地神、王爷等信仰体系在海外（主要是在东南亚）的传播背景、原因及状况[2]。另一个学者们较为感兴趣的课题，是延续陈达的思路，在当代侨乡研究中讨论华人民间宗教的功能。一些学者视民间宗教为所谓"五缘"文化中的"神缘"，考察海外华侨华人在历经"二战"后半个多世纪的社会变迁之后，如何通过民间宗教这一纽带重建与祖籍地的关系[3]。此外，在20世纪90年代以来学界有关海外华人社团之间、海外华人社会与祖籍地之间跨国网络的考察与讨论中，有关民间宗教在其中扮演的重

---

[1] 陈达：《南洋华侨与闽粤社会》第九章"信仰"，商务印书馆1939年版。

[2] 例如，李天锡所著的《华侨华人民间信仰研究》，可说是一部较重要的代表作品。该书2001年由中国文联出版社出版，2004年修订后再版。另外，张禹东、刘素民2008年出版的《宗教与社会》一书，亦有部分内容涉及福建民间信仰在东南亚华人社会传播的问题。该书由社会科学文献出版社出版。

[3] 有关该问题的讨论，在20世纪八九十年代曾甚为热烈。例如，林其炎：《五缘文化的传承与变异》，载《海内外学人论妈祖》，中国社会科学出版社1992年版；童家洲：《试论五缘文化及其与海外华侨华人社会》，《华侨华人历史研究》1997年第1期；《国内缘文化研究动向》，《华侨华人历史研究》1999年第1期。

要角色与功能，亦受到学者们普遍的关注①。

在大陆学者关注东南亚华人民间宗教的同时，一些港、台学者也开始进行大陆、台、港、东南亚华人民间宗教比较研究的尝试。例如，香港中文大学的陈志明教授以"华人的传统与文化认同"为题，考察并比较大陆、香港、台湾与东南亚四地在各项民间宗教礼仪中所显示的"同"与"异"②。陈志明亦以大陆、台湾、马来西亚的土地神崇拜为研究对象，讨论华人民间宗教的宗教变迁等问题③。台北"中研院"的张珣通过实地的田野考察，对新加坡和中国台湾两地的妈祖信仰进行比较研究④。港、台学者的考察，有助于为该领域提供新视角与研究内容。

在国外，早在19世纪，已有西方学者进行东南亚华人民间宗教研究⑤。20世纪三四十年代，一些东南亚殖民政府官员出于统治需要，关注并撰写有关华人社会宗教状况的报告。这些报告为研究殖民地时代东南亚华人宗教提供了反映统治者与西方人观点的第一手记录⑥。"二战"后至六七十年代，海外汉学和人类学界将东南亚华人社会作为中国文化研究的实验室，在东南亚当地展开一系列考察工作。该项计划结束后，台北中研院以"海外华人社会研究丛书"的形式，出版了一批包括欧美与

---

① 这方面的研究成果很多。例如曾玲《认同形态与跨国网络：当代海外华人社团的全球化初探》，《世界民族》2002年第6期。陈志明、丁毓玲、王连茂主编的《跨国网络与华南侨乡：文化、认同和社会变迁》，香港中文大学、香港亚太研究所2006年版。

② 陈志明：《主题论文：华人传统与文化认同》，载陈志明、张小军、张展鸿编《传统与变迁——华南的认同与文化》，文津出版社2000年版。

③ 陈志明：《东南亚华人的土地神与圣迹崇拜——特论马来西亚的大伯公》，载林富士、傅飞岚主编《遗迹崇拜与圣者崇拜》，台北允晨文化实业股份有限公司1999年版。

④ 张珣：《星洲与台湾妈祖信仰初步比较》，载《妈祖信仰国际学术研讨会论文集》，财团法人北港朝天宫委员会、台湾省文献委员会编印1977年版。

⑤ 如J. D. Vaughan于1879年出版的 *The Manners and Customs of The Chinese in Straits Settlements* 一书中，叙述了19世纪新加坡与槟城华人的生活状况，举凡风俗习惯与宗教信仰皆包括在内。

⑥ 如巴素著的《马来亚华侨史》，巴素从1921年至1946年出任英属马来亚华民护卫司、华文副提学司及情报局主任。他根据其从1937年至1938年所搜集的资料所写成《马来亚华侨史》中的第六章"马来亚华侨宗教"中，考察了英属马来亚华人土地神、皇爷崇拜、中元节等民间宗教形态及热闹的神诞等状况。

台港等地学者的研究成果，东南亚华人民间宗教是其中的重要内容之一①。从80年代中期至90年代，有关新、马华人民间宗教课题再次引起社会学者与人类学者的关注。这些研究分析华人的民间宗教心态及与民间宗教相关的习俗，讨论华人民间信仰与当代华人文化认同的关系，考察华人民间宗教活动诸如神诞庙会、庆典仪式、迎神赛会等在促进社区整合、调整社区民众心理等方面的功能及影响等②。

总之，一个多世纪以来，特别是"二战"以后的半个多世纪，海外学界涉入该领域的除有历史学亦有人类学和社会学等学科，研究内容主要有国别的华人民间宗教概况、透过民间宗教所呈现的华人文化与社群认同等诸多问题。研究方法则较为注重个案研究与金石资料的收集。已出版的新加坡、泰国、马来西亚、印尼等地华人碑铭汇编，为该领域研究提供了大量珍贵的金石资料③。

上述有关东南亚华人民间宗教研究成果的简要概述，显示国内外学界有关该问题研究所取得的成就与特点，以及所存在的局限。例如，在研究视野上，国内学界基本上是中国视野的研究取向，而国外学界则显现较多的东南亚视野；而在研究方法上，国内学界多以宏观性的概述为主，缺乏在具体时空脉络下深入、具体而细致地进行个案研究与讨论，亦缺乏多学科的综合考察。

2006—2012年，笔者主持一项以《海外华人宗教信仰研究：东南亚

---

① Maurice Freedman 著：《新加坡华人的家庭与婚姻》，郭振羽、罗伊菲译，台北，正中书局1985年版。该书中的第七章"丧葬礼俗"涉及清明祭祀、祖先崇拜、普度孤魂野鬼等华人民间宗教形态。该章节也讨论了"华人的宗教概念"。李亦园：《一个移殖的市镇——马来亚华人市镇生活的调查研究》，在该书的第八章，李亦园考察了"麻坡华人的宗教生活"。

② Eddie. C. Y. Kuo（郭振羽），*Religion in Singapore*: *An Analysis of the 1980 Census Data*, Singapore: Report prepared for Ministry of Community Development, 1989；刘丽芳、麦留芳：《曼谷与新加坡华人庙宇及宗教习俗的调查》，（台湾）《民族学研究所资料汇编第九辑》，台北："中研院"民族学研究所1994年版；Tan Che Beng, "The Study of Chinese Religion in Southeast Asia: Some Views", in *Southeast Asian Chinese*: *the Socio-Cultural Dimension*, edited by Leo Suryadinata, Singapore: Times Academic Press, 1995, pp. 139 – 165.

③ 陈育崧、陈荆和：《新加坡华人碑铭集录》，傅吾康、陈铁凡《马来亚华文铭刻萃编》三册，马来亚大学出版部1982年、1985年、1987年版。傅吾康主编：《印度尼西亚华文铭刻汇编》四册，新加坡南洋学会1988年、1997年版。傅吾康主编：《泰国华文铭刻汇编》，台湾新文丰出版公司1997年版。

华人民间宗教之建构与现状》为题的研究计划，该项计划以新马华人民间宗教作为主要考察对象。在研究方法上，注重运用历史学的方法搜集各类文献记录，亦强调以人类学的实地考察与深度访谈之方法，记录与收集第一手的田野调查资料，并在此基础上展开个案研究。参与本课题的近十位研究人员，包括土生土长的新、马华人研究学者和在新、马具有长期生活与研究的中国大陆及香港等地的学者。他们在收集各项相关文献资料的同时，均走入华人庙宇进行实地田野调查，力图真实与具体地研究华人民间宗教建构与衍化的社会脉络与个案研究对象的观点。本文主要根据该项课题的研究成果，在对既有的学术成果进行审视与反思的基础上，以中国与东南亚多元的研究视野，考察伴随闽粤移民而来的"移神"如何在当地社会变迁脉络下所历经的、从中国传统民间宗教转变东南亚华人民间宗教的历史进程，进而讨论当代东南亚华人民间宗教的基本特征、社会功能及所面对的挑战等问题。

二 从"移神"到"定居"：新马华人民间信仰之建构

华人民间宗教并非东南亚本土的宗教形态，它传承自中国传统民间宗教。在从中国传统民间宗教转变为东南亚华人民间宗教的历史进程中，"移神"与神明在东南亚的"定居"是这一历史进程最初两个重要阶段。

（一）"移神"之方式

在东南亚殖民地时代，包括新、马在内的东南亚华人庙宇所祭拜的神明大多移植自其祖籍地闽粤地区。其所以如此，主要是因为这些神明是伴随华南移民而来到拓荒地。笔者将此过程称为"移神"。本课题在研究中主要关注"移神"方式及其对殖民地时代新马闽粤移民社群整合的意义。

中国民间信仰系统中，以"根庙"神明分灵再建"支庙"的情形是颇为常见的现象，其中一个主要与基本的途径是通过"分香"。对"香火"的注重是中国传统民间信仰的重要特征之一。"香火"因具有"纵向性"之功能，其灵力可以纵向地贯通起来，因而具备神明之间的沟通功能。通过"分香"或曰"刈火"在香火的沟通作用之下，神明成为"人间的行政等级体系的翻版"，由此"分香"及其代表的地域性组织便发展了出来。基于中国传统民间宗教的基本特性，伴随闽粤移民而"南移"东南亚的祖籍地神明，也经历了一个"分香"的过程。本课题的研究，虽然无法完全确定所考察神明及其系统的来源，但还是能大致勾勒出与闽粤移民相伴随的"移神"的几种方式。

1. 分香式"移神"

此种"分香"式"移神"，又可分成"直接"与"间接"两种形态。

所谓"直接分香"，指的是伴随闽粤移民从祖籍地直接移入东南亚的神明。徐李颖在《在国家与社群之间：新加坡天福宫的功能及其转变》一文中所研究的新加坡天福宫，其庙宇的主神妈祖神像在中国制作，于1840年4月从妈祖的家乡福建莆田湄洲运到新加坡。根据百克利《新加坡史话》与宋旺相《新加坡华人百年史》的记载，当时新加坡福建移民社群还特别举行盛大的迎神赛会迎接天妃娘娘入庙。孟庆梓撰写的《社群的"姓氏庙"与社区的"香火庙"：新加坡的昭灵庙》一文，其所考察的新加坡昭灵庙主神"柳金圣侯""香火"，来自新加坡江兜王氏社群的祖籍原乡福建福清江兜的昭灵庙。曾玲在《社群整合的历史记忆与"祖籍认同"象征：新加坡华人的祖神崇拜》中涉及的新加坡蓬莱寺内六个姓氏庙中所供奉的周府大人、章三相公、邢府大人、朱府大人、李府大人等诸神明，均伴随福建安溪蓬莱镇移民的南来拓荒而"分香"到新加坡。在此类的"移神"中，"香火"所指，既可以是来自移民祖籍庙宇神明的"分身"，如新加坡天福宫的主神妈祖，亦可以是祖籍庙宇香炉里的香灰，如新加坡蓬莱寺和昭灵庙的神明，最初多经由移民随身所带的祖籍庙宇里的香灰而移入新加坡。

所谓"间接分香"，指的是并非由祖籍地直接移入新、马的神明。本课题成员安焕然的《柔佛古庙与马来西亚新山华人社会》，其所考察的位于马来西亚柔佛州首府新山的柔佛古庙，该庙主神元天上帝（亦即玄天上帝）香火，根据当地民间相传，是从新山市郊港脚灵山宫分香而来。另一位课题成员郭根维研究新加坡庙宇神仙宫，在其提交的研究报告《谋事在神成事在国：一间新加坡华人神庙在二十世纪的变迁》中，考订出该庙主神九皇爷的香火来自马来西亚安邦的九皇爷庙。

2. 观念性"移神"

此种"移神"形态，与华人移民祖籍原乡的庙宇及神明并无明确的香火传承关系，而是经由华南移民运用祖籍地传统造神观念的民间信仰之移植，笔者称之为观念性"移神"。

本课题的研究涉及的该类"移神"，有曾玲研究的新加坡海唇福德祠绿野亭的《庙宇与坟山的社群化与移民时代华人帮群社会建构的制度化》、安焕然《从开拓先驱到友好使者：马来西亚华社的郑和叙述》和李炯才《印尼历史记忆中的郑和及其随从的神话》等考察的马来西亚与印尼的郑和崇拜，以及安焕然讨论的流行于新加坡与马来西亚南部柔佛州的洪仙大帝信仰的《新马洪仙大帝的历史与现状》等，即属于这类"移神"方式。

在上述的这些庙宇中，有些神明是经由无后世祭拜的孤魂转化而来，例如新加坡海唇福德祠的主神"大伯公"，有些神明是基于流传在东南亚当地的传说、神话、故事等而建构，例如遍布东南亚郑和庙中的神明郑和；有些则是到目前为止还无法在中国本土找出明确的神缘，但却能与东南亚当地镇压虎患的具体社会需求相契合的神明，例如新马洪仙大帝庙宇中的神明洪仙大帝等。这些庙宇及其供奉的神明并无历经从祖籍地"分香"过程，而是庙宇所属华人移民或社群在移居地直接建庙祭拜。

（二）"移神"之"定居"

所谓"移神"之"定居"，指的是通过不同的"移神"方式，传承自祖籍原乡的神明在华人移居地重建庙宇与信仰体系，进而开始东南亚华人民间宗教的建构与演化的历史进程。

在闽粤移民的祖籍原乡，神明的"分香"通常与一个向地方性庙宇"进香"仪式过程相联系，其目的在于"建构了一幅由各级地方中心构成的等级秩序的地图"[①]。而当祖籍原乡的神明跨境"分香"后，即脱离了原有的社会文化脉络体系，在此种情况之下，它已无法承担建构和发展出中国本土"地域性的组织"的功能，转而与华人移民在移居地社会与

---

① 王铭铭：《走在乡土上：历史人类学札记》，中国人民大学出版社2003年版，第177—178页。

文化结构的建立联系在一起。因此，伴随闽粤移民而来的"移神"之"定居"的主要内容，是重新进入华人移民社会，在东南亚当地的自然与人文的脉络下重建庙宇及其神明系统，这是东南亚华人民间宗教建构历史进程中的另一项重要内容。本课题的研究显示，在东南亚殖民地时代，伴随闽粤移民而来的"移神"，主要透过"华人社群"与"华人社区"这两个途径进入华人社会。

1. "移神"与华人社群之结合

"移神"与华人移民社群结合，是基于殖民时代东南亚华人社会建构之历史需求。鸦片战争以后，当大批华南移民来到东南亚拓荒，如何在半自治的殖民地社会重建华人社会结构与组织形态，是他们所要面对的问题。而在这一历史进程中，脱离祖籍地社会文化脉络的华南移民迫切需要文化纽带，以便重新凝聚移民与进行社群整合，进而实现华人社会之建构。正是在这样的时空背景下，伴随闽粤移民南来、承载着祖籍地历史、社会、文化记忆的神明信仰作为一条重要的文化纽带，承担起凝聚与整合华人社群的重要功能。而与此同时，这些神明及其庙宇也就具有特定的社群边界。换言之，在东南亚殖民地时代，与华人移民社群结合的"移神"，发展出"社群化"的新形态。

受移民史和东南亚殖民统治等各种因素的制约，移民时代的东南亚华人呈现出多元的"帮"及"帮群"的社会结构及形态。在帮群的架构下包括有祖籍地缘会馆、姓氏血缘宗亲会、行业公会等各类社团。本课题通过的个案，具体考察"移神"如何通过华人社群的主导与运作，使其呈现"再社群化"特征，进而在华人帮群组织和各类社团的建构与运作中扮演重要角色。

马来西亚槟城的广福宫不仅是19世纪槟城华人社会的凝聚中心，亦是团结并领导槟城华社与殖民政府抗争、维护中华文化和华人利益的最早组织机构。课题组成员陈剑虹在对马来西亚槟城广福宫的研究中，将广福宫称为槟城华人的"公庙"。他运用碑文资料，考察这座以观音为主神的庙宇，如何在1800年经由广、福两帮侨领和华商的共同出资建设与管理，进而转变成为具有"广、福"两帮社群边界的槟城华社公庙的历史过程。

位于马来西亚柔佛州首府新山的柔佛古庙建立迄今已有近一个半世

纪。安焕然的研究显示，在马来西亚社会变迁和复杂的种族关系时空情境下，新山华人社会的总机构"中华公会"和"海南""客家""广肇""福建""潮州"等五大华人帮群及其组织"海南会馆""客家公会""福建会馆""广肇会馆""潮州八邑会馆"，通过确立柔佛古庙内五尊神明对应五帮社群间的供奉关系，并具体运作于由中华公会主导、属下五帮共同推动、全新山华社参与的制度化的古庙游神活动，进而有效地处理与整合新山华社内部的五帮社群，建构"分中有合、合中有分"的新山华人社会结构。

曾玲所讨论的新加坡海唇福德祠绿野亭，是一个在1819年新加坡开埠初期华人移民帮群分立和帮群间互动的社会环境下所产生的帮群组织。在新加坡殖民地时代，该社团既是庙宇与坟山组织，处理广、客移民的信仰与身后的营葬、祭祀等事宜，也是广、客移民最高联合机构，承担团结、凝聚与整合两社群的功能。在研究中，曾玲运用绿野亭及其广、客两帮相关的坟山、会馆等各类社团保留下来的碑铭、账本、会议记录、章程等金石与文字资料，考察重点绿野亭如何运用中华文化资源，通过"神""鬼"的社群化，在新加坡殖民地时代的社会脉络下所历经的移民社群整合与制度化帮群形态建构的历史过程。

在中国传统民间宗教的神明体系中，妈祖被视为海上保护神。当闽粤百姓跨海南移东南亚之时，妈祖是与他们相伴随的最主要的神明之一。也因此如此，妈祖信仰及其庙宇遍布东南亚各华人社会，是东南亚华人民间宗教中重要的崇拜之一。曾玲的《社群边界内的"妈祖"：移民时代的新加坡妈祖信仰研究》将从中国到新加坡的"妈祖"置于移民时代新加坡华人社会的帮群结构下，运用各类文献记录，从妈祖崇拜与华人移民"帮群"之界定与互动、妈祖信仰与华人帮群内部之整合等方面，具体考察伴随闽粤移民跨海"分香"到新加坡的"妈祖"，如何受当地华人帮群社会将结构的制约，从原来的"海上保护神"发展出"社群化"的崇拜形态。具有社群边界的"妈祖"，在功能上除了维系华人移民的"中国认同"之外，以具有凝聚闽粤移民"社群认同"的重要功能。

徐李颖的《在国家与社群之间：新加坡天福宫的功能及其转变》所研究的新加坡天福宫，是一座以妈祖为主神的华人庙宇。在新加坡福建会馆建立之前，该庙宇是新加坡福建帮的总机构，因而在华人社会占有重要的地位。徐李颖的研究显示，天福宫以其宗教凝聚力而成为福建移民社群组织的轴心，也因此成为社群处理公共事务、排难解纷的主要场所。庙宇除了要处理"人与神"的沟通问题，还要肩负解决与处理"人与人"之间的世俗性问题。

本课题也涉及新加坡华人姓氏庙的研究。所谓"姓氏庙"，指的是具有姓氏血缘边界的华人庙宇。曾玲的《社群整合的历史记忆与"祖籍认同"象征：新加坡华人的祖神崇拜》，在对新加坡蓬莱寺中六个传承自福建闽南安溪的六个姓氏庙的考察中，首次提出东南亚华人"祖神崇拜"的概念。曾玲主要通过在新、中两地的田野研究资料，具体考察跨境"分香"的祖籍神明如何在新加坡移民社会脉络下"定居"即"再社群化"与建构新加坡华人社群"祖神"的历史过程。在这一历史过程中，承载着祖籍原乡历史记忆的"祖神崇拜"对于新加坡华人社会内部社群认同与整合的意义。曾玲的研究指出，从祖籍原乡神明转化而来的"祖神"，由于具有"亦祖""亦神"之双重特征，因而能够为华人移民社群凝聚与华人社会建构，提供一条认同与整合的文化纽带。

孟庆梓所研究的新加坡昭灵庙，亦是一座由新加坡福清江兜王氏社群建立的"姓氏庙"。孟庆梓考察殖民地时代的江兜王氏移民社群经由福建福清祖籍原乡昭灵庙的"分香"在新加坡重建昭灵庙的历史过程。他在研究报告《社群的"姓氏庙"与社区的"香火庙"》中指出，通过原乡昭灵庙神明所承载的祖籍地历史记忆与宗教仪式场景下的情感认同强调，使得该庙宇在殖民地时代长期扮演了江兜王氏移民社群神明信仰中心的重要角色，成为一间具有江兜王氏社群边界的"姓氏庙"。而新加坡昭灵庙的建立，也直接推进这个结合祖籍地缘与姓氏血缘的移民社群建立制度化的组织机构新加坡江兜王氏公会。

上述研究考察了"移神"之后具有"社群化"特征的神明崇拜与庙宇系统对于殖民地时代新马华人社群整合与社团组织建构的重要意义。

2. "移神"与华人社区

在华人社区重建庙宇与神明系统，是伴随闽粤移民而来的"移神"在华人移民社会"定居"的另一重要途径。

安焕然对新马洪仙大帝崇拜的研究和郭根维对新加坡神仙宫在20世纪变迁的考察，对该问题的研究提供了很有价值的两个个案。洪仙大帝崇拜仅盛行于新加坡和马来半岛柔佛州南部一带。如前所述，到目前为止在新、马华人的祖籍原乡还无法确知洪仙大帝的神缘。安焕然在考察中发现，这一地区的洪仙大帝崇拜及其庙宇并没有如位于同一地区的柔佛古庙般具有明确的社群所属。有鉴于此，安焕然从新加坡和柔佛州南部华人拓荒史的考察切入，发现洪仙大帝崇拜在这一地区华人社会中香火鼎盛，且这一带洪仙大帝庙之间存在"分香"与"神缘"关系等现象，是与新马华人从殖民地时代以来对这一地区的拓荒、开发、垦殖、华人人口的增加、华人社区规模的扩大社会经济发展密切相关。由此可见，洪仙大帝崇拜及其庙宇在这一地区的发展脉络，亦是华人在这一地区的拓殖与建构社区组织的历史进程。二者之间的相互关联与印证，充分显示民间宗教在华人社区发展中所发挥的重要作用。

郭根维所研究的神仙宫，其庙内的主神九皇爷亦没有明确的社群所属。该庙香火据说来自马来西亚的安邦。自20世纪20年代建立后因各种原因数次搬迁，所面临的生存挑战可以说几乎贯穿了建庙以来的近一个世纪，并延续至今。尽管如此，由于该庙在一个世纪的不断迁移中已与所曾经生存的华人社区发生了密切联系，到今天它不仅已经融入新加坡，它的活动轨迹亦已经跨越新加坡的东西轴线。郭根维认为，研究者不应该忽视那些位于村落与郊区较小的华人庙宇和神祠。事实上，这些庙宇神祠是村落与城区邻里间的社群活动中心。因此，关注这类庙宇神祠命运，及通过这些庙宇历史演化的研究，有助于拓展20世纪以来新加坡政治与社会变迁、华人社会与华人民间宗教的改变等课题的研究视野与领域。

综上所述，在东南亚殖民地时代，华人民间宗教之建构历经一个从"移神"到"定居"的历史进程。伴随闽粤人南来拓荒而进入东南亚的祖籍原乡神明系统具有"直接式分香""间接性分香""观念性移神"等不同的"移神"形态。

不同的"移神"方式，深深影响所"移之神"在移居地的"定居"及其与之密切相连的华人社会之建构。"直接式分香"之"移神"，与闽粤移民祖籍地有明确的香火传承。这类神明和庙宇因直接对应移民社群的祖籍地而具有明确的社群边界，因而能够承担其整合神明所属移民社群的功能。"间接式分香"虽然与祖籍神明系统及其庙宇没有直接的关联,但它显示中国传统民间宗教中重要的"香火"观念已经在东南亚传承。透过对"香火"的运作,脱离祖籍地社会脉络后的中国传统民间宗教,已经开始朝向东南亚华人民间宗教的方向转变。而"观念性移神"虽与祖籍地神明和庙宇系统没有直接的香火纽带,但在移民时代,此类神明及其庙宇多因与某些华人移民及其社团相联系而具有社群边界。

与华南移民一样,南来的神明需要在当地"定居"。所谓"定居",主要是指"移神"在脱离祖籍原乡后重新进入东南亚华人移民社会,在当地自然与人文的脉络下重建庙宇及其神明系统。本课题的研究显示,"移神"之"定居"主要是通过"华人社群"与"华人社区"两条基本途径进入殖民地时代的东南亚华人社会。受那一时代多元的东南亚华人帮群社会结构的制约,进入华人移民社群的"移神"显现出"社群化"的显著特征。具有"社群边界"的神明及其庙宇组织,则成为该社群的信仰中心或总机构,承担凝聚与整合该社群的重要功能。进入移居地的华人社区,是伴随闽粤移民而来的"移神"进入华人社会的另一重要途径。和"华人社区"相结合的"移神"及其庙宇,虽然没有明确的社群所属,但它已经与该社区或该地域的经济开发、社会发展等在地的历史情境紧密联系在一起,显示出"社区化"或"地域化"的新形态。

三 制约新、马华人民间信仰发展衍化之诸因素

自近现代大批华南移民到东南亚拓荒,东南亚各国(除泰国以外)的社会发展大致可以以"二战"后即 20 世纪 40 年代末 50 年代初为界,划分为殖民地时代与本土社会两大历史阶段。东南亚的历史发展与社会变迁,深深制约了包括民间宗教在内的东南亚华人社会与文化建构的各个方面。本课题在研究中,具体考察包括新马在内的东南亚社会变迁中的"华人社会发展进程""当地社会经济发展""国家因素与政府政策""中国因素"等问题对新马华人民间宗教发展与衍化的制约与影响。

(一)华人社会发展进程

如前所述,在殖民地时代,当闽粤人在东南亚重建其社会结构与文

化形态之时，伴随他们而来的"移神"也历经一个在移居地"定居"与重建神明系统的历史过程，显示东南亚华人社会与华人民间宗教二者之间的密不可分，以及相互影响与互动的紧密关系。因此，当南来的闽粤移民人数增加，华人社会发展，必然对民间宗教产生影响，尤其是那些具有鲜明社群边界的神明与庙宇。在本课题涉及的庙宇中，如槟城广福宫、新加坡天福宫、新加坡昭灵庙等，在移民社会早期，这些庙宇曾作为槟城华社、新加坡福建社群、新加坡江兜王氏社群的最高组织机构而活跃在槟城与新加坡华人社会的舞台上。然而，随着两地华人社会发展、华人经济实力增强、华社对医疗、教育、文化等需求的增加，庙宇及其组织系统逐渐无法承担总机构的功能。1881年槟城平章会馆成立、1916年新加坡福建会馆建立、1953年新加坡江兜王氏公会筹建，标志着上述三庙宇完成阶段性的历史任务，回归其作为香火庙以及社群信仰中心的宗教文化之功能。从以上个案所显示的庙宇社会功能的改变，可以看出华人社会发展对其的制约作用。

（二）新、马土地开发与经济发展

东南亚的大开发，是在西方殖民者东来后而大规模展开。而华南移民正是在这股历史浪潮中一拨一拨地南下东南亚拓荒。因此，东南亚的垦殖与开发不仅有华人社会的重要贡献，亦为华人在当地重建社会结构与文化形态提供重要的社会舞台。本课题的研究显示，华人所在地的开发与社会经济的发展，对当地华人民间宗教有多方面的影响。一方面，华人所在地的拓殖与开发有助于促进华人民间宗教在当地的发展。因为经济发展需要更多的劳动力，因而也造成华人移民人数的增加与华社力量的壮大。与此同时与移民相伴的民间宗教就在当地发展起来。安焕然所研究的新马洪仙大帝崇拜，盛行于新加坡与柔佛南部。其发展的轨迹与这一地区的开发密切相连。根据安焕然的实地田野考察，洪仙大帝崇拜的出现与流行，"是与十九世纪中期新、柔一带华裔先民的开荒垦殖斯土、镇压虎患息息相关"。换言之，正是在当地开发中出现的人与虎患的较量而产生了该地区的保护神洪仙大帝。而随着这一带土地被大量开发与垦殖，吸引新马各地华人移民聚居此地，洪仙大帝也被不断地"分香"，逐渐从新加坡向柔佛南部的城镇与乡村拓展出更多的洪仙大帝庙宇。历经从 19 世纪中叶到 20 世纪中期的一个多世纪的不断"分香"与建庙，最终形成该地区的洪仙大帝崇拜，并一直延续至今。洪仙大帝崇拜在新、马的形成与发展，充分显示当地社会经济发展的环境对华人民间宗教所具有的积极意义。

另一方面，当地社会经济发展，也有可能对华人民间宗教发展带来新的挑战。从本课题的研究个案看，这种影响主要体现在从殖民地时代以来，东南亚各地在城市建设中因征地、拆迁等造成许多华人庙宇的被迫搬迁问题。如前所述，在东南亚建立的华人庙宇，是"移神"在当地"定居"的"新家园"，也是源自华人祖籍原乡的神明系统进入东南亚社会脉络的重要体现。庙宇的建立不仅需要华人社群或华人社区经费的支持，更重要的是，庙宇所在社区及信众对庙宇及神明的认同，是华人民间宗教得以在华人社群和华人社群生存与发展的重要条件。因此，本课题相当关注庙宇的被迫搬迁与重建，对华人民间宗教所带来的影响。孟庆梓、郭根维、徐李颖等所考察的新加坡昭灵庙、神仙宫、韭菜芭城隍庙等华人庙宇自建立以来，多次被迫搬迁。他们深入的田野研究显示，庙宇的被迫搬迁，人为地中断了神明及其庙宇与所在华人社群或华人社区的密切联系。而在庙宇搬迁与新建的过程中，又要面临经费筹集、庙址选择、信众网络的重建等许多困难。在这一过程中，那些规模小、经费筹集困难的庙宇，例如神仙宫，几乎面临难以生存的困境。而那些较有规模，且愿意在社会变迁中做出改变的庙宇，如新加坡昭灵庙和韭菜芭城隍庙，也在庙宇搬迁所面临的危机中获得发展转机。由此可见，华人庙宇因城市建设等原因而被迫多次搬迁，即是东南亚华人民间宗教在发展进程中所面临的一大挑战，亦华人庙宇拓展生存空间与信众网络的重要转机。总之，从华人庙宇在当地的被迫搬迁考察东南亚社会经济发展对华人民间宗教发展进程的影响，这是本课题在该问题研究上的新尝试。

（三）国家因素与政府政策

在新、马华人民间宗教的发展与演化的历史进程中，国家话语与政府政策是不可忽略的重要因素。

我们知道，近现代以来，华南移民在东南亚经历了从殖民统治到本土社会的历史变迁。在殖民地时代，殖民政府对华人社会采取半自治的统治与管理政策，作为华人社会文化发展重要组成部分的华人民间宗教，主要在华人社会建构的脉络下运作。"二战"后，在当时世界反帝反殖的时代浪潮中，各殖民政府相继退出历史舞台，东南亚由此进入独立建国的新时代。这些"二战"后独立的新兴国家，在建国之初都面临许多内外矛盾，尤其是国家认同的建构以及与此相联系的种族、文化、宗教等问题，更制约东南亚各国的凝聚与发展。在这一时代变迁的历史进程中，各国政府有关华人问题的处理及相关华人政策的制定，不仅直接涉及有关华人对新兴国家的认同问题，亦对东南亚各地的华人社会与包括民间宗教在内的中华文化的发展产生非常深刻的影响。

"二战"后独立的东南亚新兴国家，所面对的经济、社会、种族、宗教、文化等问题各不相同，因而在制定的政策上差异很大。以本课题所研究的新加坡与马来西亚而言，在殖民地时代，两地虽同属英殖民政府统治，但在独立后却经历很不一样的发展道路。新加坡是中国以外全世界唯一一个华人人口占三分之二以上的国家。建国之初，基于当时的国内外环境，新加坡政府以淡化、抑制国内多元民族的种族与文化认同为代价来建构新加坡人的国家认同，致使华人社团、中华语言文化、华文教育等面临严峻的挑战和危机。从20世纪80年代开始，新加坡政府为了适应世界、区域、亚太地区的变迁，特别是中国的改革开放与迅速崛起改变了世界格局的新形势，全面调整其内政外交政策，在文化上则强调多元种族与多元文化政策，鼓励各民族在强化新加坡国家认同的基础上，保留自己的语言文化与传统。

马来西亚和新加坡一样，都是在"二战"后独立建国的多元种族宗教与多元文化的国家。然而由于两国在种族、人口、宗教等方面的差异，马来西亚在建构国家认同的理念与方式上与新加坡有很大的不同。建国之初，马来西亚政府即"以马来族为中心"来处理国内的种族关系与国家认同的建构等问题。1969年5·13种族流血冲突爆发后，马来西亚政府推出"马来人优先"的新经济政策。70年代初更制定"以马来文化为核心"的国家政策三原则，试图通过国家力量将马来西亚塑造成单一语言、文化及宗教的国家①。马来西亚建国后尤其是20世纪70年代马来文化民族主义的抬头，以及一系列"马来沙文主义"的政治、经济、文化、教育政策的推行，不仅加剧了马来西亚的种族与社会矛盾，也极大抑制了华人社会和中华文化在当地的发展。马来西亚处理华人社会与华人文化的政策，显然与新加坡在20世纪80年代中后期的转型、政府以多元文化政策取代建国前期抑制国内各种族的民族与文化认同政策有很大的不同。

上述对"二战"后东南亚国家政治变迁概况的简要梳理显示，制约华人民间宗教发展与衍化的国家话语主要来自"二战"后独立的东南亚国家。而受制于不同的国家政策，当代东南亚华人民间宗教呈现出国家与地区的差异性。

根据本课题的研究，在新、马华人民间宗教的发展进程中，国家因素对其影响的最直接结果，主要体现在当代华人庙宇的空间形态上。

我们知道，1965年新加坡独立建国后，从20世纪70年代出就开始大规模的市区重建计划。该计划的实施，一方面是新加坡经济现代化的发展需要，另一方面则是要透过改变殖民地时代不同种族、华人不同社群各自聚集的生活与居住方式，来建构新加坡的国家认同。在这个计划下，绝大多数原本位于城镇或乡村的华人社群或华人社区的庙宇，在信众被分散到新加坡各个不同地区的组屋居住后，也相继被迫搬迁，继而在政府所规划的"联合宫"形态下进行重建。此次大搬迁，几乎涉及全新加坡的华人庙宇（除了几座作为历史文物保留的帮群庙宇，如福建帮的天福宫、潮州人的粤海清庙等），其规模之大在新加坡的历史上绝无仅有②。这场涉及全新加坡、持续数十年的华人庙宇大搬迁，实际上是新加坡华人民间宗教在当代的重组与神明系统的重建。在这个过程中，一些庙宇因种种因素无法或能力再建新庙而被淘汰，或是在生死线上苦苦挣扎。而历经重建而进入"联合宫"的华人庙宇，则在国家政策的制约与

---

① 《华团提呈之"文化备忘录"》，载《马来西亚文化节资料集》，马来西亚中华大会堂总会2001年版，第16—21页。

② 有关新加坡联合庙的叙述，请参考许源泰《沿革与模式：新加坡道教与佛教传播影响》第六章《宗教权威与政治权威的碰撞与融合》，第179—191页；林炜毅《国家发展与乡村庙宇的整合：以淡滨尼联合宫为例》，新加坡亚洲研究学会2006年版，第173—198页。

社会变迁的现实情境下，开始在当代的转型。孟庆梓考察的新加坡昭灵庙和徐李颖所讨论的新加坡韭菜芭城隍庙，为研究当代新加坡华人民间宗教的转型与发展提供了两个很有价值的个案。他们的研究显示，庙宇的搬迁改变了庙宇的空间位置，也改变了原有的空间所承载的社群与社区边界，信众认同及网络，以及与此相适应的管理形态，等等。而伴随庙宇重建而来的不仅是外在的庙宇形态，还包括诸如如何融入新社区，寻求新社区信众的认同，重建包括新、老信众在内的宗教网络等一系列的问题。为此，这些庙宇在管理形态、运作方式、宗教活动等方面都做出调整，从而使移民时代作为具有祖籍地缘和姓氏血缘边界的韭菜芭城隍庙和新加坡昭灵庙开始向新社区的香火庙转化。另外，基于当代新加坡政府多元文化与"宗教和谐"的国策，转型与发展中的华人庙宇也积极参与新社区的宗教、慈善与社会公益事业，从而促进源自中国传统文化的华人民间宗教融入当代新加坡社会，并成为新加坡文化的重要组成部分。

与新加坡相比，当代马来西亚并未经历全国规模的华人庙宇大搬迁与重建，以及随之而来的华人民间宗教的重组与神明系统重建的历史过程。这一方面是因为新、马两国国情不同，社会发展道路各异，另一方面则是因为马来西亚华社面对政府"马来人优先"的种族沙文主义国策采取抗争的态度，即使马来西亚政府推行类似新加坡的政策也无法获得马华社会的支持。事实上，马来西亚也曾出现试图通过市区重建来迫使华人庙宇搬迁的事件。例如新山最重要的华人庙宇柔佛古庙，在20世纪80年代柔佛州政府曾欲征用部分古庙地段充为经济发展用途。安焕然对柔佛古庙的研究显示，面对政府对古庙的武力强拆，新山华社同仇敌忾奋力抗争，最后演变成另当代新山华人痛彻心扉的"古庙山门"事件。在经历这一次与政府的抗争之后，中华公会作为新山华社最高组织机构与五帮会馆的领导功能被强调与强化。在新山中华公会和五帮会馆的领导下，华社创造性地发展出传承自广东潮汕并在新山已延续一个多世纪的"古庙游神"仪式与内容，并演绎出团结全新山华人的古庙精神"五帮共和"。可以说，新山华社是通过这场涉及古庙搬迁问题的抗争来反对政府的马来沙文主义政策，进而维护华人的民族与文化尊严，促进华社的凝聚与团结。

正是在这样的社会情境下，当代马来西亚华人民间宗教呈现出在延续与传承中发展的特征。林嘉运有关马来西亚北部槟城威省大山脚市镇和南马柔佛州昔县亚罗拉新村两地中元节的田野调查报告《马来西亚的"庆赞中元"：以北马大山脚市镇与南马亚罗拉新村举办的两种中元节庆典模式为例》，为考察当代地马来西亚华人民间宗教的发展特征提供了很有说服力的研究个案。大山脚市镇和亚罗拉新村两地的中元庆典活动，前者持续进行了一百多年，后者则自新村在1951年成立之后的第二年即已开始，并不间断地持续到今天。虽历经时代与社会的变迁，两地中元庆典增加了一些新的内容，例如为适应年轻人的需求增加"歌台"表演，但在庆典的组织与筹备，如庆典的场地、祭品与供桌、普度仪式、聘请戏班上演酬神戏等中元庆典最核心的部分，则完全遵照历史上延续下来的传统。因为当地人视中元节活动为"不可轻易变更的传统活动和习俗"。

中元节传承自新马华人的祖籍地华南原乡，但由于当代新、马社会情境的差异，曾玲所考察的新加坡中元节与林嘉运所研究的马来西亚的中元节，已经有较明显的差异。伴随1965年建国后新加坡的现代化与社会关系的重组与重建，当代新加坡的中元庆典，不论是组织形态还是活动内容等方面，已经出现了许多不同于殖民地时代的新变化。例如制度化的"庆赞中元"组织机构"中元会"，兼具提供中元会活动经费与社会慈善功能的"标福物"及"喊标""多元种族庆中元"的中元节晚宴、各种族的政府官员和社区领袖对中元节的关注与参与等。新加坡中元节的这些改变，因其更适应当代新加坡的社会情境而与马来西亚中元节有了区别。

总之，新、马独立建国后两国不同的发展道路与社会变迁，已经深刻影响新马华人民间宗教的发展与衍化的历史进程。当代新加坡华人民间宗教的变迁，更多是来自新加坡政府的驱动与华人社会主动或被动地应对与调整，进而促使华人民间宗教发展与转型。而马来西亚的情况则相反。当代马来西亚华人民间宗教主要依靠华社民间的力量，在与政府马来沙文主义政策的抗争，在坚持与延续传统并不断创新的进程中推进与发展。

（四）中国因素

有关华人民间宗教与中国的关系，并非一个新的研究课题。关于该问题的讨论，至少从 20 世纪 30 年代陈达的研究即已开始，且已有相当多的学术积累，显示该课题所具有的学术价值与现实意义。在本课题的研究中，有关新马华人民间宗教建构与发展衍化进程中的中国因素，这是一个无法绕过的问题。本课题所涉及的研究个案，不论是以华人庙宇还是以崇拜形态为考察对象，也不论是涉及移民时代的伴随华南移民而来的"移神"与神明在新土地上的"定居"，还是当代的华人民间宗教的发展与衍化，几乎都与近现代以来中国的社会变迁、当代中国的和平崛起及与东南亚的外交、经贸文化关系、祖籍地包括宗祠、村庙、祖庙等在内的社会文化形态等因素密切相关。不过，相较于学界现有的研究多将该问题放在东南亚华人与祖籍地关系框架进行考察的思路，本课题更多是从文化体系在具体时空与社会变迁的脉络中传承与发展的视野，讨论新、马华人民间宗教建构与演化历史进程中的中国因素。有关该问题在下一节的讨论中还将涉及。

四 当代新马华人民间宗教信仰的基本特征、社会功能与面对的挑战

（一）当代新马华人民间宗教信仰的基本特征

伴随华南移民南来的"移神"，在近现代以来中国与东南亚历史发展与社会变迁的脉络下，历经了一个从中国民间宗教到新马华人民间宗教的再建构历史进程。那么新马华人民间宗教发展到今天，又具有哪些基本特征呢？

本课题的研究显示，与中国民间宗教一脉相承，并作为该宗教体系的一个重要组成部分，是当代新马华人民间宗教最重要与基本的特征之一。

根据本课题的研究，在新马华人民间宗教的建构与发展的各个历史阶段，中国民间宗教都是重要的支持乃至直接的参与者。作为外来的宗教形态，新马华人民间宗教的"香火"传承自华南移民祖籍原乡的中国

民间宗教。当"移神"在东南亚重建新庙宇与神明系统时，祖籍祖庙又提供了重要的宗教资源。新马当地许多华人庙宇的神明来自重塑的祖籍祖庙的"分身"、庙宇的重要宗教仪式如神明的"开光""晋殿"等，其宗教仪式的主持者通常来自或传授自祖籍原乡的祖庙。20世纪中叶的东西方冷战时期，虽然东南亚华人与祖籍地的联系受到诸多限制，但是通过庙宇的神诞等活动，新马华人庙宇与祖籍原乡的祖庙之间仍保持着相当密切的关系。在那个特殊的年代里，此种关系有助于东南亚华人民间宗教的生存与发展。

到了当代，随着中国改革开放和与新马重建正常的外交经贸文化关系，东南亚华人民间宗教与祖籍地的民间宗教互动不仅更为频繁，且具有时代的新特点。一方面，华人庙宇继续从祖籍原乡的祖庙中获得宗教资源。本课题所考察的新加坡昭灵庙、新加坡韭菜芭城隍庙、新加坡蓬莱寺内的六个姓氏庙等，当这些庙宇因新加坡政府的"联合庙"计划而面临重建与转型的挑战时，不少庙宇例如昭灵庙仍是从祖籍原乡祖庙寻求所需宗教资源的支持，而祖庙也派人到新加坡帮助并参与该庙及神明系统的重建。这些支持使重建后的庙宇及神明系统更具"灵力"。

另一方面，华人庙宇也在各方面以各种方式促进祖籍原乡祖庙的发展。我们知道，中国传统民间宗教历经近现代以来中国的社会变迁，特别是经过"文革"浩劫而遭受巨大破坏。20世纪90年代以来的研究已经显示，海外尤其是东南亚华人民间宗教对于祖籍地包括民间宗教在内的中国传统文化的恢复与发展，起到了重要的作用。本课题的研究亦证实当代华人民间宗教所具有的此种功能。如新加坡昭灵庙在经济上支持福建福清江兜昭灵庙，促进当地宗族与宗教文化的发展。新加坡韭菜芭城隍庙联合台湾及东南亚各地的城隍庙，不仅帮助安溪祖籍原乡的祖庙恢复"城隍游神"这一重要宗教仪式与活动，亦在这一过程中重建与强化了以祖庙"安溪城隍庙"为中心的全世界城隍信仰的宗教网络。此外，本课题还涉及目前学界未关注的问题，即当代中国侨乡民间宗教文化的新形态出现及其东南亚华人民间宗教的关系。本课题中有关福建厦门海沧鸿渐村郑和庙与这一地区郑和崇拜，为该项研究提供了一个有价值的个案。该文虽未直接讨论东南亚的郑和崇拜，但该村落中的"太保庙"中供奉的神明郑和与王景弘，有可能是祖籍该村的菲律宾华人从当地引入,该村村民才建庙崇拜的。换言之,福建闽南侨乡的郑和庙及其崇拜形态,有可能源自东南亚而非中国本土。上述种种状况,都充分显示与证实东南亚华人民间宗教与祖籍原乡民间宗教之间同属"一宗"的关系,而当代二者之间的活动亦有助于这一宗教体系在外延与内涵上的发展。

在宗教层面上,华人民间宗教亦与中国民间宗教一脉相承。在庙宇的外在形态上,东南亚的华人庙宇与中国原乡的庙宇差别不大。有些庙宇,例如在20世纪90年代重建的昭灵庙,更追求在外观上与福清江兜昭灵庙完全相似的效果。就华人民间宗教的象征体系而言,如神坛的布局、祭品的供奉、香炉与香火的设置等,也基本与中国民间宗教相同。而在庙宇的宗教活动方面,诸如年复一年、定期、不间断地举行的神诞日庆典、宗教祭拜仪式的举行等,更与中国和世界各地的华人庙宇差别不大。这显示在新马历史与社会脉络下建构的华人民间宗教,其在宗教层面上与中国民间宗教并无本质上的差异。

另外,当代东南亚华人民间宗教又是所在国社会宗教文化的重要组成部分,因而具有当地社会的特征。

传承自中国的华人民间宗教,是在东南亚的土地上展开其建构与衍化的发展历程。华人民间宗教所历经的从中国民间宗教转化而来的历史过程,是与近现代以来含华人社会在内的近现代以来包括新马在内的东南亚社会、经济、政治等方面的发展变迁密切相连,而华人民间宗教的建构历程亦已成为东南亚宗教文化发展的重要组成部分。

在上述具体的时空环境下,华人民间宗教发展出具有东南亚当地特色的宗教文化形态。根据本课题的研究,在崇拜形态上,东南亚华人民间宗教不仅传承了妈祖、观音、关帝、九皇爷等中国民间宗教重要的崇拜形态,亦发展出洪仙大帝、郑和、祖神等新的崇拜形态。即使对所传承的内容,如孤魂崇拜,从本课题所讨论的新、马两地的中元节可以看出,不论是在举办规模、内容、组织方式还是社会功能等方面,东南亚华人的中元节已经发展出许多中国民间宗教里所没有的当地特色。再如"祖先崇拜",这是中国民间宗教中非常重要的崇拜形态。适应殖民地时代华人社群整合华人社会建构的需要与当代东南亚社会变迁的时代情境,传承自华南移民祖籍地的"祖先崇拜"发展出"龙牌崇拜"与具有"亦祖亦神"特征"祖神崇拜"新形态。这些崇拜形态不仅有助于加强当代华人对中华文化认同与加深华人年青一代对祖籍文化的了解,也有益于促进华人社会的聚合与团结。而就"祖先崇拜"本身,伴随东南亚从殖民地时代到本土社会的历史发展,从祖先崇拜的形态、祖先崇拜的场所、祖先崇拜的方式、祖先崇拜的社会功能等方面,都呈现出中国本土所没有的特征。总之,本课题所研究的个案,为考察华人民间宗教在宗教文化层面的当地特色提供了大量具体、真实而生动的第一手材料。

总括以上所述,当代东南亚华人民间宗教呈现出双重性特征。一方面,华人民间宗教与中国民间宗教一脉相承,且是该体系的一个重要分支及系统。另一方面,作为外来的宗教形态,历经殖民地时代以来的发展,当代新马华人民间宗教已经成为所在国社会宗教文化的重要组成部分。

(二) 当代东南亚华人民间宗教的社会功能与面对的挑战

当代东南亚华人民间宗教所具有的双重性特征,是其能够在所在国与中国及海外华人社会承担重要的社会功能,这是本课题研究得出的一个重要结论。

作为新马宗教文化的组成部分,华人民间宗教对所在国的当代华人社会有着重要的影响。此种影响涉及华人及其社团组织的中华文化认同、在地的"社会认同"与延续移民时代的"社群认同"等三个层面。有关民间宗教对于维系移民时代华人的中华文化与中国认同所具有的重要意义,海内外学术界早有共识。本课题研究的重点是在当代。本课题认为,在历经"二战"以来的社会变迁,特别是独立后的新马在建构国家认同中所推行的一系列"去华化"的教育、文化等政策,以及因世代更替、教育体系改变等因素致使当代华人年青一代逐渐疏离中国与中华文化时空背景下,华人民间宗教对于唤起与促进东南亚华人特别是华人年青一代的中华文化认同,有着重要的意义。

关于当代新马华人对所在国的"社会认同",是学界在讨论"二战"后东南亚华人国家认同转变的重要议题之一。不过,大多数海内外学者是从政治、经济等层面进行讨论,本课题则是从宗教文化领域考察当代新马华人的社会认同。从本课题对马来西亚槟城广福宫、新加坡昭灵庙、新加坡韭菜芭城隍庙等个案的考察中可以看出,一方面,当代华人庙宇在管理方式、信众来源等方面已经逐渐突破移民时代的"社群边界"，向华人乃至新社区的"香火庙"转变。另一方面，为了适应所在国社会发展的需要，当代不少华人庙宇主动在运作与活动内容等方面做出调整。例如，为了适应"9·11"以后新加坡"种族和谐"的国策，华人在"庆赞中元"中发展出"多元种族庆中元"的新形态。此外，很多华人庙宇对于当地社会的教育、慈善、公益等事业方面都做出非常积极的贡献。

必须指出，当代东南亚华人民间宗教在转型与适应所在国社会发展需要等方面，因所在国国情不同，所呈现的方式与程度等方面亦有差异。以本课题所主要研究的新、马两国而言，当代新加坡华人民间宗教在配合政府政策方面更具主动性，出现一批具有政府支持色彩的庙宇管理者与宗教领袖。新加坡道教总会的出现以及20世纪90年代以来道教在新加坡的发展，都与这批民间宗教界领袖响应政府号召积极推动华人庙宇转型有关。在马来西亚，当代华人民间宗教对于促进国内的种族和谐、多元文化交流亦扮演积极与促进的角色。然而，基于马来西亚的国情，此种角色的扮演并非直接来自政府的推动，而是华人社会基于对国家与社会的认同而承担起的社会功能。这也充分显示了包括民间宗教在内的华人文化已经是当代马来西亚国家文化重要组成部分的客观事实。

有关民间宗教与当代新马华人社群认同的关系，到目前为止未见中国学术界涉及。实际上，从东南亚华人民间宗教建构与发展的历史过程来看，该问题的研究具有重要的意义。如前所述，伴随华南移民而来的"移神"，是通过"社群化"与"社区化"而进入华人移民社会，并作为文化纽带而承担其整合与凝聚华人社群之功能。因此，在移民时代，从华人祖籍原乡南移的神明及其庙宇具有"社群边界"，是华人民间宗教建构的基本特点与主要内容之一。"二战"后，当东南亚摆脱殖民统治进入本土社会的发展时期，东南亚的华侨社会也转变为华人社会。在华人具备国家与社会认同之时，是否还存在延续于殖民地时代的"社群认同"？本课题得出的答案是肯定的。本课题关于马来西亚柔佛新山"柔佛古庙"的研究，清楚显示庙宇内五尊神明所对应新山华人内部的五大社群。本课题有关新加坡华人祖先崇拜的田野调查报告，亦可清楚看到当代新加坡华人对于两类先人——"社群先人"与"血缘先人"的崇拜形态，以及在"具有社群边界"场所进行祭拜的情形。即使在当代那些已经由移民时代的"社群庙"逐渐向"香火庙"转变的庙宇,如新加坡昭灵庙、新加坡韭菜芭城隍庙等,亦可以从这些庙宇的内部管理机构人员的社群所属,特别是与祖籍原乡祖庙的联系与互动等方面,感受到这些庙宇延续于移民时代并在当代仍不断被强调的"社群认同"。

上述通过华人民间宗教所承载的华人及其社团组织的三层认同形态,在当代东南亚华人社会是并行不悖地同时存在。其所以如此,除了有东南亚社会脉络的具体情境外,华人民间宗教所具有的双重性基本特征,亦是直接与重要的因素。

关于华人民间宗教在所在国非华人族群中传播中华文化,是本课题关注的一项内容。这亦是一项到目前为止国内学界基本未涉及的研究。根据本课题的考察,包括新马在内,当代东南亚不少国家都面临种族、宗教的问题。特别是"9·11"之后,一些国家如新加坡特别强调种族宗教的和谐。为此,华人民间宗教在活动形式上做出调整,使马来西亚、印度等非华族可以了解并适当参与例如"庆赞中元"这样的具有社区性质的华人宗教活动。另外,非华族参与华人民间宗教活动,亦是华人在东南亚与异族长期友好相处的产物。本课题有关柔佛古庙游神的研究显示,参与游神的人群中大部分是华人,但也有一些印度人。而印族的参与已经持续多年。这是一种民间多元种族文化互动的自然产物。此外,当代华人庙宇的许多公益与慈善活动也惠及其他种族,这加深了其他种族对华族的好感,进而产生了解中华文化的欲望。上述诸方面的状况都显示,在当代东南亚,华人民间宗教在一些国家已经成为异族了解中华文化的舞台。

华人民间宗教重要的社会功能不仅体现在东南亚当地,亦涉及东南亚之外。本课题的研究显示,由于东南亚华人民间宗教具有与中国民间宗教一脉相承且是该体系的一个重要分支及系统的重要特征,因此,华人民间宗教是维系当代华人特别是华人年青一代与华南祖籍地和祖籍国中国的重要文化纽带。正如"亦祖亦神"的祖神崇拜的研究者曾玲所指出的,历经从移民时代到本土社会历史发展变迁的沉淀,"祖神"逐渐成为当代维系华人与祖籍地关系的象征符号和"祖籍认同"对象的历史衍化。在东南亚华人社会发展和华人与祖籍地互动关系中,涵盖了祖籍地和移居地两方面历史记忆的"祖神崇拜",将作为一种具有历史延续性和动态发展的文化纽带持续地发挥重要的作用。不仅如此，在当代东南亚华人与港澳台汉人社会，乃至世界各地的华人社会的联系与互动中，华人民间宗教亦是不可或缺的重要文化纽带。

总之，在当代新马社会，华人民间宗教具有多方面的社会功能。在华人社会，华人民间文化具有维系华人及社团组织的中华文化认同、社会认同、社群认同等功能。而在一些国家，例如新、马，它还成为一个异族了解中华文化的重要舞台，承担在异族中传播中华文化的新功能。而在东南亚之外，华人民间宗教则是连接与维系东南亚华人与华南乃至中国大陆、台湾、香港、澳门以及世界海外各地华人社会关系的不可或缺的一条重要文化纽带。基于对中华民族与中华文化共同的认同，华人民间宗教不仅促进东南亚的华人社会与大中国和海外华人社会之间的联系与互动，亦有助于加强该区域与包括中国在内的世界经贸文化关系之发展。

最后简要阐述当代东南亚华人民间宗教所面对的挑战。

根据本课题的研究，纵观当代东南亚华人民间宗教，其发展状况可以用"香火鼎盛"这四个字来形容，但仍面临许多来自外部与内部的挑战。就外在因素而言，从新加坡的情况看，新加坡英文的教育体系造成华人年青一代对中华语言文化的疏离与基督教等西方宗教在当代新加坡的强力拓展，这是造成今天许多华人庙宇出现管理层和信众老化的重要原因。另外，来自华人社会内部的许多问题，如华人庙宇内部的管理如何制度化与现代化，如何解决宗教仪式主持人的世代更替，以及因不断搬迁造成庙宇空间形态改变所引起的重建信众认同等问题，都影响华人民间宗教的发展。上述挑战迫使华人民间宗教必须在庙宇的组织管理以及争取信众认同等方面实施转型，以顺应时代继续发展。在这个过程中，有些庙宇在转型中获得成功，进而获得发展的机遇。而一些转型不成功或因各种原因无法顺利转型的庙宇，则面临生存的危机。例如本课题所考察的新加坡神仙宫，该庙原址被政府征用后，至今仍因各种外在与内部的原因而无法建庙。因此，从本课题的个案研究来看，当代新、马华人民间宗教的变迁与转型还会继续进行下去。

五　结语

本文在课题研究的基础上，总结与反思现有的新、马华人民间宗教的特点与局限。在此基础上，本文在方法论上特别强调两点：第一，作为外来的宗教形态，传承自中国民间宗教的新、马华人民间宗教历经一个建构与衍化的历史进程；第二，制约中国民间宗教转变为东南亚华人民间宗教的时空环境，是近现代以来中国与新、马历史发展与社会变迁的时代脉络。

具体而言，本文在对课题成果进行整理、研究与总结的基础上，得出以下结论。

第一，作为东南亚外来的宗教形态，华人民间宗教传承自中国民间宗教，并历经一个在近现代以来中国和东南亚社会历史脉络下建构与衍化的历史过程。

第二，在从中国传统民间宗教转变为东南亚华人民间宗教的历史进程中，"移神"与神明在新、马的"定居"是这一历史进程的两个重要阶段。

伴随华南移民而来的祖籍神明系统，具有"直接式分香""间接式分香"及"观念性移神"等不同的"移神"方式与形态。不同方式与形态的"移神"，深深影响移居地华人社群整合与华人社会之建构。

所谓"定居"，是指"移神"在脱离祖籍原乡后重新进入东南亚华人移民社会，在当地自然与人文的脉络下重建庙宇及其神明系统。在这一历史过程中"华人社群"与"华人社区"是"移神"重新进入殖民地时代华人社会的主要途径。

受制于多元的华人帮群社会结构的制约，进入华人社群的"移神"呈现出"社群化"特征。具有社群边界的神明及庙宇组织，成为该社群的信仰中心或总机构，承担整合与凝聚该社群的重要功能。进入"华人社区"的"移神"及其所建的庙宇，虽然不一定有明确的社群所属，但它已与该社区的在地情境密切相连，呈现出"社区化"或"地域化"的新形态。因此，"社群化"与"社区化""地域化"是移民时代新、马华人民间宗教之建构的基本内容与特征。

第三，在新、马土地上建构的华人民间宗教，亦伴随东南亚从殖民地时代到本土社会的社会历史变迁而不断发展与衍化。在这一历史进程中，包括华人社会变迁、当地土地开发与城市建设、国家话语与政策、中国等各种因素，都对华人民间宗教的社会功能、华人庙宇在空间上的发展及规模、华人庙宇的管理、信众的认同等诸多方面产生积极与消极等不同的影响，进而推动华人民间宗教在东南亚历史时空下的发展与衍化。

第四，新、马华人民间宗教在其建构与演变的历史进程中，既有共性亦有差异。在诸多制约因素中，"二战"后出现的国家话语对东南亚华人民间宗教在各国发展呈现出差异性有着重要的影响。本课题对当代新、马华人民间宗教发展不同形态与特征的考察，为研究东南亚各国华人民间宗教的共性与个性，提供深具研究价值的个案。

第五，华人民间宗教与中国的关系，至少从20世纪30时代在陈达的研究中即已开始。相较于学界现有的研究多将该问题置于东南亚华人与祖籍地关系框架下进行考察的思路，本课题注重从一个文化体系在具体时空与社会变迁的脉络中传承与发展的视野，通过深入细致的田野调查和个案研究，不仅梳理了东南亚华人民间宗教与祖籍原乡民间宗教之间同属"一宗"的关系，亦具说服力地阐述中国因素对于东南亚华人民间宗教发展所具有的不可替代的重要性。

第六，华人民间宗教与中国民间宗教一脉相承，是该体系的重要分支及组成系统之一。另外，历经殖民地时代以来的发展，当代东南亚华人民间宗教已经成为所在国社会宗教文化的重要组成部分，具有当地特色。因此，双重性是当代东南亚华人民间宗教的基本特征。

第七，新、马华人民间宗教的双重性特征，使该宗教体系可以在当代承担多元的社会功能。在东南亚，新、马华人民间宗教有助于维系华人及其社团组织的中华文化认同、在地的"社会认同"与传承自移民时代的华人"社群认同"。另外，在提倡种族和谐的当代东南亚社会，华人民间宗教还具有让非华族了解与认识中华文化与华人民间习俗的重要功能。在东南亚之外，华人民间宗教则是连接与维系东南亚华人与华南乃至中国大陆、台湾、香港、澳门地区以及世界海外各地华人社会关系的不可或缺的一条重要文化纽带。

第八，当代新、马华人民间宗教"香火鼎盛"，但仍面临来自外部与内部诸多因素的制约与挑战，其变迁与转型的过程还会继续进行下去。对于此种发展态势，正如本课题的研究一再强调的，东南亚华人民间宗教的建构与衍化是一个历史的进程。而当代华人民间宗教的转型，亦是这一历程中的重要阶段。伴随未来时空环境的改变，这一宗教形态还会不断衍化，并呈现出与那一时代相适应的新形态。

总括以上所述，新、马华人民间宗教之建构，不仅是中国民间宗教在海外华人社会发展的重大成果，亦大大丰富了中华文化的内涵与外延。这一硕果充分证明博大精深的中华文化，在不同的社会历史情境下所呈现的巨大生命力、调适力与创造力。

（本文初稿撰写于 2012 年，为笔者主持的国家社科基金研究计划《海外华人宗教信仰研究：东南亚华人民间宗教之建构与现状》结题报告的"导言"。收入本书时对原文内容与文字做了修订）

"华人志"：重构与书写马华地方历史图像的尝试

——从廖文辉《直凉华人志及资料汇编》切入的讨论

一

近十数年来，马华学界掀起一股收集、整理及编撰马华地方史热潮，相关的研究成果、学术研讨会及论文集等不断出现。如张少宽《槟城华人史话》（2003）、安焕然《"文化新山"的边城风景：战后马来西亚新山华人社会文化研究》（博士学位论文）（2009）、安焕然、吴华《远观沧海阔：海南历史综述（海南岛、马来西亚、柔佛）》（2009）、柔佛古来沙令村民协会《沙令地方史略》（2009）、许世淘《诗巫的古田芭》（2012）、郑名烈《拓荒扎根：武吉巴西永德公塚与地方拓殖史》（2013）、杨婓俐编《地方史研究与华人身份认同研讨会论文集》（2014）等。编修马华地方历史的"华人志"正是出现在这股学术思潮中。有关的作品如廖文辉的《直凉华人志及资料汇编》（2013）、黄文斌、张晓威的《柔佛州华人地方志——古来再也县新村（第一册）》（2013）等已引起学者的关注[①]。本文从讨论廖文辉的《直凉华人志及资料汇编》入手，

[①] 陈琮渊：《浮现中的地方认同：探索马来西亚华人地方史志书写》，载《南方大学学报》第3卷，马来西亚南方大学学院，2015年，第127—131页。

具体考察借鉴于中国传统方志且具马来西亚本土特色的"华人志"的特征、内容等，进而讨论作为一种学术理念与研究框架的"华人志"，对重构与书写马华地方历史图像的意义与局限等问题。

二

廖文辉是马来西亚华人，目前任职马来西亚新纪元学院文学与社会科学院副教授、马来西亚历史研究中心主任。多年来，廖文辉锲而不舍地关注马来西亚华人的各个层面，研究内容涉及华人移民史、华文教育、华社领袖等诸多议题，尤其在马来西亚华人历史文献的收集、整理与研究领域成果丰硕。2013年11月，由新纪元学院马来西亚与区域研究所出版的《直凉华人志与资料汇编》（以下简称"直凉华人志"）一书，是廖文辉以"华人志"的书写方式、研究与编撰马来西亚华人市镇个案历史的一部新作。

关于"华人志"，廖文辉在"直凉华人志"序中这样表述："马来西亚自独立以来，产生不少地方研究的著述与成果，但广泛收集地方资料的方志，仍不可多得。为此，我们以小市镇为对象，巨细靡遗收集采集相关资料，参照中国方志体例与编撰手法，修撰本土特色的方志。"换言之，"华人志"即是借鉴于中国传统方志且具马来西亚本土特色的马华地方史志书。

方志是地方志的简称，属中国传统史学范畴。"方"是指地方、方域而言；"志"即誌、记，是记载或记述之意。文献资料显示，方志之称谓，早在成书于战国末年至秦的"周官"即已出现。历经两千多年的发展，被清代著名史学家章学诚认定为"志乃史体""志属信史"的方志，成为中国传统史学不可或缺的一个重要部分，并一直延续至今。

相较于中国传统史学系统的其他门类，方志有其显著之特点。记述空间范围的区域性，是方志之所以成其为方志的最重要之特征。方志所载，是郡邑一地的山川、人物、风土、建制沿革、历史变迁、民情风俗等自然与人文诸状况，具有独特的地方色彩。编撰方志的意义在于它的"史鉴性"。有"明代三元及第"之称的明朝首辅商辂认为，借助方志"可以考古证今、可以惩恶劝善、诚有益于治国、有补于风化"。章学诚更将地方志称为"一方之全史",将史志并论,肯定方志"史鉴经世"的价值与意义。此外,方志的编撰内容,则具有"纪实性"与"广泛性"两大特征。所谓"纪实性",即指方志的资料多从地方政府档案、地方文献、谱牒家传,以及实地调查、采访、测绘等中获得,因而具有"时近迹真"之特点。而"广泛性"则因方志所记虽局限于一个地域单位,但却涉及上至天文、下及地理、旁至社会、人文等事物历史与现状的诸多内容。"纪实性"与"广泛性"特点,使方志因此深具文献价值而成为历代史家收集、整理与研究地方资料的重要载体[①]。

廖文辉正是借鉴于上述中国传统方志之特征,并将其运用于马来西亚时空背景下展开的马华市镇历史个案研究。

(一)记叙空间:地域性特征之下的华人族群边界

如上所述,记叙空间范围的区域性,是中国传统方志最重要与最基本的特征。廖文辉选取的区域直凉,是一个具有百年开埠历史的小镇,位于马来西亚东海岸彭亨州的百乐县。该镇早期附属于淡马鲁县,至1992年2月百乐县成立后,成为其县属镇。在多元种族的马来西亚,直凉镇内除了华人外,还有马来、印度等其他族群。廖文辉的"直凉华人志"并不是记叙直凉镇自然与人文状况之全貌,而是选择镇内约占人口85%的华人族群。由此可见,"直凉华人志"的记叙空间,是在借鉴中国传统方志地域性特征同时加入族群因素,使之具有华人族群边界。

(二)记叙目的:重构与书写马华地方历史图像

基于记叙区域性空间的马华族群边界,传统中国方志在编撰意义上的"史鉴性",在"直凉华人志"中则与马华社会发展脉络紧密相连。

廖文辉在"直凉华人志"简介中指出:"直凉位于彭亨州百乐县……这里的居民主要为华人,其中高达70%为闽南人,闽南人超过一半为安溪人,形成聚族而居的聚落。……本志尝试将华人从移植到落地生根的全过程拼凑出来。"很显然,重构与书写这个具有百年历史的华人小镇的历史图像,是廖文辉编撰"直凉华人志"的目的。

[①] 林衍经:《方志学综论》,华东师范大学出版社1988年版,第22—25页。

直凉虽是一个隶属于彭亨百乐的小镇，但其百年历史却是马来西亚社会变迁的一个缩影。有鉴于此，廖文辉将直凉置于20世纪初以来马来西亚社会变迁的时空背景下，从纵向的历史脉络考察与梳理直凉的发展轨迹：20世纪初伴随直凉河运与铁路开通而来彭亨的开发与大批中国华南移民的到来，20年代直凉社会经济的发展，日据的3年8个月期间日军对直凉的侵略与屠杀，"二战"后马共在直凉的肆虐，1948年英殖民政府紧急法令的颁布与作为新村的直凉所遭受的苦难，60年代紧急法令解除与马来西亚独立建国后直凉在经济与社会发展，人口与市镇规模等方面所历经的蜕变，等等。

另外，廖文辉亦从横向的视角，研究与记录直凉华人社会在上述时空背景下所历经的建构与衍化的历史进程。直凉华人社会的出现，归因于20世纪初彭亨州的开发与闽粤移民的南来。在直凉拓荒的华人中，来自福建闽南的安溪、德化、永春移民约占2/3，其余的1/3主要为广府与客家人，以及少数的广西和海南移民。在这片群山环抱、土地肥沃、物产丰富的新土地上，华人除从事伐木、农业垦殖和种植树胶与割胶等外，也兴建街道，开设商店与经营服务业。在辛勤耕作开发直凉的同时，华人运用传承自祖籍原乡的血缘、地缘、祖先崇拜、神明信仰等中国传统文化纽带与资源，通过重建聚族而居的宗族聚落、设立坟山、庙宇、社团、宗祠、华校等组织及其运作，实现移民社群之凝聚与整合、进而重建直凉华人社会结构与文化形态。

（三）记叙之资料：文献收集的族群性、全面性与方法

为了书写直凉华人社会百年衍化历史，收集、爬梳、整理与记录当地文献资料至关重要。

基于"华人志"的华人族群边界，"直凉华人志"对直凉地方文献的收集与整理仅限于华人社会。这从廖文辉撰写的《直凉华人志略》可清楚显示。在该章中，除"概述"涉及直凉的历史、地理、行政沿革外，其余的"移民与定居""经济""社会生活""社团""宗教信仰""教育""政治"等各章均与华人社会相关，显示该部志书的重点与主要篇幅是在于对直凉华人的移民垦殖、社会结构与文化形态之建构等内容的记录。

在对直凉华人文献资料的收集中，廖文辉借鉴中国传统方志特点，力求做到广泛与全面。"直凉华人志"全书共分成两部分。第一部分"直凉华人志略"，第二部分为"资料汇编"。"资料汇编"共有十卷，包括"舆图""历史""政治""经济""社会""社团""教育""宗教""文化""人物"等十大部分，占全书比重的百分之九十以上。该汇编涉及的内容非常丰富。例如，在"社会生活"部分，"直凉华人志"广泛收集反映当地华人生活尤其是"二战"前之状况的记录。包括闽粤移民从祖籍原乡带来的象征清朝遗民的辫子、妇女的缠脚、吸食鸦片、童养媳习俗，以及新村时期直凉华人的日常生活等。而在"政治"部分，"直凉华人志"具体记录了日据时期直凉华人的遭遇，马共时期直凉华人的恐惧，新村时期直凉警卫团对民众的保护，英殖民政府《紧急状态法令》下直凉华人热血青年的北上中国投奔革命，以及20世纪60年代轰动全马的工运等历史事件。上述内容中有不少迄今为止还鲜少见于马华社会的记录中。

关于直凉华人资料的收集，"直凉华人志"显示作者主要采用以下两种方法。

其一为历史文献法。"直凉华人志"中涉及的历史文本文献主要有账本、义山记录簿、华人社团特刊等类。这三种文献对于了解闽粤移民在直凉土地上重建家园意义重大。账本属于福建安溪移民廖印所有。该账本的最后一页日期为1913年。由此账本推算廖印在直凉经营杂货店的年代，大致可证实直凉开埠约在1900年，而最早移入直凉的中国移民可能来自福建安溪。义山记录簿资料的年代始于1946年，全名是"直凉华侨义山墓冢登记簿"。这份记录显示：直凉华社总机构华夏大会堂是由坟山组织"华侨义山"演变而来，直凉华人社会内部的福建、客家、广府、海南等社群结构，直凉经由多姓氏聚族而居的宗族聚落形成的市镇等。华人社团特刊是南洋华人社会记载自己历史的文本。"直凉华人志"从马来西亚中华大会堂总会编撰的《马来西亚华团简史》、新加坡茶阳会馆编撰的《新加坡茶阳会馆百年纪念刊》、直凉客家公会编撰的《直凉区客家公会庆祝38周年会庆特刊》等华人社团特刊中，收集有关直凉华夏大会堂、客家社群对直凉华文教育的贡献以及他们在直凉从事的行业等资料。此外，"直凉华人志"也关注会馆会员名单、《星洲日报》等华文报刊与前人研究中有关彭亨及直凉华人相关的记载。

其二为文化人类学的田野调查。关于田野调查,文化人类学家李亦园教授指出,田野调查工作(field work)是人类学最具特色也是最重要的研究方法,是一种对社会及其生活方式亲身从事的长期性的调查工作。其目的是为了了解当地人的观点(native's point of view),收集人类学家的研究资料[①]。事实上,文化人类学的田野调查已被广泛运用于东南亚华人研究领域。其所以如此,主要是因为在东南亚移民时代,包括马来亚在内的各殖民政府没有建立规范而完整的华人档案系统,学者很难从官方档案中获得足够的研究资料,故必须借助于田野调查。就廖文辉研究的彭亨百乐直凉而言,尽管在马来西亚国家档案中还保存有相关的零星记录,但也均因损坏等故而无法使用。为此,从2012年6月至2013年5月,廖文辉和他的研究团队在当地展开为期一年的田野研究工作,收集了大量直凉华人资料。例如,有关直凉华人的祖籍地与姓氏结构,有助于了解闽粤移民如何运用传承自祖籍地的地缘、血缘等文化资源,在直凉建构方言社群架构与聚族而居的宗族聚落形态。为此,廖文辉和他的研究团队以人口普查方式,对直凉新村的二百多华人住户进行入户调查,并将所得数据按照年代"新村时期至20世纪70年代""80年代以后",制成两份"直凉新村籍贯与姓氏表"。再如直凉华商的经营与方式,涉及直凉社会经济变迁。为了具体了解直凉华商及其经营状况,廖文辉对直凉大街华人店铺开设的年代、店主与社群所属、店号、经营内容等情况进行详细调查,并将调查资料制成"直凉大街商号演变表(店铺名称、店主、籍贯)20世纪50年代以前至2000年以后"。

口述访谈是田野调查的另一项内容。根据"直凉华人志"附录《直凉华人志及资料汇编口述访谈记录表》所列出的"日期、时间、地点、姓名、年龄、采访者、口述整理、内容"等资料整理分类项,从2012年6月13日至2013年5月15日,廖文辉与他的研究团队在直凉镇总共进行了28次口述访谈。访谈的对象主要是"当地的耆老",即年龄介于63岁至85岁之间、亲历或见证直凉开埠迄今发展历史的老者。访谈内容涉及闽粤移民在直凉社会变迁时空脉络下所历经的、从移殖到落地生根家

---

① 李亦园:《人类学的理念与方法》,载《李亦园自选集》,上海教育出版社2002年版,第15—17页。

园重建历史进程的方方面面。上述所有口述资料经研究人员的记录与整理形成文字，分成"历史""政治"等十大类共数十篇构成该书《资料汇编》的全部内容。

综上所述，借鉴中国传统史学中的"方志"形态，透过编修地方市镇的"华人志"、以重构与书写马来西亚华社地方历史图像，是廖文辉这部"直凉华人志"的基本特点。

三

上述对廖文辉"直凉华人志"讨论显示，从中国传统"方志"到马来西亚"华人志"，历经一个借鉴与再建构的过程。

作为对地方历史书写的载体，中国方志与马来西亚华人志在研究理念与编修方法上有相同之处。然而，在马来西亚，华人是构成这个多元种族国家的重要组成部分。相较于有"地方百科全书"之称的方志，华人志因其作为收集、整理、编撰华人地方历史载体而具有华人族群之边界。这是马来西亚华人志最重要之特征，亦是与中国方志相比最大的差异之处。受制于族群性这一特征，华人志在所收集的资料、编撰的目的、内容等方面，也就与研究与书写的华人地方社会历史相关联。另外，由于华人志编撰缺乏足够的地方文本资料，因此在编撰中，华人志除了借鉴方志的历史文献法，还需要运用文化人类学民族志，收集各类田野调查资料。以上所述，即是廖文辉所言之马来西亚具"本土特色的方志"，即华人志。

借鉴于中国传统史学范畴的方志而产生的"华人志"，对于马来西亚华人社会历史研究与马华学界亦具有重要意义。

首先，"华人志"反映与体现了马华学界国家认同的历史观。

众所周知，中国人移居马来半岛，至少可以追溯到15世纪的马六甲王朝时代。19世纪中叶以后，大批中国华南移民越洋相继南来马来亚拓荒。在这片新土地上，伴随马来（西）亚从殖民地时代到独立建国以来的社会变迁，华人在与友族共同开发建设新家园的同时，也历经了一个从移民、扎根到本土化发展的衍化过程。在这一历史进程中，华人一方面运用原乡的中华文化资源整合社群，再建华人社会结构，另一方面，华人将博大精深的中华文化传播到马来半岛，并在当地社会的脉络下传承与发展出作为马来西亚文化重要组成部分的华人文化形态。因此，通过包括地方社会在内的马华历史的记录与研究，不仅有助于丰富多元种族的马来西亚的国家历史与文化，亦是马华社会扎根在这片新土地的明证！马华社会历史研究中"华人志"的提出与实践，正是体现了马华学界对此种历史现实的认知。因为"华人志"虽借鉴于中国传统史学编撰地方史的方式，但在内涵、目的及特征等诸方面均深具马来西亚本土特色。因而，"华人志"反映了马华学界国家认同的历史观。

在马华社会历史研究领域，"华人志"则提供了一种有价值的学术理念与研究框架。

有鉴于记录华社历史对于马华自身的历史论述与国家认同的重要意义，因而相关的研究与书写，始终是马华学界关注的重要课题。多年来，马华学界在"华人社团""华文教育""马华文学""华人经济""华人民间宗教""华文报刊"等诸多领域展开研究，且已有相当深厚的学术积累。这些研究的一个重要的特点，就是以某一议题为考察对象。另外，在汉学人类学的东南亚研究领域，马华地方史的研究原本是学者们关注的一个重要课题。例如田汝康对沙捞越华人的研究[1]、李亦园对柔佛州麻坡市镇华人的研究[2]等。然而，受制于各种因素，相关的议题与研究在20世纪70年代以后即基本停滞。

从本文对廖文辉"直凉华人志"讨论，笔者认为，"华人志"不仅突破了原有的单一议题的传统考察方式，亦延续了20世纪70年代以前汉学人类学马华地方历史研究的学术传统。更重要的是，它是在为这股马来西亚地方史研究热潮乃至马华社会历史研究提供了一种有价值学术理念与研究框架：即在马来西亚国家认同之下，从编修华人地方史入手，由下而上全面具体地进行马华自身历史的叙述与书写。

"华人志"对马华历史研究的意义还体现在它的资料价值。"华人志"不仅借鉴了传统中国方志重视与广泛收集地方文献的特点，还运用文化

---

[1] Tien, Ju-K'ang (1953) *The Chinese of Sarawak：A study of Social Structure.* London：The London School of Economics and Political，(Monographs on Social Anthropology，No. 12)．

[2] 李亦园：《一个移植的市镇——马来西亚华人市镇生活的调查研究》。

人类学民族志的研究方法，透过田野调查收集各类资料。众所周知，包括马来西亚在内的东南亚华人社会研究仅靠文本资料是不够的。因为大多数东南亚华人社会都缺乏完整的文献资料记载。另外，华人社会的许多文化大多通过仪式等民间文化形态传承下来。在文本资料不足或缺乏的情况之下，文化人类学的田野调查方法能够发挥其功能，通过田野调查收集口述与问卷资料，记录传说、仪式等非文本资料，并与文献、档案、碑刻等文本资料相互补充和印证，是解决东南亚华人研究中资料不足或缺乏问题的一个重要途径。正是在这个意义上，马来西亚"华人志"与中国方志一样深具资料价值。廖文辉的直凉个案研究证实了这一点。

最后谈谈马来西亚华人志的局限。

上述对廖文辉的"直凉华人志"的讨论已显示，区域性特征之下的华人族群边界，是华人志区别于中国方志最重要的特点。而正是由于华人族群边界的制约，致使马来亚华人志存在明显的局限。

多元种族的马来西亚，是南来拓荒的闽粤移民的新家园。在历史发展与社会变迁的时空脉络下，华南移民早已伴随马来西亚的独立建国，从华侨转变成为华人，并与马来、印度等不同种族一起为国家建设打拼。因此，在当代马来西亚，不论在国家认同层面，还是在居住、生活等诸多方面，华族与其他种族的联系已是密不可分。即使那些可称为华人市镇的区域，例如廖文辉讨论的直凉镇，也仅是华人人数占绝大多数而已，这个镇的居民中还包括有马来、印度等族群。然而，在具有族群边界的华人志中，却缺乏华人与其他种族在地方社会历史发展中的互动与相处等相关内容的记录与书写，因而也就无法完整反映华人社会在马来西亚多元种族时空脉络下衍化发展的历史进程。这一点，正如陈琼渊在其《浮现中的地方认同：探索马来西亚华人地方史志书写》一文中所指出的"在马来西亚从事华人地方志编撰或地方史研究，更应突破思维上无形的族群界域，使地方志、地方史更全面地记录、讨论'地方'。就此言之，各地华族与其他族群的互动关系，将是急需补录的一章"。换言之，如何处理多元种族国家视野下华人与异族之关系，是未来编撰马来西亚华人志需要认真面对的新课题。

就马来西亚华人志的资料价值而言，尽管笔者充分肯定廖文辉"直凉华人志"在这一方面所做出的努力，但总的说来，从收入该书"资料汇编"的内容来看，虽然涉及的面很广，但较为深入的田野调查报告还不是太多。例如，直凉是个由多姓氏聚族而居的宗族聚落发展而成的市镇。南来的闽粤移民如何运用传承自祖籍地的祖先崇拜、神明信仰在直凉重建宗族家园，直凉的华人宗族如何在当地社会变迁的时空环境下发展与衍化等，这些内容对于重构与书写直凉华人历史图像十分重要。然而从"直凉华人志"来看，相关的深入访谈与口述资料较为缺乏。总之，如何以问题意识来收集与整理资料，以及如何使各类资料更具文献价值等方面，马来西亚华人志还有相当大的可拓展空间。

（本文初稿为《华人志：记录与研究马华历史图像》，发表在新加坡南洋理工大学《华人研究国际学报》第 8 卷第 1 期，2016 年 6 月出版，收入本书时对文字做了一些修订）

从"闽南"到"福建":"文化闽南"在东南亚华人社会的跨境发展

在中国文化史的研究领域,区域文化史是一个重要的学术课题。其所以如此,主要是区域文化史的研究,不仅涉及所在区域的社会发展与历史变迁,亦体现五千年中华文化多元一体的发展形态与重要特征。

作为华南区域文化重要组成部分的闽南文化,具有与内地地方文化一些不同的特征。伴随近现代以来闽南地区的海外移民,在祖籍原乡所形成的区域文化,也跨境传播到中国台湾、东南亚、日本、北美、欧洲等世界各地,并在当地社会的脉络下,逐渐形成具有在地特色的闽南文化。换言之,地处中国东南沿海的闽南地区,其在社会变迁的历史进程中形成了境内与境外的多元形态之特点。因此,对闽南文化的研究,仅局限在中国"境内"显然是不够的,还必须跨出"境外",考察伴随闽南移民而传播到世界各地的具有在地特色的闽南文化。

近二十余年来,闽南文化史特别是福建台湾两地闽南文化研究有长足的进展。两岸高等学府、民间学术团体不断举办各种类型的闽南文化学术研讨会,出版了诸如《闽南历史文化概说》(闽南师范大学2013)、《闽南文化的多元诠释(一)(二)》(厦门大学2013)、《闽南文化国际学术研讨会论文集》(台湾成功大学2011)等一批具有相当学术分量的研究专著及论文集等。此种状况固然与当代两岸关系和缓、"海西概念"提出等现实人文大环境有关,但同时也显示当前闽南文化研究的新趋势,即向着突破"闽南"地域限制的方向拓展。

然而,闽南文化研究要真正"跨境"走出"闽南",在地域上仅拓展到台湾是不够的,还必须包括大中华以外遍布世界各地的海外华人社会,特别是在祖籍闽南华人人数最多且最为集中的东南亚地区。而在扩展研究地域的同时,更为重要的是,必须反思现有理论方法,并在此基础上拓展新的研究视野。

到目前为止,学界有关闽南文化的研究,基本上是在"中国区域文化史"的脉络下展开的。该研究方法的一个基本特点,是将"闽南"视为一个地理概念,考察在"闽南"这个区域内所形成的文化形态。地处中国东南沿海的"闽南",在地理上指的是华南福建南部包括泉州、厦门、漳州所属的各县市。换言之,在"区域文化史"的研究框架下,现有的闽南文化研究是从中国的视角,以看得见的特定区域"闽南"作为考察该文化形态的地理与区域边界。上述的研究框架与考察方法显然不适应离开祖籍"闽南"这一地域范畴,并在当地社会脉络下发展的台湾、东南亚以及世界各地的"闽南文化"。

首先,伴随闽南人的海外移民而跨境传播到"境外"的闽南文化,其"闽南"概念已经发生变化。以东南亚为例,当近现代以来包括同安、厦门、南安、安溪、晋江、漳州、诏安等在内的大量闽南地区移民离开原乡到南洋拓荒,在当地殖民统治的时空脉络下,"闽南"不仅特指来自同一祖籍闽南的移民社群,亦作为群体认同意识与维系社群的文化纽带,承担凝聚与整合该社群的重要功能。最可说明这一转变的案例是闽南方言。在移民时代的南洋华人社会,基于移民社群整合与华人社会建构的需求,原本在祖籍原乡主要具沟通功能的闽南方言,转化成为承载移民群体意识的"闽南方言群认同"。闽南方言在南洋移民时代华人社会的新功能,显示跨境发展的"闽南文化"中的"闽南",已经从祖籍地看得见的地理概念,转变成为看不见的具有特定群体内涵的文化符号。也就是说,原本作为中国华南区域文化重要组成部分的闽南文化,当其离开祖籍原乡传播到移民时代的东南亚后,因殖民统治时空脉络的制约而转变成为该地区的闽南社群文化。

其次,当"闽南"成为海外闽南社群的文化符号而不再是一个祖籍原乡地理概念之时,"境外"闽南文化的发展即与当地的社会文化环境联系在一起,并历经一个再建构的历史进程。还是以东南亚为例。众所周知,东南亚尤其是新、马两地祖籍闽南的华人人数众多,是海外华人中闽南人最为聚集之区。自移民时代以降,这一地区祖籍闽南的华人被称为"福建人",该社群则被称为"福建帮"。其所以如此,不仅因为该社群人口众多、经济实力强大以及在华人社会扮演重要角色等因素,更重要的是,该社群在东南亚从移民时代到本土社会历史变迁的时空脉络下,历经了一个运用传承自祖籍地的闽南文化资源,整合与建构了东南亚闽南社群结构和文化形态的历史进程。因此,从"闽南人"到"福建人"的转变,并不仅是一个社群名称的改变,客观上亦显示跨境的闽南文化在东南亚发展出"福建文化"的新形态。而历经建构进程的东南亚的"福建文化"具有多元之特征。一方面,作为外来的文化形态,东南亚的"福建文化"传承自祖籍闽南,在文化内涵上亦与原乡的闽南文化同属一宗。另一方面,伴随东南亚华人社会变迁而形成的"福建文化",其作为一种社群文化不仅与东南亚闽南社群的衍化密切相连,亦因此而具有在地特色而成为东南亚华人文化形态的重要组成部分。

总括以上所述,近现代以来,伴随闽南人的海外移民,闽南文化也跨越祖籍原乡的地理疆界而传播到中国台湾、东南亚、日本、欧洲、美国等世界各地,并在当地社会变迁的时空脉络下发展出"境外"之形态。"境外"的闽南文化,其"闽南"已从一个地理概念转变成为一种具有特定社群的文化符号,而在原乡作为区域文化形态的闽南文化,也发展成为"境外"闽南人的社群文化。"境外"闽南社群文化具有多元特征。它与祖籍原乡的闽南文化同属一宗,同时又是所在国华人文化的重要组成部分。

上述笔者以东南亚为例对"闽南文化"跨境发展的讨论显示,作为具有"境内"与"境外"多元形态的闽南文化,以"区域文化史"作为研究框架是不够的,因为它无法涵盖跨越祖籍原乡在"境外"发展的闽南文化。有鉴于此,笔者冒昧提出"文化闽南"的研究理念。所谓"文化闽南",即从文化的"闽南"而非从区域的"闽南"出发研究闽南文化。在"文化闽南"的理论框架下,一方面,闽南文化研究可以跨越祖籍原乡的地理疆界,将考察的视角拓展到中国台湾、东南亚等"境外"不同的地域;另一方面,就文化内涵而言,"文化闽南"不仅涉及祖籍原乡的闽南文化,亦涵盖境外不同地区的闽南文化。最重要的是,通过"文化闽南"这一学术理念及其阐述,包括祖籍地在内的全球的闽南文化可以汇集在一起,在整体上形成一种具有世界性特征的文化形态。世界性的闽南文化源自作为华南区域文化重要组成部分的闽南文化,而各地区的闽南文化又因具有在地特色而成为所在国文化的组成部分。因此,就现实意义而言,"文化闽南"的研究理念与研究方法,不仅有助于强化世界各地的闽南社群与祖籍原乡以及各地的闽南社群之间的社会文化联系,通过"文化闽南"这一文化纽带,亦有利于促进中国与海外华人所在国的友好交往。

(本文初稿为《跨境发展的"文化闽南":闽南文化研究的一个新思考》,发表在闽南师范大学《闽南文化研究》2014年第1期)

卷五　附录

广惠肇碧山亭碑文两则

七君子亭碑文

（立碑时间：2002年5月5日）

本亭（广惠肇碧山亭）是由来自中国广东省的广州、惠州、肇庆三府移民建立于殖民地时代的坟山管理机构，也是新加坡广惠肇三属最高联合宗乡组织。

根据地界碑铭文，本亭在同治辛未年（1871年）已拥有坟山。据此推断本亭创办的年代至迟应在1871年。本亭的历史，最早见于光绪十六年（1890年）所立之"劝捐碧山亭小引"碑。据该碑文所载，本亭在19世纪八九十年代已粗具规模。创买本亭地者是任"协理青山亭事务"的梅南瑞。1890年以前，本亭曾多次劝捐筹款购坟地，1890年的劝捐又获款"八千五百八十九元"。在管理上，本亭设"督办碧山亭建庙开马车路大总理"，负责以"建庙开马车路"为主要内容的开发坟山工作。本亭的管理机构采用总理与值理二级制。总理一人，值理二十四人。领导层中有胡南生、朱有兰、朱广兰、广恒号、同德号、罗致生、罗奇生、梅旺、梅端成等多位当时新加坡华社领袖。

另据在本亭和三属流传的故事，恩平李亚保、开平黄义宏、新兴赵亚德、三水梁亚德、高要赵亚女、新兴顾文中、高要谢寿堂是本亭初创期的英雄，称"七君子"。他们为本亭发展牺牲了生命。

从20世纪初到"二战"前，本亭已有相当发展。这一时期，本亭资金主要来自祭祀先人的"万缘胜会"所筹款项。本亭以1921年第一届万缘胜会所筹款项将一储藏金埕改建成公所办公室，并修建礼亭和茶亭，供三属祭拜先人时休息和用餐。1943年第二届万缘胜会盈余颇巨，本亭以此款购仰光路地段以扩展坟山。本亭组织机构在 20 世纪初吴胜鹏为总理任内有重大改变，规定由南顺、番禺、东安、中山、宁阳、冈州、三水、惠州、肇庆等九所会馆各派二名代表组成"董事会"共同管理，并在 1947 年章程中被确定下来。

"二战"后是本亭发展的重要时期。由于社会发展变迁，"二战"后包括广惠肇三属在内的本地华人逐渐转变身份认同加强本土意识。本亭与时俱进，关注新加坡社会发展，自觉将周边地区的社会事物纳入本亭的运作中，诸如兴办学校、安置外来用户、建设管理居民区等，社会功能不断扩大。

"二战"后本地华人社团重整和发展，这一时期成立并加入本亭的社团有花县、清远、鹤山、高要、增龙、顺德、恩平等七所会馆。为了适应形势的变化，本亭在 1960 年修改章程，加强三属十六会馆管理本亭的空间，确立董事部核心成员由各会馆轮流担任的"六常务"轮值制的组织架构，并延续至今。本亭的坟山管理和规模，在"二战"后大为扩展。本亭在"二战"后整顿坟场，推行模范坟山制度、建立起一套制度化的坟山管理系统。本亭坟场几经扩大，到 1970 年已达 354 公顷的规模，安葬有广惠肇十数万个先人和数百个社团总坟。

在本亭发展史上，1973 年是一个重大的转折点。这一年的 8 月 31 日，本亭接政府来信通知，因市政建设需要，自 8 月 17 日起封山停止营葬事务。七年之后，政府全面征用了本亭。面对新的重大变迁，本亭和三属社团因应国家发展需要，先后妥善处理了改土葬为火葬、安置原有坟山的先人骨灰、与政府谈判赔偿、筹集资金进行重建等一系列重大课题。从 20 世纪 80 年代开始，本亭在政府拨回的 3.2 公顷的土地上分六期兴建骨灰储藏灵塔、多种用途的公所、茶亭、安老院、庙祠以及纪念碑等。重建工程于 1998 年以新碧山大庙开光而宣告正式结束。为了适应时代发展的需求，本亭在重建后也修改章程，打破三属限制，向全新加坡各族群开放，继续造福社会大众。

今天，本亭正继承和发扬先贤关怀社会、造福人群的优良传统，为新加坡社会的繁荣与发展继续做出贡献。

曾玲博士　撰

福德祠碑文

(立碑时间：2004年6月13日)

　　当1819年新加坡开埠，中国广东的广州、惠州、肇庆三府移民即南来拓荒。时三属同侨南来营生者众，能如愿归国者固多，但埋骨异域者亦不少。为解决三属移民身后的安葬与祭祀，先贤创建本亭作为坟山管理机构，同时以本亭作为广、惠、肇最高联合宗乡组织。

　　根据地界碑铭文，本亭在同治辛未年（1871）已拥有坟山。据此推断本亭创办的年代至迟应在1871年。本亭的历史，最早见于光绪十六年（1890）所立之"劝捐碧山亭小引"碑。据该碑文所载，创买本亭地者是任"协理青山亭事务"的梅南瑞，由当年大总理梅湛轩督办建庙及开马路等。由此本亭从19世纪八九十年代开始，其组织与管理逐渐趋于完善。

　　本亭所建之福德祠，历史悠久。虽然在光绪十六年的"劝捐碧山亭小引"碑文中未明确提及福德祠，但本亭1922年重修碧山大庙工程中，已包括了福德祠。这可从保留下来的壬戌年（1923）所立之"苍郁碧山亭永荫航洋群业，英灵华土地长扶侨叻众生"对联中证实。

　　福德正神，正称后土，社神。民俗称土地伯公，土地公。因他是土地之神，长年守护土地，保护一方五谷丰登，故是中国传统社会的地方守护神。本亭所供奉的是一尊拿着元宝的大伯公土地神，正是"福而有德千家敬，正则为神万世尊"的福德正神。

　　1980年政府征用本亭坟山。1983—1995年，本亭在政府拨回的8.25英亩地段上分六阶段完成各项建设工程。福德祠重建开始于1985年，

1986年竣工。同年9月28日延请道长开光及恭请大伯公迁入新福德祠供奉。

近年来，福德祠渐显陈旧，屋顶漏水，其建筑风格与周围的凉亭和碧山大庙也不太协调。加之本亭隔邻地段已建起两所名校学府，政府当局积极整顿布莱德路前空地。为此，本亭理监事会经过多次讨论，于2003年9月21日议决对福德祠翻新修缮，使之更加美观和具有中国传统建筑格调，并与周边建筑相协调，进而也可成为我国碧山区之旅游景点。

福德祠是本亭的重要建筑之一。它不仅历史悠久，在本亭近一个半世纪的历史发展中，亦具有团结和凝聚广惠肇三属的重要功能。现在，本亭已向全新加坡社会开放，新建的福德祠将为公众提供一个舒适光亮的拜神场所，神灵也得安逸矣。

曾玲博士　撰

序　言

《远观沧海阔：海南历史综述》序

在海外华人社会，马来西亚华人以坚持华文教育、重视本民族历史文化的传承与发展而著称。

中国人移居马来半岛，至少可以追溯到15世纪的马六甲王朝时期。19世纪中叶以后，大批中国华南移民越洋相继南来马来半岛拓荒。在这片新土地上，伴随马来西亚从殖民地时代到独立建国以来的社会历史变迁，华人在与其他友族共同开发建设新家园的同时，也历经了一个从移民、扎根到本土化转型的历史发展过程。在这一历史进程中，华人一方面运用原乡的中华文化资源整合社群，再建华人社会结构，另一方面，华人将博大精深的中华文化传播到马来西亚，并在当地社会的脉络下传承与发展出具有马来西亚特色的华人文化形态。因此，华人在马来西亚的拓殖发展与马华社会之建构，中华文化在马来西亚的创造性传承，都是很值得记述和认真去做研究的课题。因为这不仅是华人扎根马来西亚本土的明证，是华人生命力之所在，亦是马来西亚华人对人类文明发展的贡献。

在对包括马来西亚在内的东南亚华人社会研究中，几乎所有学者面临一个共同的难题就是文献资料的匮乏。其所以如此，主要是因为战火及社会变迁等因素对华人文献造成的破坏。文献资料的缺乏不仅使学者无法展开深入的研究，亦使东南亚华人社会在对自身发展的论述中失去历史的发言权。

有鉴于文献资料的收集与整理对于华人社会研究与华人社会自身历史论述的重要意义，近年来马来西亚柔佛各乡团与南方学院合作，展开三项涉及华人文献收集计划。2001年，由郑良树教授策划、安焕然讲师实际执行、南方学院与柔佛潮州会馆参与的《搜集柔佛潮人史料合作计划》首先展开。安老师带领南方学院的学生组成课题工作队，深入城镇村落进行访问和田野调查。历经数年艰苦努力，课题组的文献收集工作取得丰硕成果。经过整理这些文献资料，作为课题研究的成果以专著的形式出版。2004年南方学院又与客家公会合作，展开另一项《搜集柔佛客家人史料计划》。

自2006年以来，南方学院的学术人员再次与柔佛州十六间海南会馆合作，开展《搜集柔佛海南人史料计划》。由于到目前为止研究东南亚海南社群的"海南学"仍较为薄弱，该项计划的推展及成果或可为积累"海南学"提供一个有价值的研究范例，因而也更具学术意义。历经两年的课题研究，"搜集柔佛海南人史料合作计划"终于进入撰写和发表成果的阶段。由吴华和安焕然撰写的《远观沧海阔——海南历史综述》，正是此项计划的结晶。

本书的两位作者吴华和安焕然。前者是非常敬佩的学术前辈，他在东南亚华人研究领域的辛勤耕耘，对新、马华人社会历史尤其是华人社团的研究成果，在学界早已获得肯定。后者是一位优秀青年学者，他勤奋严谨正直，对马来西亚与马华社会的研究，呈现出浓厚的本土情怀与历史责任感。自2001年以来的柔佛华人三社群历史文献收集计划的实施过程中，安焕然不仅全程参与，同时承担了三项研究计划的执行与组织工作，因而对所收集的文献的内容及学术价值有深入研究。除了以上所述的学术功底，本书的两位作者均为柔佛的海南人。这使他们在解读与研究历史文献的撰述中，不仅倾注了对海南社群的情感，而使该书更具可读性。

《远观沧海阔——海南历史综述》一书分为上、中、下三编。上篇以中国海南岛为中心，概要性地记述海南社会发展史，中篇叙述马来西亚海南人的总体概况，下篇整理与解读已收集的柔佛海南人史料，从中阐述柔佛州各地区海南社群拓殖与发展的历史，考察柔佛海南社群整合与社团形态之建构及其变迁，探究马来西亚的"海南人"精神等问题，是该书的重点所在。

《远观沧海阔——海南历史综述》一书从柔佛海南社群的祖籍原乡——中国海南为历史叙述与研究的起点，分章综述了中国海南、马来西亚海南社群、柔佛海南社群的发展演变。这样的撰述犹如一部精彩而通论性地记录从中国海南祖籍到马来西亚柔佛的"海南社群通史"。这部通史承载着柔佛海南人对其祖先历史和社群建构等共有的历史记忆。另外,该书的研究文献中除了大量会馆特刊,也包括华人社团的内部记录和官方档案、政府宪报,以及口述访谈与田野调查资料。作者力图从多方面文献记录的解读中,再现海南社群在柔佛乃至马来西亚的社会环境中发展演化的历史图像,为包括马来西亚在内的东南亚华人研究提供一个有价值的研究个案。这亦是该书学术价值之所在。

综上所述,在目前东南亚华人社群研究中的潮学、客家学已有相当基础而海南学还相对薄弱的情况下,《远观沧海阔——海南历史综述》一书的出版,不仅有助于东南亚海南学的研究,亦可视为东南亚海南社群研究中具有里程碑意义的学术成果。另外,南方学院与会馆合作的成功与富有成果,也为未来大专学府、学术人员与华人社团携手拓展东南亚华人社群研究提供重要的借鉴。

是为序。

(该书作为马来西亚南方学院丛书第十七种,于2009年由南方学院出版社出版)

《南侨机工研究》序

2015年是中国抗战暨世界反法西斯战争结束七十周年。当人们在总结七十年前法西斯发动二次世界大战的历史教训、缅怀为中华民族与世界和平献出宝贵生命的英烈之时，无法忘怀当年来自南洋的三千多名"南侨机工"。这些以华侨为主的南洋青年才俊在"二战"最艰难的时刻来到中国战场，将青春与热血抛洒在西南运输大动脉的滇缅公路上，为中国持续抗日与世界反法西斯战争取得最后的胜利做出重大贡献。

20世纪30年代，欧洲与远东都面临法西斯的威胁。当时的中国作为世界反法西斯战争的主要与重要战场，牵制了大批日军主力，阻止了日军北进苏联的企图以及德日法西斯的联合。因此中国抗日战场的战况，关乎世界反法西斯战争之成败。然而，由于当时中国主要的交通运输线均被日军封锁切断，致使中国战场所需各类军用物资的补给面临极大的困难。为此，中国政府于1938年底在西南开通"滇缅公路"，用以运送在国外购买和国际援助的武器装备及军需补给品等物资。这条东起云南省会昆明、西行经下关到畹町出境，直通缅甸境内腊戍的"滇缅公路"，不仅是抗战时期中国联系外部世界唯一的军事物资补给重要通道，亦是中美英反法西斯合作的交会点，对于中国持续抗日和世界反法西斯战争取得最后胜利具有非常重要的战略意义。当滇缅公路修通之后，中国政府于1937年10月1日成立"军事委员会西南进出口物资运输总经理处"（简称"西南运输处"），作为执行运送国内外军事物资工作的组织与管理机构。然而此时的西南运输处却面对一个大难题，那就是在兵荒马乱的中国，想招募到足够数量、能承担在山路崎岖的滇缅公路上完成运送军事物资重任的中国汽车司机与汽车修理工非常困难。于是该机构就将招募司机与机工的目标转向南洋。

此一时期的南洋除泰国外，均处于西方殖民政府的统治之下。伴随中国近现代以来一拨一拨的移民浪潮，南来拓荒的华南移民已在这片土地上重建了新家园。从"九一八"事变到"七七"卢沟桥事件爆发中国进入全面抗战，南洋华人社会民族情绪高涨、抗日救国运动正此起彼伏如火如荼地展开。1938年10月10日，以新加坡怡和轩俱乐部为总部、由陈嘉庚先生领导的南洋华侨筹赈祖国难民总会（简称"南侨筹赈总会"）成立，标志着南洋华社支持祖国抗战总机构正式登上历史舞台。基于与中国同属世界反法西斯战线，此一时期南洋各地的殖民地政府对华人与华社的抗日活动大多在不同程度上持容忍态度。在这样的时空背景下，西南运输处于1939年2月7日向南侨筹赈总会发出正式信函，请求在南洋代为招募汽车司机与修理工。接此信函，南侨筹赈总会随即发布《筹赈总会通告》与举办各种集会，阐述招募机工到回国参加抗日战争的意义，同时通过设在南洋各地华人社会的筹赈总会分会广泛地展开动员工作。陈嘉庚的奔走与筹赈总会的呼吁，获得南洋各地华社与华侨青年的热烈响应。从1939年2月到10月短短的8个月时间，总会即以"南洋华侨机工回国服务团"之名，为国民政府招募并组织安排了数千名年轻的汽车司机与汽车修理工到达国内，在西南运输线上承担为中国战场运送军需物资补给的重任。

来到中国战场的"南侨机工"，面对的是极其恶劣的生活与工作环境。滇缅公路全长1146公里，跨越高耸入云的横断山脉，穿过怒江、澜沧江、漾濞江三条急流大河，沿途崇山峻岭、深山峡谷。此时这条新开辟的公路还是土路，每遇风雨，道路泥泞坑洼不平，而且沿途毒蛇袭人恶疾流行，加上日军飞机又常在头顶盘旋轰炸，运送军需的车辆行驶在这样的险路上，稍有不慎就会车毁人亡。然而"南侨机工"们却不畏艰难不怕牺牲，以"一个华侨能出力，十个敌人九不回"的豪迈精神，坚持奋战在滇缅公路运输线上。根据相关资料，抗战期间中国战场所需武器和装备等有一半是由"南侨机工"和其他司机通过滇缅公路运进的。1939—1942年"南侨机工"来到中国战场的三年多时间里，他们运输的物资包括50多万吨来自海外的枪械大炮等武器与装备等，15000辆军车以及美国红十字会赠送的药品等其他无法统计的各种生活与军需品。

1942年5月滇缅公路因日军的轰炸而中断后,"南侨机工"仍在中美开辟的"驼峰航线"中担负接转运输中国战场所需各种军用物资的任务。不仅如此,"南侨机工"还承担运输中国远征军入缅作战等重大任务,并以其英语和马来语的优势,为中国远征军和美国驻中国的军事机关提供服务。在承担与完成上述任务的同时,"南侨机工"也付出惨重的生命代价。统计资料显示,"二战"后当机工们回返南洋家园时,他们中的三分之一即一千多人已永远长眠在滇缅公路上。历史可以毫不夸张地记载,在"二战"最艰难的时刻,"南侨机工"们以大无畏的牺牲精神,用生命与血肉之躯构筑起中国抗战的后勤军需补给通道与世界反法西斯战争的国际运输线,为"二战"的最后胜利做出了不可替代的重要贡献。他们的赤子之心与英雄壮举,永昭日月、永载史册!

今天,最终以正义战胜邪恶的"二战"已结束七十载,七十多年前中国西南滇缅公路上的战火与硝烟亦早被和平与安宁所取代。然而,世界仍然铭记与感念"南侨机工"的英雄们。因为他们不仅为当年的反法西斯战争献出鲜血和生命,亦为人类的和平与永续发展留下了宝贵的精神文化遗产。而对于学术界而言,"南侨机工"不仅是中国抗战史和"二战"世界反法西斯战争史研究中的一项重要内容,亦涉及20世纪上半叶中国政府与南洋华侨社会的关系,以及在中国现代中国社会发展进程中,南洋华侨所扮演的角色等诸多课题的研究,因而备受海内外学者的关注。然而,受到社会变迁、政治纷争、文献不足等诸因素的制约,迄今为止,学界以"南侨机工"为考察对象,并做全面且深入讨论的研究专著还不太多见。

《南洋华侨机工研究(1939—1942)》一书,是夏玉清在其博士学位论文基础上修订而成的学术著作。夏玉清的博士学位论文从确定选题到最后完成,大约进行了近五年的时间。为了突破现有研究主要以口述为基本资料的局限,夏玉清花费大量时间收集包括历史档案、报刊报道、南侨机工出版物等在内的各类第一手文献。历史档案是研究"南侨机工"最基本与重要的资料。据目前所知,有关"南侨机工"的历史档案主要保存在国内的云南省档案馆。而台湾"国史馆"则保存了"南侨机工"战后复员南返的部分档案。为此,夏玉清下大气力查阅了云南省档案馆中有关当时国民政府西南运输处档案(1930—1948)、云南侨务处档案

(1938—1947)、云南社会处档案（1942—1946）以及2005年台湾"国史馆"根据其馆藏档案编撰出版的三卷本《战后遣返华侨史料汇编》等这些涉及"南侨机工"最重要的档案记录。报章是研究"南侨机工"的另一重要资料来源。夏玉清检索与收集了20世纪三四十年代，中国与南洋华文报章中对南洋华侨高涨的民族主义热潮与包括南侨机工在内的华侨热血青年积极回国参与抗战等大量的新闻报道。其中包括1939—1946年的《民国日报》《云南日报》等中国报刊，1938—1946的《总汇新报》《星洲日报》《南洋商报》《槟城日报》等南洋华文报刊。夏玉清收集的文献中，还包括各种与"南侨机工"相关的出版物。如《华侨机工通讯刊》《华侨先锋》《华侨生活》等。这些出版物均具有重要的文献价值。例如，由西南运输处管理机工的主要机构《华侨互助会》于1940年编撰出版的《华侨机工通讯刊》，其目的主要是为了沟通机工与南洋的联系。该刊物虽然仅发行两年至1942年1月即停刊，目前存世的也仅有30期，但却是研究"南侨机工"个人生活、"南侨机工"与南洋家庭亲人以及那一时期的南洋华侨与中国关系等非常重要的资料。在收集文献资料的同时，夏玉清也在云南与新加坡两地进行实地田野考察，收集包括新加坡怡和轩俱乐部等在内的南洋华人社团特刊和访谈"南侨机工"后代的口述资料等。上述艰苦的文献收集工作不仅为"南侨机工"课题的研究打下扎实的史料基础，亦使"以文献重构南侨机工的历史图像"成为夏玉清这部学术论著的一个重要特点。

在掌握大量资料的基础上，夏玉清将"南侨机工"研究置于20世纪三十年代末世界反法西斯战况、中国持续抗战、南洋华人社会支持祖国抗日的时空脉络下，通过对历史档案等各类文献的整理爬梳、细致分类与认真解读，并运用这些资料，从"南侨筹赈总会"的动员与组织、国民政府西南运输处对"南侨机工"的训练与管理、"南侨机工"在西南运输线上的奋战以及在祖国期间"南侨机工"与南洋的关系等诸方面，具体考察与讨论发生在20世纪30年代末40年代初那段惊心动魄、可歌可泣的以华侨子弟为主的南洋青年才俊以生命支持祖国抗日与世界反法西斯战争的历史事件与英雄壮举！这是到目前为止学术界有关"南侨机工"最为全面、深入的研究成果！这项具有填补学术空白意义的研究成果，不仅有助于当代中国与世界深刻了解"二战"期间的中国政府、中国军队如何与南洋华人并肩作战、为中国抗日与世界反法西斯战争所做出的重要贡献，亦有助于拓展中国抗战史、世界"二战"史、20世纪上半叶的国民政府侨务史以及现代中国与南洋华人关系史等诸多研究领域。

当然，有关"南侨机工"的研究，还有许多可待深入研究的课题。例如，陈嘉庚是"南侨机工"研究中一个重要与关键的人物。在"南侨机工"问题上，当时的中国国民政府如何通过陈嘉庚，处理与那一时期的南洋华侨社会、南洋殖民政府的关系以及从中所反映的近现代以来包括南洋在内的海外华人的民族、国家与在地认同、中国政府与海外华人关系之形态等，这些都是可以进一步深入讨论的课题。就文献资料而言，亦有很多可以深入解读与拓展研究领域的空间。例如，夏玉清的研究中收集了不少"南侨机工"与南洋亲人间的往来书信。对这些信件更细致的整理爬梳与解读，将有助于更具体、深入地了解与考察20世纪中叶的南洋华人。期待夏玉清在未来有关"南侨机工"的研究中，取得更丰硕的研究成果。

综上所述，夏玉清的《南洋华侨机工研究（1939—1942）》，是国内学术界首次以历史档案与文献资料为基本资料，全面阐述与研究"南侨机工"，在一定程度上具有填补研究空白意义的一部学术专著。作为他的博士指导教师，我为他的辛勤耕耘与取得的成果感到由衷的高兴，并愿意将此书推荐给关注"南侨机工"与海外华人社会研究的朋友们！

是为序。

（该书于2016年3月由中国社会科学出版社出版）

《历史的抉择："二战"后新加坡华人争取公民权运动》序

众所周知，第二次世界大战前，在南洋各地拓荒的中国华南移民大多抱持侨居心态。他们认同中国，以"衣锦还乡"与"落叶归根"为归宿，对当地的政治事务与自身的政治权利既不了解也不感兴趣。然而，这并不影响闽粤移民在移居地的生存与发展。其所以如此，主要是由于第二次世界大战前的南洋，除泰国外，其余各地自16世纪以来即逐渐沦为西方国家的殖民地。这些殖民政府多采取"半自治"和"分而治之"统治方式，并不关注所在地人民的政治权利等问题。另外，虽然晚清政府在1909年颁布以血统主义为原则的中国国籍法，但因南洋各殖民地政府先后制定出生地主义为主、血统主义为辅的国籍法，这使得当时包括新加坡在内的南洋华侨实际拥有双重国籍，因而不必在中国与南洋之间就身份认同与国籍等问题做出选择。

第二次世界大战后，由于世界东、西两大阵营的对立、1949年中国政局的变化等时空环境的巨大变迁，东南亚华侨面临身份与国家认同转型的挑战。在新加坡，基于移民世代的演化，特别是历经日据3年8个月的苦难，华侨社会已开始产生对本土的认同意识。然而，此一时期的英殖民政府却一面切断华侨与中国联系，同时又制定严苛的归化条例，致使战后约22万华侨因无法取得英籍民身份而陷入生存的困境。

正是在这样重要的历史转变时刻，新加坡中华总商会发动与领导了当地华侨争取公民权运动，并取得胜利。这场从1947年至1957年持续了十年的政治与群众运动，在第二次世界大战后东南亚华侨社会发展的历史进程中，具有非常重要的历史意义。这不仅因为该运动涉及东南亚华侨在那一时代所共同面对的,如何在当地争取政治权利与生存空间的新挑战,更重要的是,该运动的出现,显示伴随第二次世界大战后世界、中国与东南亚区域的时空变迁,包括新加坡在内的东南亚华侨开始转变政治与身份认同,在心态上逐渐从侨居的"落叶归根"转变为在地的"落地生根"。另外,为第二次世界大战后的东南亚尤其是新加坡华侨从"侨居"转变为"定居",在"新土"扎根提供法律的依据,使华侨不仅在认同意识上,亦通过法律层面确定他们与这片新家园的关系,进而为1965年新加坡独立后华人国家认同之建构奠定了重要的政治与法律基础。不仅如此,这场第二次世界大战后由新加坡中华总商会领导的争取公民权运动,也为海外华人社会提供了一个通过整合与动员华社,以非暴力的和平方式向统治者争取华人政治权利的具有重要借鉴意义的成功个案。

基于新加坡华侨争取公民权运动在第二次世界大战后东南亚政治变迁中的重要意义,在相关的诸多研究中,几乎都会提及这场运动。然而,受到政治社会因素、资料缺乏等的局限,到目前为止,还未见以该运动为考察对象的全面深入的讨论及相关的研究成果。李奕志的《历史的抉择:"二战"后新加坡华侨争取公民权运动》一书,是海内外学界首次研究该课题的学术专著,可说是填补了这项研究的空白。

李奕志出生于战火纷飞的"昭南岛"时代,是新加坡华侨移民第二代,其父母在20世纪30年代从中国广东省移民马来亚。在李奕志成长过程中,他不仅目睹了第二次世界大战后乃至新加坡建国初期华人因国籍、身份与国家认同等问题所遭遇到的困境,亦历经了父辈们为争取生存空间与政治权利而进行的艰难抗争、最终实现从"华侨"转变为"华人",以新加坡为永久家园的奋斗进程。为了总结与铭记新加坡华人社会发展中这一重要历史篇章,李奕志在获得英国和澳洲的工商管理学士、硕士、博士学位之后,再以近七十岁的高龄、展开以"'二战'后新加坡华侨争取公民权运动"为题的博士学位论文的研究与撰写工作。《历史的抉择:"二战"后新加坡华侨争取公民权运动》一书,即是李奕志在其博士学位论文基础上修订完成的著作。

李奕志的博士学位论文从确定选题到最后完成,大约进行了四年半的时间。为了解决研究资料缺乏的难题,李先生以其通晓中英双语的优势，收集了大量与第二次世界大战后新加坡中华总商会领导的华侨争取公民权运动相关的第一手中英文文献。这包括保存在新加坡国家档案馆的1945—1957年的新加坡中华总商会董事会会议记录、保存在英国国家档案馆和新加坡国家档案馆、新加坡国家图书馆、新加坡国立大学图书馆、厦门大学图书馆的英国殖民部（CO）已解密的档案、殖民地政府宪报、宪制改革报告书、政策白皮书、新加坡立法议会、议院会议记录与委员会报告书、人口调查报告书、宪制谈判报告书等文献、中英文报刊，以及保存在新加坡口述历史馆的口述资料等档案。在收集、整理各类文献的同时，李奕志也对重大史实进行认真的考证，并纠正前人研究中的一些看法。例如，现有研究一般认为第二次世界大战后新加坡华人争取公民权运动开始于1951年。但李奕志根据保存在中华总商会董事部会议记录和英国殖民部档案中的"1946年12月总商会会长认为对公民权一事应详细讨论""1947年总商会要求华侨应享有平等的公民权""1948年初总商会代表团与英国总督会谈时，口头提出设立新加坡公民权问题""1951年总商会以书面报告提出设立公民权的具体建议"等相关记载，认为该运动应开始于1947年。上述艰苦的文献收集工作为该课题的研究与论文的撰写打下扎实的史料基础。

在掌握大量相关资料的基础上，李奕志先生从第二次世界大战前后的新加坡殖民政治体制与华侨社会发展，以及中国时局变迁等时空背景切入，通过对各类文献的爬梳、整理与细致解读，以相关的重大历史事件为演变脉络，将从1947年至1957年的新加坡华侨争取公民权运动分成三个历史阶段进行考察与讨论，并以一个章节的篇幅论证多语言制议会对于真正落实华人公民权的实质意义。在论文的结语部分，他进一步深入讨论中华总商会如何透过处理与英殖民政府、马来族、华人社会内部的土生华人与其他利益团体的关系，如何最大限度地整合与动员华社，进而得以承担历史重任，成功地实现这场运动所设定的目标与成果的历史进程。另外，亦从新加坡建国后国家认同建构，第二次世界大战后新加坡华侨社会的重组与整合，新加坡华商网络的扩大，中华文化在新加坡与东南亚区域的发展乃至对海外华人社会争取自身政治权利的启示等方面，考察与论证这场运动所具有的重要的历史意义。

特别需要指出的是，在对"海外华人社会争取自身政治权利启示"

的思考中，李奕志还以比较研究的视角，阐述与新加坡华侨争取公民权运动基本同一历史时期的马来亚联合邦华侨争取公民权运动问题，并分析其无法取得成功的一些因素。这不仅显示李先生对"二战"后新马华社的深刻了解与研究积累，其在书中所提出的问题亦有助于促进学界对"二战"后新马政治变迁与华社身份认同转变等课题的研究。综上所述，李奕志先生的《历史的抉择："二战"后新加坡华侨争取公民权运动》，是一部在海内外学术界首次以历史档案与文献资料为基本资料，全面阐述与研究第二次世界大战后新加坡华侨争取公民权运动的学术著作。通过对这一重大历史事件原貌的重构，这项具有填补空白意义的学术成果，为学界和社会了解新加坡华人社会历史衍化提供了一幅历史画像。这幅历史图像真实而具体地展示了在第二次世界大战后的时空脉络下，南来拓荒的闽粤移民如何从"落叶归根"的华侨转变成为"落地生根"的新加坡华人的历史进程。作为他的博士生导师，我为他的辛勤耕耘与取得的成果感到由衷的高兴，并愿意将此书推荐给关注包括新加坡在内的东南亚华人社会的发展演化与海外华人社会研究的朋友们！

是为序。

（该书于2018年3月由人民出版社出版，该序言收入本书时，对文字做了订正，并增加了少许内容）

书　评

承载近两个世纪华社发展的历史图像

——评《新加坡华人通史》

到目前为止，有关新加坡华人社会历史研究，已有数部中英文学术专著。其中较为重要的有宋旺相于1923年以英文出版的《新加坡华人百年史》和崔贵强于1994年以中文出版的《新加坡华人：从开埠到建国》。前者采用以十年为一单元的编年体，流水账似地记录1819—1919年的新加坡华人历史。由于宋旺相是土生华人，载入该部史书的内容多与英殖民政府和土生华人社群有关。后者则以传统史书的编撰方式，将1965年之前的新加坡分成"二战"前与"二战"后至建国初两个历史阶段来书写新华历史，涉及的内容包括华人移民、人口、社团组织、华人经济、华文教育、独立前后华人的国家认同与国家意识等。总之，迄今为止，新加坡还未有一本记录从开埠至今且内容较为完整的华人通史面世。

2015年11月，当代新加坡华社总机构"新加坡宗乡会馆联合总会"（以下简称"宗乡总会"）为了庆祝新加坡建国50周年与该总会成立30周年，出版了一部由总会学术主任柯木林任主编、王赓武作序的《新加坡华人通史》（以下简称《通史》）。这是近两个世纪以来新加坡华社自己编撰的第一部华人通史。该部重达4公斤、以八开本近九百页的篇幅研究与记载新加坡华社从1819年至2015年发展衍化历史的巨作一经问世，即引起包括华人在内的新加坡社会的广泛关注。

一

纵观全书，在时间跨度上的贯穿古今与研究撰写队伍之庞大，是该部《通史》编撰方式的一大特点。

宗乡总会出版的这部《通史》，首次超越现有华人通史的时间跨度，贯穿古今地勾勒出公元 14 世纪以来尤其是 1819 年开埠至 2015 年新加坡华人社会衍化与发展的历史轨迹。为了完成这项艰巨的修史工作，《通史》编撰委员邀请三十多位研究新加坡华人社会历史的学者参与。这些来自新加坡、马来西亚、中国大陆、中国香港、澳洲等地的撰稿者中，有大学的历史学、人类学、社会学、新闻学、文学等学科的教授，亦有古建筑学家、翻译工作者、报人等。庞大的研究与撰写队伍，不仅改变了既有的由学者单独进行的修史方式，亦为该部《通史》编撰提供了学术的保证。

二

以多元的时空观与动态的历史观，全方位地记载与研究近两个世纪新加坡华人从"落叶归根"到"落地生根"的历史衍化，是这部《通史》在内容上的最为突出与重要之特色。

《通史》共分 18 章，除第一章"海疆殊域"描绘 14 世纪古新加坡的图景与最后一章阐述 20 世纪初以来的新加坡华人研究学术史外，《通史》以 16 章节的篇幅，较为完整地勾勒出近两百年来新加坡华人社会的发展轨迹："移民与早期贸易""新华社会""清廷与华社""迁民社会与峇峇社会"，考察中国近现代闽粤移民南来与殖民地时代的华人移民社会；"四海同心义薄云天""昭南岛沧桑"，记录"二战"期间华侨支持中国抗战的辉煌与三年昭南岛华侨经历的苦难岁月；"政治运动"，研究"二战"后新加坡华人参与的反帝反殖、争取国家独立的斗争与华人社会的开始转型；"建国之路""聚缘岛国"，则论述开国总理李光耀所领导的新加坡艰难而卓越的建国之路与本土化时代的华人社会。由此显示，《通史》是在近现代中国与新加坡历史变迁的时空环境下书写新加坡华社历史。

《通史》采用设章分类阐述的编撰体例。此种以问题为"经"的书写方式，有助于将同一性质的内容集中，方便读者阅读。例如，在"清廷与华社"这一章，其下所设的四节分别从"清廷官员访新""清廷在新设领""清廷卖官鬻爵""近代中国的维新运动与辛亥革命"等方面，集中阐述了19世纪中叶至20世纪初新加坡华人移民社会与中国的关系。另外，《通史》有些"章"在下设的"节"中，则采以年代为"纬"，从时空的衍化对涉及的内容做纵向的梳理与阐述。例如，在第十章"文化与艺术"下设的"南洋画风""唱尽人间喜与忧""影视百年"三节中，就从纵向的时空脉络，阐述一个多世纪以来的华人社会在绘画、戏曲、话剧、华语电影、华语电视剧等领域的成就。

正是采用多元灵活的"经纬交错"编撰体例，在动态的时空视野下，《通史》记录了新加坡近两个世纪以来华社的发展与对新加坡社会诸领域做出的巨大贡献。在这些内容中，不仅涉及现有通史中较多关注的移民、社会、政治、华文教育等问题，《通史》还以相当多的篇幅记录新加坡的华文报业、华文出版业、新华古典文坛、新华文学、华族美术、戏曲、舞蹈、华语话剧、电影与电视剧等的状况与成就。这是迄今为止涉及领域最多、研究内容最为广泛的一部新加坡华人通史，亦是数十年来华文语系的新加坡华人史研究成果的一部集大成之作。

《通史》在对上述众多议题的讨论中，尤其关注新加坡华人国家认同之衍化。在海内外学术界，华人的国家认同是一个重要的、经久不衰的研究课题。作为在大中华之外、华人人口占绝大多数且历经从殖民统治的移民时代到独立建国后本土社会发展衍化的新加坡，华人的国家认同更备受学术界的关注。不过到目前为止，这些研究的重点多在殖民地时代华南移民的中国认同和1965年后新加坡华人的国家认同，对于战后20年华人的认同状况及其对建国后华人国家认同之确立的影响研究甚少。《通史》在这方面做了有益的研究。一方面《通史》总结了现有的研究成果，以相当多的篇幅阐述殖民地和建国以来新加坡华人的国家认同形态与状况。另一方面，《通史》透过"二战"期间日本侵占新加坡与华人本土意识的出现，"二战"后包括马共主导的民族自决等在内的各项争取独立运动，以及从1955年林德宪制到1963年的各届大选与政治演进等诸多重大历史事件，具体考察华人在1945年至1965年以本土为诉求的奋斗与牺牲，进而论证"二战"后二十年华人的本土意识与本土认同的出现对独立建国后华人国家认同的确立所具有重要意义，是华人从"落叶归根"转变为"落地生根"历史进程中一个重要阶段。这是《通史》一大学术贡献！

三

《通史》的编撰涉及文献的收集与运用。众所周知，受制于历史与社会变迁等诸因素，文献资料的缺乏，尤其是官方档案的不足，是东南亚华人研究领域的一大难题。作为一部时间跨度长达近两个世纪、涉及诸多研究议题的新加坡华人通史，其在研究资料上所面对的挑战可想而知。为此，《通史》的撰稿者们做出了艰苦的努力。《通史》编撰收集的文献种类与数量繁多。从"附录五"提供的参考资料目录来看，有数百部中英文论著，数十篇与新加坡华人历史研究相关的硕博士学位论文、数十种中英文报刊，中国、新加坡与英国档案馆的一些官方档案，口述访谈，甚至包括网络资料。特别值得提出的是，《通史》收集的文献，还包括碑铭、会议记录、章程、账本、社团纪念特刊等。这些来自华人社会的记录，不仅弥补了官方文献的不足，亦为《通史》从内部研究华人社会的发展与衍化提供重要的第一手资料。

在文献应用方面，《通史》也有不少新尝试。例如，以《叻报》上刊载的"会贤社课榜名录"，并结合其他华人社团文献，研究19世纪新加坡华人社会中的"士"阶层；从晚清驻新或访新的领事、官员、文人等保存在他们的笔记、游记及发表在《叻报》上的古典诗文切入，考察与了解19世纪新加坡历史、人文社会风貌及其与中国近代史的关系；运用碑铭、账本、章程、牌匾等华人社团保留下来的金石、文字与数字等各类文本记录，讨论移民时代新加坡华人帮群社会之建构与帮群互动；等等。这些具创新性的研究成果，有助于拓展东南亚华人研究领域，从而使《通史》更具学术价值。此外，在文献的考订方面，《通史》亦有一些新发现。例如，关于新加坡华人美术史的起始年代，《通史》根据《叻报》上的记载等资料，发现了于1922年由潮帮领袖陈若愚之子创办的

"南洋华侨美术学院",从而将现有的以1938年南洋美专创办为起始的年代往前推了16年。

《通史》的文献价值,还体现于其附于全书正文之后的"附录二"与"附录三"。在"附录二",《通史》登载了自开埠以来近两个世纪,对包括华人在内的新加坡社会有重大贡献的五十位先贤的照片与他们的简要传记。为了对历史负责,《通史》以严谨的态度,对每位先贤之生卒年月及生平事迹等都进行认真考订。为此也纠正了现有研究中的一些错误。如关于陈笃生出生年代,一般史书均认为是1798年。但此次修史中收集到的族谱资料显示这是一个错误。陈笃生出生的正确年代应是1807年。此外,如张永福的去世时间,胡文虎永安堂在新加坡的创办年代等,《通史》根据新发现的文献都对以往错误的记录做了订正。

如果说"附录二"是以人物让读者了解新加坡华社历史,那么"附录三":则是通过"华人半身铜像""广合源猪仔馆遗址""棋樟山检疫站""叻报馆遗址""恒山亭重议规约牌""应和会馆""海唇福德祠""中华总商会""侨通行""中国银行""南洋大学建校纪念碑""庆德会""怡和轩俱乐部""南生花园遗址""人力车总局"等48幅与近两个世纪以来华人移民、社会、经济、文化等密切相关的重要古迹与文物的历史图片及其相关的故事,为读者提供新加坡华人历史衍化的具体图像。

当然,受到各种因素的制约,《通史》也存在一些局限。例如,一些与新加坡历史变迁与华人社会发展密切相关的组织与事件,如中华总商会、南洋大学问题、宗乡总会成立及三十年的发展状况等,虽在不同章节中略涉及,但却缺乏专章论述。再如建国后新加坡华人宗乡社团面对的挑战与转型,20世纪80年代以后,在多元种族多元文化国策下新加坡华族文化的发展以及华人如何应对当代全球化、中国崛起、美国重返亚太、地缘政治更为复杂的时空环境等课题,《通史》亦缺乏专章讨论。此外,《通史》一些章节内容的归类,亦有可改正的空间。如将华文教育与华语问题同置于《风雨华教》一章,似有不妥。

综上所述,这部耗费三年半时间编撰的《新加坡华人通史》,为学界和社会了解新加坡华社历史之衍化提供了一幅历史图像。这幅历史图像真实而具体地展示了在近两个世纪时空脉络下,南来拓荒的闽粤移民从"落叶归根"的华侨转变成为"落地生根"的新加坡华人的历史进程和他们对新加坡社会、政治、经济、文化、教育、新中关系等领域所做出巨大贡献。由宗乡总会编撰与出版、作为献给新加坡建国五十周年厚礼的这部《新加坡华人通史》，承载与记录了近两个世纪以来华人前辈在新加坡这片土地上筚路蓝缕建设家园的历史记忆与奋斗精神，亦彰显当代华人社会对国家现在与未来发展的责任与担当！

（本文初稿发表于《华侨华人历史研究》2016年第1期，收入本书时对个别文字做了订正）

一部研究东南亚华人的力作

——读游俊豪《移民轨迹和离散叙述：新马华人族群的重层脉络》

在东南亚华侨华人研究领域，有关离开祖籍原乡的中国移民如何在移居地的人文环境与时空脉络下重新凝聚与再建家园，以及在这一历史进程中所面对的困境与各种挑战等课题，一直深受海内外学界的关注。而作为东南亚当地的华裔学者，对上述课题的研究更多了一份在地情怀与对所研究问题的深刻感悟。游俊豪博士就是这样一位学者。游俊豪来自马来西亚，现居新加坡，目前任新加坡南洋理工大学中文系副教授，同时兼任南洋理工大学中华语言文化中心副主任、《华人研究国际学报》执行编辑[1]。多年来，游俊豪锲而不舍地关注东南亚华人的各个层面，研究议题涉及移民、离散族裔、侨乡、中国新移民、离散华文文学等诸多领域。2014年3月上海三联书店出版、由王赓武教授作序的《移民轨迹和离散叙述：新马华人族群的重层脉络》一书，从国家、侨乡、文学等方面考察新马华人，是近年来游俊豪有关东南亚华人研究的又一部新作。

一

《移民轨迹与离散叙述：新马华人族群的重层脉络》（以下简称"新

---

[1] 游俊豪现已任职新加坡南洋理工大学中文系主任、中华语言文化中心主任、华裔馆馆长。

马华人族群")一书是在"二战"后半个多世纪以来特别是新、马独立建国后的时空环境下展开研究。其内容涉及当代新、马华人族群的困境、新加坡的中国新移民、新、马华人与侨乡、新、马华人文学、马华文学、新、马文学等诸多课题。游俊豪的新作力图在族群研究方法论与理论框架上进行新思考。

华人族群在新、马的出现,是伴随近现代以来中国一拨一拨的海外移民浪潮,大批中国华南移民南来东南亚拓荒的产物。游俊豪在研究方法论上,特别强调新、马华人族群并非直接移殖自中国,其族群性历经一个建构与衍化的历史进程。他以马来西亚华人为例,认为"马来西亚华人当今的身份认同和思想意识,并不是原封不动地从中国原乡搬来,又一成不变地在所在地固守下去,而是在族群互动与国家发展过程当中不断建构出来的"[①]。

在游俊豪的研究中,新、马华人族群建构的最初起点是"移民"及之后的"离散",即华南移民离开祖籍原乡而散居在新、马移居地。而伴随"移民""离散""凝聚""整合""再凝聚""再整合"等进程的展开,闽粤移民群体遂逐渐转变为移居地的华人族群,与马来族、印度族等一起构成新、马当地多元的种族结构的一个组成部分。

在强调新、马华人族群建构历程的同时,游俊豪亦以动态与变迁的视角,讨论各种时空因素对新、马华人族群衍化的制约作用。例如,游俊豪从"家族、种族、国族"三个层面,考察马来西亚华人从移民、居民到公民的历史衍化进程。而在对当代新加坡中国新移民的研究中,游俊豪指出,由于在地的主流社会以国民符号来辨识中国新移民这一群体,而政府则以"公民"与"非公民"的国家话语来分配资源,致使当代新加坡华人的族群性与移民时代相比呈现出多元色彩。

基于在地华裔学者对华人族群问题所具有的天然敏感性及对研究资料更多的掌握,游俊豪更能从中国、东南亚等的多元时空的视角进行考察。例如,关于移民时代马来亚华人的家族形态,现有的研究一般认为导致华人移民最终"落叶归根"的根本原因来自祖籍原乡。游俊豪则指出,除了中国因素之外,殖民政府没有提供足够条件让中国移民在当地

[①] 以下打引号的内容均来自游俊豪的《移民轨迹和离散叙述:新马华人族群的重层脉络》。

"落地生根"建立家园，亦是另外一个重要的原因。再如关于移民时代马来亚华人的中国认同问题，游俊豪虽然认同这是近现代以来中国国族主义对华人造成巨大影响的结果，同时他也指出，在殖民地时代，英殖民政府没有提出整合马来亚各民族的社会架构，且还以"分而治之"政策分化当地社会，使各种族局限在各自的空间里单独发展。与此同时，英殖民政府的政策也造成华人种族形象的负面化，致使华人与马来等其他种族的关系从英殖民未大幅渗透马来西亚之前的"差异认知"转而成为19世纪中叶以后的"歧视偏见"。这是造成华人移民认同问题的另一重要在地因素。

在对当代新、马华人族群的研究中，游俊豪注重考察在新、马不同国策的制约下，两国华人族群所面对的不同挑战，以及所呈现的多元与多重之形态。新、马在殖民地时代同属"英属马来亚"，两国华人的主要祖籍地亦均为中国华南的闽粤，具有相同地缘政治史、移民史和文化传承的背景。"二战"后以来的半个多世纪，新、马华人也都转变国民意识与国家认同，在新兴国家建构新家园。然而，游俊豪的研究显示，两国华人族群在当代却有着不同的焦虑与境遇。因华文华语衰落而面对族群性如何保留的危机，是新加坡华人社会迄今仍未解决的难题。而在马来西亚，面对马来霸权主义的政治化与体制化，华人最大的困境是因拥有不完整的公民权而处于国家之边缘。

造成上述问题的重要因素是新、马建国后制定的不同国策。1965年新加坡独立后，政府全力运作新加坡人国家认同之建构。受制于种种历史与地缘政治的局限，新加坡政府置种族认同于国家认同之下，特别是以淡化和抑制占人口三分之二以上的华人族群的文化与民族认同为代价，来建立与强调包括华人在内的新加坡人的国民意识和对国家的认同感。在此一国策下，中华语言、中文教育体系以及承载传承中华文化重任的华人社团等因被视为国家认同的建构而成为牺牲品。其结果是华语华文、中华文化在新加坡面临严重危机，华人族群性因而面临挑战。

马来西亚在建国之处即"以马来族为中心"来处理国内的种族与国家认同的建构问题。从1969年的"5·13"种族流血冲突后马来西亚政府推出的"马来人优先"的经济政策，到70年代初马来西亚政府制定"以马来文化为核心"的国家政策三原则，试图通过国家力量将马来西亚塑造成一个单一语言、宗教与文化的国家，华人社会、经济、教育、文化遭遇全面的打压，华人的公民权则需以承认马来霸权为前提，其结果是作为马来西亚多元种族重要组成部分的华族被处于国家边缘，受到不公平的对待。

二

游俊豪新作的另一精彩部分，是他在运用研究资料方面的特点以及在与现有一些研究的对话中所展示的新视角与新思考。

以往不少研究所运用的文献资料，主要是各类档案、金石碑铭、华文报刊、华人社团特刊等纪录。游俊豪在新作中则另辟蹊径，将新马华文文学作为他研究的重要文本之一。他在"导言"中这样阐述他的研究理念，"华文文学所以成为重要文本，就因为它在更大的政治社会文本当中酝酿成型，调动各种意向与符再现了华侨跟其他族群的互动，反映了华侨对家国的想象与思索"。秉承这样的研究理念，游俊豪在《新马华人族群》中以全书三分之一的篇幅，从华文文学的视角并以此为文本，通过对新华文学史的曲折发展与衍化，马华文学族群性之建构，新加坡中国新移民作者及作品，马来西亚华人诗人及作品等的研究，具体且生动地考察与讨论了该书所涉及的研究课题。

总结、对话、反思现有的包括新马在内的东南亚华人研究，进而提出一些新视角与新观点，是游俊豪新作的内容之一。"二战"后，东南亚华人是"落叶归根"回归祖国，还是"落地生根"在移居地重建家园，这是长期被学界认定，反映"二战"后东南亚华人认同问题的截然不同的两种形态。游俊豪以陈嘉庚与李光前两位著名华人领袖的移民与最后归属的人生经历为个案，通过对陈嘉庚基金与李氏基金从华族出发、进而跨族群、跨国界的制度化运作的考察，反思现有的研究并提出新的观点。他认为"落叶归根"与"落地生根"虽反映华侨华人对祖籍地和居留地两种不同方向的归属感，但二者并非截然割裂与对立，更不是固定不变的模式，更重要的是不影响他们在传承中华文化、造福人类这一更广阔的社会舞台上携手合作。

在有关东南亚华人与中国关系的讨论中，侨乡是一个重要的研究领域。游俊豪的研究亦涉及侨乡。与国内学者相比,作为在地华裔学者,他的研究具有明显的东南亚取向。这表现在他从新、马华人与香港会馆功能演变的视角考察广东侨乡。他的这项研究不仅涉及华人与祖籍原乡关系的历史变迁,亦指出制约当代新、马华人与侨乡关系的一个重要因素是华人社团所在国所面临的被边缘化的困境。游俊豪亦通过对广东番禺和信宜两个传统侨乡的个案研究,提出自己对现有侨乡研究理论的一些思考与反思。

关于马华文学族群性研究,是游俊豪从文学视角讨论当代马来西亚华人的一项重要内容。他认为,基于"马华的公民性与族群性密不可分",因此,"马华文学里所反映的是华人对于完整公民权的追求","马华文学提供一个文本,显示华人社会对国家结构和族群位置的各种回应姿态"。对于学界迄今仍然争论不休的有关马华文学中的"中国性"与"华人性"的讨论,游俊豪从马华文学建构与衍化的视角,提出"中国性进入马华后,历经一个转化为族群性的历史进程。而这一进程承载了华人社会共同的记忆与意识"的精辟见解。基于马来西亚多元种族与多元文化国情,以及马华的在地发展已经呈现出包括华文文学、英文文学、马来文文学等在内的多元形态境况,游俊豪提出"华马文学"的概念。他认为"华马文学""强调非华文的部分,提倡对英文与马来文文学的研究,通过专题或比较研究来确立马华族群性,贴近马来西亚多元文化的语境"。上述的讨论与阐述,既是游俊豪与现有研究的对话,亦是他以具创新性的研究视角与方法运用于马华文学族群性讨论的体现。

南洋大学是新、马华人社会文化研究的一项重要课题。然而,到目前为止,现有的南洋大学研究一直纠葛于在"二战"后时空环境下政治中国与文化华人的矛盾。游俊豪研究则跳脱传统的思考模式,他以南洋大学保留下来的旧南大牌坊、云南园、行政楼(即今天的华裔馆)为研究对象,视这三种建筑为具象征性的文化符号,讨论南洋大学研究对于当代的学术价值与现实意义。他认为,蜕去南洋大学在特定时空下所承载的政治与族群符号,保留下来的"南大精神"因具有促进新加坡社会发展的重要价值而被今天的新加坡政府和各种族民众所认同,并将"构建成一个新的文化符号"。而"裕廊(南大)校园将有一个新时代的降临,成为南大精神得以充分而正面发挥的环境"。上述阐述是游俊豪以

"文化建构"视角而提出了一个跨越种族文化，涉及当代新加坡文化建构等重要课题的南洋大学研究的新方向。

当然，游俊豪的研究也有一些可讨论之处。例如，关于离散族群理论。今天的新、马华人族群早已跨越移民时代，成为新、马两国多元种族不可或缺的组成部分。在此情境之下，以离散族群作为研究的理论框架是否合适？此外，书中关于侨乡研究所用的资料多来自20世纪八九十年代，这不可避免会局限了作者对当代侨乡的研究。

综上所述，作为新、马华裔中生代优秀学者，《新马族群研究》不仅体现了游俊豪浓烈的本土情怀和对华人问题的深刻感悟，更重要的是，他的研究成果，特别是他所提出的新视角与新思考，将有助于学界从方法论与理论视野上对现有研究进行总结与反思。而游俊豪在研究中所呈现的包括东南亚在内的多元视野，对中国学界亦具有借鉴意义。

（本文初稿发表于《华侨华人历史研究》2014年第4期，收入本书时，加入了部分当时因篇幅问题无法进入初稿中的内容，并对个别文字做了修订）

评李元瑾《东西文化的撞击与新华知识分子的三种回应：邱菽园、林文庆、宋旺相的比较研究》

在海外华人研究领域，学者们多关注移民历史、政治活动、社群结构与变革、华商经济等课题，对海外华人知识分子的研究，却如凤毛麟角。对包括新加坡在内的东南亚殖民地时代华人知识精英全面、深入的研究，更基本是空白。李元瑾博士撰写的《东西文化的撞击与新华知识分子的三种回应：邱菽园、林文庆、宋旺相的比较研究》一书，从华人在海外的文化适应角度切入，可以说是一部研究海外华人知识分子的开创性著作。

李元瑾现任职新加坡南洋理工大学中华语言文化中心副教授，同时担任新加坡南洋理工大学人文与社会科学学院中文系主任、中华语言文化中心主任和新加坡亚洲研究学会会长[①]。该书是她30年来潜心研究新马华人社会历史，尤其是华人知识分子的心得之作。

邱菽园（1874—1941）、林文庆（1869—1957）、宋旺相（1871—1941）是新加坡殖民地时代三位著名的华人精英和重要人物。邱菽园是新加坡罕有的中国举人，同时也是一位富商、诗人、报人、维新志士、女学运动者和儒学运动领袖。他在远离故土的新加坡，积极推动东亚中华文化的发展和交流。林文庆是一个留英医生，同时也是议员、商人、科学家、教育家、哲学家、社会改革家和儒学运动领袖。曾任厦门大学

---

① 李元瑾已于2014年荣休。

校长16年。宋旺相是"二战"前新、马华人社会地位最高的知识精英。他留学英国，是一位律师，同时也是议员、社会改革家、教育家、女权运动导师、宗教领袖和著名的史学家。他撰写的《新加坡华人百年史》巨著，为新、马历史保留了大量珍贵的资料。他还是第一位获颁英帝国二等爵士勋章的亚洲人。

该书选取上述三位社会经历多姿多彩且对新加坡乃至东亚历史有着重要影响的华人知识分子作为主要的考察和比较研究对象。通过考察和比较，探讨华人知识分子在地处东西交会的新加坡如何面对东西文化撞击，并呈现出具有典型意义的三种回应模式，即邱菽园模式、林文庆模式和宋旺相模式。作者指出，在社会、文化、政治取向上，邱菽园始终以华人移民社会、中华文化和中国为本位，再扩展至海峡华人社会、西方文化和新加坡；宋旺相相反，他始终以海峡华人社会、西方文化（也比较重视马来文化）和英国为本位；林文庆则从海峡华人社会到中国移民社会，从西学到中学，同时游移于英、中、新三地之间，是一种伸展、摆荡和回归，以及兼收并蓄的过程。作者的研究显示，在殖民地时代的新加坡，邱菽园、林文庆、宋旺相对东西文化撞击所做出的回应方式具有典型意义，因为那一时期的新加坡华人知识大抵分属于这三种类型。而邱模式、林模式、宋模式本身，则在相当大的程度上，全面而深刻地反映了在东西对立和整合的时代环境下，新加坡华人社会的分裂与合作，新加坡华人文化的分歧与汇流，以及新加坡华人国家意识的分化与矛盾。换言之，三种模式的出现和存在，既反映了时代，也是那一时代的产物。

该书所考察的新加坡华人知识精英在面对东西撞击时所呈现的形态，实际上也代表了海外华人知识阶层的三种不同类型。正如为该书写序的颜清湟教授所指出的，邱菽园模式代表海外华人传统知识分子，他们远离祖国，参加和领导了当地的社会改革，但在种族、文化或政治等方面都非常明确地认同自己属于中国与中华文化，是永远的炎黄子孙。宋旺相模式是另一类型的海外华人知识分子，他们接受殖民地和西方教育，认同当地和西方文化，本土意识较强，与中国文化和政治联系较少或基本没有联系。林文庆模式则较为复杂，他代表了海外华人知识分子中接受中国传统文化和西方文化熏陶的一群。东西方文化的碰撞、冲突和汇流，使这一层面的华人知识分子在种族、文化、政治等认同中显示出双重性和复杂性。

该书架构分为上、中、下三篇共11章。上篇为"时代的激荡与人物的登场——三种人物类型的诞生",讨论了"19世纪东西的对立与整合"、"人物的成长与登场"以及"三种人物类型诞生的比较"等问题;中篇为"人物青年时代改良主义思想的论析——三种回应模式的雏形",研究了"海外维新志士邱菽园"、"新华改革新驱林文庆"和"峇峇革新导师宋旺相",进而比较三种回应模式的雏形;下篇以"人物终其一生身份认同意识的论析——三种回应模式的定型"为题,用全书近一半的篇幅,从身份认同之社会、文化、政治等三个层面,讨论了"不变的炎黄躯魂——中国传统文人邱菽园"、"矛盾的双向心结——峇峇中西学者林文庆"和"永远的英国情怀——峇峇西化史家宋旺相"。在此基础上,作者再把三位人物放置在新加坡殖民地时代华人的分群和分层社会结构中,考察和比较他们的社群所属,以及在东西方对立和整合的时代环境下对种族、文化、宗教、国家和乡土的认同,以期全面和深层地展现三种回应模式的全貌。全书的"结论"部分,除了总结和进一步深入讨论新加坡华人知识分子在东西文化撞击下所做出的三种回应模式,作者也把历史衍化的脉络延伸到当代,认为新加坡华人回应和调适东西文化碰撞的三种模式在过去、现阶段和可预测之未来都有意义,并预见新加坡在21世纪的健全发展,有赖于林文庆模式在人数上和实质上快速成为当代新加坡的主流模式。

把人物置于历史发展时空进行考察和比较,是该书研究的一大特色。这使作者对新加坡华人知识分子的研究具有坚实的历史土壤。作者从中国华南移民拓荒东南亚的历史脉络,讨论他们所处的主客观环境,以及对他们语言、文化、种族、国家和社群认同取向的直接影响。另一重要的时空背景是从19世纪70年代开始的中英两国在新加坡争夺华人认同的角力和布局。正是19世纪70年代以来清政府和英殖民政府对华人移民向心力和文化认同的争夺,造就了东西方碰撞和整合的历史大舞台,从而衍化出新加坡华人知识分子三种不同形态的回应模式。此外,作者也重视中英两国的文化因素对新加坡华人知识分子的成长和思想意识的影响。例如,邱菽园型的华人知识分子,多深受清末学术思潮的影响。邱菽园本身集晚清中国知识分子的狭、儒、艳、佛于一身,他性格和思想的形成，深受龚定庵的影响。而宋旺相型的华人知识分子，则深受英国维多利亚时代诸如女权女学、基督教、自由主义等思潮的熏陶。总之，殖民地时代新加坡华人知识分子在认同形态上的差异，深深烙上殖民地社会"东西碰撞"和多元文化并存的时代印记。

该书的基础是人物研究。但作者突破了传统人物传记的研究和写作方法，将三个处于同时代的华人知识精英放置在同一历史平台上进行深入的比较与讨论。这是一项难度相当高的工作。这项突破性尝试除了来自作者对新、马历史研究的深厚功底，还由于作者收集和掌握了大量第一手的包括英文、中文、马来文等文字的官方档案、各类文献、照片、实物等研究资料，以及访谈三人的后代、亲朋戚友、同事、学生、相关人士等数十人的口述记录等。其中特别珍贵的是从1892年至1941年的半个多世纪里，邱菽园、林文庆、宋旺相三人用中文、英文、马来文等文字书写的书信，为报纸杂志撰写的社论和文章、专著、日记、译作、诗文、演讲稿（词）等作品，这些资料对于海外华人研究具有非常重要的史料价值。作者将"有关三人研究作品之简介"和"三人的著作"等以"附录"形式附在书后。可以说，研究资料的丰富和多元，是该书另一重要特色。

综上所述，该书重要的学术价值在于，作者第一次对19世纪70年代至20世纪40年代新加坡社会舞台上扮演重要角色的三位华人杰出知识精英进行全面、深入、细致地探讨与比较，并向学界与社会勾勒出新加坡华人知识分子面对东西方的交会和碰撞所展示的三种典型回应模式，以及不同类型的华人知识分子的回应方式所具有的历史意义和当代意义。这不仅为海外华人研究增添一个研究视角，亦有助于海外华人研究领域的拓展。

（本文初稿发表于《世界历史》2004年第3期，收入本书时，加入部分当时因篇幅问题无法进入初稿中的内容，并对个别文字做了修订）

其他

中华总商会文献弥足珍贵

记载一个国家历史的档案和文献，对于这个国家的过去、现在与未来都具有非常重要的意义。因为这些包含国家发展与衍化、社会进步与变迁、文化传承与建构等诸多内容的文本资料，是这个国家全体人民共有的历史记忆，因而有助于强化该国人民的凝聚力，并让国家从历史走向未来。

对新加坡而言，记载其社会发展的档案与文献，不仅是研究新加坡历史与社会变迁重要的文本资料，它对于建构和维系全体新加坡人共同的历史记忆和国家认同亦具有非常重要的价值。这一方面是因为新加坡是个基本没有土著和本土文化根源的由移民社会发展而来的多元种族与文化的国家；另一方面，新加坡并不具有悠久的历史，其自1819年开埠至今还不到两百年。而作为"二战"后独立的年轻国家，新加坡刚刚走过他41年的建国历程。有基于此，记载新加坡从移民时代到本土社会发展变迁的档案文献，为包括各种族各族群在内的全体新加坡人民提供了属于他们的共同历史与记忆，因而具有凝聚、建构与强化人民国家认同的重要功能。

在保留下来的新加坡历史文献，除了殖民地政府档案，包括不同类型华人社团组织的章程、会议记录、账本、名册、编撰的纪念特刊等各类记载占有相当的比重。但受各种原因制约，这些文献保留下来的并不多。有鉴于新加坡华人文献之珍贵，笔者曾整理、出版广惠肇碧山亭和福德祠绿野亭的会议记录、碑铭资料与研究专著，并运用这些文献讨论殖民地时代的华人移民如何通过对先人和神明的处理来解决内部社群之凝聚与整合，进而实现华人社会之建构等问题。这个月初，笔者利用大学暑假回新加坡做研究，有机会在中华总商会资料室见到大批与总商会有关的文献。虽然由于时间紧迫，笔者仅能大致翻阅文献的内容，但仅就这批档案之完整与数量及种类之多，已经显示出该档案所具有的史料与学术价值。

根据笔者的初步爬梳，这批总商会档案有数百册之多，内容包括有董事部的会议记录、账本等；总商会出版物，如"总商会月报""经济季刊""经济月报""常年报告""纪念特刊"等；与总商会运作相关的董事名册、职员名册、章程、历年修改章程意见书、入会志愿书、历史大事记、福帮、广帮、潮帮、琼帮、埔帮、梅帮、三江帮、外埠商业团体会员名号簿等，以及往来信件、不同时代的报刊分类简报等各种不同种类的资料。总商会档案的另一个重要特点是它的完整性。我们知道，历经日治前后的战乱和战火，"二战"前华人社会的记载被大量销毁。1965年新加坡建国后，社会的现代化发展和快速的市区重建等，再次造成华人档案、资料等的严重流失。因此，保留至今的"二战"前华人文献十分稀少，这给了解和研究"二战"前包括新加坡在内的东南亚华人社会带来很大困难。而总商会档案则较完好地保存了许多19世纪末至"二战"前的历史记载，这在新加坡乃至东南亚华人社会是很少见的。特别是总商会的董事部会议记录，从其1906年创立延续至今，更是研究东南亚华人社会不可多得的珍贵文献，具有很高的史料价值。

上述总商会档案不仅具有文献学上的重要意义，而且对当代新加坡亦有着现实的功能。这是因为这些档案较为完整地记载了总商会一百年来的发展历史。创立于1906年的中华总商会（以下简称总商会），在新加坡社会发展史上占有举足轻重的地位。在殖民地时代，作为新加坡华社最高领导机构，总商会肩负起历史所赋予的重任，在华人社会内部整合帮群林立的移民社群，对外，则充当华人与殖民地政府之间的桥梁。与此同时，总商会也关注华人祖籍国与周边区域的社会与经济之发展，从总商会的多元功能，显示出移民时代新加坡作为沟通东西方与区域枢纽的重要作用。李光耀先生在总商会成立六十周年的献词中，曾称赞总商会的历史"反映着新加坡的历史"。林金山先生亦这样评价总商会，"总商会不仅照顾商业与贸易，往往又需要作为民间的喉舌，比如对公民权问题、教育问题、语言问题、文化问题，发表意见……在那个时候，除了商会之外,便没有任何适当的代表,能够在政府的立法机构中,发表言论。甚至负责指导人民,及时改革社会的任务"。当新加坡在1959年自治,1965年独立建国进入本土社会,总商会伴随时代变迁而调整发展方向,继续带领华社转变身份与国家认同,与各族人民一道,全力支持政府建设新国家。20世纪90年代以来,总商会废除帮派,团结一致、走向区域、面向世界,在经济全球化的时代脉络下,为新加坡社会的繁荣、为区域和世界经济的发展继续做出贡献。

综上所述,作为曾经扮演新加坡华人社会最高领导机构重要角色的中华总商会,其百年的发展历史不仅属于华人社会,亦是新加坡乃至近代东南亚社会发展变迁历史的一个重要组成部分。而记载总商会百年历程的档案文献,则为19世纪末20世纪初以来的一百年里新加坡从移民时代到本土社会的历史衍化、文化的传承与积淀、国家认同之建构,以及新加坡在东、西方和东亚及区域的商业和贸易网络中所起到的枢纽作用等,提供了一幅珍贵的历史图像。通过这幅历史图像,新加坡的华人社会能够传承前辈艰苦创业、关爱社会的奋斗精神与传统等,其他族群则可从中具体地了解华人社会如何运作,以及华人如何和其他种族一起,为新加坡这个共同的家园打拼奋斗的历程。在这个意义上可以说,中华总商会的档案与文献是属于全体新加坡人的珍贵财富,因为它承载着新加坡百年发展的历史记忆!因而收集、整理研究总商会的历史档案与文献,将有助于新加坡了解与总结过去,走向一个更加灿烂的未来。

(本文初稿发表于2006年8月23日新加坡《联合早报》)

厦门海沧青礁慈济宫碑铭中的 19 世纪新加坡华社领袖研究

一

厦门海沧区，位于历史上被称为"海澄三都"之地域内，是中国华南著名的侨乡之一。根据陈达的研究，三都人最早移民海外，至少可追溯至元末明初①。鸦片战争以后的一百年，三都移民的足迹遍布今天的马来西亚、越南、缅甸、泰国、新加坡、印尼、菲律宾、中国台湾和中国港澳等地。其中备受学界关注的著名的"槟城五大姓"，其祖籍原乡就在此地。

海沧区内有一座以保生大帝为主祀神明的青礁慈济宫。该宫庙历史悠久，是分布在闽南、港台、东南亚华人社会等众多崇祀保生大帝庙宇的祖宫。自 20 世纪 90 年代以来，为适应中华传统文化复兴，增进大陆和台湾历史文化血脉联系等的新时代需求，原本属于民间信仰的保生大帝崇拜，被推升至保生慈济文化之层面，更使这座宫庙声名远播，闻名中外。

自 2014 年始，笔者多次带学生到厦门海沧进行侨乡田野研究，考察地点包括青礁慈济宫。在考察中笔者相当关注保留在该宫庙内的自康熙以来所立的数个石碑，以及 1991 年、1992 年新立的两个石碑之碑文，尤其对光绪二十二年（1896）由该宫庙董事颜矜者所立之《重修慈济祖宫碑记》（以下简称 1896 年碑记）深感兴趣。根据宫庙内的其他碑铭的记

---

① 陈达：《南洋华侨与闽粤社会》，商务印书馆 1938 年版，第 46—47 页。

录，青礁慈济宫自南宋绍兴辛未（1151）建成后，因历代社会变迁与战乱，曾多次损毁与重修建。清初因迁界"庙再成荒圩"。康熙丁丑（1697）由"吧国"华人"襄助重建后曾修葺"。到光绪丙申（1896）又有一次"依旧制重建"的大工程。1896年碑记正是为此项修建工程而立，主要内容是记录为该工程提供捐款者。与该宫庙内其他碑文不同的是，1896年碑记中的捐款者来自两个地域。一是境内的大陆东南沿海各地。包括青礁慈济宫所在地的三都、闽南一带的龙海、海澄、南靖、漳浦、同安、集美、长泰、诏安、永春、永定等地的村落、宗祠、庙宇、商号、店号等的捐款。二是闽南以外的香港、金门与南洋的新加坡、安南、廖内、仰岗（缅甸仰光）等华人社区的宫庙、商号、店号及个人的捐款。本文主要根据这些捐款记录并结合其他相关文献，考察与讨论19世纪末的新加坡华社领袖。

二

根据笔者对1896年碑文的统计，在涉及境外的近150个包括个人与单位的捐款者中，大约有55份[①]来自新加坡，占捐款总数的三分之一以上。在捐款金额方面，来自新加坡的最高为"缘银壹仟两百大员"，其他则有肆百元、壹佰元、伍十元、肆十元、乃至十元、三元、一元不等。

就捐款者的身份而言，大致可分成三类。一类是慈济宫职员。根据碑记，共有七名慈济宫职员提交捐款，其中与新加坡相关的有两位。一位是19世纪末新加坡华社领袖、英华义学的创办人颜永成，他"捐缘银壹仟贰佰大员"。另一位是星洲名士邱菽园的父亲邱笃信，他"捐缘银肆百大员"。邱亦是19世纪末新加坡一位重要的华社领袖。

另一类是具有清政府官号或出身头衔的捐款人。1896年碑记中共出现四位，均与新加坡相关："例贡生颜应麟捐英三百贰十大元"；"章桂苑钦加二品衔花翎候选道、驻新坐探、南北洋委员兼办叻坡等处东赈事务""捐英壹佰大员"；"吴安和诏安县钦加四品衔，捐英五十大员"；"陈金

[①] 在碑文中，以"份"表示一个捐款单位。该捐款单位既可是个人，亦可是庙宇、店号等。

钟二品衔候选道、驻新加坡、暹罗总领事,捐英贰拾大员"。上述的颜应麟,又称为颜麟,是新加坡福建帮群坟山麟山冢(又名麟记山)之山主。章桂苑即章芳琳,他既是19世纪下半叶新华社会著名的慈善家,亦是跨越各华人帮群的华社领袖。吴安和即吴寿珍,他是中华商务总会(后改为中华总商会)第一任总理,也是道南学堂(后改为道南学校)的创办人之一。陈金钟亦是19世纪60—90年代新加坡华社的一位重要领袖。根据柯木林先生主编的《世界福建名人录:新加坡篇"陈金钟"条》,"前人将陈金钟与陈嘉庚并列,两者交相辉映,前后共领导新华与闽帮社会五十余年"[1],赞誉甚高。

第三类是个人与商家的捐款。在1896年碑记中,与新加坡相关的捐款者均被冠于"实叻""叻坡""小坡"的字样。如实叻万成美、复成号、承和兴、福和号、林德义(以上捐英壹佰大员);叻坡林长盛、薛长林、丰兴号(以上捐英伍十大员);万源隆、怡隆号、新义利、万茂号、振裕号、芳裕号、协荣茂、南隆号(以上捐英肆十大员);小坡新长美(捐英拾陆大员)、和春号(捐英拾贰大员)、长泰号、泰泓号(以上各捐英肆大员)等。笔者从中辨认出两处与19世纪末新加坡华社领袖相关的人物与商号。一处是"叻坡丰兴号""捐银伍十大员"。"丰兴号"是陈金声的店号,说明这是以陈金声名义所捐之款。众所周知,在19世纪中叶以后的半个多世纪里,陈金声、陈明水、陈若锦祖孙三代是新加坡华社与福建社群的重要领袖人物。陈金声最为华社津津乐道的是他于19世纪中叶创办崇文阁与萃英书院,由此开启新加坡华文教育之先河。他对新加坡的最大贡献是独资或捐资建造金声侨、铺设金声路、兴建自来水库,以解决那一时期百姓的出行与生活用水等问题[2]。另一处是陈杞柏。他是著名华侨领袖陈嘉庚与陈敬贤之父,本人亦是19世纪末新加坡华社与闽帮社群的重要领袖之一,不仅捐款华社重要社团,如翠英书院、双林寺等,亦曾出任保赤宫陈氏宗祠与同济医院总理[3]。在1896年碑记

---

[1] 柯木林主编:《世界福建名人录:新加坡篇》,新加坡福建会馆2012年版,第70页。
[2] 同上书,第66—68页。
[3] 柯木林主编:《新华历史人物列传·陈杞柏条》,新加坡宗乡会馆联合总会1995年版,第79页。

中，陈杞柏的捐款包括标明为"叻坡陈杞柏"与"集美陈杞柏"之两处，金额均为"贰拾大员"。

从以上的梳理可见，在1896年碑记中，与19世纪末新加坡华社与福建社群相关的重要领袖，至少有颜永成、邱笃信（邱正忠）、颜应麟（颜麟）、章芳琳、吴安和（吴寿珍）、陈金钟、陈金声、陈杞柏等几位。

三

关于19世纪新加坡华社领导层的研究，是学界普遍关注的一个重要课题，且已有不少的学术成果积累。到目前为止，即有的研究多从新加坡在地的层面，考察来自土生华人与新客移民的两个社群领袖，如何携手合作整合与建构新华社会[①]。来自厦门海沧青礁慈济宫的1896年碑记，不仅印证了19世纪新加坡华社领导层由土生华人与新客移民两个社群领袖组成的基本形态，亦从另一个祖籍原乡的时空情境与社会舞台，为我们进一步深入了解与研究19世纪主要由福建帮内的土生华人与新客移民组成的新加坡华社领袖、尤其是两大社群的认同形态，提供了新的研究资料与研究视角。

第一，1896年碑记显示，19世纪末的新加坡华社内部的两大社群领袖，不仅在移居地携手华人社会的各项事务，祖籍原乡亦是他们合作的另一重要社会舞台。

根据1896年碑记，为海沧青礁慈济宫捐款的新加坡华社领袖，分属于两个社群：出生于马六甲的颜永成、陈金钟、陈金声与出生于新加坡的章芳琳为海峡侨生，属土生华人社群。邱笃信、吴安和、陈杞柏则属新客移民社群[②]。不仅如此，除颜永成、邱笃信、颜应麟的祖籍地为青礁慈济宫的所在地今天的厦门海沧外，其他人的祖籍地亦各不相同。章芳琳的祖籍地是长泰、陈金声祖籍地为永春、吴安和是诏安、陈杞柏则来

[①] 杨进发：《新马华族领导层的初探》，新加坡青年书局2007年版；林孝胜：《十九世纪新华社会的分合问题》，载林孝胜《新加坡华社与华商》，新加坡亚洲研究学会1995年版；崔贵强：《吴寿珍其人其事》，《华侨华人历史研究》1991年第3期。

[②] 颜应麟的社群所属则还需更多资料的确认。

自集美。但这并不妨碍他们在祖籍地事务上展开合作。换言之，关注移居地与祖籍地，且在这两个社会舞台上进行合作，是19世纪末新加坡华社内部两大社群领袖的一个共同特征。

第二，1896碑记显示19世纪末新加坡华社领袖的认同形态。

现有的研究已指出，19世纪新加坡华社内部不同社群领袖间的合作，与他们来自同一福建方言群有密切关系。这一点在1896年碑文也得到印证。的确，颜永成、邱笃信等虽然来自土生华人与新客的不同社群，但在方言群认同上，他们均同属福建帮群。然而，1896年碑记却提供了解这一时期新华领袖认同形态的另一视角。

众所周知，1896年碑记中出现的新加坡华社领袖，不论海峡华人的颜永成、章芳琳、陈金钟等，还是属新客社群的吴安和、陈杞柏等，他们多因对包括华社在内的新加坡社会经济诸方面做出的重大贡献而受到英殖民政府之封赠（如太平局绅等）。而在1896年碑记中，我们并未看到在捐款人衔头上有诸如"太平局绅"等来自英殖民政府的字样，而是写着向中国晚清政府捐官所获的官衔。如"章桂苑钦加二品衔花翎候选道、驻新坐探、南北洋委员兼办叻坡等处东赈事务"等。对所捐之官表述之完整，显示他们对在中国所获身份的重视与强调。

第三，1896年碑记还为我们了解19世纪新加坡华社领袖的捐官情况提供了一些新资料。例如，有关颜应麟，现有资料仅知他的商号为麟记号，是麟记山山主。他1884年12月19日签署一份契约，将麟记山的一些地段，交由当时福建会馆董事陈金钟、邱正忠（即邱笃行）与蔡锦溪，作为经营坟山之凭证①。在碑记中，则有他向清政府捐出生"例贡生"的记录。再如吴安和，以往根据《叻报》报道，得知他在1902年与1909年分别向晚清政府捐了知府衔与道台衔②。而根据碑记提供的资料，在1896年之前，吴还捐了一个"诏安县钦加四品"的官衔。

总括以上所述，对英殖民政府与晚清中国政府的双重认同，是19世纪末新加坡华社与福建社群领袖的另一共同特征。正是在认同形态上具

---

① 《新加坡福建会馆简介》，新加坡福建会馆1995年版。
② 转引自颜清湟《清朝鬻官制度与星马华族领导层（1877—1912）附录一》，载《海外华人的传统与现代化》，新加坡南洋理工大学中华语言文化中心2010年版，第77页。

有这一共同特征，新华社会内部的两大社群领袖方可在移居地与祖籍地的两个社会舞台上携手合作。

最后简要谈谈1896年碑记所提供的有关新加坡华社领袖与祖籍地关系的另一研究视角与内容。在青礁慈济宫所保留下来的碑铭中，还有咸丰甲寅（1854）所立之另一《重修慈济祖宫碑记》。其中涉及19世纪新加坡华社领袖捐款人的记录有："贡生章三潮捐银贰百员""陈金声捐银壹佰员""颜应麟捐银肆拾八员""陈金钟捐银叁拾肆员"。再看出现在1896年碑记中的新华领袖，章芳琳在1893年去世、陈金钟于1892年去世，陈金声则在1864年去世。换言之，他们在该碑记中所留下的捐款记录，应为其后代所为。上述状况显示，新加坡华人社会两大社群领袖在祖籍地社会舞台上的合作，最迟始于19世纪中叶，且至少延续至19世纪末20世纪初。

（本文初稿为《侨乡碑文中的新加坡华社领袖》，发表于2017年第4期《源》，新加坡宗乡会馆联合总会，2017年12月出版。收入本书时对初稿内容做了增补与修订，并增加了注释）

《新加坡福德祠绿野亭公会175周年纪念特刊》编后

华人社团以修撰纪念特刊的形式来记载和传承华人社会奋斗历史，是包括新加坡在内的海外华人社会的一项传统。纪念特刊的修撰，不仅为海外华人社会的发展历史保存了大量珍贵的文献资料，而且有助于华人社团承前启后，温故知新，加强社团成员的团结与对社群的认同感。正因为如此，修撰纪念特刊在海外华人社团的运作中占有重要的地位。

我在对新加坡华人社会的研究经历中，最重要的收获之一是很荣幸参与、并受福德祠绿野亭公会（以下简称绿野亭）董事部的委托，主编《新加坡福德祠绿野亭公会175周年纪念特刊》。编撰纪念特刊的工作从1997年开始至1999年结束，整整持续了两年。在绿野亭董事部的支持和许多绿野亭前辈的热情帮助下，我和特刊编撰委员全体成员克服各种困难，终于在绿野亭175周年纪念前夕完成任务，以特刊的出版为纪念活动送上一份厚礼。主编绿野亭175周年纪念特刊的工作，不仅使我进一步了解绿野亭从殖民地时代以来对新加坡社会的重要贡献，也让我深切感受华人社团对于记载和传承华人社会奋斗历史的热情与执着。

福德祠绿野亭（以下简称绿野亭）是新加坡一个具有悠久历史的华人宗乡组织，由来自中国讲广府方言和客家方言的两移民社群所创立。虽然至今还无法确知该组织创立的年代，但根据已有的资料，至少在1824年绿野亭已活动于新加坡华人社会舞台。在新加坡殖民地时代，绿野亭既是新加坡广府和客家七属移民坟山的管理机构，也是广客两帮群最高联合宗乡组织,在华人社会占有举足轻重地位。自1965年新加坡独立建国以来,在社会变迁的历史发展中,绿野亭努力跟上时代步伐,除继续团结广客两社群,也配合新加坡国家发展,办理公益慈善福利事业,促进社会进步。绿野亭在近两个世纪的衍化历程,构成了新加坡华人社会,乃至整个新加坡社会历史的一个重要组成部分。

作为一个历史悠久的华人社团,绿野亭董事部和许多前辈在编撰175周年纪念特刊的过程中,显示出对保留和记载华人资料强烈的历史责任感。因为绿野亭的历史并不仅仅只是一个社团的历史,而首先是属于全新加坡华人社会。基于这样的认识,绿野亭非常重视资料的收集和编撰工作。在特刊编撰之前,编辑委员会向全新加坡社会、绿野亭属下的11个社团和11社团华人祖籍地发出三项公告,广泛、全面地征集和收集相关资料。这些资料包括:绿野亭175周年的发展历史;绿野亭所属11会馆的历史和现状;有关绿野亭和广客两帮11会馆的文献、档案、照片等资料;前辈对绿野亭和广客两帮11会馆发展历史回忆记录的整理。包括从殖民地时代以来,新加坡广客两帮创办学校和医院服务社会的历史;广客两帮在殖民地时代的行业、对新加坡社会经济发展的贡献等各项资料。收集整理这些资料的目的,是为了保留和记载绿野亭175年的衍化历史与华人前辈对新加坡社会的贡献,以激励新加坡年青一代继承先贤的优良传统,为新加坡的繁荣继续奋斗。

为了全面地保留和记载绿野亭的历史,董事部领导下的编委会不仅注重文献资料如绿野亭碑文、档案、章程等各种历史记录的收集,还不辞辛苦广泛走访属下的许多社团,如福德祠、应和会馆、番禺会馆、冈州会馆、中山会馆、惠州会馆等,拍摄这些社团所藏珍贵的具有重要历史价值文物如石碑、匾额、祖先神龛等的照片并收入在特刊里,为新加坡华人社会尤其是新加坡开埠初期的华人历史保留了许多重要的资料。另外,为了真实和全面地保留新加坡华人的历史和资料,编委会还在特刊中收录了有关华人社会历史的口述资料。

在上述各类资料的收集中,绿野亭属下社团和许多前辈付出了许多心力。他们不仅积极配合编辑部的工作进度,按时提交了特刊编撰所需要的文献、照片等有关资料,不少人还翻箱倒柜,找出他们珍藏多年的

后　　记

　　本书是继《越洋再建家园：新加坡华人社会文化研究》（以下简称"越洋"）之后，笔者另一部研究新加坡华人社会文化的著作。

　　从1994年到2001年，笔者以在地居民的身份，在新加坡生活工作了七年，亲身了解与感悟华人在多元种族宗教与多元文化的东南亚的生存情况。2003年出版的"越洋"一书，即是笔者在新加坡七年教学与研究工作的总结之作。此书结合文献与田野调查资料，在近现代以来中国和新加坡、乃至整个亚太地区社会变迁脉络下，以宏观考察与个案研究之方式，具体探究华南移民在新加坡土地上重建新家园的历史进程。

　　2001年笔者回返厦门大学，任职历史系教授、世界史东南亚华侨华人研究方向的硕、博士生导师。自返国后，笔者基本延续在新加坡的工作方式，一方面开设课程与培养学生，同时承担多项研究课题，继续展开包括新加坡在内的东南亚华人社会文化研究。笔者主持的研究计划主要有几类：一类是新加坡华人社会文献研究：与新加坡华裔馆合作的"新加坡海唇福德祠绿野亭文献的整理与出版计划"、与新加坡南洋理工大学中华语言文化中心合作的"文化移植与华人社会之再建构：新加坡华人社会文献的整理与研究计划"、中国国家社科基金"新加坡华人社团账本的整理与研究"课题等。另一类课题涉及东南亚华人民间宗教、东南亚的郑和崇拜、东南亚的中华文化、新加坡华人坟山组织等领域：国家社科基金课题"东南亚华人民间宗教之建构与现状"、福建省社科的"东南亚历史文化语境中的郑和研究"、国侨办的"中华文化在东南亚华人社会的现况研究"、广东省社科的"阴阳之间：新加坡广府、客家帮群坟山组织研究"等。还有一类课题是关于新加坡华人社团的研究。如国侨办的"当代新加坡华人宗乡社团的现状与发展趋势研究"等等。本书是笔者回国近二十年来、在上述各项课题的研究与思考中逐渐积累而成的另一部心得之作。

本书的考察与讨论，基本延续"越洋"一书的学术视角、问题意识与研究方法。与此同时，鉴于时空演化、社会变迁与笔者研究的不断深入，本书亦有新的思考，这就是在"越洋"一书所提"具有新加坡在地特色的华人民间文化"论点基础上发展而成的"新加坡华人宗乡文化"研究框架。

在本书的"绪论"，笔者较为详细与系统地阐述了华人宗乡文化在新加坡历史演化与社会变迁时空脉络下历经的建构与演化之进程及其相关内容，对何谓"华人宗乡文化"、以及"华人宗乡文化的内容与形态"等做了定义与讨论。为了让读者进一步了解笔者从"越洋"一书以来的新加坡华人社会文化研究思路，以下再就本书的考察视角等做简要论述。

其一，移民与文化移植的视角。笔者认为，伴随移民而来的文化移植，是人类社会历史发展进程中普遍存在之现象。作为外来的文化形态，经由移民带来的文化并非仅是简单的移植与在空间上的延伸，而是在新时空脉络下的传承与再创造。本书讨论的新加坡华人宗乡文化，历经了一个从中国华南地域文化到新加坡华人社群文化的建构进程。这一进程即是闽粤移民在殖民地时代的新加坡重建其社会结构与文化形态的产物，亦是华南传统民间乡土文化在海外华人社会创造性发展的结果。

其二，华夏文明体系与中华文化海外发展关系的视角。笔者认为，博大精深的中华文明体系历经了漫长的发展进程。在这一进程中，既有中华民族在华夏大地上的创造，亦有海外炎黄子孙与热爱中华文化者对其发展的贡献。因此，中华文明体系的形成与发展，包括了大中华与海外等多元之途径。在大中华以外传承与创造性发展的中华文化，不仅丰富了中华文化体系的内涵与外延，其自身也构成中华文化的重要组成部分，因而是中华文化发展进程中不可或缺的重要一环。本书提出"华人宗乡文化"研究框架，是笔者试图突破既有的"文化传播"思路、从中华文化的海外发展与东南亚华人社会的在地视角、考察与讨论包括新加坡在内的东南亚华人社会文化的一个尝试。

基于上述研究取向，本书提出一个基本观点：包括宗乡文化在内的新加坡华人文化，既与中华文化一脉相承，又是新加坡国家文化建构的重要组成部分。而华人文化的双重性特征，并非新加坡独有，而是东南亚华人社会文化一个重要的基本特征。有鉴于此，本书强调，从一个文化体系在具体时空与社会变迁脉络中传承与发展的视角，东南亚中华文化与中华文明体系一脉相承，充分显示中华文化体系的开放、多元、包容与适应时空环境顽强发展的强大内在生命力。而东南亚中华文化客观上成为所在国或地区文化的组成部分，则使其能在该区域承担诸如提供维系东南亚华人与大中华乃至世界各地华人社会的重要文化纽带、强化东南亚华人的民族与文化认同、促进华族与非华族友好相处等多元的社会功能。

需要说明的是，时空情境如何制约新加坡社会变迁与华人宗乡文化建构和演化，是本书研究的一项重要内容。由于本书考察的下限至2018年年初，故就外部因素而言，主要涉及美国提出的"亚太再平衡"及"重返亚太"策略与中国的"一带一路"国家发展战略。另一方面，本书收录笔者自21世纪初以来的近二十年里所撰写的论文，故在体例、篇幅与行文风格等方面难免有不尽相同之处，有些论文的内容也有所重复，特别是在论文研究背景内容的阐述方面。在编辑过程中，笔者已尽可能对每篇论文做了校对与修正，统一了注释体系、删去了一些重复的内容与注释，对少数论文做了调整与改写。当然，上述的修订与修改，并无涉及原文的基本观点，以便读者了解笔者研究的心路历程。

在笔者东南亚华人社会文化研究的探索中，李亦园教授是我的恩师。李教授是海内外著名的文化人类学家。自20世纪六七十年代以来，李教授以他多重视野与学术贡献，推动包括台湾在内的中国许多人文学科的创建与发展，对中国文化研究做出重大贡献。对个人而言，李教授是笔者自20世纪90年代中叶从中国明清社会经济史转入东南亚华人研究领域的引路人。他不仅鼓励我利用在新加坡生活工作之便深入观察了解华人社会、支持我提交课题计划、为我提供研究机会，亦以文化人类学家的学术理念与研究方法，帮助与指导我的学术转型。李教授的学术思想、尤其是他"从民间文化看文化中国"的研究取向与在研究中重视当地人立场（native's point of view）的在地视角与人文关怀，对我影响至深。2017年4月李亦园教授仙逝，得此噩耗，我非常悲痛。想到这么多年来李先生对我的教诲、鼓励、支持与帮助，他临走前我却无法见他一面，亦无法到灵前表达我的哀思与感念，内心的悲伤无法抑制，泪如雨下！本书收录了笔者2004年撰写的有关李亦园教授与东南亚华人研究的论文，谨以此怀念并铭记李先生的恩泽与教诲！

郭振羽教授亦是笔者的恩师。郭教授是一位在大众传播、新加坡社会、语言与身份认同、海外中华文化等多个研究领域颇多建树的社会学家。笔者的新加坡华人研究深得郭教授的教诲与帮助。郭教授以其对东南亚地缘政治、新加坡社会的深刻理解、多元包容的研究理念和对我多个研究计划的具体指导，拓展了我的研究视野和学术胸怀。对于本书的出版，郭教授亦付出很多心血。他多次利用来中国公干或旅游的机会、中途转道厦门与我讨论。本书从问题意识的确定、书稿内容的取舍到章节目录的编排、乃至笔者撰写的绪论等，郭教授都提出非常重要的意见。郭教授治学之严谨与对晚辈的关爱，令笔者非常钦佩与感动！

吴振强教授是享誉学界的历史学家。笔者的新加坡华人研究，得到他很多帮助。在相当西化的新加坡学术氛围中，吴教授鼓励笔者展开华人传统民间文化、华人庙宇坟山组织、华人社团文献等课题的研究。本书有关新加坡广惠肇碧山亭与海唇福德祠绿野亭两项研究，都得到吴教授的支持与帮助。尤其是后者，正是在时任新加坡华裔馆馆长的吴教授的大力推动、积极奔走四处筹款之下，才使保留下来的、作为广、客三社群总机构的庙宇与坟山组织"海唇福德祠绿野亭"历史文献的整理、研究与出版工作得以完成。

本书的研究，得到新加坡、中国大陆与台湾学术机构的支持。他们或与笔者合作展开研究与出版学术著作，如新加坡南洋理工大学中华语言文化中心、华裔馆、台湾清华大学社人所等；或为笔者提供研究经费，如台湾蒋经国国际学术基金、新加坡南洋理工大学中华语言文化中心与华裔馆、新加坡福建会馆、中国国家社科、中国国侨办、广东社科、福建社科等。厦门大学繁荣基金则为本书提供出版经费。

在上述学术机构中，笔者特别感谢新加坡南洋理工大学中华语言文化中心。自20世纪90年代中后期以来、该中心与前后三任主任都给予笔者很大的帮助。本书所涉及新加华人研究与田野调查，几乎都开始于周清海教授担任中心主任期间。在李元瑾教授任内，她继续支持并与笔者合作展开研究。我们的合作计划延续至我回返厦门大学任教后的相当长一段时间。现任中心主任游俊豪教授则为我回国后重返新加坡继续展开华人研究提供一切工作方便。

在多年对包括新加坡在内的东南亚华人的研究中，我深深感激许许多多华社领袖、社团前辈与数不清的华人先生女士。他们即是我的研究对象，亦给我许多思想的启迪。正如笔者在《越洋》一书的"前言"中所说："我从他们对新加坡华人奋斗历史的讲述和所提供的各类帮助，不仅获得许多重要的第一手原始研究资料，帮助了我的学术进步和进步，更重要的是，这些历史与故事所体现的、由华南移民在海外华人社会发展起来的坚忍不拔与奉献社会的人文价值，深深激励我的学术与人生道路。"就本书的研究而言，笔者要特别感谢新加坡的宗乡会馆联合总会、中华总商会、福建会馆、南安会馆、福德祠绿野亭公会、广惠肇碧山亭、丰永大公会、南洋客属总会、应和会馆、嘉应五属公会、丰顺会馆、茶阳（大埔）会馆、永定会馆、南洋客属张氏公会、福州会馆，以及柯木林、欧雅丽、陈翠玲、施义开、郭诚、梁少逵、李振玉、刘波德、王兆柄、高华昌、陈波生、梁肇辉、梁平、梁端、张振兴、黄淼权、徐永源、李秉萱、韩山元等许许多多社团领袖与社团成员对我的支持与帮助！

感谢新加坡《联合早报》与韩咏梅女士，为本书提供许多重要的研究资料。

感谢国内外学术界的老师与同道好友，鼓励我走过艰辛的学术历程。对本书的研究与出版，笔者尤其要感谢鲁西奇教授和江柏炜教授，他们对书稿的绪论、内容乃至章节编排等，都提出非常中肯且具建设性的修改意见。

特别感谢刘宏教授与蔡志祥教授于繁忙的工作与研究中阅读拙稿，并惠赐序言。本书责编宋燕鹏博士，对书稿出版精心策划、认真负责地做了大量细致的编订工作，谨致最深之谢忱。此外，我的学生李奕志博士、汤锋旺博士、博士研究生余辰晨等在书稿工作中也给予协助，一并致谢！

家人是我进行艰苦学术研究的支柱。20世纪70年代中叶，两个不谙世事的年轻人在中国福州一家集体所有制小厂相遇相知相爱，从此携手不再放开。数十年来，这个家不仅给了我一份温饱的生活，亦是安放我心灵的温馨宁谧的港湾，让我在这里随心所欲展开我喜爱的研究。人生有此港湾，足矣！！！